VOCA

뜯어먹는
수능 1등급
기본 영단어 1800

김승영   연세대 영어영문학과 졸업

연세대 교육대학원 영어교육과 졸업

전 계성여고 교사

현 한국영어교재개발연구소 대표

저 서   뜯어먹는 중학 기본 영단어 1200

뜯어먹는 중학 영단어 1800

뜯어먹는 수능 1등급 주제별 영단어 1800

뜯어먹는 수능 1등급 영숙어 1200

고지영   서강대 영어영문학과 졸업

서울대 사범대학원 영어교육과 졸업

현 한국영어교재개발연구소 연구실장

저 서   뜯어먹는 중학 기본 영단어 1200

뜯어먹는 중학 영단어 1800

뜯어먹는 수능 1등급 주제별 영단어 1800

뜯어먹는 수능 1등급 영숙어 1200

뜯어먹는 수능 1등급 기본 영단어 **1800**

발행일	2019년 8월 10일
인쇄일	2024년 6월 20일
펴낸곳	동아출판㈜
펴낸이	이욱상
등록번호	제300-1951-4호(1951. 9. 19)
개발총괄	장옥희
개발책임	이미경
개발	이윤임, 박수경
영문교열	Andrew Finch
디자인책임	목진성
디자인	손화연
대표번호	1644-0600
주소	서울시 영등포구 은행로 30 (우 07242)

수능 1등급으로 가는
가장 과학적·경제적·효과적인 길

이 책은 《뜯어먹는 수능 1등급 주제별 영단어 1800》과 더불어 수능 1등급을 위한 필수 영어 단어를
가장 과학적·경제적·효과적으로 학습·암기할 수 있도록 고안된 표준 매뉴얼입니다.
이 책에 제시된 단어들과 학습법에 따라 자기 주도 학습을 실천해 나간다면 여러분 누구나
수능 영어의 기본을 확실히 다짐은 물론 수능 1등급이라는 정상에 오를 수 있을 것입니다.

"뜯어먹는 영단어장"

영어 사전을 뜯어서 먹듯이 영어 단어를 외우던 시절이 있었습니다.
이제 여러분 앞에는 좋은 재료로 정성껏 요리한 맛깔난 영단어의 진수성찬이 차려져 있습니다.
낱낱의 단어들을 그냥 줄 세워 놓은 책이 아닙니다.
갖가지 과학적인 독보적 장치들을 통해 단어가 실제로 외워질 수밖에 없는 책입니다.
학습자가 능동적·적극적으로 참여하는 학습 과정이 구현되어 있는 책입니다.
머리 좋고 공부 잘하는 학생에게만이 아니라 모두에게 맛있게 먹히는 책입니다.
외워도 잊어버리고 또 외워도 또 잊어버리는 지겨운 단어들을
잊어버리면 또 외우게 하고 또 잊어버리면 또 다시 외우게 하는 책입니다.
공부를 끝낸 후 그냥 곁에 두고 보기만 해도 절로 흐뭇해지는 책이 될 것입니다.

"빈도순 배열·예문의 문제화"

수능 필수 영단어 1800개를 1일 30개씩 60일 동안 마스터할 수 있도록 합니다.
가장 많이 쓰이고 가장 자주 만나는 단어부터 차례로 배열되어 있습니다.
학습한 만큼 바로 효과가 나타납니다. '뜯어먹는'이 있는 한, 더 이상 '영포자'(영어 포기자)는 없습니다.
수많은 '영포자'들이 '뜯어먹는'을 무기로 패자부활전에서 기적의 승리를 일구어 냈습니다.
앞에서 배운 단어로만 이루어진 예구와 예문을 통해 익히고 생각하고 문제를 풀고 되새기면서
단어와 놀이하듯 단어를 뜯어먹듯 소화 흡수해 나갈 수 있습니다.

"품사별 컬러화"

단어와 문법은 서로 떼려야 뗄 수 없습니다. 영문법의 출발점은 영단어의 품사입니다.
품사별 컬러화를 통해 영단어를 학습하면서 동시에 영문법의 기초를 확립하게 하였습니다.
눈으로 단어를 외우면 몸에 문법이 저절로 배는 놀라운 학습 과학의 세계가 펼쳐집니다.

"한정된 시간 지혜로운 선택"

인생은 짧고, 배우고 익혀야 할 것들은 많습니다. 에너지는 한정되어 있는데, 누려야 할 삶은 넓습니다.
이것저것 해볼 수도 있지만, 꼭 붙잡아야 할 것도 있습니다. 돌아가는 길도 있지만, 지름길도 있습니다.
지혜로운 선택이 커다란 차이를 낳습니다. 그 차이가 여러분의 운명을 바꿉니다.

여러 가지로 도와준 우성희 학형, 최철호 컴박사, 많은 제자들, 출판사 관계자들과 기쁨을 나눕니다.

김승영·고지영

Structures & Features

수능 1등급을 이루는
가장 과학적·경제적·효과적인
11가지 스마트 장치

1 고등학교 전 교과서 + 수능 단어 선정

현행 고등학교 교과서 전부와 그동안 치러졌던 수능 문제 전체를 컴퓨터 프로그램으로 처리한 결과를 바탕으로 엄밀한 가치 평가 작업을 통해 표제어·파생어·관련어를 확정했다.
수능 필수 단어 1800개를 뽑았고, 확실한 수능 1등급을 위해 꼭 외워야 할 단어 600개를 추가로 이어 놓았다.

2 컴퓨터 검색 – 품사별·빈도순 배열

60일 완성을 목표로 1일 30개씩 **품사별**(명사·동사·형용사·부사)로 나누어, 각각 자주 나오는 순서(빈도순)대로 배열했다.
품사별 암기로 영문법의 토대가 다져지고, 자주 나오는 것부터 외우니 성과가 곧 나타난다.
앞에 나오는 단어일수록 더 중요하고 외울 가치가 그만큼 더 크다.

3 최초·유일 품사별 컬러화

색깔	품사	상징	기능
● 파랑	명사	하늘	사람·사물의 이름을 나타내는 중심 단어
● 빨강	동사	불[에너지]	동작·상태를 나타내는 중심 단어
● 보라	명사·동사	파랑+빨강	명사(파랑) / 동사(빨강)로 쓰이는 단어
● 초록	형용사	초목	상태·성질을 나타내고 명사를 꾸며 주는 단어
● 갈색	부사	땅	주로 동사·형용사를 꾸며 주는 단어

영단어의 품사는 영문법의 기초이다. 영단어의 품사만 제대로 알면 영문법의 절반은 이미 끝난 셈이다.
가장 강력한 감각인 시각을 100% 활용한 기능성 컬러화로 영단어 품사의 직관적 습득을 가능하게 하였다.

4 QR 코드를 통해 청각으로 하는 단어 학습

날짜별 QR 코드를 통해 단어와 뜻, 예문을 들으며 학습할 수 있다. 책을 들고 다니기 어려운 상황에서도 귀로 들으며 단어를 외우는 것이 가능하다.

5 최신 실용 예구[예문]의 빈칸 문제화

자칫 무시하고 지나치기 쉬운 예구나 예문을 전부 빈칸 문제화했다.
단어를 외운 후 최신 영영 사전과 현행 고등학교 교과서와 수능 시험 지문에서 뽑은 생생한
예구[예문]를 통해 곧바로 능동적인 확인 학습을 할 수 있다.

6 '즐거운 테스트'를 통한 심화 암기

모든 표제어를 1·2차에 걸쳐 즐겁게 문제를 풀면서 자기 주도 학습을 실천한다. 1차로 '영어
는 우리말로, 우리말은 영어로!'의 기계적 테스트를 거친 후, 2차로 연어(collocation)와 표
준 예문을 통해 단어의 용법까지 가장 효과적으로 터득한다. 살아 있는 어구와 문장으로 이
루어진 문제를 풀면서 단어의 전형적인 용례를 가장 확실히 소화할 수 있을 것이다.

7 '반갑다 기능어야!'·'오늘의 디저트'

전치사·접속사·조동사·대명사 등의 **'반갑다 기능어야!'**와 친해지면 자신도 모르는 사이에
영문법과 친해질 것이다.
배우고 익힌 단어를 품고 선인들의 삶의 지혜를 깨우치는 **'오늘의 디저트'**도 맛있게 음미해
보자.

8 '수능 적중 영어 구문 60'

수능 영문장 정복을 위해 고등학교 교과서와 수능 지문에서 뽑은 문장들로 구성했다.
복잡하고 골치 아픈 문법 용어나 긴 설명 없이 간단한 설명과 대표 예문들을 통해 초고속으
로 영문장 이해의 든든한 밑바탕을 마련하고, 수능 영어 구문을 총정리할 수 있다.

9 '일일·누적 퀴즈 테스트'

순서가 바뀌어 제시되는 해당 날짜의 단어 30개의 '일일 테스트'와 그 전 3일분 단어 30개의
'누적 테스트'로 확인 테스트를 하면서 확실하게 마무리한다.

10 '미니 영어 사전'

고등학교 교과서와 수능 문제 전부를 어휘 분석 프로그램을 통해 실제로 자주 쓰이는 단어
의 의미만 추려 실었다. 수능 영단어의 기준과 표준이 되는 작지만 강한 사전이니 편리하고
요긴하게 활용할 수 있다.

11 별책 부록 '일일 암기장'

1일 30개씩 정리된 암기장으로, 영단어와 우리말 뜻을 접어서 외울 수 있도록 되어 있다.
본책과 따로 지니고 다니며 언제 어디서든 편리하게 사용할 수 있다.

Contents

부록

이 책에 사용하는 약호·기호

❶ 품사별 컬러 표

색깔	품사
● 파랑	명사
● 빨강	동사
● 보라	명사 · 동사
● 초록	형용사
● 갈색	부사

❷ 약호(품사 표시)

명 명사		접 접속사	
동 동사		전 전치사	
형 형용사		N 명사	
부 부사		V 동사원형	

❸ 기호

기호	의미
=	동의어
↔	반의어
*	파생어 · 관련어
비교	비교어
[ ]	대체 가능 어구
( )	생략 가능 어구 · 보충 설명
/	공동 적용 어구

뜯어먹는
수능 1등급
기본 영단어
1800

권장 학습법

1. 먼저 30개 단어를 쭉 훑어보아 낯을 익힌다.
   아는 것과는 반갑게 인사하고, 모르는 것과는 첫인사를 나눈다. (5분)

2. 모르는 단어를 중심으로 각자 취향대로 본격적으로 집중해서 외운다.
   쓰거나 듣기 자료를 들으며 따라해 볼 수 있다. (15분)

3. [반갑다 기능어야]를 익힌다. (5분)

4. [즐거운 테스트] Ⓐ에 도전한다.
   답을 직접 써 보는 게 좋지만, 이동 중일 때는 머릿속으로 써 보아도 된다. (3분)

5. 채점해 보고 틀린 것들을 골라내 다시 암기한다. (6분)

6. [즐거운 테스트] Ⓑ부터 끝까지 즐겁게 풀고 채점해 보면서 익힌다. (15분)

7. [오늘의 디저트]를 맛있게 음미하며 마무리한다. (1분)

총 소요 시간: 약 50분

01 environment
[inváiərənmənt]

환경 *environmental 혱환경의
*environment(ally)-friendly 혱환경친화[친환경]적인
• 환경을 보호하다 to protect the _____

02 government
[gʌ́vərnmənt]

정부, 정치 *governmental 혱정부의 *govern 툉통치하다, 통제하다
• 미국 정부 the US _____

03 company
[kʌ́mpəni]

❶ 회사(=firm) ❷ 함께 있음[동반/교제] ❸ 친구[손님]들
• 컴퓨터 회사 a computer _____

명사·동사

04 race
[reis]

혱❶ 경주[경쟁] ❷ 인종 툉경주[경쟁]하다 *racial 혱인종의
• 모든 인종의 사람들 people of all _____s

05 plant
[plænt]

혱❶ 식물 ❷ 공장[설비] 툉심다
• 화학 공장 a chemical _____

06 state
[steit]

혱❶ 상태 ❷ 국가, (미국의) 주 툉말하다[진술하다]
• 정신 상태 a _____ of mind

07 concern
[kənsə́ːrn]

혱우려[걱정], 관심(사) 툉❶ 관련되다 ❷ 걱정시키다
*concerning 젼 ~에 관하여(=about)
• 우려를 표하다 to express _____

08 reason
[ríːzn]

혱❶ 이유 ❷ 이성 툉추론하다
• 주된 이유 the main _____

09 face
[feis]

혱얼굴 툉직면하다 *facial 혱얼굴의
• 문제에 직면하다 to _____ a problem

10 fire
[fáiər]

혱불, 화재 툉❶ 발사하다 ❷ 해고하다
• 해고되다 to get _____d

11 matter
[mǽtər]

혱❶ 문제 ❷ 물질 툉중요하다
• 그것은 중요하지 않다. It doesn't _____.

12 cause
[kɔːz]

혱원인(↔effect), 이유 툉일으키다[원인이 되다]
• 문제를 일으키다 to _____ a problem

13 raise
[reiz]

툉❶ (들어) 올리다 ❷ 모금하다 ❸ 기르다 ❹ 제기하다 혱임금 인상
• 팔을 올리다 to _____ your arm

14 bear
[bɛər]-bore-borne

툉❶ 참다[견디다] ❷ 지니다 ❸ 떠맡다 혱곰 *bearable 혱참을 만한
• 고통을 참다 to _____ pain

15 support
[səpɔ́ːrt]

툉❶ 지지하다 ❷ 부양[원조]하다 혱❶ 지지 ❷ 원조
*supportive 혱지원하는
• 제안을 지지하다 to _____ a proposal

동사

16 allow
[əláu]

허락[허용]하다(=permit, let↔forbid, prevent)
• 흡연이 허락되지 않는다. Smoking is not _____ed.

	17 consider [kənsídər]	❶고려[숙고/배려]하다 ❷여기다 *consideration 몡고려 *considerate 혱이해심 많은[배려하는] • 차를 사는 것을 고려하다 to _____ buying a car
	18 provide [prəváid]	제공[공급]하다 • 사람들에게 일자리를 제공하다 to _____ people with work
	19 realize [ríːəlàiz]	❶깨닫다 ❷실현하다 *realization 몡깨달음, 실현 • 실수를 깨닫다 to _____ your mistake
	20 reduce [ridʒúːs]	줄이다[축소하다] *reduction 몡축소[감소] • 속도를 줄이다 to _____ speed
	21 suggest [səgdʒést]	❶제안하다[권하다] ❷암시하다 *suggestion 몡❶제안 ❷암시 • 난 외식하러 나갈 것을 제안해요. I _____ we go out to eat.
명 사 · 동 사 · 형 용 사	**22 subject** 몡혱[sʌ́bdʒikt] 동[səbdʒékt]	몡❶주제 ❷과목 ❸실험 대상 혱영향 받기 쉬운 동복속시키다 • 주제를 바꾸다 to change the _____
	23 present 몡혱[préznt] 동[prizént]	혱❶있는[참석한] ❷현재의 몡❶선물 ❷현재 동증정하다, 제시하다 *presence 몡존재[참석], 면전, 풍채 *presentation 몡발표, 제출, 수여 • 현재의 상황 the _____ situation
동 사 · 형 용 사	**24 mean** [miːn]-meant-meant	동❶의미하다 ❷의도하다 혱못된[심술궂은] *meaning 몡의미 *meaningful 혱의미 있는 • 나는 그럴 의도가 아니었다. I didn't _____ to do it.
명 사 · 형 용 사	**25 patient** [péiʃənt]	몡환자 혱참을성 있는(↔impatient) *patience 몡참을성[인내력] • 에이즈 환자 an AIDS _____
	26 individual [ìndəvídʒuəl]	혱개인[개개]의 몡개인 *individualism 몡개인주의 *individuality 몡개성 • 개인의 자유 _____ freedom
	27 ancient [éinʃənt]	혱고대의(↔modern), 오래된 몡(the ancients) 고대인들 • 고대 문명 _____ civilization
형 용 사	**28 various** [vέəriəs]	다양한(=varied) *vary 동다르다 *variety 몡다양성 • 다양한 이유로 for _____ reasons
	29 positive [pázətiv]	긍정적인[적극적인](↔negative) • 긍정적인 태도 a _____ attitude
형 용 사 · 부 사	**30 likely** [láikli]	혱❶~할[일] 것 같은(↔unlikely) ❷알맞은 부아마 *likelihood 몡가능성(=probability) • 비가 올 것 같다. It is _____ to rain.

✔ **반갑다 기능어야!**   **of 전치사**

1	소유(~의)	the true value **of** a man 인간의 참된 가치
2	부분(~ 중의)	some **of** my friends 내 친구들 중의 몇몇
3	관련(~에 관한)	a story **of** passion 열정에 관한 이야기
4	to V 의미상 주어	It was kind **of** you to help me. 저를 도와주시다니 친절하군요.

A　영어는 우리말로, 우리말은 영어로!

1	company	16	환경
2	race	17	정부, 정치
3	state	18	식물, 공장[설비], 심다
4	concern	19	이유, 이성, 추론하다
5	fire	20	얼굴, 직면하다
6	cause	21	문제, 물질, 중요하다
7	raise	22	허락[허용]하다
8	bear	23	고려하다, 여기다
9	support	24	제공[공급]하다
10	suggest	25	깨닫다, 실현하다
11	subject	26	줄이다[축소하다]
12	present	27	환자, 참을성 있는
13	mean	28	개인(의), 개개의
14	ancient	29	다양한
15	likely	30	긍정적인[적극적인]

B　단어와 단어의 만남

1　a government official

2　a power plant

3　cause and effect

4　my favorite subject

5　the rights of the individual

6　for various reasons

7　인종 관계　r_____ relations

8　정신 상태　a s_____ of mind

9　주된 이유　the main r_____

10　암 환자　a cancer p_____

11　고대사　a_____ history

12　긍정적인 사고　p_____ thinking

C　[보기] 단어들 뜻 씹어 보고 들어갈 곳에 쏙!

보기	allow　　face　　matter　　mean　　state

1　I didn't _____ to upset you.　너를 속상하게 할 의도는 아니었어.

2　It doesn't _____ to me what you do.　네가 무엇을 하는지는 내게 중요하지 않아.

3　Please _____ your name and address.　이름과 주소를 말해 주세요.

4　Many societies _____ various problems.　많은 사회가 다양한 문제들에 직면한다.

5　Her parents won't _____ her to stay out late.
　　그녀의 부모는 그녀가 늦게까지 밖에 있는 것을 허락하지 않으려 한다.

Answers

A 앞면 참조　**B** 1 정부 관리[공무원]　2 발전소　3 원인과 결과[인과]　4 내가 가장 좋아하는 과목　5 개인의 권리　6 다양한 이유로　7 race
8 state　9 reason　10 patient　11 ancient　12 positive　**C** 1 mean　2 matter　3 state　4 face　5 allow

D [보기] 단어들 뜻 음미해 보고 빈칸 속에 퐁당!

| 보기 |　　　bear　　　consider　　　fire　　　reduce　　　suggest |

1 The noise is hard to _____ . 그 소음은 참기 힘들다.
2 She got _____(e)d from her first job. 그녀는 첫 직장에서 해고되었다.
3 Recycling _____s environmental pollution. 재활용은 환경 오염을 줄인다.
4 He _____s himself an expert on the subject. 그는 자신을 그 주제에 관한 전문가로 여긴다.
5 The doctor _____(e)d that I get some exercise. 의사는 내게 운동을 하라고 권했다.

E 빈칸에 들어갈 알맞은 단어는?
1 Don't be so m_____ to her! 그녀에게 그렇게 못되게 굴지 마!
2 You have to be more p_____ . 너는 더 참을성이 있어야 해.
3 Is it l_____ to rain tomorrow? 내일 비가 올 것 같니?

F 같은 모양, 다른 의미
1 growing concern about global warming
  My only concern is to please you.
2 I don't support any one political party.
  She must support her family after the death of her father.
3 She raised five children without her husband.
  A student raised his hand and asked a question.
  They raised money to help the homeless people.
4 He was present at the meeting.
  You must present your ideas clearly.

G 단어를 외우니 문장이 해석되네!
1 Do they know what caused the fire?
2 The company provided him with a car.
3 We should realize the importance of the environment.

H 반갑다 기능어야! 익힌 후, 빈칸에 알맞은 기능어 넣기
The health _____ a nation depends on people's sense _____ justice.
한 국가의 건강은 국민의 정의감에 달려 있다.

오늘의 dessert | *A man is known by the company he keeps.*
　　　　　　　　　　　　　　　　　　　사귀는 친구를 보면 그 사람을 알 수 있다.

Answers

D 1 bear 2 fire 3 reduce 4 consider 5 suggest **E** 1 mean 2 patient 3 likely **F** 1 지구 온난화에 대해 증가하는 우려(우려) / 나의 유일한 관심사는 널 기쁘게 하는 거야.(관심사) 2 나는 어떤 한 정당도 지지하지 않는다.(지지하다) / 그녀는 아버지가 돌아가신 후 가족을 부양해야 한다.(부양하다) 3 그녀는 남편 없이 다섯 명의 아이들을 길렀다.(기르다) / 한 학생이 손을 들고 질문을 했다.((들어) 올리다) / 그들은 노숙자들을 돕기 위해 모금을 했다.(모금하다) 4 그는 모임에 참석했다.(참석한) / 너는 자신의 생각을 명료하게 제시해야 한다.(제시하다) **G** 1 그들은 무엇이 화재를 일으켰는지 아니? 2 회사가 그에게 차를 제공했다. 3 우리는 환경의 중요성을 깨달아야 한다. **H** of

9

<table>

명사 01 education [èdʒukéiʃən]

교육 *educational 형교육의 *educate 통교육하다
· 대학 교육 a college _____

02 population [pàpjuléiʃən]

인구 *overpopulation 명인구 과잉 *populate 통살다[거주하다]
· 인구 증가 _____ growth

03 planet [plǽnit]

❶행성 ❷(the ~) 지구
· 우리 태양계의 행성들 the _____s of our solar system

04 purpose [pə́ːrpəs]

목적, 의도 *on purpose 고의로
· 당신의 방문 목적 the _____ of your visit

05 article [áːrtikl]

❶기사 ❷물품(=item) ❸조항
· 신문 기사 a newspaper _____

명사·동사 06 arm [ɑːrm]

명❶팔 ❷(-s) 무기 통❶무장시키다 ❷갖추게 하다
· 무기 거래상 an _____s dealer

07 amount [əmáunt]

명양 통(~ to) 총[결국] ~이 되다[~와 같다]
· 다량의 설탕 a large _____ of sugar

08 object 명[ábdʒikt] 통[əbdʒékt]

명❶물체[물건] ❷목적 ❸대상 통(~ to) 반대하다 *objection 명반대
· 금속 물체 a metal _____

09 respect [rispékt]

명❶존경[존중] ❷점[측면] 통존경[존중]하다
*respectful 형존중하는 *respectable 형존경할 만한, 꽤 좋은
· 그를 존경하다 to have _____ for him

10 rest [rest]

명❶휴식 ❷나머지 통쉬다
· 휴식을 좀 취하다 to get some _____

11 research [risə́ːrtʃ]

명연구 통연구하다
· 연구를 하다 to do _____

12 process [práses]

명과정[공정] 통(가공) 처리하다
· 학습 과정 the learning _____

13 influence [ínfluəns]

명영향(력) 통영향을 미치다 *influential 형영향력 있는
· 어린이들에게 영향을 미치다 to have an _____ on children

14 notice [nóutis]

통❶알아차리다 ❷주목하다 명❶주목 ❷공고[통지]
· 변화를 알아차리다 to _____ a change

15 deal [diːl]-dealt-dealt

통(~ with) ❶다루다[처리하다] ❷거래하다 명거래
· 문제를 처리하다[다루다] to _____ with a problem

동사 16 relax [rilǽks]

쉬다, 안심하다, 긴장을 풀다
*relaxation 명❶휴식[오락] ❷완화 *relaxed 형편안한
· 근육의 긴장을 풀다 to _____ your muscles

</table>

¹⁷ **add**
[æd]

더하다, 덧붙여 말하다 　*addition 뗑추가(물), 덧셈
*additional 휑추가의 　*additive 뗑첨가물[첨가제]
• 명단에 당신의 이름을 추가하다　to _____ your name to the list

¹⁸ **affect**
[əfékt]

❶영향을 미치다 ❷(정서적) 충격을 주다　비교 effect 뗑영향, 결과, 효과
*affective 휑정서적인
• 우리의 삶에 영향을 미치다　to _____ our lives

¹⁹ **prevent**
[privént]

막다[예방하다]　*prevention 뗑예방[방지]　*preventive 휑예방[방지]의
• 사고를 예방하다　to _____ an accident

²⁰ **involve**
[inválv]

❶포함[수반]하다 ❷관련[참여]시키다　*involvement 뗑관련
• 위험 요소를 포함하다　to _____ an element of risk

²¹ **require**
[rikwáiər]

❶필요로 하다 ❷요구하다　*requirement 뗑필요한 것, 요건
• 많은 시간을 필요로 하다　to _____ a lot of time

²² **suppose**
[səpóuz]

❶추측[생각]하다 ❷가정하다　*presuppose 뗑예상하다, 상정[추정]하다
*be supposed to V ~하기로 되어 있다[해야 한다]
• 나는 네가 옳다고 생각한다.　I _____ you're right.

명사·동사·형용사

²³ **fine**
[fain]

휑❶좋은 ❷가는[미세한] 휑잘 뗑벌금을 부과하다 뗑벌금
• 좋은 옷　_____ clothes
• 과속으로 벌금이 부과되다　to be _____d for speeding

형용사

²⁴ **recent**
[rí:snt]

최근의　*recently 휑최근에
• 최근 연구　_____ research

²⁵ **creative**
[kriéitiv]

창조적인　*create 뗑창조하다 *creativity 뗑창조력 *creation 뗑창조(물)
• 창조적인 사고　_____ thinking

²⁶ **negative**
[négətiv]

부정적인(↔positive)
• 부정적인 영향　a _____ effect

²⁷ **normal**
[nɔ́ːrməl]

정상[보통]의(↔abnormal)
• 그의 체온은 정상이다.　His temperature is _____.

²⁸ **unique**
[juːníːk]

유일한, 독특한[특유의]　*uniqueness 뗑유일성, 독특함
• 독특한 스타일　a _____ style

형용사·부사

²⁹ **still**
[stil]

휑❶아직도 ❷그럼에도 불구하고 ❸더욱 휑움직이지 않는, 고요한
*stillness 뗑고요
• 나는 아직도 배가 고프다.　I'm _____ hungry.

부사

³⁰ **eventually**
[ivéntʃuəli]

마침내[결국](=finally, ultimately)
• 마침내 하늘이 개었다.　_____, the sky cleared up.

✅ **반갑다 기능어야!**　**for 전치사·접속사**

• 전치사　1 대상·목적(~을 위해[향해])　to work **for** an oil company 석유 회사에 근무하다
　　　　　2 기간(~ 동안)　　　　　　　**for** a moment 잠시 동안　　　　**for** a long time 오랫동안
　　　　　3 이유(~ 때문에)　　　　　　to be arrested **for** drunk driving 음주 운전 때문에 체포되다
• 접속사: 왜냐하면(=because)　You shouldn't drink, **for** you're still under age.
　　　　　너는 술을 마셔선 안 돼. 왜냐하면 아직 미성년이니까.

A 영어는 우리말로, 우리말은 영어로!

1	arm	16	교육
2	amount	17	인구
3	object	18	행성, 지구
4	respect	19	목적, 의도
5	process	20	기사, 물품, 조항
6	notice	21	휴식, 나머지, 쉬다
7	deal	22	연구(하다)
8	relax	23	영향(을 미치다)
9	affect	24	더하다, 덧붙여 말하다
10	involve	25	막다[예방하다]
11	require	26	최근의
12	suppose	27	창조적인
13	fine	28	부정적인
14	still	29	정상[보통]의
15	eventually	30	유일한, 독특한

B 단어와 단어의 만남

1 the arms race
2 huge amounts of data
3 the rest of his life
4 fine sand
5 recent research
6 a negative effect
7 공교육 public e_____
8 인구 증가 p_____ growth
9 신문 기사 a newspaper a_____
10 금속 물체 a metal o_____
11 노화 과정 the aging p_____
12 창조적인 사고 c_____ thinking

C [보기] 단어들 뜻 씹어 보고 들어갈 곳에 쏙!

|보기|	influence	planet	purpose	respect

1 Is there life on the other _____? 다른 행성에 생물이 있을까?
2 What is your _____ in going to Canada? 캐나다에 가는 목적이 무엇인가요?
3 Students should have _____ for their teachers. 학생은 선생님을 존경해야 한다.
4 The media has too much _____ on kids these days.
요즘 대중 매체가 아이들에게 너무 많은 영향을 미친다.

Answers
A 앞면 참조　**B** 1 군비 경쟁　2 막대한 양의 자료　3 그의 여생　4 가는[고운] 모래　5 최근 연구　6 부정적인 영향　7 education　8 population
9 article　10 object　11 process　12 creative　**C** 1 planet　2 purpose　3 respect　4 influence

D 내 영어 실력?? 영영 사전 보는 정도!!!

| |보기| | add | require | suppose |

1 to need something
2 to put one thing with another
3 to think or believe that something is true or possible

E [보기] 단어들 뜻 음미해 보고 빈칸 속에 풍덩!

| |보기| | affect | amount | fine | involve | notice | prevent | relax |

1 It _____(e)s to 25 dollars. 그것은 총 25달러이다.
2 She was _____(e)d for speeding. 그녀는 속도위반으로 벌금이 부과되었다.
3 This music will help to _____ you. 이 음악이 너의 긴장을 푸는 데 도움이 될 거야.
4 Reading _____(e)s many mental activities. 독서는 많은 정신 활동을 수반한다.
5 The accident could have been _____(e)d. 그 사고는 예방될 수 있었을 텐데.
6 I _____(e)d that her hands were shaking. 나는 그녀의 손이 떨리고 있는 것을 알아차렸다.
7 Culture _____(e)s our ways of thinking and living.
   문화는 우리의 사고방식과 생활 방식에 영향을 미친다.

F 빈칸에 들어갈 알맞은 단어는?
1 Each person's fingerprints are u_____. 각 사람의 지문은 유일하다.
2 It's n_____ to feel nervous before an exam. 시험 전에 초초함을 느끼는 것은 정상이다.
3 E_____, the sky cleared up. 마침내 하늘이 개었다.

G 같은 모양, 다른 의미
1 He objects to their opinion.
   Her only object in life is to help the poor.
2 The company deals with this store.
   This book deals with social problems.
3 The audience stood still for an hour.
   The second question is still more difficult than the first.

H 반갑다 기능어야! 익힌 후, 빈칸에 알맞은 기능어 넣기
Man is born to live, not to prepare _____ life.
사람은 삶을 준비하려고가 아니라, 살려고 태어나는 것이다.

오늘의 dessert | *Still waters run deep.* 잔잔한 물이 깊이 흐른다.(말 없는 사람이 생각이 깊다.)

Answers
D 1 require 2 add 3 suppose E 1 amount 2 fine 3 relax 4 involve 5 prevent 6 notice 7 affect F 1 unique 2 normal
3 Eventually G 1 그는 그들의 의견에 반대한다.(반대하다) / 그녀의 유일한 삶의 목적은 가난한 사람들을 돕는 것이다.(목적) 2 그 회사는 이 가게와
거래한다.(거래하다) / 이 책은 사회 문제들을 다룬다.(다루다) 3 관객들은 1시간 동안 움직이지 않고 서 있었다.(움직이지 않는) / 두 번째 질문은 첫 번째
보다 더욱 더 어렵다.(더욱) H for

13

명사

01 generation
[ʤènəréiʃən]

❶세대 ❷발생　*generate 동만들어 내다[발생시키다]
· 세대 차이 the _____ gap

02 career
[kəríər]

❶직업 ❷경력
· 직업[진로] 선택 a _____ choice

03 resource
[ríːsɔːrs]

(-s) 자원
· 천연자원 natural _____s

04 industry
[índəstri]

❶산업 ❷근면　*industrial 형산업의　*industrious 형근면한
· 자동차 산업 the car _____

05 opportunity
[àpərtjúːnəti]

기회
· 일생에 한 번뿐인 기회 a once-in-a-lifetime _____

06 reality
[riːǽləti]

현실　*real 형진짜의, 현실의　*realism 명현실주의, 사실주의
· 현실에 직면하다 to face _____

07 attitude
[ǽtitjùːd]

태도
· 부정적인 태도 a negative _____

명사·동사

08 advance
[ədvǽns]

명진보[발전], 전진 동전진하다, 진보하다　*advancement 명진보, 승진
· 과학 기술의 진보 a technological _____

09 challenge
[tʃǽlinʤ]

명도전 동도전하다
*challenging 형도전해 볼 만한　*challenged 형장애가 있는
· 도전에 직면하다 to face a _____

10 detail
[díːteil]

명세부 사항 동상술[열거]하다　*detailed 형상세한　*in detail 상세하게
· 그것을 상세히 설명하다 to explain it in _____

11 issue
[íʃuː]

명❶쟁점[문제] ❷(잡지의) 호 ❸발급[발행] 동발표[발급]하다
· 핵심 쟁점 a key _____

12 benefit
[bénəfit]

명이익[혜택] 동이익을 주다[얻다]　*beneficial 형유익한
· 이익을 가져오다 to bring _____s

13 limit
[límit]

명한계[제한] 동제한[한정]하다　*limitation 명제한, 한계
· 속도 제한 the speed _____

14 cure
[kjuər]

명치료(법), 치유, 해결책 동치료[치유]하다　*incurable 형불치의
· 에이즈 치료법 a _____ for AIDS

15 tear
명[tiər] 동[tɛər]-tore-torn

명❶눈물 ❷[tɛər]찢어진 곳 동찢(어지)다, 째(지)다
· 기쁨의 눈물 _____s of joy

16 treat
[triːt]

동❶대우하다[다루다] ❷치료하다 ❸대접하다 명한턱내기
*treatment 명❶치료 ❷대우[취급] ❸처리
· 그를 어린애 취급하다 to _____ him like a child

동사	17 **accept** [əksépt]	받아들이다, 인정하다(↔refuse, reject) ＊acceptable 형 받아들일 수 있는[만족스러운]　＊acceptance 명 수락 ・제안을 받아들이다 to _____ an offer
	18 **achieve** [ətʃíːv]	이루다, 성취[달성]하다　＊achievement 명 성취[달성] ・목표를 달성하다 to _____ your goal
	19 **avoid** [əvɔ́id]	피하다[막다] ＊avoidable 형 피할[막을] 수 있는(↔unavoidable)　＊avoidance 명 회피 ・사고를 피하다 to _____ an accident
	20 **describe** [diskráib]	묘사[기술]하다　＊description 명 묘사[기술]　＊descriptive 형 묘사하는 ・장면을 묘사하다 to _____ a scene
	21 **perform** [pərfɔ́ːrm]	❶공연하다 ❷수행하다 ＊performance 명 ❶공연[연기/연주] ❷수행 (능력) ・연극을 공연하다 to _____ a play
	22 **remain** [riméin]	~인 채로 있다, 남아 있다, 머무르다　＊remains 명 잔해[유해], 유물[유적] ・침묵을 지키다 to _____ silent
	23 **suffer** [sʌ́fər]	(고통을) 겪다[경험하다] ・고통을 겪다 to _____ pain
명사·형용사	24 **material** [mətíːəriəl]	명 물질, 재료, 자료　형 물질의 ・건축 자재들 building _____s
	25 **male / female** [meil] / [fíːmeil]	형 명 남성[수컷](의)/여성[암컷](의) ・남성과 여성의 역할 _____ and _____ roles
	26 **essential** [isénʃəl]	형 필수적인, 본질적인　명 (-s) 필수[본질]적인 것　＊essence 명 본질 ・필수 요소 an _____ element
형용사	27 **particular** [pərtíkjulər]	특정한(=specific), 특별한(=special)　＊particularly 부 특히 ・특별한 이유 없이 for no _____ reason
	28 **similar** [símələr]	비슷한(↔different)　＊similarity 명 유사성 ・비슷해 보이다 to look _____
	29 **tiny** [táini]	아주 작은 ・아주 작은 아기 a _____ baby
부사	30 **besides** [bisáidz]	게다가 전 ~ 외에　비교 beside 전 ~ 옆에 ・나는 피곤해. 게다가 나는 졸려. I'm tired. _____, I'm sleepy.

☑ 반갑다 기능어야! to 전치사

1	목표·방향(~로, ~까지)	Turn **to** the right. 오른쪽으로 돌아라. from nine **to** six 9시부터 6시까지 **to** some extent 어느 정도까지
2	대상(~에게)	Don't show it **to** anyone else. 그것을 다른 사람에게 보여 주지 마.
3	관계(~에 대하여)	a guide **to** learning English 영어 학습에 대한 지침

15

A　영어는 우리말로, 우리말은 영어로!

1	advance	16	세대, 발생
2	detail	17	직업, 경력
3	issue	18	자원
4	benefit	19	산업, 근면
5	limit	20	기회
6	cure	21	현실
7	tear	22	태도
8	treat	23	도전(하다)
9	accept	24	이루다, 성취하다
10	remain	25	피하다[막다]
11	suffer	26	묘사[기술]하다
12	male/female	27	공연하다, 수행하다
13	essential	28	물질(의), 재료, 자료
14	particular	29	비슷한
15	besides	30	아주 작은

B　단어와 단어의 만남

1　a career choice
2　the steel industry
3　a cure for AIDS
4　male and female roles
5　a tiny hole

6　세대 차이 the g＿＿＿＿＿ gap
7　천연자원 natural r＿＿＿＿＿s
8　긍정적인 태도 a positive a＿＿＿＿＿
9　핵심 쟁점 a key i＿＿＿＿＿
10　건축 자재들 building m＿＿＿＿＿s

C　[보기] 단어들 뜻 씹어 보고 들어갈 곳에 쏙!

|보기|	advance	benefit	issue	opportunity	reality

1　It was too good a(n) ＿＿＿＿＿ to miss. 그것은 너무 좋은 기회여서 놓칠 수 없었다.
2　The article appeared in the latest ＿＿＿＿＿. 그 기사는 최근호에 나왔다.
3　He lives in a dream and is not aware of ＿＿＿＿＿. 그는 꿈속에 살면서 현실을 깨닫지 못한다.
4　We should work for the ＿＿＿＿＿ of all human beings.
　　우리는 모든 인간의 이익을 위해 일해야 한다.
5　Recent ＿＿＿＿＿(e)s in medical science have raised moral questions.
　　최근 의학의 진보는 도덕상의 문제를 제기해 오고 있다.

D 내 영어 실력?? 영영 사전 보는 정도!!!

| 보기 |　　advance　　　　avoid　　　　issue　　　　remain |

1 to continue in the same way or condition
2 to prevent something bad from happening
3 to move forward towards someone or something
4 to officially make a statement, give an order, warning etc.

E [보기] 단어들 뜻 음미해 보고 빈칸 속에 퐁당!

| 보기 |　　accept　　　　achieve　　　　perform　　　　suffer |

1 She's _____ing a lot of pain. 그녀는 많은 고통을 겪고 있다.
2 He finally _____(e)d success. 그는 마침내 성공을 이루었다.
3 We _____(e)d *Hamlet* last year. 우리는 작년에 '햄릿'을 공연했다.
4 Are you going to _____ their invitation? 너는 그들의 초대를 받아들일 거니?

F 빈칸에 들어갈 알맞은 단어는?
1 Water is e_____ for life. 물은 생명에 필수적이다.
2 For no p_____ reason, he quit the job. 그는 특별한 이유 없이 일을 그만두었다.
3 Her ideas are quite s_____ to mine. 그녀의 생각은 나의 생각과 매우 비슷하다.

G 같은 모양, 다른 의미
1 Her eyes are full of tears. / Be careful not to tear the paper.
2 They treated him like a child. / I was treated in the hospital.
　They treated her to dinner for her birthday.
3 I don't want to go. Besides, I'm too tired.
　There were three other people at the meeting besides Mr. Kim.

H 단어를 외우니 문장이 해석되네!
1 He described the scene in detail.
2 Don't limit your challenges. Challenge your limits.

I 반갑다 기능어야! 익힌 후, 빈칸에 알맞은 기능어 넣기
Only the person who has faith in himself is able to be faithful _____ others.
스스로를 신뢰하는 사람만이 다른 사람들에게 성실할 수 있다.

오늘의 dessert | *Opportunity seldom knocks twice.* 기회는 좀처럼 두 번 오지 않는다.

Answers

D 1 remain 2 avoid 3 advance 4 issue　E 1 suffer 2 achieve 3 perform 4 accept　F 1 essential 2 particular 3 similar
G 1 그녀의 눈은 눈물로 가득 차 있다.(눈물) / 종이를 찢지 않도록 조심해라.(찢다)　2 그들은 그를 어린애 취급했다.(대우하다[다루다]) / 나는 병원에서 치료
받았다.(치료하다) / 그들은 그녀의 생일을 기념해 그녀에게 저녁을 사 주었다.(대접하다)　3 나는 가고 싶지 않아. 게다가 나는 너무 피곤해.(게다가) / 김 씨
외에도 세 명의 다른 사람이 모임에 있었다.(~ 외에)　H 1 그는 그 장면을 상세히 묘사했다. 2 너의 도전을 제한하지 마라. 너의 한계에 도전하라.　I to

01 expert
[ékspəːrt]

전문가 　*expertise 명전문 기술[지식]
• 컴퓨터 전문가 a computer ＿＿＿＿＿

02 movement
[múːvmənt]

❶(정치 · 사회적) 운동 ❷움직임[이동]
*move 동❶움직이다 ❷이동[이사]하다 ❸감동시키다
• 반전 운동 an anti-war ＿＿＿＿＿

03 character
[kǽriktər]

❶성격, 특성 ❷(등장)인물 ❸글자
*characteristic 명특성 형특징적인[특유의]
• 조용한 성격 a quiet ＿＿＿＿＿

04 species
[spíːʃiːz]

(복수 species) (생물의) 종
• 식물 종들 plant ＿＿＿＿＿

05 appearance
[əpíːərəns]

❶외모 ❷출현 　*appear 동❶나타나다 ❷~인 것 같다
• 외모로 판단하다 to judge by ＿＿＿＿＿s

06 instance
[ínstəns]

예(=example), 경우 　*for instance[example] 예를 들어
• 대부분의 경우에는 in most ＿＿＿＿＿s

07 method
[méθəd]

(조직적인) 방법[방식]
• 전통적인 교수법 a traditional teaching ＿＿＿＿＿

08 quality
[kwáləti]

질, 자질[특성] 　*qualify 동자격을 얻다[주다] 　*qualification 명자격
• 삶의 질 the ＿＿＿＿＿ of life

09 variety
[vəráiəti]

다양(성) 　*variety of 다양한(=various) 　*vary 동다르다
• 폭넓은 다양한 주제들 a wide ＿＿＿＿＿ of topics

10 damage
[dǽmidʒ]

명손상[피해] 동손상[피해]을 입히다
• 손상[피해]을 입히다 to do[cause] ＿＿＿＿＿

11 match
[mætʃ]

명❶성냥 ❷어울리는 것 ❸호적수 ❹경기 동❶어울리다 ❷대등하다
• 축구 경기 a football ＿＿＿＿＿

12 figure
[fígjər]

명❶수치[숫자] ❷인물 ❸모습[몸매] ❹도형[도표]
동(~ out) 생각해 내다[이해하다]
• 판매 수치 sales ＿＿＿＿＿s

13 block
[blɑk]

명블록, 구획 동막다[방해하다] 　*blockage 명막고 있는 것, 막힘
• 도로를 막다 to ＿＿＿＿＿ a road

14 approach
[əpróutʃ]

동다가가다[접근하다] 명접근(법)
• 체계적 접근(법) a systematic ＿＿＿＿＿

15 beat
[biːt]-beat-beaten

동❶이기다 ❷두드리다[때리다] 명고동[박동], 박자[비트]
• 테니스에서 그를 이기다 to ＿＿＿＿＿ him at tennis

16 stick
[stik]-stuck-stuck

동❶붙(이)다 ❷찌르다, 내밀다 명막대기 　*sticky 형끈적거리는
• 봉투에 우표를 붙이다 to ＿＿＿＿＿ a stamp on an envelope

동사	17 **belong** [bilɔ́ːŋ]	(~ to) 속하다, 소유[소속]이다　*belonging 명❶(-s) 소유물[소지품] ❷ 소속 • 이 책들은 내 거야.　These books _____ to me.
	18 **contain** [kəntéin]	❶ 포함[함유]하다 ❷ 억제하다　*container 명 용기, 컨테이너 • 많은 지방을 함유하다　to _____ a lot of fat
	19 **depend** [dipénd]	(~ on[upon]) ❶ 의존[의지]하다 ❷ 달려 있다 ❸ 믿다 *dependence[dependency] 명 의존　*dependent 형 의존하는 • 그건 네게 달려 있어.　It _____s on you.
	20 **encourage** [inkə́ːridʒ]	용기를 북돋우다, 격려하다(↔discourage)　*encouragement 명 격려 • 다시 해 보라고 그를 격려하다　to _____ him to try again
	21 **occur** [əkə́ːr]	❶ 일어나다[생기다] ❷ (~ to) 생각이 떠오르다　*occurrence 명 발생(하는 일) • 사고가 일어났다.　An accident _____red.
	22 **reflect** [riflékt]	❶ (상을) 비추다 ❷ 반사하다 ❸ 반영하다 ❹ 숙고하다 *reflection 명 영상, 반사, 반영, 숙고 • 거울에 비치다　to be _____ed in the mirror
	23 **survive** [sərváiv]	❶ 살아남다 ❷ ~보다 오래 살다　*survival 명 생존　*survivor 명 생존자 • 사고에서 살아남다　to _____ an accident
동사·형용사	24 **calm** [kɑːm]	형 차분한, 고요한 명 평온[고요] 동 진정하다　*calmness 명 침착, 고요 • 침착함을 유지하다　to keep[stay/remain] _____
	25 **separate** 형 [sépərət] 동 [sépərèit]	형 분리된, 별개의 동 분리하다[분리되다], 가르다[갈라지다] • 별개의 방[별실]　a _____ room
형용사	26 **active** [ǽktiv]	활동적인, 적극적인　*activity 명 활동 • 그는 나이에 비해 활동적이다.　He's _____ for his age.
	27 **available** [əvéiləbl]	이용할[얻을] 수 있는, 시간이 있는 • 쉽게 이용할[얻을] 수 있다　to be easily _____
	28 **disabled** [diséibld]	장애가 있는(=challenged) *the disabled 장애인들　*disability 명 (심신) 장애 • 장애아들　_____ children
	29 **polite** [pəláit]	예의 바른[공손한](↔impolite, rude)　*politeness 명 예의 바름[공손함] • 다른 사람들에게 공손하다　to be _____ to others
부사	30 **merely** [míərli]	단지(=only, just)　*mere 형 단순한 • 그건 단지 추측일 뿐이다.　It's _____ a guess.

✅ **반갑다 기능어야!**　in 전치사·부사

1	장소·방향(안에(서)[으로])	in the world 세계에서 He fell **in** love with her. 그는 그녀와 사랑에 빠졌다.
2	시간(~ 동안에)	in spring/May/2020 봄/5월/2020년에
3	방법(~로)	in this way 이런 식으로　　Speak **in** English. 영어로 말해라.
4	상태(~한 상태에)	in haste[a hurry] 서둘러　　**in** use 쓰이고 있는

A 영어는 우리말로, 우리말은 영어로!

1	character	16	전문가
2	match	17	운동, 움직임[이동]
3	figure	18	(생물의) 종
4	block	19	외모, 출현
5	beat	20	예, 경우
6	stick	21	방법[방식]
7	contain	22	질, 자질[특성]
8	depend	23	다양(성)
9	encourage	24	손상[피해](을 입히다)
10	occur	25	접근(하다)
11	reflect	26	속하다, 소유[소속]이다
12	survive	27	분리된, 분리하다
13	calm	28	활동적인, 적극적인
14	available	29	장애가 있는
15	merely	30	예의 바른[공손한]

B 단어와 단어의 만남

1 a cheerful character
2 an anti-war movement
3 your physical appearance
4 for instance
5 a teaching method
6 a wide variety of topics
7 disabled children

8 의학 전문가 a medical e_____
9 한자 Chinese c_____s
10 식물 종들 plant s_____
11 삶의 질 the q_____ of life
12 뇌 손상 brain d_____
13 축구 경기 a football m_____
14 판매 수치 sales f_____s

C [보기] 단어들 뜻 씹어 보고 들어갈 곳에 쏙!

|보기|	block	encourage	reflect	separate

1 A fallen tree is _____ing the road. 쓰러진 나무가 길을 막고 있다.
2 His face was _____(e)d in the mirror. 그의 얼굴이 거울에 비쳤다.
3 _____ the recyclable items from your trash. 쓰레기에서 재활용 가능한 물건을 분리해라.
4 His parents _____ him to develop his talent.
그의 부모님은 그가 재능을 개발하도록 격려해 주신다.

Answers

A 앞면 참조 **B** 1 명랑한 성격 2 반전 운동 3 신체적 외모 4 예를 들어 5 교수법 6 폭넓은 다양한 주제들 7 장애아들 8 expert
9 character 10 species 11 quality 12 damage 13 match 14 figure **C** 1 block 2 reflect 3 Separate 4 encourage

D 내 영어 실력?? 영영 사전 보는 정도!!!

| |보기| approach　　contain　　survive |

1 to continue to live or exist
2 to have something inside, or have something as a part
3 to come near to someone or something in distance or time

E [보기] 단어들 뜻 음미해 보고 빈칸 속에 퐁당!

| |보기| belong　　depend　　figure　　match |

1 These books _____ to me. 이 책들은 내 거야.
2 I can't _____ out how to do this. 나는 이것을 어떻게 하는지 생각해 낼 수가 없어.
3 These shoes don't _____ your uniform. 이 신발은 네 교복과 어울리지 않는다.
4 Korea's future _____(e)s on each of you. 한국의 미래는 여러분 각자에게 달려 있다.

F 빈칸에 들어갈 알맞은 단어는?

1 Please be p_____ to our guests. 손님들에게 공손하세요.
2 Grandpa's very a_____ for his age. 할아버지는 나이에 비해 매우 활동적이다.
3 Further information is a_____ on request. 신청하면 추가 정보를 얻을 수 있습니다.
4 It is important to keep c_____ in an emergency. 비상시 침착함을 유지하는 게 중요하다.

G 같은 모양, 다른 의미

1 Somebody was beating at the door.
　I always beat my brother at computer games.
2 A good idea suddenly occurred to me.
　Several traffic accidents occurred yesterday.
3 She stuck a stamp on the envelope.
　The nurse stuck a needle in my arm.

H 밑줄 친 단어와 바꿔 쓸 수 있는 것은?

Money is merely a convenient medium of exchange, nothing more and nothing less. 돈은 단지 편리한 교환 수단일 뿐이며, 그 이상도 그 이하도 아니다.

① eventually　　　② hardly　　　③ rarely　　　④ only

I 반갑다 기능어야! 익힌 후, 빈칸에 알맞은 기능어 넣기

When the brain is _____ use, we feel very good. 두뇌가 쓰이고 있을 때 기분이 매우 좋다.

오늘의 dessert ｜ *After a storm comes a calm.* 폭풍우 후에 고요가 온다.(고진감래(苦盡甘來))

Answers
D 1 survive 2 contain 3 approach　E 1 belong 2 figure 3 match 4 depend　F 1 polite 2 active 3 available 4 calm　G 1 누군가 문을 두드리고 있었다.(두드리다) / 나는 컴퓨터 게임에서 남동생을 늘 이긴다.(이기다)　2 좋은 생각이 갑자기 내게 떠올랐다.(생각이 떠오르다) / 어제 몇 건의 교통사고가 일어났다.(일어나다)　3 그녀는 봉투에 우표를 붙였다.(붙이다) / 간호사가 내 팔에 주삿바늘을 찔렀다.(찌르다)　H ④　I in

21

명사

01 freedom
[fríːdəm]

자유　＊free 형 ❶자유로운, 한가한 ❷무료의　동 자유롭게 하다
• 표현의 자유 _____ of expression

02 adventure
[ədvéntʃər]

모험　＊adventurous 형 모험적인
• 모험담 an _____ story

03 aspect
[ǽspekt]

측면
• 긍정적인 측면 a positive _____

04 crime
[kraim]

범죄　＊criminal 명 범죄자[범인] 형 범죄의, 형사상의
• 범죄 예방 _____ prevention

05 solution
[səlúːʃən]

❶해법, 해답 ❷용액　＊solve 동 풀다, 해결하다
• 그 문제에 대한 해법 a _____ to the problem

06 tradition
[trədíʃən]

전통　＊traditional 형 전통의
• 문화적 전통 a cultural _____

명사·동사

07 account
[əkáunt]

명 ❶계좌, (-s) 회계 ❷설명　동 (~ for) ❶차지하다 ❷설명하다
＊accounting 명 회계　＊accountant 명 회계사
＊accountable 형 (설명할) 책임이 있는
• 은행 계좌 a bank _____

08 demand
[dimǽnd]

명 ❶수요(↔supply) ❷요구　동 요구하다
＊demanding 형 많은 것을 요구하는, 힘든
• 급여 인상 요구 a _____ for a higher salary

09 supply
[səplái]

명 공급(품), (-ies) (생활) 필수품　동 주다, 제공[공급]하다
• 제한된 석유 공급 a limited oil _____

10 fuel
[fjúːəl]

명 연료　동 연료를 공급하다
• 연료 탱크 a _____ tank

11 range
[reindʒ]

명 ❶다양성 ❷범위 ❸산맥 ❹(요리용) 레인지　동 걸치다
• 폭넓은 다양한 의견 a wide _____ of opinions

12 lie
[lai]

동 ❶(-lay-lain/lying) 눕다, 있다 ❷(-lied-lied/lying) 거짓말하다　명 거짓말
• 침대에 눕다 to _____ on the bed

13 feed
[fiːd]-fed-fed

동 먹을 것을 주다[먹이다]　명 먹이
• 개에게 먹을 것을 주다 to _____ a dog

14 spread
[spred]-spread-spread

동 퍼지다[퍼뜨리다], 펴다　명 확산　＊widespread 형 널리 퍼진[광범위한]
• 질병이 급속히 퍼졌다. The disease _____ rapidly.

동사

15 advertise
[ǽdvərtàiz]

광고하다　＊advertisement 명 광고　＊advertising 명 광고(하기)
• 제품을 광고하다 to _____ a product

16 gather
[gǽðər]

모이다[모으다]　＊gathering 명 모임
• 그녀 주위에 모이다 to _____ around her

17 recognize
[rékəgnàiz]

❶알아보다 ❷인정하다 　*recognition 몡인정, 알아봄
· 나는 그를 알아보지 못했다. I didn't _____ him.

18 determine
[ditə́ːrmin]

❶결정하다 ❷알아내다[밝히다] 　*be determined to V ~하기로 결심하다
*determination 몡결심, 결정 　*predetermine 통미리 결정하다
· 유전적으로 결정되다 to be genetically _____d

19 compare
[kəmpέər]

❶비교하다 ❷비유하다 　*comparison 몡비교
*comparable 혱비슷한 　*comparative 혱비교의, 비교적
· 두 제품을 비교하다 to _____ the two products

20 satisfy
[sǽtisfài]

만족[충족]시키다 　*be satisfied with ~에 만족하다
*satisfaction 몡만족(↔dissatisfaction) 　*satisfactory 혱만족스러운
· 모두를 만족시키다 to _____ everyone

21 establish
[istǽbliʃ]

설립하다(=found), 확립[수립]하다 　*establishment 몡설립, 확립
· 회사를 설립하다 to _____ a company

동사·형용사 **22 fit**
[fit]

통맞다[맞추다] 혱❶건강한 ❷알맞은 　*fitness 몡건강, 적합성
· 건강을 유지하다 to keep _____

23 direct
[dirékt]

혱직접적인(↔indirect) 통지시[감독]하다 　*direction 몡지시, 방향
· 직접적인 영향 a _____ effect

24 lower
[lóuər]

혱아래의(↔upper), 낮은(↔higher) 통낮추다[내리다]
· 아랫입술 your _____ lip

명사·형용사 **25 commercial**
[kəmə́ːrʃəl]

혱상업의 몡광고 방송 　*commerce 몡상업
· 상업적 성공 a _____ success

26 complex
[kámpleks]

혱복잡한 몡❶단지(團地) ❷콤플렉스[강박 관념] 　*complexity 몡복잡성
· 복잡한 과정 a _____ process

형용사 **27 aware**
[əwέər]

알아차린, 알고 있는(↔unaware) 　*awareness 몡인식
· 그 문제를 알고 있다 to be _____ of the problem

28 ordinary
[ɔ́ːrdənèri]

보통의[평범한] 　*extraordinary 혱보통이 아닌[비범한]
· 보통 사람들 _____ people

29 responsible
[rispánsəbl]

책임 있는(↔irresponsible), 원인이 되는 　*responsibility 몡책임
· 책임감을 느끼다 to feel _____

부사 **30 otherwise**
[ʌ́ðərwàiz]

그러지 않으면, 달리
· 외투를 입어라, 그러지 않으면 감기에 걸릴 거야.
　Put your coat on, _____ you'll get cold.

☑ **반갑다 기능어야!**　on 전치사

1	장소(~ 위에)	snow **on** the hills 언덕 위에 쌓인 눈
		to hang a picture **on** the wall 벽에 그림을 걸다
2	시간(~ 날에)	**on** Saturday 토요일에 　**on** May 17 5월 17일에
		on her birthday 그녀의 생일에
3	교통수단(~을 타고)	**on** the bus/subway 버스/지하철을 타고 　**on** foot 걸어서

A 영어는 우리말로, 우리말은 영어로!

1	account	16	자유
2	supply	17	모험
3	fuel	18	측면
4	range	19	범죄
5	lie	20	해법[해답], 용액
6	feed	21	전통
7	spread	22	수요, 요구(하다)
8	recognize	23	광고하다
9	determine	24	모이다[모으다]
10	compare	25	만족[충족]시키다
11	fit	26	설립[확립]하다
12	direct	27	상업의, 광고 방송
13	lower	28	알아차린, 알고 있는
14	complex	29	보통의[평범한]
15	otherwise	30	책임 있는, 원인이 되는

B 단어와 단어의 만남

1 negative aspects	7 개인의 자유 individual f_____
2 a peaceful solution	8 멋진 모험 a great a_____
3 a broad range of information	9 범죄 예방 c_____ prevention
4 supply and demand	10 문화적 전통 a cultural t_____
5 your lower lip	11 은행 계좌 a bank a_____
6 ordinary people	12 연료 탱크 a f_____ tank

C [보기] 단어들 뜻 씹어 보고 들어갈 곳에 쏙!

|보기|	demand	gather	range	spread

1 Their ages _____ from 25 to 50. 그들의 나이는 25세에서 50세까지 걸쳐 있다.

2 We _____(e)d around the great fire. 우리는 큰불 주위에 모였다.

3 This sort of work _____s patience. 이런 종류의 일은 인내를 요구한다.

4 The disease _____ rapidly among the poor. 질병이 가난한 사람들 사이에 급속히 퍼졌다.

D 빈칸에 공통으로 들어갈 알맞은 단어는?

1 a _____ success 상업적 성공   a soft drink _____ 청량음료 광고

2 a _____ process 복잡한 과정   an apartment _____ 아파트 단지

Answers

A 앞면 참조   B 1 부정적인 측면들 2 평화적 해법 3 폭넓은 다양한 정보 4 공급과 수요 5 아랫입술 6 보통 사람들 7 freedom 8 adventure
9 crime 10 tradition 11 account 12 fuel   C 1 range 2 gather 3 demand 4 spread   D 1 commercial 2 complex

E 내 영어 실력?? 영영 사전 보는 정도!!!

| |보기| establish   feed   satisfy |

1 to give food to a person or animal
2 to make someone happy by providing what they want or need
3 to start a company, organization etc. that will exist for a long time

F [보기] 단어들 뜻 음미해 보고 빈칸 속에 퐁당!

| |보기| advertise   compare   determine   lower   recognize |

1 Don't _____ yourself with others. 너 자신을 다른 사람들과 비교하지 마라.
2 The flag was _____(e)d at sunset. 기가 해질녘에 내려졌다.
3 He had grown so tall that I didn't _____ him.
  그가 너무 커 버려서 나는 그를 알아보지 못했다.
4 Your decisions _____ the future of our country.
  당신의 결정이 우리나라의 장래를 결정한다.
5 They spent much money to _____ their products.
  그들은 제품을 광고하기 위해 많은 돈을 썼다.

G 빈칸에 들어갈 알맞은 단어는?

1 They are a_____ of the danger of smoking. 그들은 흡연의 위험을 알고 있다.
2 Smoking is r_____ for about 90% of deaths from lung cancer.
  흡연은 폐암으로 인한 사망의 약 90%의 원인이 된다.
3 Put your coat on, o_____ you'll get cold. 외투를 입어라, 그러지 않으면 감기에 걸릴 거야.

H 같은 모양, 다른 의미

1 I will never lie to you. / Don't lie in the sun for too long.
2 a direct result / The film is directed by Steven Spielberg.
3 He was unable to account for the error.
  Oil and gas account for 60% of the country's exports.
4 The key doesn't fit the lock.
  She keeps fit by swimming every morning.

I 반갑다 기능어야! 익힌 후, 빈칸에 알맞은 기능어 넣기
Freedom is a system based _____ courage. 자유는 용기에 바탕을 둔 제도다.

오늘의 dessert | *Don't bite the hand that feeds you.*
널 먹여 주는 손을 물지 마라.(은혜를 원수로 갚지 마라.)

Answers

E 1 feed 2 satisfy 3 establish **F** 1 compare 2 lower 3 recognize 4 determine 5 advertise **G** 1 aware 2 responsible 3 otherwise **H** 1 나는 네게 절대 거짓말을 하지 않을게.(거짓말하다) / 너무 오랫동안 햇볕에 누워 있지 마라.(눕다) 2 직접적인 결과(직접적인) / 그 영화는 스티븐 스필버그가 감독했다.(감독하다) 3 그는 실수를 설명할 수 없었다.(설명하다) / 석유와 가스가 그 나라의 수출의 60%를 차지한다.(차지하다) 4 열쇠가 자물쇠에 맞지 않는다.(맞다) / 그녀는 매일 아침 수영을 해서 건강을 유지한다.(건강한) **I** on

명사

01 advantage
[ədvǽntidʒ]

유리한 점[이점](↔disadvantage) *take advantage of ~을 이용하다
• 유리한 점들과 불리한 점들 _____s and disadvantages

02 equipment
[ikwípmənt]

장비[설비] *equip 동갖추게 하다
• 야영 장비 camping _____

03 soil
[sɔil]

흙[토양]
• 토양 오염 _____ pollution

04 term
[təːrm]

❶용어 ❷기간[기한] ❸(-s) 조건 ❹(-s) (인간)관계
*in terms of ~와 관련해서[~의 견지에서]
• 의학 용어 a medical _____

05 fault
[fɔːlt]

잘못, 결점[결함] *faulty 형결함 있는[불완전한]
• 그건 내 잘못이야. It's my _____.

명사·동사

06 board
[bɔːrd]

명판, 게시판 동❶타다[탑승하다] ❷하숙하다
• 게시판 a bulletin _____

07 attempt
[ətémpt]

명시도 동시도하다
• 시도하다 to make an _____

08 attack
[ətǽk]

명❶공격 ❷(병) 발작 동공격하다
• 테러 공격 a terrorist _____

09 trick
[trik]

명속임수, 장난, 마술 동속이다
• 그에게 장난을 치다 to play a _____ on him

10 exchange
[ikstʃéindʒ]

명교환 동주고받다[교환하다]
• 정보 교환 an _____ of information

11 pressure
[préʃər]

명압력 동압력을 가하다
• 그들에게 압력을 가하다 to put _____ on them

12 chat
[tʃæt]

명잡담 동잡담하다, 인터넷 채팅하다 *chatty 형수다스러운
• 친구와 잡담하다[인터넷 채팅하다] to _____ with a friend

13 gain
[gein]

동❶얻다[획득하다] ❷늘다(↔lose) 명이익, 증가(↔loss)
*regain 동되찾다
• 지지를 얻다 to _____ support

14 hide
[haid]-hid-hidden

동숨(기)다 명짐승의 가죽
• 침대 밑에 숨다 to _____ under the bed

동사

15 discuss
[diskʌ́s]

의논[논의]하다 *discussion 명논의[의논]
• 세부 사항들을 논의하다 to _____ the details

16 exist
[igzíst]

존재하다[있다] *existence 명존재 *existent 형존재하는(↔nonexistent)
• 신이 존재할까? Does God _____?

번호	단어	뜻

17 manage
[mǽnidʒ]
❶관리[경영]하다 ❷해내다　*management 명관리[경영]
• 부서를 관리하다　to _____ a department

18 apply
[əplái]
동❶신청[지원]하다 ❷적용하다 ❸(~ yourself) 전념하다
*application 명❶신청(서) ❷적용　*applicant 명지원자
*applicable 형해당[적용]되는
• 일자리에 지원하다　to _____ for a job

19 appreciate
[əpríːʃièit]
❶진가를 알아보다 ❷감사하다　*appreciation 명❶감상 ❷감사
• 걱정해 주셔서 감사합니다.　I _____ your concern.

20 refer
[rifə́ːr]
❶언급하다[부르다] ❷참조하다 ❸가리키다[관련되다] ❹보내다
*reference 명❶언급 ❷참고 (문헌) ❸추천(인)
• 그 문제를 다시 언급하다　to _____ to the matter again

21 replace
[ripléis]
❶대신하다 ❷교체하다　*replacement 명교체
• 기계가 사람을 대신할 수 없다.　Machines can't _____ people.

명사·형용사

22 content
[kántent]
명❶(-s) 내용(물) ❷함(유)량　형만족하는　*contentment 명만족
• 높은 지방 함유량　a high fat _____

23 folk
[fouk]
명❶사람들, (-s) 가족 ❷민속 음악　형민속[민간]의
• 민속춤　a _____ dance

24 medium
[míːdiəm]
형중간의　명(복수 media) 매체
• 중간 키의 남자　a man of _____ height

형용사

25 genetic
[dʒənétik]
유전의　*gene 명유전자　*genetics 명유전학　*geneticist 명유전학자
• 유전 공학　_____ engineering

26 due
[djuː]
❶~할 예정인 ❷지불되어야 할[지불 기한이 된]　*due to ~ 때문에
• 아기는 5월에 태어날 예정이다.　The baby is _____ in May.

27 effective
[iféktiv]
❶효과적인(↔ineffective) ❷시행되는
*effect 명영향[결과/효과]　*effectiveness 명효력[효율성]
• 효과적인 해법　an _____ solution

28 entire
[intáiər]
전체[전부]의(=whole)　*entirely 부완전히
• 전 직원　the _____ staff

29 familiar
[fəmíljər]
친숙한[잘 알고 있는](↔unfamiliar)
*familiarity 명잘 앎, 친밀　*familiarize 동친숙하게 하다
• 친숙한 목소리　a _____ voice

부사

30 nevertheless
[nèvərðəlés]
그럼에도 불구하고
• 그는 피곤했다. 그럼에도 불구하고 그는 계속 일했다.
He was tired. _____, he kept working.

✔ 반갑다 기능어야!　**at 전치사**

1	장소(~의 지점에(서))	**at** the station/concert 역/음악회에서　　to gaze **at** ~을 응시하다
2	시간(~의 시점에)	**at** this/that moment 이때/그때　　**at** school 수업[재학] 중
3	원인(~ 때문에)	to be surprised/pleased/angry **at** ~에 놀라다/기뻐하다/화내다
4	정도(가격·나이·속도)	**at** 100 dollars 100달러에　　**at** 40 mph 시속 40마일로

A 영어는 우리말로, 우리말은 영어로!

1	term	16	유리한 점[이점]
2	board	17	장비[설비]
3	trick	18	흙[토양]
4	chat	19	잘못, 결점[결함]
5	gain	20	시도(하다)
6	hide	21	공격(하다), 발작
7	manage	22	교환(하다)
8	apply	23	압력(을 가하다)
9	appreciate	24	의논[논의]하다
10	refer	25	존재하다[있다]
11	replace	26	중간의, 매체
12	content	27	유전의
13	folk	28	효과적인, 시행되는
14	due	29	전체[전부]의
15	familiar	30	그럼에도 불구하고

B 단어와 단어의 만남

1 in the long/short term
2 a magic trick
3 a high fat content
4 a medium-sized car
5 the due date
6 the entire staff
7 a familiar face

8 야영 장비 camping e_____
9 토양 오염 s_____ pollution
10 의학 용어 a medical t_____
11 혈압 blood p_____
12 민속춤 a f_____ dance
13 유전 공학 g_____ engineering
14 효과적인 방법 an e_____ way

C [보기] 단어들 뜻 씹어 보고 들어갈 곳에 쏙!

|보기|	advantage	attack	attempt	fault	medium

1 _____ is the best defense. 공격이 최상의 방어다.
2 They made no _____ to escape. 그들은 탈출하려는 시도를 하지 않았다.
3 It's not my _____ we missed the bus. 우리가 버스를 놓친 건 내 잘못이 아니야.
4 A newspaper is a good _____ for advertising. 신문은 좋은 광고 매체이다.
5 The _____ of this method is that it saves a lot of fuel.
이 방법의 이점은 많은 연료를 절약한다는 것이다.

Answers
A 앞면 참조 **B** 1 장기/단기적으로 2 마술 3 높은 지방 함유량 4 중형 자동차 5 지불 기일 6 전 직원 7 낯익은 얼굴 8 equipment 9 soil
10 term 11 pressure 12 folk 13 genetic 14 effective **C** 1 Attack 2 attempt 3 fault 4 medium 5 advantage

D 내 영어 실력?? 영영 사전 보는 정도!!!

| 보기 |　　board　　　chat　　　exchange　　　exist

1 to be real, present, or alive
2 to talk in a friendly and informal way
3 to give something to someone who gives you something else
4 to get on a plane, ship, train etc. in order to travel somewhere

E [보기] 단어들 뜻 음미해 보고 빈칸 속에 풍덩!

| 보기 |　　discuss　　　gain　　　hide　　　replace

1 His ideas are _____ing a lot of support. 그의 생각은 많은 지지를 얻고 있다.
2 He _____(e)d his plans with his mother. 그는 어머니와 자신의 계획을 의논했다.
3 She used to _____ her diary under the bed. 그녀는 일기장을 침대 밑에 숨기곤 했다.
4 Will cyber schools _____ traditional schools someday?
언젠가 사이버 학교가 전통적인 학교를 대신하게 될까?

F 빈칸에 들어갈 알맞은 단어는?

1 The accident was d_____ _____ driver's carelessness.
그 사고는 운전자의 부주의 때문이었다.

2 He has all he wants. N_____, he is not happy.
그는 원하는 모든 것을 가지고 있다. 그럼에도 불구하고 그는 행복하지 않다.

G 같은 모양, 다른 의미

1 I really appreciate your kindness.
His paintings were not appreciated until after his death.
2 the contents of the email / She is content with her job.
3 He managed to get a chance. / He managed the on-line bookstore.
4 The figures refer to our sales in Europe.
They refer to this as the digital revolution.
5 I applied to the university for a scholarship.
New technology is being applied to almost every industrial process.

H 반갑다 기능어야! 익힌 후, 빈칸에 알맞은 기능어 넣기

Love is not to look _____ each other, but to look together in the same direction.
사랑은 마주 보는 게 아니라 함께 같은 방향을 바라보는 것이다.

오늘의 dessert | *Contentment is great riches.* 만족이 크나큰 재산이다.

Answers
D 1 exist 2 chat 3 exchange 4 board E 1 gain 2 discuss 3 hide 4 replace F 1 due to 2 Nevertheless G 1 당신의 친절에 정말 감사합니다.(감사하다) / 그의 그림들은 그가 죽고 나서야 비로소 진가를 인정받았다.(진가를 알아보다) 2 이메일의 내용(내용) / 그녀는 자신의 일에 만족하고 있다.(만족하는) 3 그는 기회를 얻어 냈다.(해내다) / 그는 온라인 서점을 경영했다.(경영하다) 4 그 수치는 유럽에서의 판매를 가리킨다.(가리키다) / 그들은 이를 디지털 혁명이라고 부른다.(부르다) 5 나는 그 대학에 장학금을 신청했다.(신청하다) / 새로운 과학 기술이 거의 모든 산업 공정에 적용되고 있다.(적용하다) H at

명사

01 organism
[ɔ́:rgənìzm]
유기체[생물] *organ 명기관[장기] *organic 형유기농[유기체]의
• 살아 있는 유기체 a living _____

02 discovery
[diskʌ́vəri]
발견 *discover 동발견하다
• 발견하다 to make a _____

03 economy
[ikʌ́nəmi]
❶ 경제 ❷ 절약 *economic 형경제의 *economical 형경제적인[절약하는]
• 세계 경제 the global _____

04 emotion
[imóuʃən]
감정[정서] *emotional 형감정[정서]의
• 감정을 표현하다 to express an _____

05 belief
[bilí:f]
믿음[신념](↔disbelief) *believe 동믿다 *believable 형믿을 수 있는
• 신의 존재에 대한 강한 믿음 a strong _____ in God

명사·동사

06 progress
명[prɑ́grəs] 동[prəgrés]
명진보[발전], 전진 동진보[발전]하다 *progressive 형진보적인
• 진보[발전]하다 to make _____

07 risk
[risk]
명위험(=danger) 동걸다, 위험을 무릅쓰다 *risky 형위험한
• 위험을 줄이다 to reduce a _____

08 export
명[ékspɔːrt] 동[ikspɔ́ːrt]
명수출(품) 동수출하다 (↔import)
• 수출 시장 an _____ market

09 court
[kɔːrt]
명❶ 법정[법원] ❷ 경기장[코트] ❸ 궁정 동환심을 사다
• 법정에 출두하다 to appear in _____

10 suit
[suːt]
명❶ 정장, ~복 ❷ 소송 동❶ 적합하다[편리하다] ❷ 어울리다
*suitable 형알맞은, 어울리는
• 검정색 정장 a black _____

11 rate
[reit]
명❶ (비)율 ❷ 요금 ❸ 속도 동평가하다[등급을 매기다]
*at any rate 아무튼[어쨌든] *rating 명순위[등급]
• 출생률 the birth _____

12 measure
[méʒər]
동❶ 재다[측정하다] ❷ 수량이 ~이다 명조치
*measurement 명치수, 측정 *measurable 형잴 수 있는, 주목할 만한
• 조치를 취하다 to take _____s

13 decrease
동[dikríːs] 명[díːkriːs]
동줄(이)다, 감소하다 명감소 (↔increase)
• 5퍼센트 감소하다 to _____ by 5 percent

14 escape
[iskéip]
동달아나다[탈출하다] 명도망[탈출] *inescapable 형피할 수 없는
• 탈출하려고 시도하다 to try[attempt] to _____

동사

15 advise
[ədváiz]
조언[권고]하다 *advice 명조언[권고] *advisory 형자문[고문]의
• 그에게 그녀를 만나 보라고 조언하다 to _____ him to meet her

16 seek
[siːk]-sought-sought
❶ (추)구하다 ❷ 찾다(=look for)
• 조언을 구하다 to _____ advice

¹⁷ **succeed**
[səksíːd]

❶성공하다(↔fail) ❷뒤를 잇다[계승하다]
*success 圐성공 *successful 휑성공한[성공적인] *successive 휑연속적인
• 살 빼는 데 성공하다 to _____ in losing weight

¹⁸ **prefer**
[prifə́ːr]

더 좋아하다[선호하다] *preference 圐선호 *preferable 휑더 좋은
• 커피보다 차를 더 좋아하다 to _____ tea to coffee

¹⁹ **predict**
[pridíkt]

예측하다 *prediction 圐예측 *(un)predictable 휑예측할 수 있는(없는)
• 미래를 예측하다 to _____ the future

²⁰ **pollute**
[pəlúːt]

오염시키다 *pollution 圐오염[공해] *pollutant 圐오염 물질
• 공기를 오염시키다 to _____ the air

²¹ **relate**
[riléit]

❶관련되다[관련시키다] ❷이야기하다 *relation[relationship] 圐관계
• 범죄를 가난과 관련시키다 to _____ crime to poverty

²² **ignore**
[ignɔ́ːr]

무시하다 *ignorance 圐무지 *ignorant 휑무지[무식]한
• 그의 충고를 무시하다 to _____ his advice

명사·형용사 ²³ **mass**
[mæs]

圐덩어리, 대량, 대중, 질량 휑대중의 *massive 휑육중한[거대한/엄청난]
• 대량 생산 _____ production

²⁴ **senior**
[síːnjər]

휑상급의 圐❶(고교·대학의) 졸업반 학생 ❷어르신(=senior citizen), 연상(年上)
• 상급 장교 a _____ officer

²⁵ **valuable**
[vǽljuəbl]

휑값비싼[귀중한] 圐(-s) 귀중품
*value 圐가치[값] 圄중요시하다 *invaluable 휑매우 귀중한
• 값비싼 그림 a _____ painting

형용사 ²⁶ **private**
[práivət]

사적인(↔public) *privacy 圐사생활
• 사교육 _____ education

²⁷ **proper**
[prápər]

적절한[올바른](↔improper 부적절한[잘못된])
• 적절한 균형 the _____ balance

²⁸ **specific**
[spisífik]

❶특정한 ❷구체적인
*specifically 튄구체적으로, 특별히 *specify 圄명시하다
• 특정 연령 집단 a _____ age group

²⁹ **willing**
[wíliŋ]

기꺼이 하는[자발적인](↔unwilling) *willingness 圐기꺼이 하기
• 기꺼이 당신을 도울게요. I'm _____ to help you.

부사 ³⁰ **apart**
[əpáːrt]

떨어져 *apart[aside] from ~을 제외하고(=except for)
• 500미터 떨어져 있다 to be 500 meters _____

☑ **반갑다 기능어야!**   **with 전치사**

1	동반(~와 함께)	to communicate/argue/compare **with** ~와 의사소통/논쟁/비교하다
2	소유(~을 가지고 있는)	the aged **with** wisdom 지혜를 가진 노인들
3	도구[수단](~로(써))	**with** a knife/money 칼로/돈으로
4	상황(~한 채)	**with** the light off 불을 끈 채 **with** night coming on 밤이 오자

A 영어는 우리말로, 우리말은 영어로!

1	progress	16	유기체[생물]
2	risk	17	발견
3	court	18	경제, 절약
4	suit	19	감정[정서]
5	rate	20	믿음[신념]
6	measure	21	수출(하다)
7	decrease	22	조언[권고]하다
8	escape	23	(추)구하다, 찾다
9	succeed	24	예측하다
10	prefer	25	오염시키다
11	relate	26	무시하다
12	mass	27	사적인
13	senior	28	적절한[올바른]
14	valuable	29	기꺼이 하는[자발적인]
15	specific	30	떨어져

B 단어와 단어의 만남

1 a living organism
2 a strong belief in God
3 technological progress
4 senior citizen
5 a proper diet
6 a specific age group

7 세계 경제 the global e_____
8 수출 시장 an e_____ market
9 테니스 경기장 a tennis c_____
10 대량 생산 m_____ production
11 귀중한 자원 v_____ resources
12 사립 학교 a p_____ school

C [보기] 단어들 뜻 씹어 보고 들어갈 곳에 쏙!

|보기|	court	discovery	emotion	risk	valuable

1 He saw life as a voyage of _____. 그는 인생을 발견의 긴 항해라고 보았다.

2 She will appear in _____ tomorrow. 그녀는 내일 법정에 출두할 것이다.

3 Guests should leave their _____(e)s in the hotel safe.
손님들은 호텔 금고에 귀중품을 맡겨야 한다.

4 Healthy eating can help reduce the _____ of heart disease.
건강에 좋은 식사가 심장 질환의 위험을 줄이는 데 도움이 될 수 있다.

5 Women tend to express their _____(e)s more easily than men.
여성은 남성보다 자신의 감정을 더 쉽게 표현하는 경향이 있다.

Answers

A 앞면 참조 **B** 1 살아 있는 유기체[생물] 2 신의 존재에 대한 강한 믿음 3 과학 기술의 진보 4 어르신 5 적절한 식이 요법 6 특정 연령 집단
7 economy 8 export 9 court 10 mass 11 valuable 12 private **C** 1 discovery 2 court 3 valuable 4 risk 5 emotion

D 내 영어 실력?? 영영 사전 보는 정도!!!

| 보기 | decrease   predict   prefer

1 to say that something will happen
2 to become less, or to make something become less
3 to like someone or something more than someone or something else

E [보기] 단어들 뜻 음미해 보고 빈칸 속에 풍덩!

| 보기 | advise   escape   ignore   pollute   relate   seek   succeed

1 They were caught trying to _____. 그들은 달아나려다 잡혔다.
2 Who will _____ him to the throne? 누가 그의 왕위를 계승할 것인가?
3 They _____(e)d him not to tell a lie. 그들은 그에게 거짓말하지 말라고 충고했다.
4 He said hello to her but she _____(e)d him.
   그가 그녀에게 인사했지만 그녀는 그를 무시했다.
5 The chemicals from factories _____ the river. 공장의 화학 물질이 강을 오염시킨다.
6 Your happiness is closely _____(e)d to your job.
   네 행복은 네 일과 밀접하게 관련되어 있다.
7 In _____ing great happiness, small pleasures may be lost.
   큰 행복을 추구하다가 작은 즐거움들을 잃게 될지도 모른다.

F 빈칸에 들어갈 알맞은 단어는?

1 I am w_____ to do anything for you. 나는 너를 위해 기꺼이 무엇이든지 할 거야.
2 They are so much in love that they hate to be a_____ for even one moment.
   그들은 너무 많이 사랑해서 한순간도 떨어져 있는 것을 싫어한다.

G 같은 모양, 다른 의미

1 That coat really suits you.
   She was wearing a black trouser suit.
2 the rising crime rate / Children learn at different rates.
   We offer special reduced rates for students.
3 The rainfall was measured over a three-month period.
   Measures are being taken to reduce crime in the city.

H 반갑다 기능어야! 익힌 후, 빈칸에 알맞은 기능어 넣기

One man _____ courage makes a majority. 용기 있는 한 사람이 다수의 힘을 갖는다.

오늘의 dessert   *Nothing succeeds like success.*
성공만큼 이어지는 것은 없다.(하나가 잘 되면 만사가 잘 된다.)

Answers

D 1 predict 2 decrease 3 prefer **E** 1 escape 2 succeed 3 advise 4 ignore 5 pollute 6 relate 7 seek **F** 1 willing
2 apart **G** 1 그 코트는 네게 정말 잘 어울린다.(어울리다) / 그녀는 검정 바지 정장을 입고 있었다.(정장) 2 증가하는 범죄율(비율) / 아이들은 다른 속
도로 배운다.(속도) / 우리는 학생들에게 특별 할인 요금을 제공한다.(요금) 3 강우량이 3개월에 걸쳐 측정되었다.(측정하다) / 그 도시의 범죄를 줄이기 위
해 조치가 취해지고 있다.(조치) **H** with

명사	01	**humanity** [hju:mǽnəti]	❶ 인류 ❷ 인간애 ❸ 인간성 ❹ (the humanities) 인문학(=the arts) • 반인륜적 범죄 a crime against _____
	02	**enemy** [énəmi]	적 • 천적 a natural _____
	03	**grain** [grein]	곡물, 낟알 • 곡물을 생산하다 to produce _____
	04	**origin** [ɔ́:rədʒin]	기원, 출신 *original 형 원래의, 독창적인 *originality 명 독창성 • 종의 기원 The _____ of Species
	05	**introduction** [ìntrədʌ́kʃən]	❶ 도입 ❷ 소개 ❸ 서론 *introduce 동 소개하다, 도입하다 • 새로운 과학 기술의 도입 the _____ of new technology
	06	**custom** [kʌ́stəm]	❶ 관습, 습관 ❷ (-s) 세관 *customary 형 관례인[습관적인](=usual) • 오래된 관습 an old _____
	07	**crisis** [kráisis]	(복수 crises) 위기 • 경제적 위기 an economic _____
	08	**sickness** [síknis]	❶ 병(=illness) ❷ 욕지기[구역질] *sick 형 병든(=ill), 메스꺼운 • 심각한 병[중병] a serious _____
	09	**surface** [sə́:rfis]	표면 • 지표면 the Earth's _____
	10	**strategy** [strǽtədʒi]	전략 *strategic 형 전략의 • 마케팅 전략 a marketing _____
	11	**possibility** [pὰsəbíləti]	가능성 *possible 형 가능한 *impossible 형 불가능한 • 가능성을 고려하다 to consider a _____
명사·동사	12	**credit** [krédit]	명 ❶ 신용 거래 ❷ 칭찬[공로] 동 (~의 공이라) 믿다 • 신용 카드 a _____ card
	13	**trust** [trʌst]	명 신뢰[신용] 동 신뢰하다 (↔distrust) *trustworthy 형 신뢰할 수 있는 *entrust 동 맡기다[위임하다] • 그녀에 대한 그의 신뢰 his _____ in her
	14	**handle** [hǽndl]	동 다루다[처리하다], 손을 대다 명 손잡이 • 내가 그걸 처리할게. I'll _____ it.
	15	**mention** [ménʃən]	동 언급하다[간단히 말하다] 명 언급 • 내가 그것을 그녀에게 말할게요. I'll _____ it to her.
동사	16	**argue** [á:rgju:]	❶ 말다툼[논쟁]하다 ❷ 주장하다 *argument 명 말다툼[논쟁], 주장 • 그와 말다툼하다 to _____ with him

17 attend
[əténd]

❶참석[출석]하다 ❷(~ to) 돌보다[시중들다]
*attendance 명참석[출석] *attendant 명시중드는 사람
• 회의에 참석하다 to _____ a meeting

18 remind
[rimáind]

기억나게 하다[상기시키다] *reminder 명기억나게 하는 것
• 상기시켜 줘서 고마워요. Thanks for _____ing.

19 respond
[rispánd]

❶반응하다(=react) ❷대답[응답]하다 *response 명❶반응 ❷대답[응답]
*respondent 명응답자 *responsive 형즉각 반응[호응]하는
• 소식에 반응하다 to _____ to the news

20 disappoint
[dìsəpóint]

실망[낙담]시키다 *disappointed 형실망한 *disappointment 명실망
• 날 실망시키지 마. Don't _____ me.

21 preserve
[prizə́:rv]

보존[보호]하다 *preservation 명보존[보호] *preservative 명방부제
• 환경을 보호하다 to _____ the environment

22 organize
[ɔ́:rɡənàiz]

조직[준비]하다, 체계화[구조화]하다 *organization 명조직(화)
*organizational 형조직의 *organizer 명조직자
• 회의를 준비[조직]하다 to _____ a meeting

명사·형용사

23 capital
[kǽpitl]

명형❶수도 ❷자본(의) ❸대문자(의) ❹사형의
*capitalism 명자본주의 *capitalist 명자본주의자, 자본가
• 외국 자본 foreign _____

24 moral
[mɔ́:rəl]

형도덕의 명❶(-s) 도덕률 ❷교훈 *morality 명도덕
*immoral 형부도덕한 *amoral 형도덕관념이 없는
• 도덕적 가치 a _____ value

25 potential
[pəténʃəl]

형잠재적인[가능성 있는] 명잠재력[가능성] *potentiality 명잠재력
• 잠재력을 개발하다 to develop your _____

형용사

26 confident
[kánfədənt]

❶자신 있는 ❷확신하는 *confidence 명신뢰, 자신(감)
• 자신 있는 목소리 a _____ voice

27 pleasant
[plézənt]

쾌적한[유쾌한], 상냥한(↔unpleasant) *please 동기쁘게 하다
• 쾌적한 기후 a _____ climate

28 solar
[sóulər]

태양의
• 태양계 the _____ system

29 typical
[típikəl]

전형적인
• 전형적인 예 a _____ example

부사

30 somehow
[sʌ́mhàu]

❶어떻게든 ❷어쩐지[왠지]
• 나는 어떻게든 그걸 알아낼 것이다. I'll find it out _____.

☑ 반갑다 기능어야! **about/around 전치사·부사**

1	~에 관하여[대하여]	a book **about** games 게임에 관한 책
		to ask/talk/think/argue **about** ~에 대해 묻다/말하다/생각하다/논쟁하다
2	주위에	**around** here 이 주위에
		to travel **around** the country/world 나라/세계 곳곳을 여행하다
3	약	**about[around]** 10 years ago 약 10년 전

A 영어는 우리말로, 우리말은 영어로!

1	humanity	16	적
2	introduction	17	곡물, 낟알
3	custom	18	기원, 출신
4	sickness	19	위기
5	credit	20	표면
6	trust	21	전략
7	handle	22	가능성
8	argue	23	언급(하다)
9	attend	24	실망[낙담]시키다
10	remind	25	보존[보호]하다
11	respond	26	도덕의, 교훈
12	organize	27	잠재적인, 잠재력
13	capital	28	자신 있는, 확신하는
14	pleasant	29	태양의
15	somehow	30	전형적인

B 단어와 단어의 만남

1 a crime against humanity
2 a natural enemy
3 the origins of life on earth
4 a serious sickness
5 a learning strategy
6 in a confident voice
7 오래된 관습 an old c_____
8 경제적 위기 an economic c_____
9 지표면 the Earth's s_____
10 신용 한도 a c_____ limit
11 잠재 고객 a p_____ customer
12 태양 에너지 s_____ energy

C [보기] 단어들 뜻 씹어 보고 들어갈 곳에 쏙!

|보기|	credit	grain	introduction	possibility	potential

1 She has great _____ as an artist. 그녀는 예술가로서 큰 잠재력을 가지고 있다.
2 With the _____ of agriculture, lifestyles changed. 농업의 도입으로 생활 양식이 변했다.
3 _____ for this win goes to everybody in the team.
   이번 승리에 대한 공로는 팀의 모두에게로 돌아간다.
4 Rice is one of the most important _____ in the world.
   쌀은 세계에서 가장 중요한 곡물 중 하나이다.
5 The forecast said that there's a _____ of snow tonight.
   일기 예보에서 오늘 밤 눈이 올 가능성이 있다고 했다.

Answers
A 앞면 참조 **B** 1 반인륜적 범죄 2 천적 3 지구상 생명의 기원 4 심각한 병[중병] 5 학습 전략 6 자신 있는 목소리로 7 custom 8 crisis
9 surface 10 credit 11 potential 12 solar **C** 1 potential 2 introduction 3 Credit 4 grain 5 possibility

D 내 영어 실력?? 영영 사전 보는 정도!!!

| 보기 | argue   mention   preserve

1 to talk or write about something in a few words
2 to keep something from being harmed or damaged
3 to disagree with someone in words, often in an angry way

E [보기] 단어들 뜻 음미해 보고 빈칸 속에 풍당!

| 보기 | attend   disappoint   handle   organize   remind   respond   trust

1 I'm sorry to _____ you. 널 실망시켜 미안해.
2 I will _____ you whatever you do. 네가 무엇을 하든 난 널 신뢰할 거야.
3 He didn't _____ to any of her emails. 그는 그녀의 어떤 이메일에도 응답하지 않았다.
4 Over 100 people _____(e)d the meeting. 100명 이상이 모임에 참석했다.
5 He _____s the difficult situation very well. 그는 어려운 상황을 매우 잘 다룬다.
6 This picture _____s me of the beautiful memories I had.
    이 사진은 내게 아름다웠던 기억을 상기시킨다.
7 You should _____ your ideas before you write the essay.
    논술을 쓰기 전에 생각을 체계화해야 한다.

F 빈칸에 공통으로 들어갈 알맞은 단어는?

1 _____ responsibility 도덕적 책임   the _____ of the story 그 이야기의 교훈
2 foreign _____ 외국 자본   the address written in _____s 대문자로 쓰인 주소

G 빈칸에 들어갈 알맞은 단어는?

1 We are c_____ of success. 우리는 성공을 확신한다.
2 This painting is t_____ of his work. 이 그림은 전형적인 그의 작품이다.
3 The restaurant was large and p_____. 식당은 넓고 쾌적했다.

H 같은 모양, 다른 의미

Somehow I can't trust him.
Don't worry, we'll get the lost money back somehow.

I 반갑다 기능어야! 익힌 후, 빈칸에 공통으로 알맞은 기능어 넣기

Be more concerned _____ your character than _____ your reputation.
평판보다 네 인격에 대해 더 신경을 써라.

오늘의 dessert | *Credit is better than gold.* 신용이 돈보다 더 중요하다.

Answers

D 1 mention 2 preserve 3 argue E 1 disappoint 2 trust 3 respond 4 attend 5 handle 6 remind 7 organize F 1 moral
2 capital G 1 confident 2 typical 3 pleasant H 어쩐지[왠지] 나는 그를 신뢰할 수 없어. (어쩐지[왠지]) / 걱정 마. 우리는 어떻게든 잃
어버린 돈을 되찾을 거야.(어떻게든) I about

명사

01 element
[éləmənt]

요소, 성분　*elementary 형초보의, 기본의
- 핵심 요소　a key _____

02 entertainment
[èntərtéinmənt]

❶오락(물) ❷대접　*entertain 동즐겁게[재미있게] 하다, 대접하다
- 오락거리를 제공하다　to provide _____

03 imagination
[imædʒənéiʃən]

상상(력)
*imaginary 형상상의　*imaginative 형상상력이 풍부한[창의적인]
- 상상력이 풍부하다　to be full of _____

04 failure
[féiljər]

실패　*fail 동실패하다
- 실패로 끝나다　to end in _____

명사·동사

05 labor
[léibər]

명(육체)노동, 노동자들 동열심히 일하다　*laborious 형힘든
- 노동조합　a _____ union

06 desire
[dizáiər]

명욕구[욕망] 동바라다　*desirable 형바람직한
- 앎에 대한 욕구　a _____ for knowledge

07 feature
[fíːtʃər]

명❶특징 ❷특집 (기사/방송) ❸이목구비 동특징으로 하다
- 공통된 특징　a common _____

08 award
[əwɔ́ːrd]

명상 동상을 주다
- 최우수 여배우상　the Best Actress _____

09 battle
[bǽtl]

명전투, 다툼 동싸우다[분투하다]
- 전투에서 죽다　to be killed in _____

10 lack
[læk]

명부족[결핍](=shortage) 동결핍되다[부족하다]
- 수면 부족　_____ of sleep

11 sort
[sɔːrt]

명종류(=type, kind) 동분류하다
- 모든 종류의 음악　all _____s of music

12 mine
[main]

명광산 동채광하다　*miner 명광부
- 금광/탄광　a gold/coal _____

13 discipline
[dísəplin]

명❶훈련[훈육] ❷규율[자제] ❸학과 동훈련[훈육]하다, 징계하다
- 아이들을 훈육하다　to _____ children

14 regret
[rigrét]

동❶후회하다 ❷유감이다 명후회[유감]　*regretful 형유감스러워하는[후회하는]
- 그녀는 그를 떠난 것을 후회했다.　She _____ed leaving him.

동사

15 freeze
[friːz]-froze-frozen

얼(리)다　*freezing 형몹시 추운　*above/below freezing 영상/영하
- 물은 섭씨 0도에서 언다.　Water _____s at 0℃.

16 overcome
[òuvərkʌ́m]-overcame-overcome

극복하다
- 어려움을 극복하다　to _____ difficulties

17	**behave** [bihéiv]	행동하다　*behavior 몡행동　*behavioral 톙행동의 • 예의 바르게 행동하다 to _____ well
18	**observe** [əbzə́ːrv]	❶ 관찰하다 ❷ 지키다[준수하다] *observation 몡관찰　*observatory 몡관측소 • 그들의 행동을 관찰하다 to _____ their behavior
19	**remove** [rimúːv]	제거하다[없애다/치우다]　*removal 몡제거 • 먼지[때]를 제거하다 to _____ the dirt
20	**complain** [kəmpléin]	불평[항의]하다　*complaint 몡불평[항의] • 음식에 대해 불평하다 to _____ about food
21	**connect** [kənékt]	연결하다(↔disconnect)　*connection 몡연결 • 점들을 연결하세요. _____ the dots.
22	**participate** [pɑːrtísəpèit]	참가[참여]하다　*participation 몡참가[참여]　*participant 몡참가자 • 논의에 참여하다 to _____ in a discussion
23	**publish** [pʌ́bliʃ]	❶ 출판[발행]하다 ❷ 발표하다 *publication 몡출판(물), 발표　*publisher 몡발행인[출판사] • 책을 출판하다 to _____ a book

<table>
<tr><td rowspan="2">명
사
·
형
용
사</td><td>24</td><td>current
[kə́ːrənt]</td><td>톙현재의　몡흐름[조류/기류/전류]
• 현재의 상황 the _____ situation</td></tr>
<tr><td>25</td><td>worth
[wəːrθ]</td><td>톙~의 가치가 있는　몡가치
*worthy 톙가치 있는[훌륭한]　*worthwhile 톙가치 있는
• 이 책은 읽을 가치가 있다. This book is _____ reading.</td></tr>
</table>

<table>
<tr><td rowspan="4">형
용
사</td><td>26</td><td>brief
[briːf]</td><td>짧은, 간단한　*briefly 톟간단히　*in brief 간단히 말해서[요컨대]
• 짧은 침묵 a _____ silence</td></tr>
<tr><td>27</td><td>efficient
[ifíʃənt]</td><td>효율적인[유능한](↔inefficient)　*efficiency 몡효율[능률]
• 효율적인 방법 an _____ method</td></tr>
<tr><td>28</td><td>incredible
[inkrédəbl]</td><td>믿을 수 없는(=unbelievable)
*credible 톙믿을[신뢰할] 수 있는　*credibility 몡신뢰성
• 믿을 수 없는 이야기 an _____ story</td></tr>
<tr><td>29</td><td>mental
[méntl]</td><td>정신[마음]의(↔physical)　*mentality 몡정신 상태[사고방식]
• 정신 건강 _____ health</td></tr>
</table>

부 사	30 **approximately** [əpráksəmətli]	대략　*approximate 톙대략의 툉비슷하다[가깝다] • 대략 1시간 후에 in _____ an hour

---

✔ **반갑다 기능어야!**　**from 전치사**

1	출발점(~에서)	on your way home **from** school 학교에서 집으로 오는 도중에 **from** infants to adults 유아에서 성인까지
2	분리(~에서 떨어져)	to separate A **from** B A를 B에서 분리시키다 to differ[be different] **from** ~와 다르다 to tell[know/distinguish] A **from** B A를 B와 구별[식별]하다

A 영어는 우리말로, 우리말은 영어로!

1	entertainment	16	요소, 성분
2	labor	17	상상(력)
3	desire	18	실패
4	feature	19	상(을 주다)
5	battle	20	부족[결핍](하다)
6	mine	21	종류, 분류하다
7	discipline	22	얼(리)다
8	regret	23	행동하다
9	overcome	24	제거하다[없애다]
10	observe	25	불평[항의]하다
11	connect	26	참가[참여]하다
12	publish	27	효율적인[유능한]
13	current	28	믿을 수 없는
14	worth	29	정신[마음]의
15	brief	30	대략

B 단어와 단어의 만남

1 a desire for knowledge
2 a lack of imagination
3 the Best Actress award
4 an efficient method
5 an incredible story
6 노동조합 a l_____ union
7 독특한 특징 a unique f_____
8 현재의 상황 the c_____ situation
9 짧은 침묵 a b_____ silence
10 정신 건강 m_____ health

C [보기] 단어들 뜻 씹어 보고 들어갈 곳에 쏙!

|보기| battle current element entertainment failure

1 Hard work is the main _____ of success. 근면은 성공의 주된 요소이다.
2 Thousands of soldiers were killed in _____. 수많은 군인들이 전투에서 죽었다.
3 He swam to the shore against a strong _____. 그는 강한 조류를 거슬러 물가로 헤엄쳤다.
4 Television is the most common form of _____. 텔레비전은 가장 흔한 형태의 오락이다.
5 The success or _____ of the plan depends on you.
계획의 성공 혹은 실패가 너에게 달려 있다.

D 내 영어 실력?? 영영 사전 보는 정도!!!

| 보기 |　　complain　　　mine　　　participate

1 to take part in an activity or event
2 to dig into the ground to get gold, coal etc.
3 to say that you are annoyed or not satisfied about something

E [보기] 단어들 뜻 음미해 보고 빈칸 속에 퐁당!

| 보기 |　behave　connect　discipline　freeze　overcome　publish　remove

1 Water _____(e)s at 0℃. 물은 섭씨 0도에서 언다.
2 We will _____ all difficulties. 우리는 모든 어려움을 극복할 것이다.
3 He _____(e)d his fourth novel. 그는 4번째 소설을 출판했다.
4 Parents should _____ their children. 부모는 자식을 훈육해야 한다.
5 He washed his hands to _____ the dirt. 그는 손을 씻어 때를 제거했다.
6 He _____(e)s as if he were my boyfriend. 그는 마치 내 남자 친구인 것처럼 행동한다.
7 The Internet _____(e)s networks throughout the world.
인터넷은 전 세계의 네트워크를 연결한다.

F 빈칸에 들어갈 알맞은 단어는?

1 This book is w_____ reading. 이 책은 읽을 가치가 있다.
2 This train takes a_____ 4 hours to get there.
이 열차는 그곳에 도착하는 데 대략 4시간이 걸린다.

G 같은 모양, 다른 의미

1 What sort of music do you like?
The computer sorted the words into alphabetical order.
2 He'll regret not taking her advice.
I regret to tell you that he is dead.
3 They observe the behavior of birds.
Drivers must observe the speed limit.

H 반갑다 기능어야! 익힌 후, 빈칸에 공통으로 알맞은 기능어 넣기

You can learn a little _____ success; you can learn everything _____ failure.
성공으로부터는 조금 배울 수 있고, 실패로부터는 무엇이든지 배울 수 있다.

오늘의 dessert | *Whatever is worth doing at all is worth doing well.*
적어도 할 만한 가치가 있는 일은 훌륭히 할 만한 가치가 있다.

Answers

D 1 participate 2 mine 3 complain E 1 freeze 2 overcome 3 publish 4 discipline 5 remove 6 behave 7 connect
F 1 worth 2 approximately G 1 너는 어떤 종류의 음악을 좋아하니?(종류) / 컴퓨터가 단어를 알파벳순으로 분류했다.(분류하다) 2 그는 그녀의
충고를 받아들이지 않은 것을 후회할 거다.(후회하다) / 유감스럽게도 그는 죽었다.(유감이다) 3 그들은 새들의 행동을 관찰한다.(관찰하다) / 운전자는 제
한 속도를 준수해야 한다.(준수하다) H from

명사	01 **insect** [ínsekt]	곤충 • 아주 작은 곤충 a tiny _____
	02 **intelligence** [intélədʒəns]	❶지능 ❷정보 *intelligent 휑총명한[똑똑한], 지능이 있는 • 지능 검사 an _____ test
	03 **climate** [kláimit]	기후 *climatic 휑기후의 • 기후 변화 _____ change
	04 **region** [ríːdʒən]	지역[지방](=area) *regional 휑지역[지방]의 • 사막 지역 a desert _____
	05 **protection** [prətékʃən]	보호 *protect 동보호하다 *protective 휑보호의 • 환경 보호 environmental _____
	06 **factor** [fǽktər]	요인 • 중요한 요인 an important _____
	07 **principle** [prínsəpl]	원칙[원리] • 기본 원칙[원리] a basic _____
	08 **theory** [θíːəri]	이론[학설] *theoretical 휑이론(상)의 *theorize 동이론화하다 • 과학 이론 a scientific _____
	09 **automobile** [ɔ́ːtəməbìːl]	자동차(=car) *automotive 휑자동차의 • 자동차 산업 the _____ industry
명사 동사	10 **access** [ǽkses]	명접근[이용](권) 동(컴퓨터에) 접속하다 *accessible 휑접근[이용]할 수 있는 • 정보에 접근할 수 있다 to have _____ to information
	11 **function** [fʌ́ŋkʃən]	명기능 동기능하다 *functional 휑기능(성)의[실용적인] • 기능을 수행하다 to perform a _____
	12 **alarm** [əláːrm]	동놀라게 하다 명❶경보기, 자명종 ❷놀람 *alarmed 휑놀란 *alarming 휑놀라운 • 화재경보기 a fire _____
	13 **broadcast** [brɔ́ːdkæst]-broadcast-broadcast	동방송하다 명방송 *broadcasting 명방송(업) • 생방송 a live _____
	14 **struggle** [strʌ́gl]	동투쟁하다, 분투하다 명투쟁, 분투 • 생존을 위한 투쟁 a _____ for survival
동사	15 **prove** [pruːv]-proved-proven	❶증명하다 ❷~로 판명되다 *proof 명증거 • 이론을 증명하다 to _____ a theory
	16 **enable** [inéibl]	~할 수 있게 하다 *able 휑할 수 있는 *unable 휑할 수 없는 • 이것으로 우리가 그렇게 할 수 있다. This _____s us to do so.

17 attract
[ətrǽkt]

끌다[매혹하다] *attraction 명 매력[끌림], 명소[명물]
*attractive 형 매력적인
• 주의를 끌다 to _____ attention

18 confuse
[kənfjúːz]

❶혼란시키다 ❷혼동하다 *confusion 명 혼란, 혼동
*confused 형 혼란스러운
• 그와 그의 남동생을 혼동하다 to _____ him with his brother

19 refuse
[rifjúːz]

거절[거부]하다 *refusal 명 거절[거부]
• 제안을 거절하다 to _____ an offer

20 compete
[kəmpíːt]

경쟁하다 *competition 명 경쟁, 대회[시합]
*competitive 형 경쟁적인, 경쟁력 있는
• 다른 사람들과 경쟁하다 to _____ with others

21 contribute
[kəntríbjuːt]

기부하다, 기여하다 *contribution 명 기여, 기부(금)
• 자선 단체에 돈을 기부하다 to _____ money to a charity

22 maintain
[meintéin]

❶유지하다 ❷주장하다 *maintenance 명 유지
• 긴밀한 관계를 유지하다 to _____ close relations

23 tend
[tend]

경향이 있다[~하기 쉽다] *tendency 명 경향
• 잘 잊어버리는 경향이 있다 to _____ to forget things easily

형용사 **24 enormous**
[inɔ́ːrməs]

거대한[막대한]
• 거대한 집 an _____ house

25 rough
[rʌf]

❶거친[울퉁불퉁한](↔smooth) ❷대략의 *roughly 부 대략
• 그의 거친 손 his _____ hands

26 constant
[kánstənt]

❶끊임없는 ❷변함없는[일정한]
• 끊임없는 노력 a _____ effort

27 realistic
[rìːəlístik]

현실적인(↔unrealistic), 사실적인
• 현실적인 목표 a _____ goal

28 virtual
[vɔ́ːrtʃuəl]

❶가상의 ❷사실상의 *virtually 부 사실상[거의], 가상으로
• 가상 현실 _____ reality

29 ethical
[éθikəl]

윤리[도덕]의(=moral), 윤리[도덕]적인(↔unethical)
*ethic 명 윤리[도덕], (-s) 윤리학 *ethicist 명 윤리학자[도덕가]
• 윤리[도덕]적 문제[쟁점] an _____ issue

부사 **30 regardless**
[rigáːrdlis]

관계없이 *regardless of ~에 관계없이
• 나이에 관계없이 r_____ _____ age

✅ **반갑다 기능어야!** by 전치사 · 부사

1	수동태 동작 주체(~에 의해)	Our self-image is formed **by** our beliefs. 우리의 자아상은 자신의 믿음으로 형성된다.
2	수단(~로)	**by** car/train/bus/plane 자동차/열차/버스/비행기로 **by** email 이메일로
3	시간(~까지는)	I'll be here **by** five o'clock. 5시까지는 돌아올게.
4	정도(~만큼)	to increase **by** 50% 50% 증가하다

A 영어는 우리말로, 우리말은 영어로!

1	access	16	곤충
2	function	17	지능, 정보
3	alarm	18	기후
4	struggle	19	지역[지방]
5	prove	20	보호
6	attract	21	요인
7	confuse	22	원칙[원리]
8	refuse	23	이론[학설]
9	compete	24	자동차
10	maintain	25	방송(하다)
11	tend	26	~할 수 있게 하다
12	rough	27	기부하다, 기여하다
13	constant	28	거대한[막대한]
14	virtual	29	현실적인, 사실적인
15	regardless	30	윤리[도덕]의

B 단어와 단어의 만남

1 environmental protection
2 an important factor
3 a basic principle
4 an unproven theory
5 the automobile industry
6 an enormous house
7 an ethical issue

8 작은 곤충 a small i_____
9 따뜻한 기후 a warm c_____
10 사막 지역 a desert r_____
11 화재경보기 a fire a_____
12 생방송 a live b_____
13 현실적인 목표 a r_____ goal
14 가상 현실 v_____ reality

C [보기] 단어들 뜻 씹어 보고 들어갈 곳에 쏙!

| |보기| | access | function | intelligence |

1 _____ cannot be measured just by exam results.

지능은 단지 시험 결과로 측정될 수 없다.

2 The _____ of the heart is to send blood round the body.

심장의 기능은 피를 몸 곳곳으로 보내는 것이다.

3 The Internet provides us with global _____ to information resources.

인터넷은 우리에게 정보 자원에 대한 전 세계적 접근[이용] 기회를 제공해 준다.

Answers

A 앞면 참조 **B** 1 환경 보호 2 중요한 요인 3 기본 원칙[원리] 4 증명되지 않은 이론 5 자동차 산업 6 거대한 집 7 윤리[도덕]적 문제[쟁점]
8 insect 9 climate 10 region 11 alarm 12 broadcast 13 realistic 14 virtual **C** 1 Intelligence 2 function 3 access

D 내 영어 실력?? 영영 사전 보는 정도!!!

| 보기 |　　alarm　　　　compete　　　　refuse

1　to make someone anxious or afraid
2　to say firmly that you will not do or accept something
3　to try to win something or to be more successful than someone else

E [보기] 단어들 뜻 음미해 보고 빈칸 속에 풍당!

| 보기 |　　attract　　confuse　　contribute　　enable　　struggle　　tend

1　Don't _____ Austria with Australia. 오스트리아와 호주를 혼동하지 마라.
2　Women _____ to live longer than men. 여성은 남성보다 더 오래 사는 경향이 있다.
3　The story _____(e)d the media attention. 그 이야기는 대중 매체의 관심을 끌었다.
4　They _____(e)d to defend their village from the enemy.
　　그들은 적으로부터 마을을 방어하기 위해 투쟁했다.
5　We should _____ to the development of human society.
　　우리는 인류 사회 발전에 기여해야 한다.
6　This book will _____ you to learn English words by heart.
　　이 책은 네가 영어 단어를 암기할 수 있도록 해 줄 거야.

F 빈칸에 들어갈 알맞은 단어는?

All human beings should be treated equally r_____ _____ race, religion,
age or sex. 모든 인간은 인종, 종교, 나이, 성별에 관계없이 평등하게 대우받아야 한다.

G 같은 모양, 다른 의미

1　a rough hand / a rough sketch of the house
2　They lived in constant fear of being attacked.
　　The fridge keeps food at a constant temperature.
3　He maintains that he has never seen her before.
　　The two countries have always maintained close relations.
4　My guess proved to be right. / It is impossible to prove that God exists.

H 반갑다 기능어야! 익힌 후, 빈칸에 공통으로 알맞은 기능어 넣기

Peace cannot be kept _____ force. It can only be achieved _____
understanding. 평화는 힘에 의해 유지될 수 없다. 그것은 이해에 의해 이루어질 수 있을 뿐이다.

오늘의 dessert | *Constant dripping wears away the stone.* 끊임없는 낙숫물이 댓돌을 뚫는다.

Answers
D 1 alarm　2 refuse　3 compete　**E** 1 confuse　2 tend　3 attract　4 struggle　5 contribute　6 enable　**F** regardless of　**G** 1 거친 손(거친) / 대략적인 집 스케치(대략의)　2 그들은 공격당할 거라는 끊임없는 두려움 속에 살았다.(끊임없는) / 냉장고는 음식을 일정한 온도로 보존한다.(일정한)　3 그는 이전에 그녀를 결코 만난 적이 없다고 주장한다.(주장하다) / 두 나라는 항상 긴밀한 관계를 유지해 왔다.(유지하다)　4 내 추측이 옳은 것으로 판명되었다.(~로 판명되다) / 신이 존재한다는 걸 증명하는 것은 불가능하다.(증명하다)　**H** by

1 to V: ~하기 위하여(목적)

- to V(부정사)의 부사적 기능으로, '목적(~하기 위하여)'을 나타낸다.
- 강조하기 위해서 「in order to V」나 「so as to V」로 쓰기도 한다.

We should do something to solve the problem. 우리는 문제를 해결하기 위해 뭔가를 해야 한다.

To develop your creativity, learn something new. 창조력을 개발하기 위해서 새로운 것을 배워라.

I study hard in order[so as] to improve my English.
나는 영어 실력을 향상시키기 위해서 열심히 공부한다..

2 to V: ~하니(원인), ~해서 …하다(결과)

- to V의 부사적 기능으로, '원인(~하니[해서])' 또는 '결과(~해서 …하다)'를 나타낸다.
- '결과'를 나타낼 때는 본동사의 결과로 to V가 되는 것을 나타내므로, 문장의 앞에서부터 순서대로 해석한다.

I'm glad to see you. 〈원인〉 너를 만나서 기뻐.

She arrived there only to find that her train had already left. 〈결과〉
그녀는 거기에 도착해서 열차가 이미 떠났다는 걸 알게 되었을 뿐이다.

3 타동사 + to V(목적어)

- to V의 명사적 기능으로 '~하는 것'을 뜻하며, 타동사(decide, agree, promise 등)의 목적어로 쓰인다.

He has decided to become a doctor. 그는 의사가 되려고 결심했다.

My teacher agreed to let me leave school early. 선생님은 내가 조퇴하는 것을 승낙하셨다.

I promise not to be late next time. 다음엔 늦지 않겠다고 약속할게.

4 It + be + (for/of ~) + to V

- to V의 명사적 기능(~하는 것)으로, 형식 주어 it이 문두에, 진짜 주어 to V가 뒤에 온다.
- to V의 의미상의 주어로 to V 바로 앞에 「for/of + (목적격 대)명사」가 올 수 있다.

It's relaxing to have your shoes off. 신발을 벗는 것이 편하다.

It is very difficult for people to understand each other. 사람들이 서로를 이해하는 것은 매우 어렵다.

It was careless of you to say such a thing. 그런 말을 하다니 너는 부주의했다.

5 명사 + to V

- to V의 형용사적 기능으로, '~해야 하는, ~할 수 있는'을 뜻하며, 앞의 명사를 꾸며 준다.
- to V가 앞 명사와의 관계에서 전치사가 필요한 경우, 반드시 전치사를 쓴다.

I have so many things to do. 해야 할 일이 아주 많다.

They are looking for an apartment to live in. 그들은 살 아파트를 찾고 있다.

6 **wh- + to V**

- 「wh-(의문사) + to V」는 명사구로 '~해야 할지'를 뜻하며, 주로 타동사의 목적어로 쓰인다.

You know what to say. 너는 무슨 말을 해야 할지 알고 있다.

They haven't decided where to go. 그들은 어디로 가야 할지 결정하지 못했다.

We need to know how to think and read. 우리는 어떻게 생각하고 읽어야 할지 알 필요가 있다.

7 **주어 + 동사 + it + 목적보어 + (for ~) + to V**

- to V의 명사적 기능으로, 형식 목적어 it을 앞에 내세우고 진짜 목적어 to가 목적보어 뒤에 온다.
- to V의 의미상의 주어로 to V 바로 앞에 「for + (목적격 대)명사」가 올 수 있다.

I found it interesting to learn English. 나는 영어를 배우는 게 재미있다는 것을 알았다.

A weak light makes it more difficult for a biker to see at night.
희미한 불빛은 자전거 타는 사람이 밤에 보는 것을 더 어렵게 만든다.

8 **be + to V**

- to V가 be동사 바로 뒤에 와서 '예정, 의무, 가능, 운명' 등을 나타낸다.
- 문맥상 그 뜻을 명확히 알 수 있는 경우에만 쓰인다.

They are to meet at 6 today. 〈예정〉 그들은 오늘 6시에 만날 예정이다.

You are to be back by 6 o'clock. 〈의무〉 너는 6시까지 돌아와야 해.

No one was to be seen in the street. 〈가능〉 거리에 사람이라고는 보이지 않았다.

They were never to see each other again. 〈운명〉 그들은 다시는 서로 만나지 못할 운명이었다.

9 **V-ing(주어) + 동사**

- V-ing는 명사적 기능으로 '~하는 것[하기]'을 뜻하며, 주어로 쓰인다.

Smoking in the public area is forbidden. 공공장소에서의 흡연은 금지되어 있다.

Putting an emotion into words often helps. 감정을 말로 표현하는 것은 종종 도움이 된다.

Giving up old comforts and habits is very hard. 오래된 안락과 습관을 포기하는 것은 매우 어렵다.

10 **타동사 + V-ing(목적어)**

- V-ing는 명사적 기능으로 '~하는 것[하기]'을 뜻하며, 타동사(stop, enjoy, regret 등)의 목적어로 쓰인다.
- 이전에 있었던 일이나 완료의 의미를 나타내고자 할 때는 「having + 과거분사」로 쓴다.

Finally, he stopped breathing. 마침내 그는 숨을 거두었다.

He enjoys being alone in the mountains. 그는 산에서 홀로 있는 것을 즐긴다.

I regret having paid little attention to him. 나는 그에게 거의 주의를 기울이지 못한 것을 후회한다.

명사	01 **author** [ɔ́ːθər]	저자[작가] • 유명한 저자 a famous _____
	02 **client** [kláiənt]	의뢰인[고객](=customer) • 변호사와 그의 의뢰인 a lawyer and his _____
	03 **victim** [víktim]	희생자[피해자] • 범죄 피해자 a _____ of crime
	04 **disaster** [dizǽstər]	재해[재난] *disastrous 형 재앙을 일으키는[비참한] • 자연재해[천재] a natural _____
	05 **sculpture** [skʌ́lptʃər]	조각(품) *sculptor 명 조각가 • 조각 전시회 an exhibition of _____
	06 **instrument** [ínstrəmənt]	❶기구[계기] ❷악기(=musical instrument) *instrumental 형 ❶중요한 ❷악기의 • 의료 기구 a medical _____
	07 **muscle** [mʌ́sl]	근육 *muscular 형 근육질의, 근육의 • 다리 근육 leg _____s
	08 **mystery** [místəri]	❶수수께끼[불가사의] ❷추리 소설[영화/극] *mysterious 형 신비한[불가사의한] • 수수께끼로 남아 있다 to remain a _____
	09 **popularity** [pàpjulǽrəti]	인기[대중성] *popular 형 인기 있는, 대중의 • 인기를 얻다 to gain in _____
명사·동사	10 **impact** 명 [ímpækt] 동 [impǽkt]	명 ❶영향 ❷충격[충돌] 동 영향[충격]을 주다 • 우리의 삶에 영향을 미치다 to have an _____ on our lives
	11 **spot** [spɑt]	명 ❶장소[지점] ❷(반)점[얼룩] 동 찾아내다[알아채다] • 관광지 a tourist _____
	12 **link** [liŋk]	동 연결하다, 관련시키다 명 연결[관련], 고리 • 두 사건이 관련되어 있다. The two cases are _____ed.
	13 **praise** [preiz]	동 칭찬하다 명 칭찬 • 아이들을 칭찬하다 to _____ children
동사	14 **injure** [índʒər]	다치게 하다[상처를 입히다] *injury 명 상처[부상] • 심하게 다치다 to be badly[seriously] _____d
	15 **insist** [insíst]	주장[고집]하다 *insistent 형 주장[고집]하는 • 그의 결백을 주장하다 to _____ on his innocence
	16 **bother** [báðər]	❶귀찮게 하다 ❷(부정문) 애쓰다 *bothersome 형 성가신 • 날 귀찮게 하지 마. Don't _____ me.

17 embarrass
[imbǽrəs]

당황[난처]하게 하다
*embarrassment 몡 당황, 골칫거리   *embarrassed 혱 당황스러운
• 그는 언제나 날 당황스럽게 한다. He always _____es me.

18 impress
[imprés]

감명[인상]을 주다   *impression 몡 인상   *impressive 혱 인상적인
• 그의 연설에 감명을 받다 to be _____ed by his speech

19 steal
[sti:l]-stole-stolen

훔치다
• 사람들에게서 돈을 훔치다 to _____ money from people

20 surround
[səráund]

둘러싸다   *surrounding 혱 주위의   *surroundings 몡 (주위) 환경
• 군중이 그녀를 에워쌌다. The crowd _____ed her.

21 identify
[aidéntəfài]

❶ (정체[신원]를) 확인하다[알아보다] ❷ (~ with) 공감하다, 동일시하다
*identification 몡 신분증(=ID), 확인, 동일시   *identity 몡 신원, 정체성
• 시체의 신원을 확인하다 to _____ the body

명사·형용사

22 characteristic
[kæ̀riktərístik]

몡 특성[특징] 혱 특징적인[특유의]   *character 몡 성격, 특성
• 신체적 특징 a physical _____

23 novel
[návəl]

몡 소설 혱 참신한   *novelist 몡 소설가   *novelization 몡 소설화
• 역사 소설 a historical _____

24 opposite
[ápəzit]

혱 다른 쪽[건너편]의, 반대의 몡 반대
*oppose 동 반대하다   *opposition 몡 반대
• 반대 방향으로 in the _____ direction

형용사

25 curious
[kjú:əriəs]

호기심이 강한[알고 싶어 하는]   *curiosity 몡 호기심
• 호기심이 강한 아이 a _____ child

26 shy
[ʃai]

수줍어하는   *shyness 몡 수줍음
• 많이 수줍어하는 남자 a quite _____ man

27 rude
[ru:d]

무례한(=impolite↔polite)   *rudeness 몡 무례
• 무례한 질문 a _____ question

28 accurate
[ǽkjurət]

정확한(↔inaccurate)   *accuracy 몡 정확(성)
• 정확한 묘사 an _____ description

형용사·부사

29 flat
[flæt]

혱 ❶ 평평한 ❷ (타이어·공이) 바람 빠진 븬 평평하게
• 평평한 표면 a _____ surface

부사

30 somewhat
[sámʰwàt]

다소[어느 정도]
• 나는 다소 놀랐다. I was _____ surprised.

☑ 반갑다 기능어야!   **like/unlike 전치사**

• like: ~같이[처럼], ~같은

Her eyes shine **like** stars. 그녀의 눈동자는 별처럼 빛난다.
What is the weather **like**? 날씨가 어떠니?
It looks **like** rain. 비가 올 것 같다.

• unlike: ~와 달리

Unlike a stone, we have our feelings. 돌과 달리 우리는 감정이 있다.

A 영어는 우리말로, 우리말은 영어로!

1	mystery	16	저자[작가]
2	impact	17	의뢰인[고객]
3	spot	18	희생자[피해자]
4	link	19	재해[재난]
5	injure	20	조각(품)
6	insist	21	기구[계기], 악기
7	bother	22	근육
8	embarrass	23	인기[대중성]
9	identify	24	칭찬(하다)
10	characteristic	25	감명[인상]을 주다
11	novel	26	훔치다
12	opposite	27	둘러싸다
13	curious	28	수줍어하는
14	accurate	29	무례한
15	flat	30	다소[어느 정도]

B 단어와 단어의 만남

1 a famous author

2 an important client

3 a life-size sculpture

4 your leg muscles

5 범죄 피해자 a v_____ of crime

6 자연재해[천재] a natural d_____

7 무례한 질문 a r_____ question

8 정확한 묘사 an a_____ description

C [보기] 단어들 뜻 씹어 보고 들어갈 곳에 쏙!

|보기|	characteristic	mystery	popularity

1 His death remains a _____. 그의 죽음은 수수께끼로 남아 있다.

2 Good planning is the _____ of a successful man.
계획을 잘 짜는 것은 성공하는 사람의 특징이다.

3 Her novels have gained in _____ over recent years.
그녀의 소설은 최근 몇 년에 걸쳐 인기를 얻고 있다.

D 빈칸에 공통으로 들어갈 알맞은 단어는?

1 a _____ surface 평평한 표면   a _____ tire 바람 빠진 타이어

2 a historical _____ 역사 소설   a _____ idea 참신한 생각

3 a medical _____ 의료 기구   a musical _____ 악기

Answers

A 앞면 참조 B 1 유명한 저자 2 중요한 고객 3 실물 크기의 조각 4 너의 다리 근육 5 victim 6 disaster 7 rude 8 accurate
C 1 mystery 2 characteristic 3 popularity D 1 flat 2 novel 3 instrument

E 내 영어 실력?? 영영 사전 보는 정도!!!

| 보기 |　　　link　　　steal　　　surround

1 to take something that belongs to someone else
2 to be all around someone or something on every side
3 to make a connection between two or more things or people

F [보기] 단어들 뜻 음미해 보고 빈칸 속에 퐁당!

| 보기 |　　embarrass　　impress　　injure　　insist　　praise

1 He _____(e)d that he was right. 그는 자신이 옳다고 주장했다.
2 I was _____(e)d by his sincerity. 나는 그의 진실성에 감명을 받았다.
3 Critics _____(e)d the work as original. 비평가들은 그 작품을 독창적이라고 칭찬했다.
4 Many people were _____(e)d in traffic accidents. 많은 사람들이 교통사고로 다쳤다.
5 Her questions about my private life _____(e)d me.
　나의 사생활에 대한 그녀의 질문이 날 당황하게 했다.

G 빈칸에 들어갈 알맞은 단어는?
1 He was too s_____ to speak to her. 그는 너무 수줍어서 그녀에게 말을 걸지 못했다.
2 The store is on the o_____ side of the street. 가게는 길 맞은편에 있다.
3 Babies are c_____ about everything around them.
　아기들은 자신들 주위의 모든 것에 호기심이 강하다.
4 The price is s_____ higher than I expected. 가격은 내가 예상했던 것보다 다소 비싸다.

H 같은 모양, 다른 의미
1 The plane's wing was damaged on impact.
　New technology has a huge impact on modern industry.
2 On this map X marks the spot where treasure is buried.
　Dalmatian dogs have white coats with black or brown spots.
3 He didn't bother to answer. / Don't bother him when he's studying.
4 He was too far away to be able to identify faces.
　It was easy to identify with the novel's main character.

I 반갑다 기능어야! 익힌 후, 빈칸에 알맞은 기능어 넣기
Time flies _____ an arrow. 세월은 쏜살같이 흐른다.

오늘의 **dessert**　| *Curiosity killed the cat.*　(지나친) 호기심이 화를 부른다.

Answers

E 1 steal　2 surround　3 link　F 1 insist　2 impress　3 praise　4 injure　5 embarrass　G 1 shy　2 opposite　3 curious
4 somewhat　H 1 비행기 날개가 충돌할 때 손상을 입었다.(충돌) / 새로운 과학 기술이 현대 산업에 엄청난 영향을 미친다.(영향)　2 이 지도에서 X는
보물이 묻힌 지점을 표시한다.(지점) / 달마티안 개는 흰 털에 검정이나 갈색 반점이 있다.(반점)　3 그는 애써 대답하려 하지 않았다.(애쓰다) / 그가 공부하
고 있을 때 그를 귀찮게 하지 마라.(귀찮게 하다)　4 그가 너무 멀리 떨어져 있어서 얼굴을 확인할 수 없었다.(확인하다) / 그 소설의 주인공에 공감하는 것은
쉬웠다.(공감하다)　I like

명사			
	01	**mankind** [mænkáind]	인류(=humankind, man) · 인류의 역사 the history of _____
	02	**ancestor** [ǽnsestər]	조상[선조](=forefather) · 나의 먼 조상 a distant _____ of mine
	03	**vocabulary** [voukǽbjulèri]	어휘 · 어휘 시험 a _____ test
	04	**faith** [feiθ]	신뢰, 신앙　　*faithful 휑충실한, 믿음직한 · 깊은 종교적 신앙 deep religious _____
	05	**mission** [míʃən]	특별 임무[사명], 선교　　*missionary 몡선교사 휑선교의 · 진상 조사 임무 a fact-finding _____
	06	**section** [sékʃən]	❶부분[구역] ❷(책·신문의) 절[난] · 금연 구역 a non-smoking _____
	07	**weapon** [wépən]	무기　　비교 arms 몡무기들(=weapons) · 무기를 지니다 to carry a _____

명사·동사			
	08	**contrast** 몡[kántræst] 통[kəntrǽst]	몡대조, 차이 통대조하다, 대비되다　　*by[in] contrast 대조적으로 · 뚜렷한 대조 a sharp _____
	09	**survey** 몡[sə́:rvei] 통[sərvéi]	몡조사 통조사하다 · 조사를 실시하다 to carry out a _____
	10	**row** [rou]	몡줄[열] 통노[배]를 젓다　　*in a row 한 줄로, 잇따라 · 앞줄에 앉다 to sit in the front _____
	11	**wound** [wu:nd]	몡상처[부상] 통상처를 입히다 · 총상 a gunshot[bullet] _____
	12	**conduct** 통[kəndʌ́kt] 몡[kándʌkt]	통❶수행[실시]하다 ❷지휘하다 몡행위 *conductor 몡지휘자, 열차의 차장, 전도체 · 조사를 실시하다 to _____ a survey
	13	**stretch** [stretʃ]	통잡아 늘리다, 뻗(치)다, 쭉 펴다 몡뻗기 · 팔을 (쭉) 뻗다 to _____ (out) your arms
	14	**release** [rilíːs]	통❶풀어 주다[석방하다] ❷공개[발표]하다 몡❶석방 ❷발표(물) · 죄수를 석방하다 to _____ a prisoner
	15	**rescue** [réskjuː]	통구조하다 몡구조 · 그녀를 화재에서 구조하다 to _____ her from a fire

동사			
	16	**bury** [béri]	묻다, 매장하다　　*burial 몡매장 · 죽은 사람들을 매장하는 문화 cultures that _____ the dead

17 **stare** [stɛər]	빤히 보다[응시하다]	· 그는 나를 빤히 쳐다봤다. He _____d at me.

18 **intend** [inténd]	의도[작정]하다 *intent 형열중한, 결심한 명의도 *intention 명의도
	· 거기에 갈 작정이다 to _____ to go there

19 **indicate** [índikèit]	❶보여 주다[나타내다] ❷가리키다
	*indication 명표시[징후] *indicator 명지표
	· 그것이 효과적임을 보여 주다 to _____ that it's effective

20 **locate** [lóukeit]	❶(be located) (~에) 위치하다 ❷위치를 찾아내다
	*location 명위치, 야외 촬영(지)
	· 시내에 위치해 있다 to be _____d downtown

21 **celebrate** [séləbrèit]	축하[기념]하다 *celebration 명축하 (행사)
	· 그녀의 생일을 축하하다 to _____ her birthday

22 **endanger** [indéindʒər]	위험에 빠뜨리다[위태롭게 하다]
	*endangered 형(멸종) 위기에 처한 *danger 명위험
	· 당신의 생명을 위태롭게 하다 to _____ your life

동사·형용사

23 **lean** [liːn]	동숙이다[기울이다], 기대다 형호리호리한, 기름기가 적은
	· 창밖으로 몸을 숙이다 to _____ out of a window

24 **narrow** [nǽrou]	형좁은(↔wide) 동좁아지다[좁히다]
	· 좁은 도로 a _____ street

형용사

25 **convenient** [kənvíːnjənt]	편리한(↔inconvenient) *convenience 명편리
	· 그것은 사용하기에 편리하다. It's _____ to use.

26 **frequent** [fríːkwənt]	잦은[빈번한](↔infrequent) *frequency 명빈도, 주파수
	· 빈번한 출장 _____ business trips

27 **independent** [ìndipéndənt]	독립한[독립적인](↔dependent) *independence 명독립
	· 독립국 an _____ nation

28 **tough** [tʌf]	❶힘든 ❷강(인)한 ❸질긴
	· 힘든 결정 a _____ decision

29 **nuclear** [njúːkliər]	❶(원자·세포) 핵의 ❷원자력의 *nucleus 명(복수 nuclei) 핵
	· 핵무기 a _____ weapon

부사

30 **barely** [béərli]	❶겨우[간신히](=only just) ❷거의 ~ 않다(=hardly)
	· 그는 간신히 걸을 수 있었다. He was _____ able to walk.

☑ 반갑다 기능어야!   **into 전치사**

1	방향(안으로)	to fly **into** space 우주로 날아가다
		to put CO₂ **into** the air CO₂를 대기 중에 방출하다
		to break **into** the house/car 집/차에 침입하다
2	변화(~로)	to turn a desert **into** a field 사막을 밭으로 바꾸다
		to put an emotion **into** words 감정을 말로 표현하다

A 영어는 우리말로, 우리말은 영어로!

1	section	16	인류
2	contrast	17	조상[선조]
3	survey	18	어휘
4	row	19	신뢰, 신앙
5	wound	20	특별 임무[사명], 선교
6	conduct	21	무기
7	stretch	22	구조(하다)
8	release	23	묻다, 매장하다
9	intend	24	빤히 보다[응시하다]
10	indicate	25	축하[기념]하다
11	locate	26	위험에 빠뜨리다
12	lean	27	편리한
13	narrow	28	잦은[빈번한]
14	tough	29	독립한[독립적인]
15	barely	30	핵의, 원자력의

B 단어와 단어의 만남

1 deep religious faith
2 a rescue mission
3 a nuclear weapon
4 endangered species
5 frequent business trips
6 스포츠 난 the sports s_____
7 난폭한 행위 violent c_____
8 좁은 도로 a n_____ street
9 편리한 방법 a c_____ way
10 독립국 an i_____ nation

C [보기] 단어들 뜻 씹어 보고 들어갈 곳에 쏙!

|보기|	bury	celebrate	intend	locate	narrow	stare	stretch

1 It's rude to _____ at someone. 누군가를 빤히 쳐다보는 것은 무례하다.
2 What do you _____ to do today? 너는 오늘 무엇을 할 작정이니?
3 She _____(e)d her arm towards the shelf. 그녀는 선반 쪽으로 팔을 뻗었다.
4 We _____(e)d Independence Day of Korea. 우리는 광복절을 경축했다.
5 His office is _____(e)d in the center of town. 그의 사무실은 시내 중심지에 위치해 있다.
6 Electric cables are _____(e)d beneath the streets. 전선이 도로 밑에 매장되어 있다.
7 New tax laws will _____ the gap between rich and poor.
새로운 세법이 빈부 격차를 좁힐 것이다.

Answers

A 앞면 참조 **B** 1 깊은 종교적 신앙 2 구조 임무 3 핵무기 4 멸종 위기에 처한 종들 5 잦은 출장 6 section 7 conduct 8 narrow 9 convenient 10 independent **C** 1 stare 2 intend 3 stretch 4 celebrate 5 locate 6 bury(buried) 7 narrow

D 내 영어 실력?? 영영 사전 보는 정도!!!

| 보기 | ancestor   contrast   mankind   vocabulary   wound

1 all humans considered as a group
2 all the words that someone knows or uses
3 a deep cut made in your skin by a knife or bullet
4 a member of your family who lived a long time ago
5 a difference between people, ideas, or things that are compared

E 같은 모양, 다른 의미

1 We sat in the front row.
   He rowed across the lake.
2 He is leaning against the wall.
   Don't lean out of the car window.
   He was tall, lean and handsome.
3 The bears were released into the wild.
   Her new album will be released at the end of the month.
4 Indicating a chair, he said, "Please, sit down."
   The study indicates a connection between smoking and lung cancer.

F 단어를 외우니 문장이 해석되네!

1 They were barely rescued by helicopter.
2 When the situation gets tough, the tough get stronger.
3 They conducted a survey of children's attitudes to violence on TV.

G 반갑다 기능어야! 익힌 후, 빈칸에 알맞은 기능어 넣기

All mankind is divided _____ three classes: those immovable, those movable, and those moving. 모든 인간은 세 부류로 나뉜다. 움직일 수 없는 이, 움직일 수 있는 이, 움직이는 이.

오늘의 dessert | *Faith can remove mountains.* 믿음은 산도 옮길 수 있다.

Answers
D 1 mankind 2 vocabulary 3 wound 4 ancestor 5 contrast   E 1 우리는 앞줄에 앉았다.(줄) / 그는 노를 저어 강을 건넜다.(노[배]를 젓다)
2 그는 벽에 기대고 있다.(기대다) / 차창 밖으로 몸을 숙이지 마라.(몸을 숙이다) / 그는 키가 크고 호리호리하고 잘생겼다.(호리호리한) 3 곰들이 야생으로
풀려났다.(풀어 주다) / 그녀의 새 앨범이 월말에 발표될 것이다.(발표하다) 4 그는 의자를 가리키면서 "앉으세요."라고 말했다.(가리키다) / 그 연구는 흡연
과 폐암 사이의 연관성을 보여 준다.(보여 주다) F 1 그들은 헬리콥터로 간신히 구조되었다. 2 상황이 힘들어지면 강인한 사람들은 더 강해진다. 3 그
들은 텔레비전에 나오는 폭력에 대한 아동들의 태도에 관한 조사를 실시했다. G into

55

DAY 13

명사

01 addict
[ǽdikt]

중독자 *addicted 형중독된 *addiction 명중독 *addictive 형중독성의
· 마약 중독자 a drug _____

02 scale
[skeil]

❶규모 ❷등급 ❸저울 ❹비늘
· 대규모로 on a large _____

03 soul
[soul]

영혼
· 죽은 자들의 영혼 the _____s of the dead

04 personality
[pə̀rsənǽləti]

성격, 개성 *person 명사람 *personal 형개인의[개인적인]
· 성품이 온화하다 to have a warm _____

05 patience
[péiʃəns]

참을성[인내력](↔impatience) *patient 형참을성 있는 명환자
· 인내심이 바닥나다 to run out of _____

06 passage
[pǽsidʒ]

❶(글·음악의) 한 절 ❷통로 ❸통행[통과]
· 한 절을 읽다 to read a _____

07 concept
[kάnsept]

개념
*conception 명개념, 구상 *conceive 통상상하다, 임신하다
· 기본 개념 a basic _____

08 explanation
[èksplənéiʃən]

설명 *explain 통설명하다
· 자세한 설명 a detailed _____

09 fiction
[fíkʃən]

소설[허구](↔nonfiction) *fictional 형허구의
· 공상 과학 소설 science _____

10 revolution
[rèvəlú:ʃən]

혁명 *revolutionary 형혁명적인 *revolutionize 통혁명을 일으키다
· 산업 혁명 the Industrial R_____

명사·동사

11 fund
[fʌnd]

명기금[자금] 통자금을 제공하다
*fundraising 명모금 *refund 명환불 통환불하다
· 기금을 모으다 to raise _____s

12 aim
[eim]

명목표[목적] 통목표로 삼다, 겨누다
· 주목표 the main _____

13 request
[rikwést]

명요청 통요청하다
· 요청을 거절하다 to refuse a _____

14 witness
[wítnis]

명목격자, 증인 통목격하다
· 그 사고의 유일한 목격자 the only _____ to the accident

15 strike
[straik]-struck-struck

통❶치다[부딪치다] ❷(생각이) 떠오르다 ❸파업하다 명파업
· 파업에 들어가다 to go on _____

동사

16 recommend
[rèkəménd]

추천하다, 권고하다 *recommendation 명추천(서), 권고
· 좋은 책을 추천하다 to _____ a good book

56

17 persuade
[pərswéid]

설득하다　*persuasion 몡설득　*persuasive 혱설득력 있는
· 그가 오도록 설득하다 to _____ him to come

18 convince
[kənvíns]

❶확신[납득]시키다 ❷설득하다
*be convinced[convince yourself] 확신하다　*convincing 혱설득력 있는
· 그의 무죄를 확신하다 to be _____d of his innocence

19 disagree
[dìsəgríː]

의견을 달리하다, 일치하지 않다(↔agree)　*disagreement 몡(의견의) 불일치
· 그와 의견을 달리하다 to _____ with him

20 consist
[kənsíst]

❶(~ of) (~로) 이루어져 있다 ❷(~ in) (~에) 있다
· 그 연극은 6막으로 이루어져 있다. The play _____s of six acts.

21 consume
[kənsúːm]

소비하다
*consumption 몡소비　*consumerism 몡소비 지상주의, 소비자 보호 운동
· 그 차는 연료를 덜 소비한다. The car _____s less fuel.

22 promote
[prəmóut]

❶촉진[고취]하다 ❷승진시키다 ❸홍보하다　*promotion 몡승진, 홍보[판촉]
· 경제 성장을 촉진하다 to _____ economic growth

23 explore
[iksplɔ́ːr]

탐사[탐험]하다, 탐구하다　*exploration 몡탐사　*explorer 몡탐험가
· 우주를 탐험하다 to _____ space

명사·형용사 **24 spiritual**
[spíritʃuəl]

혱정신[영혼]의 몡(흑인) 영가　*spirit 몡정신[영혼], 기분, 기백
· 영적 체험 a _____ experience

25 military
[mílitèri]

혱군(사)의 몡(the ~) 군대
· 군사 전략 a _____ strategy

형용사 **26 helpless**
[hélplis]

무력한
· 무력한 아기 a _____ baby

27 significant
[signífikənt]

중대한(↔insignificant), 의미 있는　*significance 몡중대성, 의미
· 중대한 발견 a _____ discovery

28 artistic
[ɑːrtístik]

예술의, 예술적인　*art 몡예술　*artist 몡예술가
· 예술적 재능 _____ talent

29 tropical
[trɑ́pikəl]

열대의
· 열대 우림 the _____ rain forests

부사 **30 furthermore**
[fə́ːrðərmɔ̀ːr]

더욱이[게다가](=moreover)
· 그는 잘생겼다. 게다가 그는 똑똑하다.
　He is handsome. _____, he is smart.

✔ 반갑다 기능어야!　**over/above 전치사·부사**

· over(↔under)
1	~보다 떨어져 위에	the sky **over** your head 머리 위의 하늘
2	이상	**over** ten years 10년 이상　**over** a kilometer 1킬로미터 이상

· above(↔below)
1	~보다 위에	1,000m **above** sea level 해발 1,000미터
2	이상	**above** the average 평균 이상　**above** zero[freezing] (기온) 영상

A 영어는 우리말로, 우리말은 영어로!

1	scale	16	중독자
2	passage	17	영혼
3	fund	18	성격, 개성
4	aim	19	참을성[인내력]
5	witness	20	개념
6	strike	21	설명
7	recommend	22	소설[허구]
8	convince	23	혁명
9	disagree	24	요청(하다)
10	consist	25	설득하다
11	promote	26	소비하다
12	explore	27	군(사)의, 군대
13	spiritual	28	중대한, 의미 있는
14	helpless	29	예술의, 예술적인
15	furthermore	30	열대의

B 단어와 단어의 만남

1 science fiction
2 spiritual growth
3 a helpless baby
4 a significant discovery
5 artistic talent
6 the tropical rain forests

7 마약 중독자 a drug a_____
8 기본 개념 a basic c_____
9 산업 혁명 the Industrial R_____
10 주목표 the main a_____
11 6일간의 파업 a six-day s_____
12 군사 전략 a m_____ strategy

C 내 영어 실력?? 영영 사전 보는 정도!!!

| 보기 | fund   passage   personality   request   soul   witness

1 a polite or formal demand for something
2 a person who sees a crime or an accident
3 a short part of a book, speech, or piece of music
4 a person's character different from other people's
5 an amount of money that is kept for a particular purpose
6 the spiritual part of a person, believed to exist after death

Answers
A 앞면 참조 **B** 1 공상 과학 소설 2 정신적[영적] 성장 3 무력한 아기 4 중대한 발견 5 예술적인 재능 6 열대 우림 7 addict 8 concept 9 Revolution 10 aim 11 strike 12 military **C** 1 request 2 witness 3 passage 4 personality 5 fund 6 soul

D 같은 관계 맺어 주기

1 increase : decrease = agree : d_____

2 persuade : persuasion = explain : e_____

3 curious : curiosity = patient : p_____

E [보기] 단어들 뜻 음미해 보고 빈칸 속에 풍덩!

| |보기| consume explore persuade recommend strike(struck) witness |

1 Try to _____ him to come. 그가 오도록 설득해 봐라.

2 The car _____(e)s a lot of fuel. 그 차는 많은 연료를 소비한다.

3 The tree was _____ by lightning. 나무가 번개를 맞았다.

4 Can you _____ me a good novel? 제게 좋은 소설 한 권 추천해 줄래요?

5 He _____(e)d the car accident yesterday. 그는 어제 자동차 사고를 목격했다.

6 _____ all the possibilities before you make a decision.

결정하기 전에 모든 가능성을 탐구해 봐라.

F 밑줄 친 단어와 바꿔 쓸 수 <u>없는</u> 것은?

He is very intelligent. <u>Furthermore</u>, he has good manners.

그는 매우 총명하다. 더욱이 예의도 바르다.

① Besides   ② Moreover   ③ Therefore   ④ In addition

G 같은 모양, 다른 의미

1 a large-<u>scale</u> project / on a <u>scale</u> of 1 to 10 / a kitchen <u>scale</u>

2 I <u>convinced</u> him to come with me.

He <u>convinced</u> them that his story was true.

3 She was <u>promoted</u> to sales manager.

They discussed how to <u>promote</u> world peace.

4 Living organisms <u>consist</u> of cells.

True education does not <u>consist</u> in simply being taught facts.

H 반갑다 기능어야! 익힌 후, 빈칸에 알맞은 기능어 넣기

1 Those who can command themselves can rule o_____ others.

자신을 지배할 수 있는 자만이 남을 지배할 수 있다.

2 Health is a_____ wealth. 건강이 재산보다 더 중요하다.

오늘의 dessert | *Strike the iron while it is hot.* 쇠는 달구어졌을 때 쳐라.

DAY 14

01 vehicle
[víːikl]

❶탈것[차량] ❷매체(=medium)
· 도난 차량 a stolen _____

02 atmosphere
[ǽtməsfìər]

❶대기 ❷분위기
· 대기를 오염시키다 to pollute the _____

03 basis
[béisis]

(복수 bases) 기초[근거]
*base 동바탕을 두다 명기초[토대] *basic 형기본[기초]의 명(-s) 기본[기초]
· 사실에 근거하지 않고 있다 to have no _____ in fact

04 edge
[edʒ]

❶가장자리 ❷날
· 탁자 가장자리 the _____ of a table

05 charity
[tʃǽrəti]

자선[자비], 자선 단체[금품] *charitable 형자선의, 자비로운[관대한]
· 자선 음악회 a _____ concert

06 therapy
[θérəpi]

치료(법) *therapist 명치료사
· 약물 치료 drug _____

07 insurance
[inʃúərəns]

보험 *insure 동❶보험에 들다 ❷보장하다[확실히 하다]
· 보험 회사 an _____ company

08 decade
[dékeid]

10년
· 지난 10년 동안 for the last _____

09 delight
[diláit]

명기쁨[즐거움] 동기쁘게 하다 *delightful 형아주 기분 좋은[유쾌한]
· 기뻐서 웃다 to laugh with _____

10 aid
[eid]

명도움[원조] 동돕다[원조하다]
· 경제 원조 economic _____

11 charge
[tʃɑːrdʒ]

명❶요금 ❷책임 동❶청구하다 ❷고소하다 ❸돌격하다 ❹충전하다
· 무료로 free of _____

12 comment
[káment]

명논평(=remark) 동논평하다[의견을 말하다]
· 짧은 논평 a brief _____

13 debate
[dibéit]

명토론 동토론[논의]하다
· 열띤 토론 a heated _____

14 defeat
[difíːt]

명❶패배 ❷승리 동이기다[패배시키다](=beat)
· 적을 물리치다 to _____ an enemy

15 transfer
동[trænsfɔ́ːr] 명[trǽnsfər]

동❶옮기다, 전학[전근]하다 ❷갈아타다 명이동, 환승
· 본사로 전근되다 to be _____red to the head office

16 frighten
[fráitn]

무섭게[두렵게] 하다(=scare)
*frightened 형무서워하는 *frightening 형무섭게 하는[무서운]
· 당신이 날 무섭게 하고 있잖아요. You're _____ing me.

¹⁷ **obtain**
[əbtéin]

얻다[획득하다] *obtainable 형얻을 수 있는
• 허가를 얻다 to _____ permission

¹⁸ **extend**
[iksténd]

❶연장[확장]하다 ❷뻗(치)다
*extension 명확장[연장], 내선 *extensive 형대규모의[광범위한]
• 마감을 연장하다 to _____ a deadline

¹⁹ **rely**
[rilái]

의존하다, 믿다
*reliance 명의존 *reliant 형의존하는 *reliable 형믿을 수 있는
• 우리는 그를 믿을 수 있다. We can _____ on him.

²⁰ **hire**
[haiər]

고용하다(↔fire)
• 점원을 고용하다 to _____ a clerk

²¹ **announce**
[ənáuns]

발표하다 *announcement 명발표 *announcer 명아나운서
• 계획을 발표하다 to _____ a plan

²² **represent**
[rèprizént]

❶나타내다[표시하다] ❷대표하다
*representation 명표시, 대표 *representative 명대표(자) 형대표하는
• 회의에서 한국을 대표하다 to _____ Korea at a conference

²³ **analyze**
[ǽnəlàiz]

분석하다 *analysis 명분석 *analyst 명분석가 *analytical 형분석적인
• 자료를 분석하다 to _____ data

형용사 ²⁴ **critical**
[krítikəl]

❶비판적인 ❷중대한 ❸위기의[위독한] *criticize 동비판[비난/비평]하다
*criticism 명비판[비난/비평] *critic 명비평가
• 비판적 논평 a _____ comment

²⁵ **practical**
[prǽktikəl]

실제의, 실용적인 *practice 명연습, 실행, 관행 동연습하다, 실행하다
*impractical 형비현실적인
• 실제적인 도움 _____ help

²⁶ **precious**
[préʃəs]

귀중한[소중한], 값비싼
• 귀중한 시간 _____ time

²⁷ **suitable**
[súːtəbl]

적당한[적합한](↔unsuitable) *suit 명❶정장 ❷소송 동적합하다, 어울리다
• 소풍에 적합한 장소 a _____ place for a picnic

²⁸ **indifferent**
[indífərənt]

무관심한 *indifference 명무관심
• 그녀는 그에게 무관심했다. She was _____ to him.

²⁹ **unexpected**
[ʌnikspéktid]

예기치 않은 *expect 동기대하다
• 예기치 않은 결과 an _____ result

부사 ³⁰ **aside**
[əsáid]

❶따로 두고, 제쳐놓고 ❷옆으로 *aside from ~을 제외하고, ~ 외에
• 옆으로 비키다 to step _____

☑ 반갑다 기능어야! **without 전치사: ~ 없이, ~하지 않고**

We can't live **without** love. 우리는 사랑 없이는 살 수 없다.
I want to live **without** worrying about war. 나는 전쟁에 대해 걱정하지 않고 살고 싶다.
Without your support, I would never have made it. 당신의 지지가 없었더라면 난 결코 해내지 못했을 것이다.

A 영어는 우리말로, 우리말은 영어로!

1	basis	16	탈것[차량], 매체
2	charity	17	대기, 분위기
3	therapy	18	가장자리, 날
4	delight	19	보험
5	aid	20	10년
6	charge	21	논평(하다)
7	defeat	22	토론(하다)
8	transfer	23	얻다[획득하다]
9	frighten	24	의존하다, 믿다
10	extend	25	고용하다
11	represent	26	발표하다
12	critical	27	분석하다
13	precious	28	실제의, 실용적인
14	suitable	29	무관심한
15	aside	30	예기치 않은

B 단어와 단어의 만남

1 a romantic atmosphere
2 the edge of a table
3 a critical comment
4 practical help
5 precious time
6 an unexpected result
7 도난 차량 a stolen v_____
8 지구의 대기 the Earth's a_____
9 자선 음악회 a c_____ concert
10 보험 회사 an i_____ company
11 경제 원조 economic a_____
12 열띤 토론 a heated d_____

C [보기] 단어들 뜻 음미해 보고 빈칸 속에 퐁당!

| 보기 | analyze announce frighten hire transfer |

1 We need to _____ the data. 우리는 자료를 분석할 필요가 있다.
2 He's been _____(e)d to the head office. 그는 본사로 전근되었다.
3 Does the thought of death _____ you? 죽음에 대한 생각이 너를 두렵게 하니?
4 They _____(e)d plans to close factories. 그들은 공장을 폐쇄할 계획을 발표했다.
5 The store will _____ two clerks for the sale. 그 상점은 판매 점원을 두 명 고용할 것이다.

D 내 영어 실력?? 영영 사전 보는 정도!!!

| 보기 |　　decade　　　delight　　　therapy

1　a period of 10 years
2　a feeling of great pleasure and satisfaction
3　the treatment of a physical problem or an illness

E 서로 어울리는 것끼리 연결하기

1　Our team <u>defeated</u> the other team.　　　　·　　　　a. beat
2　Maps can be <u>obtained</u> at the tourist office.　·　　　b. depend
3　As babies, we <u>rely</u> entirely on others for food. ·　　　c. get

F 빈칸에 들어갈 알맞은 단어는?

1　The b_____ of a good marriage is trust.　좋은 결혼의 기초는 신뢰다.
2　The film isn't s_____ for young children.　그 영화는 어린아이들에게 적합하지 않다.
3　How can you be i_____ to the sufferings of the poor?
　　너는 어떻게 가난한 사람들의 고통에 무관심할 수 있니?

G 빈칸에 공통으로 들어갈 알맞은 단어는?

1　The decision is c_____ to our future.　그 결정은 우리 미래에 중대하다.
　　He is in a c_____ condition in hospital.　그는 위독한 상태로 입원해 있다.
2　She stepped a_____ to let him pass.　그녀는 그가 지나가도록 옆으로 비켰다.
　　He set some money a_____ for a vacation.　그는 휴가를 위해 돈을 좀 따로 떼어 두었다.

H 같은 모양, 다른 의미

1　All goods are delivered free of <u>charge</u>.
　　He will take <u>charge</u> of the department while I'm away.
2　Brown areas <u>represent</u> deserts on the map.
　　She was chosen to <u>represent</u> the company at the conference.
3　He <u>extended</u> his visit. / He <u>extended</u> his hand.

I 반갑다 기능어야! 익힌 후, 빈칸에 공통으로 알맞은 기능어 넣기

A person _____ knowledge of his history is like a tree _____ roots.
역사에 대한 지식이 없는 사람은 뿌리 없는 나무와 같다.

오늘의 dessert　│　*Charity begins at home.*
　　　　　　　　　　　자선은 내 집부터 시작한다.(가까운 곳에서부터 자선을 베풀어라.)

Answers

D 1 decade　2 delight　3 therapy　**E** 1 a　2 c　3 b　**F** 1 basis　2 suitable　3 indifferent　**G** 1 critical　2 aside　**H** 1 모든 상품은 무료로 배송된다.(요금) / 내가 없는 동안 그가 부서를 책임질 것이다.(책임)　2 갈색 지역은 지도에서 사막을 나타낸다.(나타내다) / 그녀는 회의에서 회사를 대표하기 위해 선발되었다.(대표하다)　3 그는 방문 기간을 연장했다.(연장하다) / 그는 손을 뻗었다.(뻗다)　**I** without

명사	01 **astronaut** [ǽstrənɔ̀:t]	우주 비행사 • 우주 비행사가 되다 to become an ＿＿＿＿＿
	02 **genius** [dʒíːnjəs]	천재[영재] • 수학 천재 a mathematical ＿＿＿＿＿
	03 **series** [síəriːz]	연속, 연속물[시리즈]　*series of 일련[연속]의 • 시리즈 기사 a ＿＿＿＿＿ of articles
	04 **substance** [sʌ́bstəns]	물질 • 화학 물질 a chemical ＿＿＿＿＿
	05 **appointment** [əpɔ́intmənt]	❶(만날) 약속 ❷임명[지명]　*appoint 통임명[지명]하다 • 약속을 하다 to make an ＿＿＿＿＿
	06 **prison** [prízn]	감옥[교도소] *prisoner 명죄수, 포로　*imprison 통투옥하다　*imprisonment 명투옥 • 탈옥하다 to escape from (a) ＿＿＿＿＿
명사·동사	07 **track** [træk]	명좁은 길, (-s) 자국, 경주로 통추적하다 • 좁은 산길 a mountain ＿＿＿＿＿
	08 **lecture** [léktʃər]	명강의[강연] 통강의[강연]하다 • 강의를 하다 to give[deliver] a ＿＿＿＿＿
	09 **code** [koud]	명❶법규[규칙] ❷암호, 코드[부호] 통부호[암호]화하다 *encode 통암호화하다　*decode 통(암호를) 해독하다 • 행동 규칙 a ＿＿＿＿＿ of conduct
	10 **reward** [riwɔ́ːrd]	명보상(금) 통보상하다　*rewarding 형보람 있는 • 보상을 받다 to get[receive] your ＿＿＿＿＿
	11 **harm** [hɑːrm]	명(손)해 통해치다　*harmful 형해로운 • 환경에 해를 끼치다 to do ＿＿＿＿＿ to the environment
	12 **prejudice** [prédʒudis]	명편견[선입관] 통편견을 갖게 하다 • 편견을 극복하다 to overcome ＿＿＿＿＿
	13 **vote** [vout]	통투표하다, 투표로 선출[선정]하다 명투표 • 그에게 투표하다 to ＿＿＿＿＿ for him
동사	14 **fascinate** [fǽsənèit]	매혹하다　*fascination 명매혹　*fascinating 형매혹적인 • 그의 목소리는 날 매혹했다. His voice ＿＿＿＿＿d me.
	15 **frustrate** [frʌ́streit]	좌절[실망]시키다　*frustration 명좌절　*frustrating 형좌절시키는 • 좌절하지 마세요. Don't be ＿＿＿＿＿d.
	16 **deliver** [dilívər]	❶배달하다 ❷말하다[연설하다] ❸분만시키다　*delivery 명❶배달 ❷분만 • 신문을 배달하다 to ＿＿＿＿＿ newspapers

17 **vary** [vέəri]	다르다(=differ), 달라지다, 다르게 하다 *variety 몡다양(성) *variation 몡변화[차이], 변형 *various 혱다양한 • 색깔이 다른 꽃들 flowers that _____ in color	

18 **expose**
[ikspóuz]

드러내다[노출시키다], 폭로하다 *exposure 몡노출, 폭로
• 피부를 햇빛에 노출시키다 to _____ skin to the sun

19 **react**
[riǽkt]

반응하다 *reaction 몡반응 *reactive 혱반응하는
• 제안에 반응하다 to _____ to a suggestion

20 **recover**
[rikΛvər]

회복되다, 되찾다 *recovery 몡회복
• 감기에서 회복되다 to _____ from a cold

21 **heal**
[hi:l]

낫다[낫게 하다], 치유하다[치유되다] *healing 몡치유
• 베인 상처를 낫게 하다 to _____ cuts

22 **memorize**
[méməràiz]

암기하다(=learn ... by heart)
*memorization 몡암기 *memory 몡기억(력)
• 시를 암기하다 to _____ a poem

명사·형용사

23 **firm**
[fə:rm]

몡회사 혱단단한[확고한]
• 법률 회사 a law _____

24 **chief**
[tʃi:f]

혱최고의[주요한] 몡~장[우두머리], 추장 *chiefly 凰주로
• 주원인 the _____ cause

25 **plain**
[plein]

혱명백한[알기 쉬운], 간소한 몡평원[평야]
• 알기 쉬운 영어로 in _____ English

26 **bound**
[baund]

혱❶꼭 ~할 것 같은 ❷~해야 하는 ❸~행의 몡(-s) 한계
凰교 bind-bound-bound 동묶다, 감다, 결속시키다
• 너는 꼭 시험에 합격할 거야. You're _____ to pass the exam.

형용사

27 **appropriate**
[əpróupriət]

적절한(↔inappropriate)
• 적절한 조치를 취하다 to take _____ action

28 **terrific**
[tərífik]

멋진[훌륭한], 엄청난 凰교 terrible 혱끔찍한[지독한]
• 멋진 생각 a _____ idea

29 **vast**
[væst]

방대한[광대한]
• 방대한 양의 정보 a _____ amount of information

부사

30 **seldom**
[séldəm]

좀처럼 ~ 않는, 드물게(=rarely↔often)
• 그는 좀처럼 늦지 않는다. He is _____ late.

☑ 반갑다 기능어야! **through/throughout 전치사·부사**

• through: 통(과)해
  to look **through** the telescope 망원경을 통해 보다
  to drive **through** the red light 적신호를 통과해[무시하고] 차를 몰다
  to learn **through** computers 컴퓨터를 통해 배우다
• throughout: 도처에, ~ 동안 내내
  throughout the country 전국 방방곡곡   **throughout** your life 평생 동안 내내

A 영어는 우리말로, 우리말은 영어로!

1	track	16	우주 비행사
2	code	17	천재[영재]
3	reward	18	연속(물)
4	prejudice	19	물질
5	vote	20	(만날) 약속, 임명[지명]
6	deliver	21	감옥[교도소]
7	vary	22	강의[강연](하다)
8	expose	23	(손)해, 해치다
9	heal	24	매혹하다
10	firm	25	좌절[실망]시키다
11	chief	26	반응하다
12	plain	27	회복되다, 되찾다
13	bound	28	암기하다
14	terrific	29	적절한
15	seldom	30	방대한[광대한]

B 단어와 단어의 만남

1 a female astronaut

2 a series of lectures

3 a vast plain

4 a firm principle

5 a terrific idea

6 수학 천재 a mathematical g_____

7 화학 물질 a chemical s_____

8 행동 규칙 a c_____ of conduct

9 법률 회사 a law f_____

10 적절한 방법 an a_____ method

C [보기] 단어들 뜻 씹어 보고 들어갈 곳에 쏙!

보기	appointment　harm　prejudice　prison　reward　track

1 Two men escaped from the _____.　두 남자가 감옥에서 탈출했다.

2 You deserve a(n) _____ for being helpful.　너는 도움이 되었기에 보상을 받을 만하다.

3 He has a(n) _____ with a client at 2 o'clock.　그는 2시에 고객과 약속이 있다.

4 We walked along a(n) _____ through the forest.

　우리는 숲속으로 난 좁은 길을 따라 걸었다.

5 You should try to overcome your _____ because it limits you.

　편견은 당신을 제한하므로 이를 극복하려고 노력해야 한다.

6 Modern technology has done considerable _____ to the environment.

　현대 과학 기술은 환경에 상당한 해를 끼쳐 왔다.

Answers

A 앞면 참조　**B** 1 여성 우주 비행사　2 연속 강의　3 광대한 평원　4 확고한 원칙　5 멋진 생각　6 genius　7 substance　8 code　9 firm
10 appropriate　**C** 1 prison　2 reward　3 appointment　4 track　5 prejudice　6 harm

D 내 영어 실력?? 영영 사전 보는 정도!!!

| 보기 |　　　fascinate　　　heal　　　memorize

1 to make or become well again
2 to attract or interest someone very much
3 to learn and remember words, music, or other information

E [보기] 단어들 뜻 음미해 보고 빈칸 속에 퐁당!

| 보기 |　　expose　　frustrate　　react　　recover　　vary　　vote

1 He is _____ing from a knee injury.　그는 무릎 부상에서 회복되고 있다.
2 I _____(e)d for him in the last election.　나는 지난 선거에서 그에게 투표했다.
3 How did he _____ to your suggestion?　그는 너의 제안에 어떻게 반응했니?
4 Test scores _____ from school to school.　시험 성적은 학교마다 다르다.
5 It's the indifference of people that really _____(e)s me.
　나를 정말 좌절시키는 것은 바로 사람들의 무관심이다.
6 In some Muslim countries women do not _____ their faces in public.
　일부 이슬람 국가에서 여성은 자신의 얼굴을 사람들 앞에 드러내지 않는다.

F 밑줄 친 단어와 바꿔 쓸 수 있는 것은?

An angry person is seldom reasonable; a reasonable person is seldom angry.

화난 사람은 좀처럼 합리적이지 않고, 합리적인 사람은 좀처럼 화내지 않는다.

① gradually　　　　② lately　　　　③ necessarily　　　　④ rarely

G 같은 모양, 다른 의미

1 the chief cause / a police chief
2 He delivered a speech against war.
　He delivered the newspapers after school.
3 a plane bound for Thailand
　The weather is bound to get better tomorrow.

H 반갑다 기능어야! 익힌 후, 빈칸에 공통으로 알맞은 기능어 넣기

Instead of seeking security _____ means of mass destruction, we should achieve it _____ global understanding and cooperation.

대량 파괴 수단을 통해 안보를 추구하는 대신에, 국제적 이해와 협력을 통해 안보를 이루어야 한다.

오늘의 **dessert** | *No reward without toil.[No pains, no gains.]*
　　　　　　　　　　　수고하지 않으면 보상도 없다.(고생 끝에 낙이 온다.)

Answers

D 1 heal 2 fascinate 3 memorize　**E** 1 recover 2 vote 3 react 4 vary 5 frustrate 6 expose　**F** ④　**G** 1 주원인(주요한) / 경찰서장(~장) 2 그는 반전 연설을 했다.(연설하다) / 그는 방과 후에 신문을 배달했다.(배달하다) 3 태국행 비행기(~행의) / 내일은 날씨가 틀림없이 나아질 것이다.(꼭 ~할 것 같은)　**H** through

명사 01	**identity** [aidéntəti]	❶신원 ❷정체성 *identify 통❶(정체[신원]를) 확인하다[알아보다] ❷(~ with) 공감하다, 동일시하다 • 살인자의 신원 the _____ of the killer
02	**literature** [lítərətʃər]	문학 *literary 형문학의 • 영문학 English _____
03	**phrase** [freiz]	(어)구 • 유명한 어구 a well-known _____
04	**physics** [fíziks]	물리학 *physical 형신체[육체]의, 물질[물리(학)]의 *physicist 명물리학자 • 물리학의 법칙들 the laws of _____
05	**laboratory[lab]** [lǽbərətɔ̀:ri]	실험[실습]실 • 연구 실험실 a research _____
06	**motion** [móuʃən]	❶운동, 동작 ❷발의 *motionless 형움직이지 않는 • 뉴턴의 운동 법칙 Newton's laws of _____
07	**conclusion** [kənklúːʒən]	결론 *in conclusion 결론적으로 *conclude 통결론을 내리다, 끝내다 • 결론에 이르다 to reach[come to] a _____
08	**excitement** [iksáitmənt]	흥분 *excite 통흥분시키다 *excited 형흥분한 *exciting 형흥분시키는 • 흥분을 감추다 to hide your _____
09	**miracle** [mírəkl]	기적 *miraculous 형기적적인 • 기적을 행하다 to work a _____
10	**threat** [θret]	위협[협박] *threaten 통위협[협박]하다 • 협박하다 to make a _____
명사 동사 11	**harvest** [háːrvist]	명수확(량) 통수확하다 • 풍작/흉작 a good/bad _____
12	**review** [rivjúː]	명❶검토 ❷논평 통❶검토하다 ❷논평하다 ❸복습하다 • 서평/영화평 a book/film _____
13	**claim** [kleim]	통❶주장하다 ❷청구하다 ❸(인명을) 앗아가다 명주장, 청구 • 주장[청구]하다 to make a _____
14	**blame** [bleim]	통~의 탓으로 돌리다 명(잘못의) 책임 • 나를 탓하지 마. Don't _____ me.
15	**grab** [græb]	통잡아채다[움켜쥐다] 명잡아채기 • 가방을 잡아채다 to _____ a bag
16	**puzzle** [pʌzl]	통혼란시키다[당황하게 하다] 명퍼즐[수수께끼] *puzzled 형혼란스러운 *puzzling 형혼란시키는 • 그의 행동은 날 당황하게 했다. His behavior _____d me.

동사		
17 **adapt** [ədǽpt]	❶적응하다(=adjust) ❷조정하다 ❸개작[각색]하다	

adapt [ədǽpt]
❶적응하다(=adjust) ❷조정하다 ❸개작[각색]하다
*adaptation 명❶개작[각색]물 ❷적응　*adaptive 형조정의, 적응할 수 있는
• 새로운 환경에 적응하다 to _____ to a new environment

18 **arrange** [əréindʒ]
❶준비[계획]하다 ❷배열하다　*arrangement 명준비[계획], 배열
• 파티를 준비하다 to _____ a party

19 **combine** [kəmbáin]
결합하다
*combination 명결합물, 조합　*recombine 동재결합하다
• 이론과 실제를 결합하다 to _____ theory with practice

20 **disturb** [distə́:rb]
방해하다, 불안하게 하다　*disturbance 명소요, 방해(물)
• 당신을 방해해서 미안해요. Sorry to _____ you.

21 **relieve** [rilí:v]
경감[완화]하다　*relief 명❶안심 ❷경감 ❸구제　*relieved 형안심하는
• 통증을 완화시키다 to _____ pain

22 **reveal** [rivíːl]
드러내다(↔conceal 숨기다)
• 비밀을 드러내다 to _____ a secret

23 **nominate** [nάmənèit]
지명[임명]하다　*nomination 명지명[임명]
• 그를 의장으로 지명하다 to _____ him as chairman

명사·형용사

24 **ideal** [aidíːəl]
형이상적인 명이상　*idealize 동이상화하다　*idealism 명이상주의
• 당신의 이상형 your _____ type

25 **contrary** [kάntreri]
형반대되는 명정반대　*on the contrary 반대로
• 통념과는 반대로 _____ to popular belief

형용사

26 **smooth** [smuːð]
매끄러운, 부드러운
• 매끄러운 표면 a _____ surface

27 **exact** [igzǽkt]
정확한
• 정확한 날짜 the _____ date

28 **rare** [rɛər]
❶드문(↔common) ❷살짝 구운　*rarely 부드물게, 좀처럼 ~ 않는
• 희귀종/희귀병 a _____ species/disease

29 **useless** [júːslis]
쓸모없는[소용없는](↔useful)　*use 명동사용[이용](하다)
• 쓸모없는 정보 _____ information

부사

30 **likewise** [láikwàiz]
마찬가지로
• 마찬가지로 하다 to do _____

✔ **반갑다 기능어야!**　during 전치사

• during+특정 기간(~ 동안): '언제'(when)에 초점을 맞춤
　during the day/night/afternoon/winter 낮/밤/오후/겨울 동안 (내내)
　during the discussion 논의하는 동안　　**during** the crisis 위기가 계속되는 동안

비교 for+불특정 기간: '얼마 동안'(how long)에 초점을 맞춤
　for a few minutes/three years/a long time 몇 분 동안/3년 동안/오랫동안

A 영어는 우리말로, 우리말은 영어로!

1	motion	16	신원, 정체성
2	harvest	17	문학
3	review	18	(어)구
4	claim	19	물리학
5	blame	20	실험[실습]실
6	grab	21	결론
7	puzzle	22	흥분
8	adapt	23	기적
9	arrange	24	위협[협박]
10	disturb	25	결합하다
11	relieve	26	드러내다
12	contrary	27	지명[임명]하다
13	smooth	28	이상(적인)
14	rare	29	정확한
15	likewise	30	쓸모없는[소용없는]

B 단어와 단어의 만남

1 our cultural identity

2 a good/bad harvest

3 political ideals

4 an ideal opportunity

5 a smooth surface

6 useless information

7 영문학 English l_____

8 핵물리학 nuclear p_____

9 연구 실험실 a research l_____

10 서평 a book r_____

11 정확한 날짜 the e_____ date

12 희귀종 a r_____ species

C [보기] 단어들 뜻 씹어 보고 들어갈 곳에 쏙!

| |보기| | conclusion | excitement | identity | miracle | phrase | threat |

1 Love can work _____(e)s. 사랑은 기적을 행할 수 있다.

2 He made a _____ to kill her. 그는 그녀를 죽이겠다고 협박했다.

3 The _____ of the killer is still unknown. 살인자의 신원은 아직 알려지지 않았다.

4 My heart began to beat fast with _____. 내 심장이 흥분해서 빨리 뛰기 시작했다.

5 It is too early to reach a _____ on this point. 이 시점에서 결론에 도달하기에는 너무 이르다.

6 Darwin gave the world the _____, "survival of the fittest."
  다윈은 '적자생존'이라는 어구를 세상에 제시했다.

Answers

A 앞면 참조 **B** 1 우리의 문화적 정체성 2 풍작/흉작 3 정치적 이상 4 이상적인 기회 5 매끄러운 표면 6 쓸모없는 정보 7 literature
8 physics 9 laboratory[lab] 10 review 11 exact 12 rare **C** 1 miracle 2 threat 3 identity 4 excitement 5 conclusion
6 phrase

D 내 영어 실력?? 영영 사전 보는 정도!!!

| 보기 |　　combine　　　　grab　　　　reveal

1 to join together, or join two or more things together
2 to make known something that was secret or unknown
3 to take hold of something or someone suddenly and roughly

E [보기] 단어들 뜻 음미해 보고 빈칸 속에 퐁당!

| 보기 |　　blame　　disturb　　nominate　　puzzle　　relieve　　review

1 He was _____(e)d as chairman. 그는 의장으로 지명되었다.
2 Jokes help to _____ the tension. 농담은 긴장을 완화시키는 데 도움이 된다.
3 Don't _____ me — it's not my fault. 나를 탓하지 마. 그건 내 잘못이 아니야.
4 He told me not to _____ him before ten.
   그는 내게 10시 전에는 자신을 방해하지 말라고 말했다.
5 Let's _____ what has been discussed so far. 지금까지 논의해 온 것을 검토해 보자.
6 He was _____(e)d by the reactions to his remark.
   그는 자신의 발언에 대한 반응에 혼란스러웠다.

F 빈칸에 들어갈 알맞은 단어는?

1 C_____ to popular belief the desert is a beautiful place.
   통념과는 반대로 사막은 아름다운 곳이다.

2 Your brother studies hard, and you should do l_____.
   네 형은 열심히 공부하는데, 너도 마찬가지로 그래야 해.

G 같은 모양, 다른 의미

1 Newton's laws of motion / The motion was carried by six votes to one.
2 The war claimed thousands of lives.
   They claim that the drug prevents hair loss.
3 The list is arranged alphabetically.
   They arranged a surprise party for her birthday.
4 The film was adapted from her novel.
   Children adapt very easily to new environments.

H 반갑다 기능어야! 익힌 후, 빈칸에 알맞은 기능어 넣기

A word of encouragement _____ a failure is worth more than an hour of praise
after success. 실패에 빠져 있는 동안의 한 마디 격려는 성공 후의 한 시간 칭찬보다 더 가치 있다.

오늘의 dessert ｜ *A bad workman always blames his tools.* 솜씨 없는 일꾼이 연장만 나무란다.

Answers

D 1 combine　2 reveal　3 grab　**E** 1 nominate　2 relieve　3 blame　4 disturb　5 review　6 puzzle　**F** 1 Contrary　2 likewise　**G** 1 뉴턴의 운동 법칙(운동) / 그 발의는 6 대 1로 가결되었다.(발의)　2 그 전쟁은 수많은 인명을 앗아갔다.((인명을) 앗아가다) / 그들은 그 약이 탈모를 예방할 수 있다고 주장한다.(주장하다)　3 목록은 알파벳순으로 배열되어 있다.(배열하다) / 그들은 그녀의 생일을 위해 깜짝 파티를 준비했다.(준비하다)　4 그 영화는 그녀의 소설에서 각색되었다.(각색하다) / 아이들은 새로운 환경에 매우 쉽게 적응한다.(적응하다)　**H** during

DAY 17

<table>
<tr><td>명사</td><td>01</td><td>leisure
[líːʒər]</td><td>여가[레저]   *leisurely 형 한가로운 부 한가롭게
• 여가 활동 a _____ activity</td></tr>
<tr><td></td><td>02</td><td>privacy
[práivəsi]</td><td>사생활   *private 형 사적인
• 사생활을 보호하다 to protect your _____</td></tr>
<tr><td></td><td>03</td><td>policy
[páləsi]</td><td>❶정책[방침] ❷보험 증권
• 외교 정책 a foreign _____</td></tr>
<tr><td></td><td>04</td><td>duty
[djúːti]</td><td>❶의무, 직무[임무] ❷세금
*on/off duty 당번/비번인   *dutiful 형 의무를 다하는
• 도덕적 의무 a moral _____</td></tr>
<tr><td></td><td>05</td><td>fantasy
[fǽntəsi]</td><td>❶공상[환상] ❷공상 소설[영화]   *fantastic 형 환상적인
• 공상[환상]의 세계에 살다 to live in a _____ world</td></tr>
<tr><td></td><td>06</td><td>poverty
[pávərti]</td><td>가난[빈곤]   *poor 형 가난한
• 빈곤 속에 살다 to live in _____</td></tr>
<tr><td></td><td>07</td><td>improvement
[imprúːvmənt]</td><td>개선[향상]   *improve 동 개선하다[향상되다]
• 노동 조건의 개선 an _____ in working conditions</td></tr>
<tr><td></td><td>08</td><td>expectation
[èkspektéiʃən]</td><td>기대[예상]   *expect 동 기대하다   *unexpected 형 예기치 않은
• 예상과는 반대로 contrary to _____s</td></tr>
<tr><td></td><td>09</td><td>destruction
[distrʌ́kʃən]</td><td>파괴   *destroy 동 파괴하다   *destructive 형 파괴적인
• 환경 파괴 environmental _____</td></tr>
<tr><td>명사·동사</td><td>10</td><td>comfort
[kʌ́mfərt]</td><td>명 ❶편안함(↔discomfort) ❷위로 동 위로하다   *comfortable 형 편안한
• 위로의 말 한 마디 a word of _____</td></tr>
<tr><td></td><td>11</td><td>conflict
명 [kánflikt] 동 [kənflíkt]</td><td>명 갈등[대립], 분쟁 동 대립[충돌]하다
• 정치적 갈등 political _____</td></tr>
<tr><td></td><td>12</td><td>manufacture
[mæ̀njufǽktʃər]</td><td>동 제조하다 명 제조   *manufacturer 명 제조업자
• 자동차 부품을 제조하다 to _____ car parts</td></tr>
<tr><td></td><td>13</td><td>regard
[rigáːrd]</td><td>동 여기다[간주하다] 명 ❶존경, 고려 ❷관계 ❸(-s) 안부 인사
*regarding 전 ~에 관한(=concerning, with regard to)
• 그를 나의 친구로 여기다 to _____ him as my friend</td></tr>
<tr><td></td><td>14</td><td>swing
[swiŋ]-swung-swung</td><td>동 흔들(리)다 명 ❶그네 ❷흔들림[휘두름]
• 앞뒤로 흔들리다 to _____ back and forth</td></tr>
<tr><td>동사</td><td>15</td><td>select
[silékt]</td><td>선택[선정/선발]하다   *selection 명 선택[선발/선정]   *selective 형 선택적인
• 그들 중 하나를 선택하다 to _____ one of them</td></tr>
<tr><td></td><td>16</td><td>admit
[ədmít]</td><td>❶인정[시인]하다 ❷입장[입학]을 허락하다
*admission 명 인정[시인], 입장[입학] 허락   *admittedly 부 인정하건대
• 실수를 인정하다 to _____ your mistake</td></tr>
</table>

72

17 attach
[ətǽtʃ]

붙이다, 첨부하다 *attachment 명애착, 부착[첨부]물
• 병에 라벨을 붙이다 to _____ a label to a bottle

18 amaze
[əméiz]

크게 놀라게 하다(=astonish)
*amazement 명놀람 *amazed 형놀라는 *amazing 형놀랄 만한
• 모두를 크게 놀라게 하다 to _____ everyone

19 discourage
[diskə́:ridʒ]

좌절시키다, 막다[단념시키다](↔encourage)
*discouragement 명좌절, 방지 *discouraged 형좌절한
• 그 일로 좌절하지 마라. Don't let it _____ you.

20 misunderstand
[mìsʌndərstǽnd]
-misunderstood-misunderstood

오해하다(↔understand) *misunderstanding 명오해
• 절 오해하지 마세요. Don't _____ me.

21 bless
[bles]

축복하다 *blessing 명축복
• 신께서 당신에게 축복을 내리시길. May God _____ you.

명사·형용사 ## 22 routine
[ru:tí:n]

명일상적인 일[일과] 형일상의
• 나의 일과 my daily _____

23 former
[fɔ́:rmər]

형이전의, 전 ~(=ex-) 명(the ~) 전자(↔the latter 후자)
• 전임 대통령 the _____ president

형용사 ## 24 reasonable
[rí:zənəbl]

❶합리적인[타당한] ❷적당한 *reason 명이유, 이성 동추론하다
• 합리적 설명 a _____ explanation

25 formal
[fɔ́:rməl]

정식[공식]의, 격식을 차린(↔informal)
• 정식 발표 a _____ announcement

26 legal
[lí:gəl]

합법의(↔illegal 불법의), 법률의
• 법률 제도 a _____ system

27 tremendous
[triméndəs]

엄청난[굉장한]
• 엄청난 노력을 하다 to make a _____ effort

28 depressed
[diprést]

우울[의기소침]한
*depress 동우울하게 하다 *depression 명❶우울(증) ❷불경기[불황]
• 우울하다 to feel _____

29 high-tech
[hàiték]

첨단 기술의 *high tech 명첨단 기술(=high technology)
• 첨단 기술 산업 a _____ industry

부사 ## 30 accordingly
[əkɔ́:rdiŋli]

따라서(=therefore)
• 따라서 조치가 취해졌다. _____, measures were taken.

☑ 반갑다 기능어야! **between/among 전치사·부사**

• between: 사이에(둘 이상 상호 관계)
  a wider gap **between** rich and poor 부자와 빈자 사이의 더 넓은 격차
  the relationship **between** teachers and their students 사제지간
• among: 사이에, ~ 중에(셋 이상)
  political and economic differences **among** countries 국가들 간의 정치·경제적 차이

A 영어는 우리말로, 우리말은 영어로!

1	leisure	16	사생활
2	duty	17	정책[방침], 보험 증권
3	fantasy	18	가난[빈곤]
4	conflict	19	개선[향상]
5	regard	20	기대[예상]
6	swing	21	파괴
7	admit	22	편안함, 위로(하다)
8	amaze	23	제조(하다)
9	discourage	24	선택[선정/선발]하다
10	routine	25	붙이다, 첨부하다
11	former	26	오해하다
12	reasonable	27	축복하다
13	formal	28	합법의, 법률의
14	tremendous	29	우울[의기소침]한
15	accordingly	30	첨단 기술의

B 단어와 단어의 만남

1 environmental destruction
2 legal duties of a parent
3 custom duties
4 my daily routine
5 a reasonable explanation
6 a high-tech industry

7 여가 활동 a l_____ activity
8 보험 증권 an insurance p_____
9 정치적 갈등 political c_____
10 전임 대통령 the f_____ president
11 정식 요청 f_____ request
12 엄청난 노력 a t_____ effort

C [보기] 단어들 뜻 씹어 보고 들어갈 곳에 쏙!

|보기|	expectation	fantasy	improvement	policy	poverty	privacy

1 Many elderly people live in _____. 많은 노인들이 빈곤 속에 살고 있다.
2 There's been a(n) _____ in his schoolwork. 그의 학업은 향상되었다.
3 The _____ of individuals should be protected. 개인의 사생활은 보호되어야 한다.
4 Contrary to _____s, interest rates did not rise. 예상과는 반대로 금리는 오르지 않았다.
5 The company has adopted a strict no-smoking _____.
그 회사는 엄격한 금연 정책을 채택해 오고 있다.
6 She lives in a(n) _____ world and is not aware of reality.
그녀는 공상의 세계에 살아 현실을 알지 못하고 있다.

Answers

A 앞면 참조 **B** 1 환경 파괴 2 부모의 법적 의무들 3 관세 4 나의 일과 5 합리적인 설명 6 첨단 기술 산업 7 leisure 8 policy
9 conflict 10 former 11 formal 12 tremendous **C** 1 poverty 2 improvement 3 privacy 4 expectation 5 policy 6 fantasy

D 내 영어 실력?? 영영 사전 보는 정도!!!

| 보기 |　　amaze　　　manufacture　　　swing

1 to surprise someone very much
2 to move backwards and forwards while hanging
3 to make large quantities of goods, using machines

E [보기] 단어들 뜻 음미해 보고 빈칸 속에 퐁당!

| 보기 | attach bless discourage misunderstand(misunderstood) regard select

1 May God _____ you. 신께서 당신에게 축복을 내리시길.
2 I completely _____ her intentions. 나는 그녀의 의도를 완전히 오해했다.
3 I've always _____(e)d you as my friend. 나는 언제나 너를 내 친구로 여겨 왔다.
4 Don't be _____(e)d by failures — try again! 실패에 좌절하지 말고 다시 시도해라!
5 They _____(e)d the best among many works. 그들은 많은 작품 중에서 최고를 선정했다.
6 _____ a recent photograph to your application form. 지원서에 최근 사진을 붙이시오.

F 빈칸에 들어갈 알맞은 단어는?

She felt lonely and d_____. 그녀는 외롭고 우울했다.

G 밑줄 친 단어와 바꿔 쓸 수 있는 것은?

The workers called for their working hours to be reduced. <u>Accordingly</u>, many companies switched to a five-day week.

노동자들이 근무 시간의 단축을 요구했다. 따라서 많은 회사들이 주 5일 근무제로 바꾸었다.

① However　　　　② Nevertheless　　　　③ Therefore　　　　④ Likewise

H 같은 모양, 다른 의미

1 I tried to offer a few words of <u>comfort</u>.
　Now you can sit in <u>comfort</u> and watch the show.
2 I am willing to <u>admit</u> that I made mistakes.
　Only ticket-holders will be <u>admitted</u> into the stadium.

I 반갑다 기능어야! 익힌 후, 빈칸에 알맞은 기능어 넣기

A society is a network of relationships _____ individuals.

사회는 개인들 사이의 관계의 네트워크이다.

오늘의 **dessert**　| *Honesty is the best policy.* 정직이 최선의 방책이다.

Answers

D 1 amaze 2 swing 3 manufacture **E** 1 bless 2 misunderstood 3 regard 4 discourage 5 select 6 Attach **F** depressed
G ③ **H** 1 나는 위로의 말 몇 마디를 하려고 했다.(위로) / 이제 너는 편안히 앉아서 쇼를 볼 수 있다.(편안함) 2 나는 실수했다는 것을 기꺼이 인정한다.(인정하다) / 입장권 소지자만 경기장 입장이 허락될 것이다.(입장을 허락하다) **I** among

명사	01	**scholar** [skálər]

학자　*scholarly 휑 학문적인, 학구적인　*scholarship 휑 장학금
• 고전학자 a classical _____

02 **status** [stéitəs]

❶ 지위[신분] ❷ 상황
• 사회적 지위[신분] social _____

03 **means** [mi:nz]

❶ 수단[방법] ❷ 돈[수입]　*by no means 결코 ~ 아닌
• 의사소통 수단 a _____ of communication

04 **aptitude** [ǽptətjùːd]

소질[적성]
• 적성 검사 an _____ test

05 **destination** [dèstənéiʃən]

목적지
• 목적지에 도착하다 to reach[arrive at] your _____

06 **religion** [rilídʒən]

종교　*religious 휑 종교의
• 종교의 자유 freedom of _____

07 **column** [káləm]

휑 ❶ (신문·잡지의) 칼럼, 단(段) ❷ 기둥[원주](=pillar)
*columnist 휑 특별 기고가
• 신문 칼럼 a newspaper _____

08 **carbon dioxide** [káːrbən daiάksaid]

이산화탄소
• 공기 중 이산화탄소의 양 the amount of _____ in the air

명사·동사 09 **anger** [ǽŋgər]

휑 화　휑 화나게 하다　*angry 휑 화난
• 화를 억제하다 to control your _____

10 **thrill** [θril]

휑 흥분[전율]　휑 흥분시키다　*thrilled 휑 흥분한　*thrilling 휑 흥분시키는
• 흥분[전율]을 느끼다 to get a _____

11 **profit** [práfit]

휑 이익[수익]　휑 이익을 얻다[주다]　*profitable 휑 이익이 되는[유익한]
• 이익을 내다 to make a _____

12 **poison** [póizn]

휑 독　휑 독살하다, 중독시키다　*poisonous 휑 유독한
• 독가스 _____ gas

13 **shelter** [ʃéltər]

휑 주거, 피난처[대피소]　휑 보호하다[피난처를 제공하다]
• 의식주 food, clothing and _____

14 **rent** [rent]

휑 빌리다[빌려주다], 임차[임대]하다　휑 집세[임대료]　*rental 휑 임차(료)
• 집을 빌리다 to _____ a house

15 **appeal** [əpíːl]

휑 ❶ 호소[요청]하다 ❷ 매력적이다　휑 호소[요청], 매력
• 그들에게 도움을 호소하다 to _____ to them for help

16 **crash** [kræʃ]

휑 충돌[추락]하다　휑 충돌[추락]
• 자동차 충돌/비행기 추락 a car/plane _____

17 bend
[bend]-bent-bent

구부리다[구부러지다], 숙이다
• 무릎을 구부리다 to _____ your knees

18 interact
[ìntərǽkt]

소통하다, 상호 작용을 하다
*interaction 몡상호 작용, 소통　*interactive 휑상호 작용의, 대화형의
• 다른 사람들과 잘 소통하다 to _____ well with others

19 invade
[invéid]

침략하다, 침해하다　*invasion 몡침략, 침해　*invader 몡침략자
• 사생활을 침해하다 to _____ your privacy

20 afford
[əfɔ́ːrd]

여유가 되다[할 수 있다]　*affordable 휑(가격이) 알맞은
• 집을 살 여유가 되다 to _____ a house

21 annoy
[ənɔ́i]

짜증나게 하다
*annoyed 휑짜증난　*annoying 휑짜증나게 하는　*annoyance 몡짜증
• 그는 나를 짜증나게 한다. He _____s me.

22 apologize
[əpálədʒàiz]

사과하다　*apology 몡사과　*apologetically 뷔사과[변명]하여
• 늦은 것에 대해 사과하다 to _____ for being late

23 wander
[wɑ́ndər]

배회하다[돌아다니다]　*wanderer 몡방랑자
• 길거리를 배회하다 to _____ (around) the streets

24 artificial
[àːrtəfíʃəl]

인공[인조]의(↔natural)
• 인조 잔디 _____ grass

25 universal
[jùːnəvə́ːrsəl]

보편[일반]적인　*universe 몡우주
• 보편적인 진리 a _____ truth

26 vital
[váitl]

❶필수적인 ❷활기찬 ❸생명 유지에 필요한　*vitality 몡활력[생명력]
• 건강에 필수적이다 to be _____ for good health

27 civil
[sívəl]

시민의, 민간의　*civilian 몡민간인
• 시민권 _____ rights

28 distant
[dístənt]

(공간·시간이) 먼　*distance 몡거리
• 먼 행성 a _____ planet

29 steady
[stédi]

❶꾸준한(=constant) ❷안정된(↔unsteady)
• 꾸준한 성장 _____ growth

30 seemingly
[síːmiŋli]

겉보기에(=apparently)　*seem 됭보이다[~인 것 같다]
• 겉보기에 불가능한 일 a _____ impossible task

☑ 반갑다 기능어야!　**beside/near 전치사·부사**

• beside: ~의 옆에, ~와 나란히
　the seat **beside** him 그의 옆자리
　He walked **beside** her. 그는 그녀와 나란히 걸었다.
• near: ~ 가까이
　near the river/lake 강/호수 가까이
　to live **near** the woods/each other 숲/서로 가까이 살다

A 영어는 우리말로, 우리말은 영어로!

1	means	16	학자
2	column	17	지위[신분], 상황
3	thrill	18	소질[적성]
4	profit	19	목적지
5	poison	20	종교
6	shelter	21	이산화탄소
7	rent	22	화(나게 하다)
8	appeal	23	침략하다, 침해하다
9	crash	24	사과하다
10	bend	25	인공[인조]의
11	interact	26	보편[일반]적인
12	afford	27	시민의, 민간의
13	annoy	28	(공간·시간이) 먼
14	wander	29	꾸준한, 안정된
15	vital	30	겉보기에

B 단어와 단어의 만남

1 a classical scholar
2 social status
3 freedom of religion
4 carbon dioxide
5 food, clothing and shelter
6 a civil law
7 적성 검사 an a_____ test
8 독가스 p_____ gas
9 비행기 추락 a plane c_____
10 인공 지능 a_____ intelligence
11 보편적 진리 a u_____ truth
12 먼 행성 a d_____ planet

C [보기] 단어들 뜻 씹어 보고 들어갈 곳에 쏙!

보기	anger column destination profit thrill

1 He couldn't control his _____. 그는 화를 억제할 수 없었다.
2 I read his _____ in the local paper. 나는 지역 신문에서 그의 칼럼을 읽었다.
3 The company made a huge _____ on the deal. 회사는 그 거래로 막대한 이익을 냈다.
4 At around 1:00 p.m. we reached our final _____.
   우리는 오후 1시 경에 최종 목적지에 도착했다.
5 It gave me a big _____ to meet my favorite author in person.
   내가 가장 좋아하는 작가를 직접 만나는 것은 내게 커다란 흥분을 가져다주었다.

Answers
A 앞면 참조 **B** 1 고전학자 2 사회적 지위[신분] 3 종교의 자유 4 이산화탄소 5 의식주 6 민법 7 aptitude 8 poison 9 crash 10 artificial 11 universal 12 distant **C** 1 anger 2 column 3 profit 4 destination 5 thrill

D 내 영어 실력?? 영영 사전 보는 정도!!!

| 보기 | afford   annoy   invade

1 to make someone feel a little angry
2 to enter a country using military force in order to take control
3 to have enough money or time to be able to buy or to do something

E [보기] 단어들 뜻 음미해 보고 빈칸 속에 퐁당!

| 보기 | apologize   appeal   bend(bent)   interact   rent   wander

1 He _____ down to tie his shoelace. 그는 구두끈을 매려고 몸을 구부렸다.
2 He _____(e)s well with other children. 그는 다른 아이들과 잘 소통한다.
3 We _____(e)d the apartment from him. 우리는 그에게 아파트를 빌렸다.
4 He _____(e)d aimlessly around the streets. 그는 거리 곳곳을 정처 없이 배회했다.
5 She _____(e)d to him for breaking his heart.
   그녀는 그에게 마음을 아프게 한 것에 대해 사과했다.
6 They _____(e)d to the government for financial support.
   그들은 정부에 재정 지원을 호소했다.

F 빈칸에 들어갈 알맞은 단어는?
1 Reunification is v_____ to the development of Korea.
   통일은 한국의 발전에 필수적이다.
2 It was a s_____ impossible task. 그것은 겉보기에 불가능한 일이었다.

G 같은 모양, 다른 의미
1 Try to live within your means.
   The Internet is an important means of communication.
2 We are making slow but steady progress.
   Keep the camera steady while you take a picture.

H 반갑다 기능어야! 익힌 후, 빈칸에 알맞은 기능어 넣기
1 A friend is someone who dances with you in the sunlight and walks b_____
   you in the shadows. 친구란 햇빛 속에서 함께 춤추고 그늘 속을 나란히 걷는 사람이다.
2 The best fish swims n_____ the bottom. 최고의 물고기는 바닥 가까이서 헤엄친다.

오늘의 dessert | *One man's meat is another man's poison.* 갑의 약도 을에겐 독이다.

Answers
D 1 annoy 2 invade 3 afford E 1 bent 2 interact 3 rent 4 wander 5 apologize 6 appeal F 1 vital 2 seemingly G 1 네 수입의 범위 내에서 살도록 해라.(수입) / 인터넷은 중요한 의사소통 수단이다.(수단) 2 우리는 느리지만 꾸준한 진보를 하고 있다.(꾸준한) / 사진을 찍는 동안 카메라를 안정되게 유지해라.(안정된) H 1 beside 2 near

명사	01 **freshman** [fréʃmən]	(고교 · 대학의) 신입생 • 대학 신입생 a college _____
	02 **facility** [fəsíləti]	❶ 시설 ❷ 재능 • 여가 시설 leisure _____ies
	03 **oxygen** [άksidʒən]	산소 • 산소마스크 an _____ mask
	04 **layer** [léiər]	층 • 오존층 the ozone _____
	05 **explosion** [iksplóuʒən]	폭발 *explode 통폭발하다 *explosive 형폭발의 명폭발물 • 핵폭발 a nuclear _____
	06 **incident** [ínsədənt]	사건, 분쟁 • 총격 사건 a shooting _____
	07 **pace** [peis]	속도, 한 걸음 • 느린 속도로 at a slow _____
	08 **peninsula** [pənínsjulə]	반도 • 한반도 the Korean _____
	09 **photography** [fətάgrəfi]	사진술[사진 촬영] *photograph 명사진 *photographic 형사진의 • 플래시 사용 사진 촬영 flash _____
	10 **make-up** [méikʌ̀p]	❶ 화장 ❷ 구성, 성질 • 화장을 하다 to put on _____
명사·동사	11 **dust** [dʌst]	명먼지 통먼지를 털다 *dusty 형먼지투성이의 • 먼지로 덮여 있다 to be covered in _____
	12 **bomb** [bam]	명폭탄 통폭파[폭격]하다 • 폭탄 공격 a _____ attack
	13 **guard** [gɑːrd]	명경비[경호]원 통지키다 • 경호원[보안 요원] a security _____
	14 **sacrifice** [sǽkrəfàis]	명희생, 제물 통희생하다, 제물을 바치다 • 희생을 하다 to make _____s
	15 **construct** 통[kənstrʌ́kt] 명[kάnstrʌkt]	통건설하다, 구성하다 명구성체[구조물] *construction 명건설, 구성 *constructive 형건설적인 *reconstruct 통재건[복원]하다, 재구성하다 • 다리를 건설하다 to _____ a bridge
	16 **delay** [diléi]	통미루다[연기하다], 늦추다 명지연 • 결정을 미루다 to _____ a decision
	17 **purchase** [pə́ːrtʃəs]	통사다[구입하다](=buy↔sell) 명구입(품) • 표를 구입하다 to _____ a ticket

동사	18 **include** [inklúːd]	포함하다(↔exclude) *including 전 ~을 포함하여 • 그 가격은 세금을 포함한다. The price _____s tax.
	19 **motivate** [móutəvèit]	동기를 부여하다 *motivation 명 동기 부여 *motive 명 동기 *motivator 명 동기 부여하는 사람[것] *motivational 형 동기 부여의 • 학생들에게 동기를 부여하다 to _____ students
	20 **operate** [ápərèit]	❶ 작동[운전]하다 ❷ 운영하다 ❸ 수술하다 *operation 명 수술, 운영[운전], 작전 *operator 명 (전화) 교환원, 운전자 • 기계를 작동하다 to _____ machinery
	21 **qualify** [kwáləfài]	자격을 얻다[주다] *qualification 명 자격 *qualified 형 자격 있는 • 의사 자격을 얻다 to _____ as a doctor
동사·형용사	22 **awake** [əwéik]-awoke-awoken	형 (서술적) 깨어 있는 동 깨(우)다(=awaken) *wake 동 깨(우)다 • 깨어 있다 to stay _____
	23 **secure** [sikjúər]	형 안정된, 안전한(↔insecure) 동 안전하게 지키다, 획득하다 *security 명 보안, 안정 • 안정된 직장 a _____ job
명사·형용사	24 **representative** [rèprizéntətiv]	명 대표(자) 형 대표하는 *represent 동 ❶ 나타내다[표시하다] ❷ 대표하다 *representation 명 표시, 대표 • 국제 연합 대표 a _____ of the UN
	25 **extreme** [ikstríːm]	형 극도의[극심한], 극단적인 명 극단 *extremist 명 극단주의자 • 극심한 빈곤[극빈] _____ poverty
	26 **marine** [məríːn]	형 해양의 명 해병 • 해양 생물 _____ life
형용사	27 **expressive** [iksprésiv]	표현하는[표현력이 풍부한] *express 동 표현하다 *expression 명 표현, 표정 • 언어의 표현 기능 the _____ function of language
	28 **remote** [rimóut]	먼[외딴] • 외딴 마을 a _____ village
	29 **ultimate** [ʌltəmət]	궁극적인[최후의](=final) • 우리의 궁극적인 목표 our _____ goal
형용사·부사	30 **overnight** [òuvərnáit]	부 형 하룻밤 동안(의), 하룻밤 사이에[의] • 하룻밤 사이에 유명해지다 to become famous _____

✔ **반갑다 기능어야!**   **along/across 전치사 · 부사**

• along: (~을) 따라, 함께
  to go/drive **along** the street/beach 거리/해안을 따라 가다/차를 몰다
  come **along** 함께 오다[가다]
• across: (~을) 가로질러[건너서], 건너편에
  to walk **across** the street 도로를 가로질러 건너다
  the house **across** the road 길 건너편 집   to swim **across** 헤엄쳐 건너다

A 영어는 우리말로, 우리말은 영어로!

1	freshman	16	시설, 재능
2	layer	17	산소
3	pace	18	폭발
4	make-up	19	사건, 분쟁
5	guard	20	반도
6	construct	21	사진술[사진 촬영]
7	delay	22	먼지(를 털다)
8	purchase	23	폭탄, 폭파[폭격]하다
9	operate	24	희생(하다), 제물
10	awake	25	포함하다
11	secure	26	동기를 부여하다
12	representative	27	자격을 얻다[주다]
13	extreme	28	해양의, 해병
14	expressive	29	먼[외딴]
15	overnight	30	궁극적인[최후의]

B 단어와 단어의 만남

1 a college freshman
2 a shooting incident
3 a bomb attack
4 extreme poverty
5 a remote village
6 our ultimate goal

7 여가 시설 leisure f_____ies
8 산소마스크 an o_____ mask
9 오존층 the ozone l_____
10 핵폭발 a nuclear e_____
11 한반도 the Korean p_____
12 해양 생물 m_____ life

C [보기] 단어들 뜻 씹어 보고 들어갈 곳에 쏙!

보기	dust make-up pace photography sacrifice

1 She put on a little eye _____. 그녀는 약간 눈 화장을 했다.

2 The work progressed at a slow _____. 그 일은 느린 속도로 진척되었다.

3 His hobbies include hiking and _____. 그의 취미에는 하이킹과 사진 촬영이 포함된다.

4 All the furniture was covered in _____. 모든 가구가 먼지로 덮여 있었다.

5 Her parents made a lot of _____s to give her a good education.
그녀의 부모님은 그녀에게 좋은 교육을 받게 해 주기 위해 많은 희생을 했다.

D 내 영어 실력?? 영영 사전 보는 정도!!!

| 보기 | construct   guard   purchase

1 to buy something
2 to build something large such as a house, bridge or road
3 to protect property, places or people from attack or danger

E [보기] 단어들 뜻 음미해 보고 빈칸 속에 퐁당!

| 보기 | awake(awoke)   delay   include   motivate   qualify

1 My flight was _____(e)d by fog. 내가 탈 항공편이 안개로 연기되었다.
2 I _____ to the sound of the birds singing. 나는 새가 지저귀는 소리에 깼다.
3 The meal _____(e)s the coffee and dessert. 식사는 커피와 후식을 포함한다.
4 The training course will _____ you for a better job.
   훈련 과정을 거치면 더 나은 일자리를 가질 수 있는 자격을 얻게 될 것이다.
5 A good teacher has to be able to _____ his/her students.
   훌륭한 교사는 학생들에게 동기를 부여할 수 있어야 한다.

F 빈칸에 들어갈 알맞은 단어는?
1 How do you stay a_____ during boring lectures? 지루한 강의 동안에 어떻게 깨어 있니?
2 All music has an e_____ power. 모든 음악은 표현력을 갖고 있다.
3 She became famous o_____. 그녀는 하룻밤 사이에 유명해졌다.

G 같은 모양, 다른 의미
1 Doctors had to operate to remove the bullet.
   He doesn't know how to operate the equipment.
2 Children need to feel secure.
   Can the city be secured from attack?

H 반갑다 기능어야! 익힌 후, 빈칸에 알맞은 기능어 넣기
1 Success must be won a_____ one line. 성공은 한 길을 따라 얻어진다.(한 우물을 파라.)
2 We saw them walking a_____ the street. 우리는 그들이 거리를 가로질러 가는 것을 보았다.

오늘의 dessert | *Extremes meet.* 양극단은 서로 통한다.

명사

01 conductor
[kəndʌ́ktər]
❶지휘자 ❷열차의 차장 ❸전도체
*conduct 통수행[실시]하다, 지휘하다 명행위　*semiconductor 명반도체
• 객원 지휘자 a guest _____

02 wildlife
[wáildlàif]
야생 생물
• 야생 생물을 보호하다 to protect _____

03 summit
[sʌ́mit]
❶정상 ❷정상 회담
• 에베레스트산 정상 the _____ of Mount Everest

04 horizon
[həráizn]
❶(the ~) 지평선[수평선] ❷(-s) (사고·지식의) 범위[시야]
*horizontal 형수평의
• 지평선[수평선] 위로/아래로 above/below the _____

05 clue
[klu:]
실마리[단서]
• 실마리를 찾다 to find a _____

06 tongue
[tʌŋ]
❶혀 ❷말[언어]
• 혀를 내밀다 to stick out your _____

07 context
[kántekst]
맥락, 문맥　*contextual 형맥락[문맥]의
• 역사적 맥락 the historical _____

08 assignment
[əsáinmənt]
❶과제[임무] ❷배정　*assign 통맡기다[배정하다]
• 과제를 내 주다 to give an _____

09 trend
[trend]
경향[추세](=tendency), 유행
• 최신 경향[유행] the latest _____s

10 hunger
[hʌ́ŋgər]
굶주림(=starvation), 배고픔　*hungry 형배고픈
• 굶어 죽다 to die of[from] _____

11 youth
[ju:θ]
젊은 시절, 젊은이(들), 젊음　*youthful 형젊은[젊은이다운]
• 내 젊은 시절에 in my _____

명사·동사

12 institute
[ínstətjùːt]
명기관[연구소] 통도입[시작]하다
• 연구소 a research _____

13 protest
명[próutest] 통[prətést]
명항의 통항의하다
• 항의 행진 a _____ march

14 copy
[kápi]
명❶복사[복제](본) ❷(책·신문 등의) 한 부
통❶복사[복제]하다 ❷따라 하다[모방하다]
*photocopy 명복사 통복사하다　*copywriter 명광고 문안 작성자
• 파일의 백업 복사본 back-up _____ies of the files

15 display
[displéi]
명전시[진열] 통전시[진열]하다, 나타내다
• 그림들을 전시하다 to _____ paintings

16 glance
[glæns]
통힐끗 보다 명힐끗 봄
• 시계를 힐끗 보다 to _____ at a clock

¹⁷ **capture** [kǽptʃər]	图포로로 잡다[포획하다], 포착하다 圈포획	

¹⁷ **capture** [kǽptʃər]

图포로로 잡다[포획하다], 포착하다 圈포획
• 적의 병사들을 포획하다 to _____ enemy soldiers

¹⁸ **reserve** [rizə́:rv]

图❶예약하다 ❷남겨 두다 圈비축(량) *reservation 圈예약
• 두 사람 자리를 예약하다 to _____ a table for two

동사

¹⁹ **deserve** [dizə́:rv]

~할[받을] 만하다 *deserving 圈(도움을) 받을 만한
• 칭찬받을 만하다 to _____ praise

²⁰ **declare** [diklɛ́ər]

❶선언[발표]하다 ❷신고하다 *declaration 圈선언[발표], 신고
• 전쟁을 선포하다 to _____ war

²¹ **devote** [divóut]

바치다, 헌신[전념]하다 *devotion 圈헌신[전념]
• 교육에 일생을 바치다 to _____ your life to education

²² **float** [flout]

뜨다[띄우다], 떠다니다 *afloat 圈(물에) 뜬
• 물에 뜨다 to _____ in[on] the water

²³ **weigh** [wei]

무게가 ~이다, 무게를 달다 *weight 圈(몸)무게 *weightless 圈무중력의
• 그것은 무게가 400그램이다. It _____s 400 grams.

명사·형용사

²⁴ **alternative** [ɔːltə́ːrnətiv]

圈대체[대안]의 圈대안
*alternatively 圉그 대신에 *alternate 图번갈아 하다 圈번갈아 나오는
• 대체 에너지 _____ energy

²⁵ **evil** [íːvəl]

圈악한, 나쁜 圈악
• 악령 an _____ spirit

형용사

²⁶ **broad** [brɔːd]

넓은 *broaden 图넓히다[넓어지다] *breadth 圈폭[너비]
• 넓은 어깨 _____ shoulders

²⁷ **primary** [práimeri]

❶주요한 ❷초기의
• 우리의 주요 관심사 our _____ concern

²⁸ **usual** [júːʒuəl]

보통[평소]의(↔unusual) *as usual 평소와 같이
• 평소보다 더 늦게 later than _____

²⁹ **cruel** [krúːəl]

잔인한 *cruelty 圈잔인함
• 잔인한 처벌 a _____ punishment

부사

³⁰ **undoubtedly** [ʌndáutidli]

의심할 여지없이
*doubt 图(사실이 아닐 거라고) 의심하다 圈의심 *doubtful 圈의심스러운
• 그것은 의심할 여지없이 사실이다. That is _____ true.

☑ **반갑다 기능어야!** **under/below/beneath 전치사·부사**

• under(↔over): 아래[밑]에, 미만
  under the tree/sun 나무/하늘 아래   **under** 18 18세 미만
• below(↔above): 아래[밑]에, 미만
  below ground 땅 밑에   10 degrees **below** freezing 영하 10도
• beneath: 아래[밑]에
  beneath the waves/your feet 파도 아래에/발밑에

A 영어는 우리말로, 우리말은 영어로!

1	conductor	16	야생 생물
2	horizon	17	정상 (회담)
3	youth	18	실마리[단서]
4	institute	19	혀, 말[언어]
5	copy	20	맥락, 문맥
6	display	21	과제[임무], 배정
7	glance	22	경향[추세], 유행
8	capture	23	굶주림, 배고픔
9	reserve	24	항의(하다)
10	declare	25	~할[받을] 만하다
11	devote	26	대체의, 대안(의)
12	float	27	넓은
13	weigh	28	보통[평소]의
14	evil	29	잔인한
15	primary	30	의심할 여지없이

B 단어와 단어의 만남

1 mother tongue
2 the latest trends
3 oil reserves
4 an evil spirit
5 our primary concern
6 a cruel punishment

7 유럽 정상 회담 the European s_____
8 수학 과제 a math a_____
9 연구소 a research i_____
10 항의 행진 a p_____ march
11 대체 에너지 a_____ energy
12 넓은 어깨 b_____ shoulders

C [보기] 단어들 뜻 씹어 보고 들어갈 곳에 쏙!

|보기|	clue	context	horizon	hunger	wildlife	youth

1 Many children are dying of _____. 많은 어린이들이 굶어 죽어 가고 있다.
2 The sun dropped below the _____. 해가 지평선[수평선] 아래로 떨어졌다.
3 Tell me the secret of keeping your _____. 젊음을 유지하는 비결을 말해 주렴.
4 The meaning of 'mad' depends on its _____. 'mad'의 뜻은 문맥에 따라 달라진다.
5 We found a _____ to the solution of the problem.
   우리는 그 문제 해결의 실마리를 찾아냈다.
6 The organization was set up to protect _____.
   그 기구는 야생 생물을 보호하기 위해 설립되었다.

Answers

A 앞면 참조 **B** 1 모국어 2 최신 경향[유행] 3 석유 비축량 4 악령 5 우리의 주요 관심사 6 잔인한 처벌 7 summit 8 assignment
9 institute 10 protest 11 alternative 12 broad **C** 1 hunger 2 horizon 3 youth 4 context 5 clue 6 wildlife

D 내 영어 실력?? 영영 사전 보는 정도!!!

|보기|	capture	display	glance

1 to quickly look at someone or something
2 to put things where people can see them easily
3 to catch someone in order to keep them as a prisoner

E [보기] 단어들 뜻 음미해 보고 빈칸 속에 풍당!

|보기|	deserve	devote	float	weigh

1 She _____s a reward for her efforts. 그녀는 노력에 대해 보상을 받을 만하다.
2 A small boat is _____ing on the river. 작은 배가 강 위를 떠다니고 있다.
3 The young birds _____ only a few grams. 어린 새들은 무게가 겨우 몇 그램이다.
4 She _____(e)d all her life to the care of homeless people.
그녀는 노숙자들을 돌보는 데 평생을 바쳤다.

F 빈칸에 들어갈 알맞은 단어는?
1 He came home later than u_____. 그는 평소보다 더 늦게 집에 왔다.
2 That is u_____ true. 그것은 의심할 여지없이 사실이다.

G 같은 모양, 다른 의미
1 Metal is a good conductor of heat.
  The conductor appeared on the stage.
2 Be sure to make copies of all the documents.
  The book sold 20,000 copies within two weeks.
  She copies everything her sister does.
3 I'd like to reserve a table for two.
  These seats are reserved for the elderly and disabled.
4 The government declared a state of emergency.
  The customs officer asked tourists if they had anything to declare.

H 반갑다 기능어야! 익힌 후, 빈칸에 알맞은 기능어 넣기
There is no new thing _____ the sun. 하늘 아래 새로운 것은 없다.

오늘의 dessert | *Hunger is the best sauce.* 시장이 반찬이다.

Answers

D 1 glance 2 display 3 capture E 1 deserve 2 float 3 weigh 4 devote F 1 usual 2 undoubtedly G 1 금속은 좋은 열전도체이다.(전도체) / 지휘자가 무대 위에 나타났다.(지휘자) 2 반드시 모든 문서들을 복사해 두어라.(복사[복제](본)) / 그 책은 2주도 안 돼서 2만 부가 팔렸다.((책·신문 등의) 한 부) / 그녀는 언니가 하는 모든 것을 따라 한다.(따라 하다) 3 두 사람 자리를 예약하고 싶습니다.(예약하다) / 이 자리들은 노인과 장애인을 위해 남겨 둔 것입니다.(남겨 두다) 4 정부는 비상사태를 선포했다.(선언하다) / 세관원이 관광객들에게 신고할 물건이 있는지 물었다.(신고하다) H under

87

⑪ 전치사 + V-ing(목적어)

- V-ing는 명사적 기능으로 '~하는 것[하기]'을 뜻하며, 전치사(to, for, without, instead of 등)의 목적어로 쓰인다.

I am used to using computers. 나는 컴퓨터를 사용하는 데 익숙하다.

Goats are very useful for controlling weeds without using chemicals.
염소는 화학 약품을 사용하지 않고 잡초를 억제하는 데 매우 유용하다.

We should act instead of just thinking over problems.
우리는 문제들에 대해 단지 생각만 하는 대신에 행동을 해야 한다.

⑫ 명사 + 과거분사구

- 과거분사는 '수동'과 '완료'를 나타내며, 구의 형태로 쓰이면 뒤에서 앞의 명사를 수식한다.

The same word spoken by people may sound like different words.
사람들에 의해 말해지는 같은 단어가 다른 단어처럼 소리 날 수도 있다.

Literature is language charged with meaning. 문학은 의미가 담긴 언어이다.

Children show anxiety about things not based in reality such as ghosts.
아이들은 유령 같은 현실에 바탕을 두지 않는 것들에 대해 두려움을 보인다.

⑬ 명사 + V-ing구

- V-ing는 '능동'과 '진행'을 나타내며, 구의 형태로 쓰이면 뒤에서 앞의 명사를 수식한다.

We hit a car coming from the other direction. 우리는 다른 쪽에서 오던 차와 부딪쳤다.

Young men wearing earrings are not uncommon. 귀걸이를 한 젊은 남자는 드물지 않다.

The economic trouble affecting our country will begin to get better.
우리나라에 영향을 미치고 있는 경제적 곤란은 나아지기 시작할 것이다.

⑭ 명사 + 형용사구

- 형용사는 보통 앞에서 뒤의 명사를 수식하지만, 형용사구는 뒤에서 앞의 명사를 수식한다.

The amount of information available to people is increasing.
사람들이 얻을 수 있는 정보량이 증가하고 있다.

I have ideas different from yours. 나는 네 것과 다른 아이디어들이 있다.

⑮ 주절 + V-ing구

- V-ing구문은 「접속사 + 주어 + 동사」에서 접속사와 주어를 생략하고, 동사를 V-ing로 나타낸 것이다.
- V-ing구문은 주로 주절의 뒤에 오며, '동시·연속 동작[상태]'을 나타낸다.

I practiced and practiced, trying to catch up with the other girls.
난 연습을 거듭하면서 다른 소녀들을 따라잡으려 애썼다.

He took me in his arms, lifting me off the ground. 그는 나를 팔로 안아 땅에서 들어 올렸다.

She fell asleep studying at the desk. 그녀는 책상에서 공부하다 잠이 들었다.

16 V-ing구 + 주절

- V-ing구문이 주절 앞에 와서, '때, 동시 동작[상태], 이유, 조건' 등을 나타낸다.
- 이전에 있었던 일이나 완료의 의미를 나타내고자 할 때는 「having + 과거분사」를 쓴다.

Having finished his homework, he went to bed. 그는 숙제를 끝내고 나서 잠자리에 들었다.

Recognizing the power of the Internet, we are using it.
인터넷의 힘을 인정하기 때문에 우리는 그것을 이용하고 있다.

Looking upward, I can see the blue sky. 위를 쳐다보면 푸른 하늘을 볼 수 있다.

17 과거분사구 + 주절

- Being이 생략되고 과거분사로 시작하는 수동태 V-ing구문으로, 주절의 주어와 수동의 관계이다.

(Being) Asked by my grandmother, I replied, "Yes, I do."
할머니께 질문을 받았을 때, 나는 "예, 그래요."라고 대답했다.

(Being) Tempted by fame, he went to Paris. 명성의 유혹에 빠져 그는 파리로 갔다.

(Being) Born and brought up in Canada, she speaks English fluently.
캐나다에서 태어나고 길러졌으므로 그녀는 영어를 유창하게 한다.

18 형용사구 + 주절

- Being이 생략된 형용사 V-ing구문으로, 형용사(구)는 주절의 주어에 대한 보어이다.

(Being) Proud of his talent, he didn't work hard. 재능을 뽐내며 그는 열심히 일하지 않았다.

(Being) Deep in his work, he ignored everything else.
자신의 일에 깊이 빠져 그는 그 밖의 모든 것을 무시했다.

19 주어 + 동사 + 목적어 + 형용사/V-ing/과거분사(목적보어)

- '~라고[하게] 하다'라는 의미의 동사가 쓰여, '(주어)가 (목적어)를 (목적보어)라고[하게] (동사)하다'라는 뜻을 나타내는 구문이다.
- '형용사/V-ing/과거분사'가 목적어의 성질이나 상태를 나타내는 목적보어로 쓰인다.

The beautiful view makes the hard climb worthwhile. 아름다운 경치는 힘든 등반을 보람 있게 한다.

Sorry to keep you waiting. 널 기다리게 해서 미안해.

I found myself lost in the fog. 나는 안개 속에서 길을 잃었다는 것을 알았다.

20 주어 + 동사 + 목적어 + to V(목적보어)

- to V가 목적어를 보충 설명하는 목적보어로 쓰인다.

Travel allows us to experience a different world. 여행은 우리가 다른 세계를 경험하게 해 준다.

This causes local conflicts to grow into larger wars. 이것은 지역 분쟁을 더 큰 전쟁이 되게 한다.

The textbook enables you to increase your knowledge.
교과서는 여러분이 지식을 늘릴 수 있게 한다.

명사

01 belonging
[bilɔ́:ŋiŋ]

❶(-s) 소유물[소지품] ❷소속 *belong 통(~ to) 속하다, 소속[소유]이다
• 개인 소지품 personal _____s

02 palm
[pɑːm]

❶손바닥 ❷야자수[종려나무]
• 손바닥에 in the _____ of your hand

03 horn
[hɔːrn]

❶뿔 ❷경적 ❸나팔[호른/트럼펫]
• 경적을 울리다 to blow[sound] your _____

04 arrow
[ǽrou]

화살
• 활과 화살 a bow and _____

05 device
[diváis]

장치 *devise 통고안[발명]하다
• 안전장치 a safety _____

06 mixture
[míkstʃər]

혼합(물) *mix 통섞(이)다 명혼합(물)
*mixed 형뒤섞인[혼합된] *mix up 뒤섞다, 혼동하다
• 옛것과 새것의 혼합(체) a _____ of the old and the new

07 habitat
[hǽbitæt]

서식지 *inhabit 통살다, 거주[서식]하다
• 야생 생물 서식지 a wildlife _____

08 agriculture
[ǽgrikÀltʃər]

농업, 농학 *agricultural 형농업의 *agriculturalist 명농업 전문가
• 기계화된 농업 mechanized _____

09 civilization
[sìvəlizéiʃən]

문명 *civilize 통문명화하다
• 고대 문명 ancient _____

10 gravity
[grǽvəti]

중력
*gravitation 명만유인력, 중력 *gravitational 형중력의
• 중력 the force of _____

11 quantity
[kwántəti]

양
• 많은 양의 석유 a large _____ of oil

12 tension
[ténʃən]

긴장 *tense 형긴장한, 팽팽한
• 긴장을 완화하다 to relieve _____

명사·동사

13 sink
[siŋk]-sank-sunk

통(물에) 가라앉다 명개수대 *sunken 형가라앉은
• 해저로 가라앉다 to _____ to the bottom of the sea

14 swallow
[swálou]

통삼키다 명제비
• 음식을 삼키다 to _____ food

15 trail
[treil]

통❶(질질) 끌(리)다 ❷뒤쫓다[추적하다] 명❶오솔길 ❷자국[흔적]
• 그녀의 치마가 진흙에 끌렸다. Her skirt _____ed in the mud.

동사

16 differ
[dífər]

다르다 *different 형다른 *difference 명차이
• 그(것)들은 많은 점에서 다르다. They _____ in many respects.

¹⁷ **owe**
[ou]

빚[신세]지고 있다
• 그에게 10달러를 빚지고 있다 to _____ him ten dollars

¹⁸ **defend**
[difénd]

❶방어하다[지키다] ❷변호하다   *defense 몡방어, 변호
• 나라를 지키다 to _____ your country

¹⁹ **obey**
[oubéi]

따르다[순종하다](↔disobey)   *obedience 몡순종[준수]
*obedient 혱순종[준수]하는   *disobedient 혱불복종하는
• 명령에 따르다 to _____ an order

²⁰ **examine**
[igzǽmin]

❶조사[검진]하다 ❷시험하다   *examination 몡시험(=exam), 조사
• 그것의 영향을 조사하다 to _____ its effects

²¹ **expand**
[ikspǽnd]

확대[확장/팽창]되다[시키다](↔contract)
*expansion 몡확대[확장/팽창]   *expanse 몡광활한 공간
• 급속히 팽창하는 인구 a rapidly _____ing population

²² **transform**
[trænsfɔ́:rm]

변형시키다[완전히 바꾸다]   *transformation 몡변형
• 쓰레기 매립지를 생태 공원으로 완전히 바꾸다
  to _____ a landfill site into an eco-park

²³ **commit**
[kəmít]

❶저지르다 ❷약속하다 ❸헌신하다   *commitment 몡약속, 헌신, 책무
• 범죄를 저지르다 to _____ (a) crime

형용사 ²⁴ **rapid**
[rǽpid]

매우 빠른[신속한](=fast, quick)
• 매우 빠른 성장 _____ growth

²⁵ **rural**
[rúːrəl]

시골의
• 시골 지역 a _____ area

²⁶ **anxious**
[ǽŋkʃəs]

❶걱정하는(=worried) ❷열망하는   *anxiety 몡걱정, 열망
• 미래에 대해 걱정하다 to be _____ about the future

²⁷ **ashamed**
[əʃéimd]

부끄러운   *shame 몡수치(심), 유감스러운 일
• 자신의 행동을 부끄러워하다 to be _____ of your behavior

²⁸ **thoughtful**
[θɔ́:tfəl]

❶배려하는[사려 깊은](↔thoughtless) ❷생각에 잠긴
*thoughtfulness 몡배려, 사려 깊음   *thought 몡사고
• 매우 사려 깊은 사람 a very _____ person

²⁹ **tragic**
[trǽdʒik]

비극의   *tragedy 몡비극
• 비극적 사고 a _____ accident

부사 ³⁰ **readily**
[rédəli]

❶쉽게[즉시] ❷기꺼이   *ready 혱준비된
• 쉽게 얻을[이용할] 수 있다 to be _____ available

☑ 반갑다 기능어야!   **according to** 전치사구: ~에 따르면[따라]

according to recent studies[researches] 최근 연구에 따르면
according to the law/criteria 법/기준에 따라
Don't judge people **according to** what is on the outside. 사람을 겉으로 드러나는 것에 따라 판단하지 마라.

A 영어는 우리말로, 우리말은 영어로!

1	belonging	16	손바닥, 야자수
2	horn	17	화살
3	gravity	18	장치
4	sink	19	혼합(물)
5	trail	20	서식지
6	owe	21	농업, 농학
7	defend	22	문명
8	obey	23	양
9	examine	24	긴장
10	commit	25	삼키다, 제비
11	anxious	26	다르다
12	ashamed	27	확대[확장/팽창]되다
13	thoughtful	28	변형시키다
14	tragic	29	매우 빠른[신속한]
15	readily	30	시골의

B 단어와 단어의 만남

1 a wildlife habitat
2 a trail through the forest
3 rapid growth
4 a rural area
5 a thoughtful look

6 현대 문명 modern c_____
7 안전장치 a safety d_____
8 활과 화살 a bow and a_____
9 중력 the force of g_____
10 비극적 사고 a t_____ accident

C [보기] 단어들 뜻 씹어 보고 들어갈 곳에 쏙!

| 보기 | agriculture   horn   mixture   palm   quantity   tension

1 Laughter is good for relieving _____. 웃음은 긴장을 완화시키는 데 좋다.
2 The town is a _____ of the old and the new. 그 도시는 옛것과 새것의 혼합체다.
3 He held the pebble in the _____ of his hand. 그는 손바닥에 조약돌을 쥐고 있었다.
4 More than 75% of the land is used for _____. 토지의 75% 이상이 농업에 쓰이고 있다.
5 Add 50 grams of butter, and the same _____ of sugar.
   버터 50그램과 같은 양의 설탕을 넣어라.
6 The driver blew his _____ when the child stepped in front of the car.
   운전자는 아이가 차 앞으로 걸음을 옮기자 경적을 울렸다.

Answers
A 앞면 참조 **B** 1 야생 생물 서식지 2 숲 사이 오솔길 3 매우 빠른 성장 4 시골 지역 5 생각에 잠긴 표정 6 civilization 7 device 8 arrow
9 gravity 10 tragic **C** 1 tension 2 mixture 3 palm 4 agriculture 5 quantity 6 horn

D 내 영어 실력?? 영영 사전 보는 정도!!!

| 보기 |　　 expand　　 swallow　　 transform

1 to make food or drink go down your throat
2 to completely change the appearance or character of something
3 to become larger in size or number, or to make something larger

E [보기] 단어들 뜻 음미해 보고 빈칸 속에 풍덩!

| 보기 |　　 defend　　 differ　　 examine　　 obey　　 owe　　 sink

1 Culture _____s from country to country.　문화는 나라마다 다르다.
2 He _____s a lot of money to the bank.　그는 은행에 많은 돈을 빚지고 있다.
3 Wood doesn't _____ and floats in water.　나무는 물에 가라앉지 않고 뜬다.
4 Soldiers are expected to _____ their officials.　군인은 상관에게 따르도록 요구된다.
5 They _____(e)d their country against enemies.　그들은 적에게서 나라를 지켰다.
6 The research _____(e)d the effects of alcohol on long-term memory.
　그 연구는 알코올이 장기 기억에 미치는 영향을 조사했다.

F 빈칸에 들어갈 알맞은 단어는?

1 You needn't feel a_____ of making mistakes.　너는 실수하는 걸 부끄러워할 필요 없어.
2 It was really t_____ of you to remember my birthday.
　제 생일을 기억해 주시다니 당신은 정말 사려 깊으시군요.

G 같은 모양, 다른 의미

1 personal belongings / a sense of belonging
2 Women commit fewer crimes than men.
   I decided to commit myself to helping the poor.
3 She is anxious about his illness.
   The children are anxious to go to the party.
4 He readily agreed to help.
   The information is readily available on computer.

H 반갑다 기능어야! 익힌 후, 빈칸에 알맞은 기능어 넣기

We were happy if we acted _____ _____ nature whose rules are plain and reasonable.　만일 우리가 단순하고 합리적인 자연의 법칙에 따라 행동한다면 행복할 텐데.

오늘의 dessert　　*One swallow does not make a summer.*
　　　　제비 한 마리가 왔다고 해서 여름이 온 것은 아니다.(하나만 보고 속단하지 마라.)

Answers
D 1 swallow　2 transform　3 expand　E 1 differ　2 owe　3 sink　4 obey　5 defend　6 examine　F 1 ashamed
2 thoughtful　G 1 개인 소지품(소지품) / 소속감(소속)　2 여성은 남성보다 범죄를 덜 저지른다.(저지르다) / 난 가난한 사람들을 돕는 데 헌신하기로 결심했다.(헌신하다)　3 그녀는 그의 병에 대해 걱정한다.(걱정하는) / 아이들은 파티에 가기를 열망한다.(열망하는)　4 그는 기꺼이 돕는 데 동의했다.(기꺼이) / 그 정보는 컴퓨터로 쉽게[즉시] 얻을 수 있다.(쉽게[즉시])　H according to

01 **pole**
[poul]

❶ 장대[기둥] ❷ (천체·지구의) 극
*polar 형 극(지방)의   *polarity 명 (양)극성
· 북극/남극 the North/South P_____

02 **fare**
[fɛər]

운임[요금]
· 버스/항공 운임 bus/air _____s

03 **plenty**
[plénti]

충분한[풍부한] 양   *plenty of (양이) 충분한[풍부한]
· 충분한 시간/물 _____ of time/water

04 **anxiety**
[æŋzáiəti]

❶ 걱정 ❷ 열망   *anxious 형 걱정하는, 열망하는
· 돈에 대한 끊임없는 걱정 constant _____ over money

05 **authority**
[əθɔ́:rəti]

❶ 권한[권위] ❷ 권위자 ❸ 당국
*authorize 동 권한을 주다[인가하다]   *authoritative 형 권위 있는
· 권한을 행사하다 to exercise your _____

06 **judgment**
[dʒʌ́dʒmənt]

판단(력), 판결[심판]   *judge 명 재판관, 판사 동 판단[재판]하다
· 판단 착오 an error of _____

07 **statement**
[stéitmənt]

성명[진술](서)   *state 명 국가, (미국의) 주, 상태 동 진술하다
· 공식 성명 an official _____

08 **evidence**
[évədəns]

증거   *evident 형 분명한[명백한]
· 과학적 증거 scientific _____

09 **seal**
[si:l]

명 ❶ 바다표범 ❷ 봉인, 인장 동 봉하다, 밀폐하다
· 봉투를 봉하다 to _____ an envelope

10 **sum**
[sʌm]

명 ❶ 금액 ❷ 합계 동 (~ up) 요약하다   *in sum 요컨대
· 거액의 돈 a large _____ of money

11 **panic**
[pǽnik] -panicked-panicked

명 극심한 공포[공황] 동 극심한 공포에 빠지다[빠뜨리다]
· 공황 상태에 있다 to be in a state of _____

12 **suicide**
[sú:əsàid]

명 자살 동 자살하다
· 자살하다 to commit _____

13 **exhibit**
[igzíbit]

동 전시하다, 보이다 명 전시품, 전시(회)   *exhibition 명 전시(회)
· 작품을 전시하다 to _____ a work

14 **grant**
[grænt]

동 ❶ 들어주다[허가하다] ❷ 인정하다 명 보조금
*take ~ for granted[take it for granted (that) ~] ~을 당연히 여기다
· 허가해 주다 to _____ permission

15 **guarantee**
[gæ̀rəntí:]

동 보증[보장]하다 명 보증서(=warranty), 보증[보장]
· 기본적 인권을 보장하다 to _____ basic human rights

16 **collapse**
[kəlǽps]

동 ❶ 붕괴하다 ❷ 쓰러지다 명 붕괴, 쓰러짐
· 지붕이 붕괴했다. The roof _____d.

동사	17 **crawl** [krɔːl]	기다 • 바닥을 기어가다 to _____ across a floor

18 **drown**
[draun]

물에 빠져 죽다[익사하다]
• 강에서 익사하다 to _____ in the river

19 **absorb**
[əbzɔ́ːrb]

흡수하다 *absorption 명흡수
• 물을 흡수하다 to _____ water

20 **propose**
[prəpóuz]

❶ 제안하다 ❷ 청혼하다
*proposal 명제안, 청혼 *proposition 명명제, 제안
• 새로운 계획을 제안하다 to _____ a new plan

21 **criticize**
[krítəsàiz]

비판[비난/비평]하다 *criticism 명비판[비난/비평]
*critical 형비판적인, 중대한, 위기의 *critic 명비평가
• 정부를 비판하다 to _____ the government

22 **pretend**
[priténd]

~인 척하다
• 자는 척하다 to _____ to be asleep

명사·형용사 23 **infant**
[ínfənt]

명유아[아기] 형유아의 *infantile 형유치한, 유아의
• 신생아 a newborn _____

24 **blank**
[blæŋk]

형❶공백의 ❷명한 명빈칸
• 백지 한 장 a _____ sheet of paper

25 **contemporary**
[kəntémpərèri]

형현대의(=modern), 동시대의 명동시대인
• 현대 미술 _____ art

형용사 26 **inner**
[ínər]

안의[내적인](↔outer 밖의[외부의])
• 내이(內耳) the _____ ear

27 **elderly**
[éldərli]

나이가 지긋한 *the elderly 노인들
• 노인들 _____ people

28 **gloomy**
[glúːmi]

우울한, 어두운
• 우울한 표정 a _____ expression

29 **severe**
[sivíər]

심(각)한, 엄한
• 심한 통증 _____ pain

부사 30 **namely**
[néimli]

즉
• 두 사람, 즉 너와 내가 갈 것이다. Two will go, _____, you and I.

✔ **반갑다 기능어야!** **toward(s)** 전치사

1 **방향**(~ 쪽으로[향하여]) to come/go **toward** ~ 쪽으로 오다/가다
2 **대상**(~에 대한[향한]) his feelings **toward** her 그녀에 대한 그의 감정
our attitude **toward** death 죽음에 대한 우리의 태도
our efforts **toward** peace 평화를 향한 우리의 노력
a long way **toward** protecting the environment 환경 보호를 향한 먼 길

A 영어는 우리말로, 우리말은 영어로!

1	plenty	16	장대[기둥], (천체 · 지구의) 극
2	authority	17	운임[요금]
3	seal	18	걱정, 열망
4	sum	19	판단(력), 판결[심판]
5	panic	20	성명[진술](서)
6	exhibit	21	증거
7	grant	22	자살(하다)
8	guarantee	23	기다
9	collapse	24	비판[비난/비평]하다
10	drown	25	~인 척하다
11	absorb	26	유아(의)
12	propose	27	공백의, 멍한, 빈칸
13	contemporary	28	안의[내적인]
14	elderly	29	우울한, 어두운
15	namely	30	심(각)한, 엄한

B 단어와 단어의 만남

1 a state of panic
2 a blank sheet of paper
3 the inner ear
4 elderly people
5 a gloomy expression
6 severe pain

7 공식 성명 an official s_____
8 판단 착오 an error of j_____
9 항공 운임 air f_____ s
10 북극 the North P_____
11 과학적 증거 scientific e_____
12 현대 미술 c_____ art

C [보기] 단어들 뜻 씹어 보고 들어갈 곳에 쏙!

| 보기 | anxiety | authority | infant | plenty | suicide |

1 He committed _____ last year. 그는 작년에 자살했다.
2 A(n) _____'s skin is very sensitive. 유아의 피부는 매우 민감하다.
3 Don't hurry — we have _____ of time. 서두르지 마. 우린 시간이 충분해.
4 The coach has the _____ to hire and fire players.
   그 코치는 선수를 고용하고 해고하는 권한을 가지고 있다.
5 There is great _____ among staff about job losses.
   직원들 사이에 실직에 대한 걱정이 크다.

Answers

A 앞면 참조 B 1 공황 상태 2 백지 한 장 3 내이(內耳) 4 노인들 5 우울한 표정 6 심한 고통 7 statement 8 judgment 9 fare 10 Pole
11 evidence 12 contemporary C 1 suicide 2 infant 3 plenty 4 authority 5 anxiety

D 내 영어 실력?? 영영 사전 보는 정도!!!

| 보기 | collapse   crawl   guarantee

1 to fall down suddenly
2 to move on your hands and knees
3 to promise that something will happen or be done

E [보기] 단어들 뜻 음미해 보고 빈칸 속에 퐁당!

| 보기 | absorb   criticize   drown   exhibit   panic(panicked)   pretend

1 He _____(e)d to be asleep. 그는 잠든 척했다.
2 The towel _____(e)d most of the water. 수건이 대부분의 물을 흡수했다.
3 The sound of gunfire _____(e)d the crowd. 발포 소리에 군중은 극심한 공포를 느꼈다.
4 They _____ him for avoiding his responsibility. 그들은 책임을 회피한다고 그를 비난한다.
5 Two children _____(e)d after falling into the river. 두 명의 어린이가 강에 빠진 후 익사했다.
6 His paintings have been _____(e)d all over the world. 그의 그림이 전 세계에 전시되었다.

F 빈칸에 들어갈 알맞은 단어는?

Two will go, n_____, you and I. 두 사람, 즉 너와 내가 갈 것이다.

G 같은 모양, 다른 의미

1 The university gets a government grant.
   He was granted American citizenship last year.
2 He owes me a large sum of money. / The sum of 4 and 5 is 9.
   In your final paragraph, sum up your argument.
3 He wrote the address and sealed the envelope.
   They joined in the campaign to protect whales and seals.
4 He proposed that it be done at once.
   He proposed to her only two weeks after they met.

H 반갑다 기능어야! 익힌 후, 빈칸에 알맞은 기능어 넣기

The key to happiness is not fixing your problems but changing your attitude _____
your problems.
행복에 이르는 비결은 문제를 해결하는 것이 아니라 문제에 대한 태도를 바꾸는 것이다.

오늘의 dessert   *The whole is more than the sum of its parts.* 전체는 부분의 합 이상이다.

Answers

D 1 collapse 2 crawl 3 guarantee   E 1 pretend 2 absorb 3 panic(panicked) 4 criticize 5 drown 6 exhibit   F namely
G 1 그 대학은 정부 보조금을 받는다.(보조금) / 그는 작년에 미국 시민권을 받았다.(허가하다) 2 그는 내게 많은 금액의 돈을 빚지고 있다.(금액) / 4와 5 의 합은 9이다.(합계) / 마지막 문단에서 네 주장을 요약해라.(요약하다) 3 그는 주소를 쓰고 나서 봉투를 봉했다.(봉하다) / 그들은 고래와 바다표범을 보호 하는 운동에 참여했다.(바다표범) 4 그는 그것이 즉시 행해질 것을 제안했다.(제안하다) / 그는 만난 지 겨우 2주 만에 그녀에게 청혼했다.(청혼하다)
H toward(s)

명사	01 **fossil** [fásəl]	화석　*fossilize 동화석화하다 • 화석 연료 _____ fuels
	02 **extinction** [ikstíŋkʃən]	멸종　*extinct 형멸종된 • 멸종 위기에 처한 종들 species in danger of _____
	03 **emission** [imíʃən]	배출[방출](물)[배기가스]　*emit 동내다[내뿜다] • 이산화탄소 배기가스 _____s of carbon dioxide
	04 **biology** [baiálədʒi]	생물학　*biological 형생물(학)의　*biologist 명생물학자 • 해양 생물학 marine _____
	05 **semester** [siméstər]	학기 • 봄/가을 학기 the spring/fall _____
	06 **income** [ínkʌm]	수입[소득] • 고소득/저소득 a high/low _____
	07 **shame** [ʃeim]	❶수치(심) ❷유감스러운 일 *ashamed 형부끄러운　*shameless 형파렴치한 • 수치심을 느끼다 to feel a _____
	08 **famine** [fǽmin]	기근 • 심한 기근 a severe _____
명사 동사	09 **bar** [bɑːr]	명❶막대[빗장] ❷술집 동금지하다[막다] • 막대그래프 a _____ chart[graph]
	10 **remark** [rimɑ́ːrk]	명발언 동말하다　*remarkable 형주목할 만한 • 무례한 발언을 하다 to make a rude _____
	11 **ease** [iːz]	명쉬움, 편함 동편하게 하다[완화하다]　*easy 형쉬운, 편안한 • 긴장을 완화하다 to _____ tension
	12 **shoot** [ʃuːt]-shot-shot	동❶(총을) 쏘다 ❷(스포츠) 슛하다 ❸촬영하다 명❶새싹 ❷촬영 *shooting 명사격, 촬영　*shot 명발사, (한 번) 던지기[치기], 주사 • 표적에 총을 쏘다 to _____ at a target
	13 **transport** 동[trænspɔ́ːrt] 명[trǽnspɔːrt]	동운송[수송]하다 명운송[교통]　*transportation 명운송[교통] • 제품을 운송하다 to _____ goods
	14 **estimate** 동[éstəmèit] 명[éstəmət]	동추산[추정]하다 명추산, 견적(서) *overestimate 동과대평가하다　*underestimate 동과소평가하다 • 군중을 이천 명으로 추산하다 to _____ a crowd at 2,000
동사	15 **lay** [lei]-laid-laid	❶놓다[눕히다] ❷(알을) 낳다　비교 lie-lay-lain 동눕다, 있다 • 아기를 침대에 눕혀라. _____ the baby on the bed.
	16 **yell** [jel]	외치다[소리치다] • 그에게 소리치다 to _____ at him

17 **chew** [tʃuː]	씹다　*chewy 형많이 씹어야 하는 • 껌을 씹다　to _____ gum	

pour [pɔːr]
(액체를) 따르다, (퍼)붓다　비교 downpour 명폭우
• 물을 유리잔에 따르다　to _____ water into a glass

admire [ədmáiər]
존경[감탄]하다
*admiration 명존경[감탄]　*admirable 형존경[감탄]할 만한
• 그의 용기에 감탄하다　to _____ his courage

concentrate [kánsəntrèit]
집중하다　*concentration 명집중, 농도
• 네 일에 집중해라.　_____ on your work.

settle [sétl]
❶해결[결정]하다 ❷정착하다[자리 잡다]
*settlement 명정착(지), 해결[결정]　*settler 명이주민[정착자]
• 논쟁을 해결하다　to _____ an argument

translate [trænsléit]
번역하다　*translation 명번역　*translator 명번역가
• 영어를 한국어로 번역하다　to _____ English into Korean

명사·형용사

fellow [félou]
형동료의 명남자, 동료
• 동료 학생들　_____ students

instant [ínstənt]
형즉시의, 즉석의 명순간
• 즉각적인 성공　an _____ success

형용사

generous [dʒénərəs]
인심 좋은[관대한]　*generosity 명후한 인심[관대]
• 다른 사람들에게 관대하다　to be _____ to others

wealthy [wélθi]
부유한　*wealth 명부[재산]
• 부국[부유한 나라]　a _____ nation

visual [víʒuəl]
시각의
*visualize 동마음에 그리다[상상하다]　*visualization 명시각화[상상]
• 시각 심상[이미지]　a _____ image

previous [príːviəs]
이전의
• 전날　the _____ day

awful [ɔ́ːfəl]
끔찍한[지독한](=terrible)
• 지독한 냄새　an _____ smell

부사

abruptly [əbrʌ́ptli]
❶갑자기 ❷퉁명스럽게
• 그가 갑자기 멈춰 섰다.　He stopped _____.

☑ 반갑다 기능어야!　**against** 전치사

1　반대·대항(~에 반(대)해, ~에 맞서)
　against the law　위법인
　prejudices **against** the disabled　장애인들에 대한 편견
　to fight **against** all odds　모든 역경에 맞서 싸우다
　Are you for or **against** it?　그것에 찬성이니 반대니?
2　접촉(~에 기대서)　　with your back **against** the wall　벽에 등을 기댄 채

A 영어는 우리말로, 우리말은 영어로!

1	emission	16	화석
2	shame	17	멸종
3	bar	18	생물학
4	ease	19	학기
5	shoot	20	수입[소득]
6	transport	21	기근
7	estimate	22	발언, 말하다
8	lay	23	외치다[소리치다]
9	pour	24	씹다
10	admire	25	집중하다
11	settle	26	번역하다
12	fellow	27	즉시의, 즉석의, 순간
13	generous	28	부유한
14	awful	29	시각의
15	abruptly	30	이전의

B 단어와 단어의 만남

1 a severe famine
2 a bar chart[graph]
3 fellow students
4 the previous day
5 a wealthy nation
6 an awful smell

7 고소득 a high i_____
8 화석 연료 f_____ fuels
9 해양 생물학 marine b_____
10 봄 학기 the spring s_____
11 즉각적인 성공 an i_____ success
12 시각 예술 the v_____ arts

C [보기] 단어들 뜻 씹어 보고 들어갈 곳에 쏙!

|보기|	ease	emission	extinction	instant	remark

1 He passed the exam with _____. 그는 쉽게 시험에 합격했다.
2 In a(n) _____ her mood had changed. 순식간에 그녀의 기분이 바뀌었다.
3 Many species are in danger of _____. 많은 종들이 멸종 위기에 처해 있다.
4 He made a rude _____ about her clothes. 그는 그녀의 옷에 대해 무례한 발언을 했다.
5 They agreed to cut _____s of carbon dioxide.
그들은 이산화탄소 배기가스를 줄이는 데 동의했다.

Answers

A 앞면 참조 **B** 1 심한 기근 2 막대그래프 3 동료 학생들 4 전날 5 부국[부유한 나라] 6 지독한 냄새 7 income 8 fossil 9 biology
10 semester 11 instant 12 visual **C** 1 ease 2 instant 3 extinction 4 remark 5 emission

D 내 영어 실력?? 영영 사전 보는 정도!!!

| 보기 |　　　translate　　　transport　　　yell

1　to shout or say something very loudly
2　to change writing into another language
3　to take goods, people etc. from one place to another in a vehicle

E [보기] 단어들 뜻 음미해 보고 빈칸 속에 풍당!

| 보기 |　　admire　　chew　　concentrate　　ease　　estimate　　pour

1　She _____(e)d some milk into a glass.　그녀는 유리잔에 우유를 따랐다.
2　Always _____ food well before swallowing it.　음식을 삼키기 전에 항상 잘 씹어라.
3　I can't _____ on my work with all that noise.　나는 그 소음 때문에 내 일에 집중할 수가 없어.
4　We laughed and that helped _____ the tension.
　우리는 웃었고 그것이 긴장을 완화하는 데 도움이 되었다.
5　The tree is _____(e)d to be at least 700 years old.
　그 나무는 적어도 700년은 된 것으로 추산된다.
6　I always _____(e)d my mother for her courage and patience.
　나는 늘 어머니의 용기와 인내심에 감탄했다.

F 빈칸에 들어갈 알맞은 단어는?
1　She's very g_____ to the kids.　그녀는 아이들에게 매우 관대하다.
2　He stopped a_____ and turned backward.　그는 갑자기 멈추고는 뒤돌아섰다.

G 같은 모양, 다른 의미
1　He felt a deep sense of shame. / It's a shame you can't come with us.
2　Lay the baby down on the bed.
　The cuckoo lays its eggs in other birds' nests.
3　She pulled out a gun and shot him.
　The movie was shot in New Zealand.
4　His family finally settled in Jeju island.
　They asked me to settle the argument.

H 반갑다 기능어야! 익힌 후, 빈칸에 공통으로 알맞은 기능어 넣기
When everything is going _____ you, remember the airplane takes off _____
the wind, not with it.
모든 것이 네게 불리하게 돌아갈 때는, 비행기가 바람을 타고 이륙하는 것이 아니라 바람을 거슬러 이륙한다는 것을 기억하라.

오늘의 dessert　|　*It never rains but it pours.*　비가 왔다 하면 억수로 퍼붓는다.(불행은 겹치는 법.)

Answers

D 1 yell　2 translate　3 transport　E 1 pour　2 chew　3 concentrate　4 ease　5 estimate　6 admire　F 1 generous　2 abruptly
G 1 그는 심한 수치심을 느꼈다.(수치(심)) / 네가 우리와 함께 가지 못하는 건 유감스러운 일이다.(유감스러운 일)　2 아기를 침대에 눕혀라.(눕히다) / 뻐꾸기는 다른 새의 둥지에 알을 낳는다.((알을) 낳다)　3 그녀는 총을 꺼내 그를 쐈다.(쏘다) / 그 영화는 뉴질랜드에서 촬영되었다.(촬영하다)　4 그의 가족은 마침내 제주도에 정착했다.(정착하다) / 그들은 내게 논쟁을 해결해 달라고 부탁했다.(해결하다)　H against

명사	01	**globe** [gloub]	❶ (the ~) 지구[세계] ❷ 지구본 ❸ 구체(=sphere) *global 혱 전 세계[지구]의 *globalize 통 세계화하다 *globalization 명 세계화 • 전 세계에 all over the _____
	02	**shadow** [ʃǽdou]	그림자[그늘] *overshadow 통 그늘을 드리우다 • 그림자를 드리우다 to cast a _____
	03	**majority** [mədʒɔ́:rəti]	(대)다수, 과반수(↔minority) *major 혱 주요한 명 통 전공(하다) • 다수결 a _____ decision
	04	**association** [əsòusiéiʃən]	❶ 협회 ❷ 연관[연상] *associate 통 연상하다, 연관시키다 명 동료 • 축구 협회 the Football A_____
	05	**journal** [dʒə́:rnl]	❶ 전문 잡지 ❷ 일기 *journalism 명 언론 *journalist 명 언론인 • 의학 잡지 a medical _____
	06	**chore** [tʃɔːr]	❶ (정기적으로 하는) (집안) 잡일(=housework) ❷ 지루한 일 • 집안 잡일 household[domestic] _____s
	07	**procedure** [prəsíːdʒər]	절차 • 법적 절차 a legal _____
	08	**shortage** [ʃɔ́ːrtidʒ]	부족[결핍] *short 혱 짧은, 부족한 • 식량/물 부족 food/water _____s
	09	**intention** [inténʃən]	의도[의향] *intentional 혱 의도적인 *intend 통 의도[작정]하다 • 포기할 의향이 없다 to have no _____ of giving up
	10	**violence** [váiələns]	폭력 *violent 혱 폭력적인 *nonviolence 명 비폭력 • 폭력 행위 an act of _____
명사 동사	11	**string** [striŋ]-strung-strung	명 끈[줄], (악기의) 현 통 실에 꿰다[매달다] • 현악기 a _____ instrument
	12	**border** [bɔ́ːrdər]	명 국경(선), 경계(선) 통 인접[접경]하다 *borderline 혱 경계선상의 명 경계선, 국경선 • 국경 지역 a _____ region[area]
	13	**dump** [dʌmp]	통 (쓰레기를) 내버리다 명 쓰레기장 • 쓰레기를 바다에 버리다 to _____ waste at sea
	14	**encounter** [inkáuntər]	통 ❶ (문제에) 부닥치다 ❷ 우연히 만나다[마주치다] 명 마주침[조우] • 문제에 부닥치다 to _____ problems
	15	**neglect** [niglékt]	통 방치하다[소홀히 하다] 명 방치[소홀] *neglectful 혱 소홀한 • 의무를 소홀히 하다 to _____ your duty
동사	16	**sweep** [swiːp]-swept-swept	쓸다(=brush), 휩쓸다 • 바닥을 쓸다 to _____ the floor

¹⁷ **submit** [səbmít]	❶제출하다 ❷(~ to) 굴복하다　*submission 몡제출, 항복[굴복] • 신청서[지원서]를 제출하다 to _____ an application	

¹⁷ **submit**
[səbmít]

❶제출하다 ❷(~ to) 굴복하다　*submission 몡제출, 항복[굴복]
• 신청서[지원서]를 제출하다 to _____ an application

¹⁸ **donate**
[dóuneit]

기부[기증]하다　*donation 몡기부(금)　*donator[donor] 몡기부[기증]자
• 자선 단체에 돈을 기부하다 to _____ money to charity

¹⁹ **define**
[difáin]

정의[규정]하다　*definition 몡정의
• 'love'라는 단어를 정의하다 to _____ the word 'love'

²⁰ **interrupt**
[ìntərʌ́pt]

방해하다[중단시키다]　*interruption 몡중단[가로막음]
• 내 말을 가로막지 마세요! Stop _____ing me!

²¹ **pursue**
[pərsú:]

❶추구하다 ❷추적하다　*pursuit 몡추구, 추적
• 목표를 추구하다 to _____ a goal

²² **evolve**
[ivάlv]

진화하다　*evolution 몡진화　*evolutionary 혱진화의
• 인간은 유인원에서 진화했다. Humans _____d from apes.

명사·형용사 ²³ **relative**
[rélətiv]

몡친척 혱상대적인(=comparative)　*relativism 몡상대주의
• 가까운/먼 친척 a close/distant _____

²⁴ **permanent**
[pə́ːrmənənt]

혱영구[영속]적인 몡(머리) 파마(=perm)
• 영구적인 손상 _____ damage

형용사 ²⁵ **precise**
[prisáis]

정확한(↔imprecise)　*precision 몡정확
• 정확한 정보 _____ information

²⁶ **brilliant**
[bríljənt]

❶빛나는[눈부신](=bright) ❷재기 넘치는
• 눈부신 햇빛 _____ sunshine

²⁷ **fashionable**
[fǽʃənəbl]

유행하는(↔unfashionable)
*fashion 몡유행, 패션, 방식　*old-fashioned 혱구식의
• 유행복 _____ clothes

²⁸ **organic**
[ɔːrgǽnik]

유기농의, 유기체의
*organism 몡유기체　*organ 몡장기[기관], (악기) 오르간
• 유기농 식품 _____ food

²⁹ **royal**
[rɔ́iəl]

왕의　비교 loyal 혱충실한[충성스러운]
• 왕궁 a _____ palace

부사 ³⁰ **aloud**
[əláud]

소리 내어, 큰 소리로　*loud 혱큰 소리의[시끄러운] 뷔큰 소리로
• 책을 소리 내어 읽다 to read a book _____

☑ **반갑다 기능어야!**　　behind/beyond 전치사 · 부사

• behind: 뒤에, 늦게
　The sun disappeared **behind** the clouds. 해가 구름 뒤로 사라졌다.
　behind schedule 예정보다 늦게　　　**behind** the times 시대에 뒤떨어져
• beyond: 너머에, 넘어서
　beyond the horizon 지평선[수평선] 너머
　beyond expression 표현할 수 없는　　　**beyond** the borders 국경을 초월해

A 영어는 우리말로, 우리말은 영어로!

1	globe	16	그림자[그늘]
2	majority	17	전문 잡지, 일기
3	association	18	절차
4	chore	19	부족[결핍]
5	string	20	의도[의향]
6	border	21	폭력
7	dump	22	쓸다, 휩쓸다
8	encounter	23	기부[기증]하다
9	neglect	24	정의[규정]하다
10	submit	25	진화하다
11	interrupt	26	친척, 상대적인
12	pursue	27	정확한
13	permanent	28	유행하는
14	brilliant	29	왕의
15	organic	30	소리 내어, 큰 소리로

B 단어와 단어의 만남

1 a medical journal
2 household chores
3 the precise sales figures
4 a permanent job
5 fashionable clothes
6 폭력 행위 an act of v_____
7 식량 부족 food s_____s
8 법적 절차 a legal p_____
9 유기농 식품 o_____ food
10 왕실 the r_____ family

C [보기] 단어들 뜻 씹어 보고 들어갈 곳에 쏙!

| |보기| border globe intention journal majority shadow string |

1 She has no _____ of marrying him. 그녀는 그와 결혼할 의향이 없다.
2 The package was tied up with _____. 그 소포는 끈으로 묶여 있었다.
3 We export our goods all over the _____. 우리는 전 세계로 상품을 수출한다.
4 He kept a _____ of his travels across Asia. 그는 아시아 횡단 여행 일지를 썼다.
5 The _____(e)s lengthened as the sun went down. 해가 짐에 따라 그림자가 길어졌다.
6 Baekdusan is located at the _____ of Korea and China.
   백두산은 한국과 중국의 국경선에 위치해 있다.
7 Democracy is the rule by the _____, respecting for the rights of the minority.
   민주주의는 소수의 권리를 존중하는, 다수에 의한 지배이다.

Answers

A 앞면 참조 **B** 1 의학 잡지 2 집안 잡일 3 정확한 판매 수치 4 정규직 5 유행복 6 violence 7 shortage 8 procedure 9 organic
10 royal **C** 1 intention 2 string 3 globe 4 journal 5 shadow 6 border 7 majority

D 서로 어울리는 것끼리 이어 주기

1 to pursue   •   a. an application
2 to submit   •   b. difficulties
3 to define   •   c. a goal
4 to encounter •   d. a term

E [보기] 단어들 뜻 음미해 보고 빈칸 속에 풍당!

| 보기 | donate   dump   evolve   interrupt   neglect   sweep(swept)

1 We should not _____ our duty. 우리는 자신의 의무를 소홀히 해선 안 된다.
2 A storm _____ across the country. 폭풍우가 전국을 휩쓸었다.
3 They will _____ all profits to charity. 그들은 모든 수익금을 자선 단체에 기부할 것이다.
4 Will you stop _____ing me when I'm talking? 내가 이야기할 때 내 말을 가로막지 말아 줄래?
5 Too much toxic waste is being _____(e)d at sea.
   너무나 많은 유독성 폐기물들이 바다에 버려지고 있다.
6 The three species _____(e)d from a single ancestor.
   그 세 가지 종은 단일 조상에서 진화했다.

F 빈칸에 들어갈 알맞은 단어는?

She read his letter a_____ to us. 그녀는 우리에게 그의 편지를 소리 내어 읽어 주었다.

G 같은 모양, 다른 의미

1 the Football Association / a word-association game
   evidence of an association between headaches and computer use
2 a close/distant relative
   the relative advantage
3 We sat in the brilliant sunshine.
   What a brilliant idea!

H 반갑다 기능어야! 익힌 후, 빈칸에 알맞은 기능어 넣기

1 _____ every successful man is his woman. 모든 성공한 남자 뒤에는 여자가 있다.
2 It's not easy to go _____ the limitation of character.
   성격이 지닌 한계를 넘어서기란 쉽지 않다.

오늘의 dessert | *There is no royal road to learning.* 배움에는 왕도가 없다.(꾸준함이 제일이다.)

Answers

D 1 c 2 a 3 d 4 b **E** 1 neglect 2 swept 3 donate 4 interrupt 5 dump 6 evolve **F** aloud **G** 1 축구 협회(협회) / 단어 연상 게임(연상) / 두통과 컴퓨터 사용 간의 연관에 대한 증거(연관) 2 가까운/먼 친척(친척) / 상대적인 이점(상대적인) 3 우리는 눈부신 햇빛 속에 앉았다.(눈부신) / 정말 재기 넘치는 생각이야!(재기 넘치는) **H** 1 Behind 2 beyond

명사	01 **fatigue** [fətíːg]	피로 • 심신의 피로 physical and mental _____
	02 **dirt** [dəːrt]	먼지, 때, 흙 *dirty 형 더러운 • 때로 까맣다 to be black with _____
	03 **property** [prápərti]	❶재산, 부동산 ❷(-ies) 특성(=characteristic) • 공공/사유 재산 public/private _____
	04 **statistics** [stətístiks]	통계(학) *statistic 명 통계치 *statistical 형 통계(상)의 • 공식 통계 official _____
	05 **category** [kǽtəgɔ̀ːri]	범주 *categorize 동 분류하다 *categorization 명 범주화 • 범주에 들다 to fall[come] into a _____
	06 **circumstance** [sə́ːrkəmstæns]	상황[사정/환경] *circumstantial 형 정황상의[상황과 관련된] • 보통 상황에서 in[under] normal _____s
	07 **equality** [ikwáləti]	평등(↔inequality) *equal 형 동일[동등]한 동 같다 *equation 명 방정식 • 남녀평등 _____ between men and women
	08 **election** [ilékʃən]	선거 *elect 동 (투표로) 선출하다 *elective 형 선거의 • 선거에 출마하다 to run for _____
	09 **conference** [kánfərəns]	회의 • 회의실 a _____ room
명사·동사	10 **command** [kəmǽnd]	명 ❶명령[지휘] ❷구사력 동 ❶명령[지휘]하다 ❷받다 ❸잘 보이다 • 명령을 내리다 to give a _____
	11 **deposit** [dipázit]	명 ❶보증금, 예금 ❷퇴적물 동 ❶놓다 ❷퇴적시키다 ❸맡기다 • 예금하다 to make a _____
	12 **cycle** [sáikl]	명 ❶순환[주기] ❷자전거 동 ❶순환하다 ❷자전거를 타다 • 계절의 순환 the _____ of the seasons
	13 **chase** [tʃeis]	동 뒤쫓다, 추구하다 명 추격, 추구 • 개가 고양이를 뒤쫓았다. A dog _____d a cat.
	14 **ruin** [rúːin]	동 파괴하다[망치다], 파산시키다 명 파산[파멸], (-s) 폐허[잔해/유적] • 인생을 망치다 to _____ your life
동사	15 **forgive** [fərgív]-forgave-forgiven	용서하다 *forgiveness 명 용서 • 그가 한 일을 용서하다 to _____ him for what he did
	16 **possess** [pəzés]	소유하다 *possession 명 소유 *possessive 형 소유욕이 강한 • 핵무기 보유국들 nations that _____ nuclear weapons
	17 **conserve** [kənsə́ːrv]	보호[보존]하다, 절약하다 *conservation 명 자연 보호[보존] • 천연자원을 보호하다 to _____ natural resources

inform
[infɔ́ːrm]

알리다[통지하다]
*informative 휑정보를 주는   *informed 휑정보가 많은[정통한]
• 그들에게 나의 결정을 알리다 to _____ them of my decision

19 assume
[əsúːm]

❶추정[가정]하다 ❷맡다 ❸~인 척하다, (성질을) 띠다
• 그가 미국인이라고 추정하다 to _____ he's American

20 emphasize
[émfəsàiz]

강조하다   *emphasis 휑강조   *overemphasize 통지나치게 강조하다
• 필요성을 강조하다 to _____ the need

21 adopt
[ədápt]

❶입양하다 ❷채택하다   *adoption 휑입양, 채택
• 아이를 입양하다 to _____ a child

22 employ
[implɔ́i]

고용하다, 사용하다
*employment 휑고용   *employer 휑고용주   *employee 휑고용인
• 그녀를 비서로 고용하다 to _____ her as a secretary

형용사

23 passionate
[pǽʃənət]

열정적인[열렬한]   *passion 휑열정
• 열애[열렬한 사랑] _____ love

24 sufficient
[səfíʃənt]

충분한(↔insufficient)   *self-sufficient 휑자급자족할 수 있는
• 충분한 증거 _____ evidence

25 strict
[strikt]

엄(격)한
• 엄격한 규칙 a _____ rule

26 festive
[féstiv]

축제의   *festival 휑축제(=feast)
• 축제 분위기 a _____ mood

27 dramatic
[drəmǽtik]

극적인, 연극의   *drama 휑(연)극   *dramatically 휏극적으로
• 극적인 변화 a _____ change

28 delicate
[délikət]

❶미묘한[까다로운] ❷연약한 ❸섬세한
*delicacy 휑❶세심함, 연약함 ❷맛있는 것[진미]
• 미묘한 문제 a _____ matter

29 desperate
[déspərət]

❶필사적인[절망적인] ❷절실한 ❸극심한   *desperation 휑절망
• 필사적인 시도 a _____ attempt

부사

30 scarcely
[skéərsli]

거의 ~ 않다(=hardly)
• 난 그것을 거의 믿을 수가 없다. I can _____ believe it.

☑ 반갑다 기능어야!   **out (of) 부사(구)·전치사(구)**

1	방향(안에서 밖으로)	**out of** the ground/dark 땅/어둠 밖으로
		to stick your tongue **out of** your mouth 입 밖으로 혀를 내밀다
2	분리(떨어져, 벗어나)	to run **out of** money/gas 돈/휘발유가 떨어지다
		out of fashion/date 유행/시대에 뒤떨어져 **out of** work[a job] 실직하여
		out of control 통제를 벗어나 **out of** focus 초점에서 벗어나

A 영어는 우리말로, 우리말은 영어로!

1	property	16	피로
2	circumstance	17	먼지, 때, 흙
3	command	18	통계(학)
4	deposit	19	범주
5	cycle	20	평등
6	chase	21	선거
7	ruin	22	회의
8	conserve	23	용서하다
9	assume	24	소유하다
10	adopt	25	알리다[통지하다]
11	employ	26	강조하다
12	festive	27	열정적인[열렬한]
13	delicate	28	충분한
14	desperate	29	엄(격)한
15	scarcely	30	극적인, 연극의

B 단어와 단어의 만남

1 physical and mental fatigue
2 equality of opportunity
3 the cycle of the seasons
4 a passionate speech
5 a desperate shortage of food
6 a delicate problem
7 선거 운동 an e_____ campaign
8 회의실 a c_____ room
9 극적인 변화 a d_____ change
10 필사적인 시도 a d_____ attempt
11 충분한 증거 s_____ evidence
12 엄격한 규칙 a s_____ rule

C [보기] 단어들 뜻 씹어 보고 들어갈 곳에 쏙!

| 보기 | category　　circumstance　　command　　dirt　　statistics |

1 They are divided up into three _____(e)s. 그(것)들은 세 가지 범주로 나뉜다.
2 His face and hands were black with _____. 그의 얼굴과 손은 때로 까맸다.
3 Don't shoot until your officer gives the _____. 상관이 명령을 내릴 때까지 쏘지 마라.
4 According to _____ the disease killed over 500 people.
통계에 따르면 그 병으로 500명 이상의 사람들이 죽었다.
5 Success never depends on your _____(e)s, but on yourselves.
성공은 여러분의 상황[환경]이 아니라 여러분 자신에게 달려 있습니다.

D 내 영어 실력?? 영영 사전 보는 정도!!!

| 보기 | chase   possess   ruin

1   to have or own something
2   to spoil or destroy something completely
3   to follow someone or something in order to catch them

E [보기] 단어들 뜻 음미해 보고 빈칸 속에 풍당!

| 보기 | conserve   emphasize   employ   forgive   inform

1   She _____s the importance of reading.   그녀는 독서의 중요성을 강조한다.
2   Please _____ us of any changes of address.   주소가 변경되면 저희에게 알려 주세요.
3   How many people does the company _____? 그 회사는 몇 명의 사람들을 고용하고 있니?
4   He had lied to me, and I couldn't _____ him for that.
    그는 내게 거짓말을 했고, 나는 그것을 용서할 수 없었다.
5   We must _____ our woodlands for future generations.
    우리는 후세를 위해 삼림 지대를 보호해야 한다.

F 빈칸에 들어갈 알맞은 단어는?
1   The whole town is in a f_____ mood.   온 도시가 축제 분위기다.
2   Wise men learn by others' harms, but fools s_____ learn by their own.
    현명한 이는 남이 입은 손해로도 배우지만, 바보는 자신이 당한 손해로도 거의 배우지 못한다.

G 같은 모양, 다른 의미
1   This building is government property. / Property prices are rising.
    the chemical properties of a substance
2   I'd like to make a deposit into my savings account.
    The floods left a thick deposit of mud on the fields.
3   They adopted a baby girl.
    All three teams adopted different approaches to the problem.
4   Scientists assume there is no life on Mars.
    He will assume responsibility for all financial matters.

H 반갑다 기능어야! 익힌 후, 빈칸에 알맞은 기능어 넣기
Bad habits are like a comfortable bed — easy to get into, but hard to get _____
_____. 나쁜 버릇은 편안한 침대와 같아서 들어가기는 쉽지만 빠져나오기는 어렵다.

오늘의 dessert | *Circumstances* ***alter cases.*** 사정에 따라 말이 달라진다.(좋고 나쁜 것도 사정 나름이다.)

Answers

D 1 possess   2 ruin   3 chase   E 1 emphasize   2 inform   3 employ   4 forgive   5 conserve   F 1 festive   2 scarcely   G 1 이 건물은 정부 재산이다.(재산) / 부동산 가격이 상승하고 있다.(부동산) / 물질의 화학적 특성(특성)   2 제 예금 계좌에 예금을 하고 싶습니다.(예금) / 홍수가 들판에 두꺼운 진흙 퇴적물을 남겼다.(퇴적물)   3 그들은 여아를 입양했다.(입양하다) / 세 팀 모두 그 문제에 대해 다른 접근법을 채택했다.(채택하다)   4 과학자들은 화성에 생명체가 없다고 추정한다.(추정하다) / 그는 모든 재정 문제에 대한 책임을 맡게 될 것이다.(맡다)   H out of

명사	01 **priest** [priːst]	성직자, 사제[목사] • 가톨릭 신부 a Catholic _____
	02 **organ** [ɔ́ːrɡən]	❶기관[장기] ❷(악기) 오르간 *organic 형유기농[유기체]의 *organism 명유기체[생물] • 장기 기증 an _____ donation
	03 **telescope** [téləskòup]	망원경 • 망원경으로 별들을 보다 to look at the stars through a _____
	04 **sword** [sɔːrd]	검[칼] • 양날의 칼 a double-edged _____
	05 **welfare** [wélfɛ̀ər]	복지 • 복지 국가 a _____ state
	06 **tourism** [túərizm]	관광업 *tour 명여행[관광], 순회공연 동관광하다 *tourist 명관광객 • 관광업에 의존하다 to depend on _____
	07 **tone** [toun]	어조, 음조, 색조 • 화난 어조로 in an angry _____
	08 **theme** [θiːm]	주제[테마] • 중심 주제[테마] the central _____
	09 **preparation** [prèpəréiʃən]	준비 *prepare 동준비하다 • 음식 준비 food _____
명사·동사	10 **junk** [dʒʌŋk]	명폐물[고물] 동내버리다 *junk food 정크 푸드(고 칼로리 저 영양가 식품) • 폐물로 가득 찬 차고 a garage full of _____
	11 **whistle** [hwísl]	명호각[휘파람] (소리) 동휘파람[호각]을 불다 • 호각을 불다 to blow a _____
	12 **orbit** [ɔ́ːrbit]	명궤도 동궤도를 돌다 • 태양 주위 지구의 궤도 the Earth's _____ around the sun
	13 **gaze** [geiz]	동응시하다 명응시 • 창밖을 응시하다 to _____ out of the window
	14 **permit** 동[pərmít] 명[pɔ́ːrmit]	동허용[허락]하다 명허가증 *permission 명허락[허가] • 흡연은 허용되지 않는다. Smoking is not _____ted.
	15 **exhaust** [igzɔ́ːst]	동❶탈진시키다 ❷다 써 버리다[고갈시키다] 명(자동차 등의) 배기가스 *exhaustion 명고갈, 탈진 *exhausted 형탈진한 • 긴 여행이 날 탈진시켰다. The long journey _____ed me.
동사	16 **forbid** [fərbíd]-forbade-forbidden	금지하다[막다] • 그를 출국 금지시키다 to _____ him to leave the country

17 **oppose** [əpóuz]	반대하다　*opposition 圆 반대　*opponent 圆 상대, 반대자 • 사형을 반대하다 to _____ the death penalty	

명사·형용사

18 **awaken** [əwéikən]	깨(우)다, 깨닫게 하다, 불러일으키다　*awakening 圆 깨달음, 깨어남 • 소음에 깨다 to be _____ed by a noise
19 **acquire** [əkwáiər]	획득[습득]하다　*acquisition 圆 획득[습득] • 기술을 습득하다 to _____ a skill
20 **occupy** [ákjupài]	❶ 거주하다 ❷ 차지하다 ❸ 점령하다　*occupation 圆 직업, 점령, 거주 • 많은 공간을 차지하다 to _____ much space
21 **found** [faund]	설립하다(=establish)　*foundation 圆 기초, 재단, 설립 • 회사를 설립하다 to _____ a company
22 **quit** [kwit]-quit-quit	그만두다[끊다] • 일을 그만두다 to _____ your job

명사·형용사

23 **ritual** [rítʃuəl]	圆 의식[의례](=rite)　圈 의식의, 의례적인 • 종교 의식 a religious _____
24 **solid** [sálid]	圈 고체의, 단단한　圆 고체　*solidify 图 응고하다[응고시키다] • 단단한 물체 a _____ object
25 **classic** [klǽsik]	圈 최고의, 전형적인, 고전적인　圆 고전[명작] *classical 圈 고전적인, 클래식 음악의, 고대 그리스·로마의 • 전형적인 예 a _____ example

형용사

26 **grand** [grænd]	웅장한 • 웅장한 궁전 a _____ palace
27 **ridiculous** [ridíkjuləs]	우스꽝스러운[어리석은]　*ridicule 圆 비웃음[조롱] 图 비웃다[조롱하다] • 우스꽝스럽게 보이다 to look _____
28 **conscious** [kánʃəs]	❶ 의식하고 있는 ❷ 의식이 있는[제정신의]　*consciousness 圆 의식 *unconscious 圈 의식 불명의, 무의식의　*subconscious 圆 圈 잠재의식(의) • 그것의 중요성을 의식하다 to be _____ of its importance
29 **careless** [kéərlis]	부주의한(↔careful) *carelessness 圆 부주의　*care 圆 돌봄, 주의 图 관심이 있다, 돌보다 • 부주의한 실수 a _____ mistake

형용사·부사

30 **alike** [əláik]	圈 비슷한[같은]　图 똑같이 • 그(것)들은 많이 비슷하다. They are much _____.

✓ **반갑다 기능어야!**　　**within** 전치사·부사: ~ 이내에, ~ 안에

within an hour/a week/a month 한 시간/주/달 이내에
within the wall/gate/castle 벽/문/성 안에
within walking distance of school 학교에서 걸어갈 수 있는 거리 안에
within sight of ~에서 보이는 곳에　　**within** a narrow range 좁은 범위 내에서

A 영어는 우리말로, 우리말은 영어로!

1	organ	16	성직자, 사제[목사]
2	junk	17	망원경
3	whistle	18	검[칼]
4	permit	19	복지
5	exhaust	20	관광업
6	oppose	21	어조, 음조, 색조
7	awaken	22	주제[테마]
8	acquire	23	준비
9	occupy	24	궤도(를 돌다)
10	ritual	25	응시(하다)
11	classic	26	금지하다[막다]
12	grand	27	설립하다
13	ridiculous	28	그만두다[끊다]
14	conscious	29	고체(의), 단단한
15	alike	30	부주의한

B 단어와 단어의 만남

1 a double-edged sword
2 the central theme
3 a garage full of junk
4 a religious ritual
5 a modern classic
6 a grand palace

7 장기 기증 an o_____ donation
8 사회 복지 a social w_____
9 화난 어조로 in an angry t_____
10 음식 준비 food p_____
11 고형 음식 s_____ food
12 부주의한 실수 a c_____ mistake

C [보기] 단어들 뜻 씹어 보고 들어갈 곳에 쏙!

|보기|	orbit	priest	telescope	tourism	whistle

1 The space shuttle is now in _____. 우주 왕복선이 지금 궤도에 있다.
2 The _____ prayed for the dying man. 사제가 죽어가는 사람을 위해 기도했다.
3 He looked at the stars through a(n) _____. 그는 망원경으로 별들을 보았다.
4 The referee blew the _____ to stop the game. 심판이 호각을 불어 경기를 중단시켰다.
5 The island depends on _____ for most of its income.
　그 섬은 수입의 대부분을 관광업에 의존한다.

Answers

A 앞면 참조 **B** 1 양날의 칼 2 중심 주제[테마] 3 폐물로 가득 찬 차고 4 종교 의식 5 현대 명작 6 웅장한 궁전 7 organ 8 welfare 9 tone
10 preparation 11 solid 12 careless **C** 1 orbit 2 priest 3 telescope 4 whistle 5 tourism

D 내 영어 실력?? 영영 사전 보는 정도!!!

| 보기 | forbid   gaze   oppose   permit

1 to order someone not to do something
2 to disagree with something and try to stop it
3 to look at someone or something for a long time
4 to allow something to happen, especially by a rule or law

E [보기] 단어들 뜻 음미해 보고 빈칸 속에 퐁당!

| 보기 | acquire   awaken   found   quit(quit)

1 The university was _____(e)d in 1946. 그 대학은 1946년에 설립되었다.
2 He was _____(e)d by the sound of crying. 그는 울음소리에 깼다.
3 How long will it take to _____ the necessary skills?
    필요한 기술을 습득하는 데 얼마나 걸릴까?
4 He _____ his job in order to travel around the world.
    그는 세계 일주를 하려고 일을 그만두었다.

F 빈칸에 들어갈 알맞은 단어는?
1 The man looked r_____ in his red hat.
    그 남자가 빨간색 모자를 쓰고 있는 모습이 우스꽝스럽게 보였다.
2 My mother and I are a_____ in many ways. 어머니와 나는 여러 가지로 비슷하다.

G 같은 모양, 다른 의미
1 The trip totally exhausted us.
    Eventually, the world's oil supply will be exhausted.
2 The bed occupied most of the room.
    The army occupied the enemy's capital.
3 I became conscious of someone watching me.
    The driver was still conscious when the ambulance arrived.

H 반갑다 기능어야! 익힌 후, 빈칸에 알맞은 기능어 넣기
What lies behind ourselves and what lies ahead of ourselves are small matters
compared to what lies _____ ourselves.
우리 뒤에 있는 것과 우리 앞에 있는 것은 우리 안에 있는 것에 비하면 작은 것이다.

오늘의 dessert | *The pen is mightier than the sword.* 펜은 칼보다 더 강하다.

Answers
D 1 forbid 2 oppose 3 gaze 4 permit **E** 1 found 2 awaken 3 acquire 4 quit **F** 1 ridiculous 2 alike **G** 1 여행은 우리를 완전히 탈진시켰다.(탈진시키다) / 결국 세계 석유 공급량은 고갈될 것이다.(고갈시키다) 2 침대가 방의 대부분을 차지했다.(차지하다) / 군대가 적의 수도를 점령했다.(점령하다) 3 난 누군가가 날 지켜보고 있는 것을 의식하게 되었다.(의식하고 있는) / 구급차가 도착했을 때 운전자는 아직 의식이 있었다.(의식이 있는) **H** within

명사	01 **crew** [kru:]	❶(집합적) 승무원 ❷팀[반/조] • 승무원 a _____ member
	02 **expense** [ikspéns]	비용[경비/지출](=cost) ＊expensive 혱비싼　＊expend 동(시간 · 돈 · 힘을) 들이다[소비하다] • 의료비 medical _____s
	03 **era** [íərə]	(특정한) 시대(=age, epoch) • 전후 시대 the post-war _____
	04 **philosophy** [filásəfi]	철학　＊philosophical 혱철학의　＊philosopher 몡철학자 • 도덕 철학 moral _____
	05 **myth** [miθ]	❶신화 ❷잘못된 통념 ＊mythology 몡(집합적) ❶신화 ❷잘못된 통념　＊mythical 혱신화의 • 고대 그리스 신화 ancient Greek _____s
	06 **disorder** [disɔ́ːrdər]	❶(심신의) 장애 ❷엉망, 소요 • 정신 장애 a mental _____
	07 **insight** [ínsàit]	통찰(력)　＊insightful 혱통찰력 있는 • 대단한 통찰력을 지닌 작가 a writer of great _____
	08 **clay** [klei]	점토[찰흙] • 점토로 도자기를 만들다 to make a pot out of _____
	09 **channel** [tʃǽnl]	❶(텔레비전) 채널 ❷경로 ❸수로[해협] • 채널을 바꾸다 to change _____s
명사 동사	10 **despair** [dispéər]	몡절망 동절망하다　＊desperate 혱필사적인[절망적인], 절실한, 극심한 • 절망에 빠져 있다 to be in _____
	11 **pose** [pouz]	동❶제기[야기]하다 ❷자세를 취하다 ❸~인 체하다　몡자세[포즈] ＊position 몡위치, 자세, 지위 • 위협을 야기하다 to _____ a threat
	12 **arrest** [ərést]	동체포하다　몡체포 • 범인을 체포하다 to _____ a criminal
	13 **leap** [li:p]	동뛰어오르다[뛰어넘다]　몡도약 • 울타리를 뛰어넘다 to _____ over a fence
동사	14 **ensure** [inʃúər]	보장하다, 반드시 ~하게 하다(=make sure) • 안전을 보장하는 시설들 facilities that _____ safety
	15 **punish** [pʌ́niʃ]	처벌하다　＊punishment 몡처벌 • 그를 엄하게 처벌하다 to _____ him severely
	16 **pray** [prei]	기도[기원]하다　＊prayer 몡기도 • 평화를 기원하다 to _____ for peace

17	**weaken** [wíːkən]	약화시키다[약화되다](↔ strengthen) *weak 혱 약한　　*weakness 몡 약점[약함] • 그의 권위가 약화되고 있다. His authority is _____ing.	

| 18 | **toss**
[tɔːs] | (가볍게) 던지다　　*toss and turn 뒤척이다
• 그에게 공을 던지다 to __ _____ him a ball |

| 19 | **summarize**
[sʌ́məràiz] | 요약하다　　*summary 몡 요약
• 기사를 요약하다 to _____ an article |

| 20 | **rob**
[rɑb] | 강탈하다[털다]　　*robber 몡 강도　　*robbery 몡 강도질
• 은행을 털다 to _____ a bank |

<table>
<tr><td rowspan="5">명
사
·
형
용
사</td></tr>
</table>

21	**grave** [greiv]	몡 무덤　혱 심각한 • 할아버지의 무덤 my grandfather's _____
22	**liquid** [líkwid]	몡 액체　혱 액체의 • 액체에서 고체로 변하다 to change _____ to solid
23	**objective** [əbdʒéktiv]	몡 목표　혱 객관적인　　*objectivity 몡 객관성 • 주목표 the main _____
24	**executive** [igzékjutiv]	몡 경영 간부[임원], (the ~) 행정부　혱 경영[행정]의 *execute 됭 실행하다, 처형하다 *CEO[Chief Executive Officer] 몡 최고 경영자 • 최고 경영 간부 a top _____
25	**household** [háushòuld]	몡 (집합적) 가족　혱 가사의(= domestic) • 가정용품 _____ goods[items]

<table><tr><td rowspan="1">형
용
사</td></tr></table>

26	**primitive** [prímətiv]	원시의 • 원시 문명 a _____ civilization
27	**luxurious** [lʌgʒúəriəs]	호화로운　　*luxury 몡 호화로움, 사치(품)　　비교 luxuriant 혱 무성한[풍성한] • 호화로운 집 a _____ house
28	**identical** [aidéntikəl]	똑같은[동일한]　　*identity 몡 신원, 정체성　　*identical twin 일란성 쌍둥이 • 그의 가방은 내 것과 똑같다. His bag is _____ to mine.
29	**fortunate** [fɔ́ːrtʃənət]	운 좋은(↔ unfortunate) *fortunately 뷔 다행히　　*fortune 몡 큰돈[부], 운(몡) • 그는 운 좋게 살아남았다. He was _____ to survive.
30	**remarkable** [rimáːrkəbl]	주목할 만한　　*remark 몡 발언 됭 말하다 • 주목할 만한 발견 a _____ discovery

---

☑ **반갑다 기능어야!**　　**except/despite 전치사**

• except: ~을 제외하고　　every day **except** Sundays 일요일을 제외하고 매일
　　　　　　　　　　　　except on special occasions 특별한 경우를 제외하고
　　　　　　　　　　　　Everyone went **except** for him. 그를 제외하고 모두가 갔다.
• despite: ~에도 불구하고(= in spite of)
　　　　　　　　　　　　despite the bad weather 악천후에도 불구하고
　　　　　　　　　　　　despite great significance 커다란 중요성에도 불구하고

A　영어는 우리말로, 우리말은 영어로!

1	crew	16	철학
2	expense	17	통찰(력)
3	era	18	점토[찰흙]
4	myth	19	절망(하다)
5	disorder	20	체포(하다)
6	channel	21	처벌하다
7	pose	22	기도[기원]하다
8	leap	23	약화시키다[약화되다]
9	ensure	24	(가볍게) 던지다
10	grave	25	요약하다
11	objective	26	강탈하다[털다]
12	executive	27	액체(의)
13	household	28	원시의
14	luxurious	29	똑같은[동일한]
15	fortunate	30	주목할 만한

B　단어와 단어의 만남

1　medical expenses
2　the post-war era
3　a top executive
4　a luxurious hotel
5　remarkable progress

6　철학 교수　a professor of p＿＿＿＿＿＿＿
7　그리스 신화　Greek m＿＿＿＿＿＿s
8　영국 해협　the English C＿＿＿＿＿＿＿
9　가정용품　h＿＿＿＿＿＿ goods
10　원시 사회　a p＿＿＿＿＿＿ society

C　[보기] 단어들 뜻 씹어 보고 들어갈 곳에 쏙!

|보기|	channel	clay	crew	despair	insight	liquid

1　He was about to give up in ＿＿＿＿＿＿＿. 그는 절망에 막 포기하려고 했다.

2　Mercury is a ＿＿＿＿＿＿＿ at room temperature. 수은은 실온에서 액체이다.

3　＿＿＿＿＿＿＿ is used for making bricks and pots. 점토는 벽돌과 도자기를 만드는 데 사용된다.

4　The article gives us a real ＿＿＿＿＿＿＿ into Korean culture.
그 기사는 우리에게 한국 문화에 대한 진정한 통찰력을 준다.

5　The plane crashed, killing two of the ＿＿＿＿＿＿＿ and four passengers.
비행기가 추락하여 승무원 두 명과 승객 네 명이 죽었다.

6　We must open the ＿＿＿＿＿＿＿s of communication between the two countries.
우리는 두 나라 사이에 의사소통 경로를 열어야 한다.

Answers

A 앞면 참조　**B** 1 의료비　2 전후 시대　3 최고 경영 간부　4 호화로운 호텔　5 주목할 만한 진보[진전]　6 philosophy　7 myth　8 Channel
9 household　10 primitive　**C** 1 despair　2 liquid　3 Clay　4 insight　5 crew　6 channel

D 내 영어 실력?? 영영 사전 보는 정도!!!

|보기| leap　　　pray　　　toss

1 to throw something lightly or carelessly

2 to jump high into the air or over something

3 to speak to God in order to ask for help or give thanks

E [보기] 단어들 뜻 음미해 보고 빈칸 속에 퐁당!

|보기| arrest　　ensure　　punish　　rob　　summarize　　weaken

1 The gang planned to _____ a bank. 갱단이 은행을 털기로 계획했다.

2 Please _____ that all lights are switched off. 반드시 모든 불이 꺼지도록 하세요.

3 The police _____(e)d her for drinking and driving. 경찰은 그녀를 음주 운전으로 체포했다.

4 The authors _____ their views in the introduction.
저자들은 서문에 자신의 견해를 요약한다.

5 His teacher _____(e)d him for cheating in the exam.
선생님은 시험에서 부정행위를 한 것에 대해 그를 처벌했다.

6 Sitting too long in front of the computer has _____(e)d his sight.
컴퓨터 앞에 너무 오래 앉아 있어 그의 시력이 약해졌다.

F 빈칸에 들어갈 알맞은 단어는?

1 I am f_____ to have such good friends. 그렇게 좋은 친구들이 있으니 나는 운이 좋다.

2 The two pictures are similar, although not i_____. 두 그림은 동일하진 않지만 유사하다.

G 같은 모양, 다른 의미

1 an eating disorder / crowd disorder

2 the main objective / an objective analysis

3 my grandfather's grave / They were in grave danger.

4 Nuclear waste poses a threat to the environment.

　Let's pose for a picture. / He was broke, but he posed as a rich man.

H 반갑다 기능어야! 익힌 후, 빈칸에 알맞은 기능어 넣기

1 Every ship is a romantic object, e_____ that we sail in.
우리가 항해하고 있는 배를 제외한 모든 배는 낭만적으로 보인다.

2 D_____ the progress there are more hungry people in the world than ever before.
진보에도 불구하고 세계에는 전보다 더 많은 사람들이 굶주리고 있다.

오늘의 **dessert** | *Look before you leap.* 잘 보고 뛰어라.(실행 전에 잘 살펴라.)

Answers

D 1 toss 2 leap 3 pray　E 1 rob 2 ensure 3 arrest 4 summarize 5 punish 6 weaken　F 1 fortunate 2 identical　G 1 섭식 장애(장애) / 군중 소요(소요)　2 주목표(목표) / 객관적인 분석(객관적인)　3 할아버지의 무덤(무덤) / 그들은 심각한 위험에 처해 있었다.(심각한)　4 핵폐기물은 환경에 대한 위협을 야기한다.(야기하다) / 사진을 찍기 위해 자세를 취하자.(자세를 취하다) / 그는 무일푼이지만 부자인 체했다.(~인 체하다)　H 1 except 2 Despite

117

명사	01 **bush** [buʃ]	관목[덤불]　*bushy 혱무성한 • 장미 덤불　a rose ＿＿＿＿＿
	02 **ash** [æʃ]	재 • 담뱃재　cigarette ＿＿＿＿＿
	03 **agency** [éidʒənsi]	대행사　*agent 몡대리인[대행사], 정보원 • 광고 대행사　an advertising ＿＿＿＿＿
	04 **tax** [tæks]	세금 • 세금을 올리다　to raise ＿＿＿＿＿
	05 **trial** [tráiəl]	❶재판[심리] ❷시도　*try 동시도[노력]하다, 재판[심리]하다 몡시도 • 공정한 재판　a fair ＿＿＿＿＿
	06 **occasion** [əkéiʒjən]	❶때[경우] ❷특별한 행사　*occasional 혱가끔의　*occasionally 분가끔 • 특별 행사　a special ＿＿＿＿＿
	07 **capacity** [kəpǽsəti]	❶수용력[용량] ❷능력(↔incapacity 무능력) • 용량이 40리터다　to have a ＿＿＿＿＿ of 40 liters
명사·동사	08 **document** [dákjumənt]	몡문서 동기록하다, 서류로 입증하다 *documentary 몡다큐멘터리 혱다큐멘터리의, 문서의 • 법률 문서　a legal ＿＿＿＿＿
	09 **stuff** [stʌf]	몡(집합적) 것[물건/재료/활동/생각](들) 동채우다[쑤셔 넣다] • 내 물건이 다 어디 있지?　Where's all my ＿＿＿＿＿?
	10 **import** 몡[ímpɔ:rt] 동[impɔ́:rt]	몡수입(품) 동수입하다(↔export) • 수입 관세　＿＿＿＿＿ duties
	11 **venture** [véntʃər]	몡모험적 사업 동위험을 무릅쓰고 가다[하다] • 공동 기업체[조인트 벤처]　a joint ＿＿＿＿＿
	12 **iron** [áiərn]	몡❶철 ❷다리미 동다리미질하다 • 셔츠를 다리미질하다　to ＿＿＿＿＿ a shirt
	13 **cast** [kæst]-cast-cast	동❶던지다 ❷배역을 맡기다 ❸주조하다 몡❶깁스 ❷(집합적) 배역 • 그물을 던지다　to ＿＿＿＿＿ a net
	14 **dislike** [disláik]	동싫어하다(↔like) 몡싫어함(↔liking), (-s) 싫어하는 것들 • 그를 싫어하다　to ＿＿＿＿＿ him
동사	15 **adjust** [ədʒʌ́st]	❶(~ to) 적응하다 ❷조정[조절]하다　*adjustment 몡적응, 조정[조절] • 새 학교에 적응하다　to ＿＿＿＿＿ to a new school
	16 **modify** [mádəfài]	❶수정[변경]하다 ❷수식하다 *modification 몡수정[변경]　*genetically modified[GM] 유전자 변형의 • 계약을 변경하다　to ＿＿＿＿＿ a contract

17 **calculate** [kǽlkjulèit]	계산하다 *calculation 몡 계산 *calculator 몡 계산기 • 비용을 계산하다 to _____ the cost
18 **eliminate** [ilímənèit]	제거하다[없애다] *elimination 몡 제거 • 위험을 제거하다 to _____ risk
19 **illustrate** [íləstrèit]	❶삽화[도해]를 넣다 ❷예를 들어 설명하다 *illustration 몡 삽화[도해] *illustrator 몡 삽화가 • 삽화가 들어간 교과서 an _____d textbook
20 **isolate** [áisəlèit]	고립시키다, 분리[격리]하다 *isolation 몡 고립, 분리[격리] • 홍수에 고립되다 to be _____d by the floods
21 **accomplish** [əkámpliʃ]	성취하다(=achieve) *accomplishment 몡 업적 • 목표를 성취하다 to _____ an objective
22 **distinguish** [distíŋgwiʃ]	구별[식별]하다 *distinction 몡 구별[차이], 차별성 *distinct 혱 구별되는[별개의], 뚜렷한 • 시비를 가리다 to _____ between right and wrong
형용사 23 **passive** [pǽsiv]	수동적인[소극적인] • 소극적인 태도를 취하다 to take a _____ attitude
24 **guilty** [gílti]	❶죄책감을 느끼는 ❷유죄의(↔innocent) *guilt 몡❶죄책감 ❷유죄 • 죄책감을 느끼다 to feel _____
25 **considerable** [kənsídərəbl]	상당한 비교 considerate 혱 이해심 많은 • 상당한 금액 a _____ amount of money
26 **annual** [ǽnjuəl]	연례[연간]의(=yearly) *biannual 혱 연 2회의 • 연간 수입 an _____ income
27 **continuous** [kəntínjuəs]	계속되는[끊임없는] *continue 동 계속하다 *continuity 몡 연속성 *continuation 몡 계속 • 계속되는 통증 _____ pain
28 **accustomed** [əkʌ́stəmd]	익숙한 *accustom 동 익숙하게 하다 • 새로운 문화에 익숙해지다 to get _____ to new culture
29 **ethnic** [éθnik]	민족의 *ethnocentrism 몡 자기 민족 중심주의 • 민족 집단 an _____ group
부사 30 **hence** [hens]	이런 이유로 • 그는 새로 온 사람이었다. 이런 이유로 그는 여기에 친한 친구가 없었다. He was a newcomer and _____ had no close friends here.

☑ **반갑다 기능어야!** can/could 조동사

1	능력·가능(~할 수 있다)	I **can** beat you. 나는 널 이길 수 있어. I **can't** afford to buy a house. 나는 집을 살 여유가 없다.
2	허가(~해도 되다)	**Can** I borrow your phone? 전화 좀 빌릴 수 있을까요?

*could: can의 과거형
He **could** read at three. 그는 세 살 때 글을 읽을 수 있었다.
Could I have a drink of water, please? (공손한 부탁) 물 한 잔 마실 수 있을까요?

A 영어는 우리말로, 우리말은 영어로!

1	agency	16	관목[덤불]
2	occasion	17	재
3	capacity	18	세금
4	document	19	재판[심리], 시도
5	stuff	20	수입(하다)
6	venture	21	싫어하다, 싫어함
7	iron	22	계산하다
8	cast	23	제거하다[없애다]
9	adjust	24	구별[식별]하다
10	modify	25	수동적인[소극적인]
11	illustrate	26	상당한
12	isolate	27	연례[연간]의
13	accomplish	28	계속되는[끊임없는]
14	guilty	29	익숙한
15	hence	30	민족의

B 단어와 단어의 만남

1 a travel agency
2 trial and error
3 the iron and steel industry
4 an illustrated textbook
5 an ethnic group
6 continuous pain
7 a considerable amount of money

8 담뱃재 cigarette a_____
9 장미 덤불 a rose b_____
10 특별 행사 a special o_____
11 감세[세금 인하] t_____ cuts
12 공정한 재판 a fair t_____
13 법률 문서 a legal d_____
14 연간 수입 an a_____ income

C [보기] 단어들 뜻 음미해 보고 빈칸 속에 퐁당!

|보기|	calculate	distinguish	iron	venture

1 Have you _____(e)d my shirt? 내 셔츠를 다림질했니?
2 They _____(e)d into the water. 그들은 위험을 무릅쓰고 물속으로 들어갔다.
3 The price is _____(e)d in US dollars. 가격은 미국 달러로 계산된다.
4 The twins are so alike that no one can _____ one from the other.
그 쌍둥이는 너무 비슷해서 아무도 그들을 구별할 수 없다.

D 같은 관계 맺어 주기

1 establish : found = achieve : a_____

2 hire : fire = export : i_____

3 understand : misunderstand = like : d_____

E 내 영어 실력?? 영영 사전 보는 정도!!!

| 보기 |　　　eliminate　　　isolate　　　modify

1 to completely get rid of something or someone

2 to make small changes to something in order to improve it

3 to make or keep one person or thing separate from others

F 빈칸에 들어갈 알맞은 단어는?

1 He's very p_____ in the relationship.　그는 관계에서 매우 수동적이다.

2 He soon was a_____ to the new way of life.　그는 곧 새로운 생활 방식에 익숙해졌다.

3 The court proved that he was g_____.　법정은 그가 유죄라는 걸 입증했다.

4 Crime is on the increase; h_____ the need for more police.
범죄가 증가하고 있다. 이런 이유로 더 많은 경찰이 필요하다.

G 같은 모양, 다른 의미

1 The fuel tank has a capacity of 40 liters.

She has an enormous capacity for hard work.

2 The fishermen cast nets into the sea.

The doctor put her leg in a cast.

3 His room is full of old stuff.

She stuffed some clothes into a bag.

H 반갑다 기능어야! 익힌 후, 빈칸에 알맞은 기능어 넣기

1 A professional is someone who _____ do his best work when he doesn't feel
like it.　진정한 프로는 하고 싶지 않을 때에도 그 일에 최선을 다할 수 있는 이다.

2 The leopard _____ change his spots.　표범은 자신의 반점을 바꿀 수 없다.(본성은 못 고친다.)

오늘의 dessert　| *Nothing ventured, nothing gained.*　위험을 무릅쓰지 않으면 아무것도 얻을 수 없다.

Answers

D 1 accomplish　2 import　3 dislike　**E** 1 eliminate　2 modify　3 isolate　**F** 1 passive　2 accustomed　3 guilty　4 hence　**G** 1 그 연료 탱크는 용량이 40리터다.(용량) / 그녀는 힘든 일을 해내는 능력이 대단하다.(능력)　2 어부들이 바다에 그물을 던졌다.(던지다) / 의사는 그녀의 다리에 깁스를 했다.(깁스)　3 그의 방은 오래된 물건들로 가득 차 있다.(물건들) / 그녀는 옷들을 가방에 쑤셔 넣었다.(쑤셔 넣다)　**H** 1 can　2 cannot[can't]

명사

01 **ecosystem**
[íkousìstəm]

생태계
· 생태계를 파괴하다 to destroy the _____

02 **union**
[júːnjən]

❶노동조합(=labor union) ❷연합, 통합[결합]
· 노동조합원 a _____ member

03 **pottery**
[pátəri]

도기　*pot 명냄비, 항아리[단지/화분]　*potter 명도공[도예가]
· 도기 한 점 a piece of _____

04 **remains**
[riméinz]

나머지, 유물[유적], 유해　*remain 동~인 채로 있다, 남아 있다, 머무르다
· 선사 시대의 유물[유적] prehistoric _____

05 **surgery**
[sə́ːrdʒəri]

수술(=operation)
· 성형 수술 plastic[cosmetic] _____

06 **innovation**
[ìnəvéiʃən]

혁신　*innovate 동혁신하다[새것을 도입하다]　*innovative 형혁신적인
· 기술 혁신의 시대 an age of technological _____

명사·동사

07 **stock**
[stɑk]

명❶재고(품)[비축물] ❷주식　동갖추다[채우다]
*stockpile 명비축량 동비축하다
· 재고가 있는/없는 in _____/out of _____

08 **pile**
[pail]

명더미　동쌓아 올리다
· 책 더미 a _____ of books

09 **trap**
[træp]

명덫[올가미]　동가두다, 덫으로 잡다
· 덫[올가미]을 놓다 to set a _____

10 **shade**
[ʃeid]

명❶그늘 ❷(전등의) 갓　동그늘지게 하다　비교 shadow 명그림자[그늘]
· 나무 그늘에 앉다 to sit in the _____ of a tree

11 **tune**
[tjuːn]

명곡조[가락]　동조율[조정]하다, (TV · 라디오를) 맞추다
· 곡조를 흥얼거리다 to hum a _____

12 **resort**
[rizɔ́ːrt]

명휴양지　동의지[호소]하다
· 해변 휴양지 a seaside _____

13 **vacuum**
[vǽkjuəm]

명진공, 진공청소기　동진공청소기로 청소하다
· 진공청소기 a _____ cleaner

동사

14 **dye**
[dai]-dyed-dyed/dyeing

염색하다
· 머리를 붉게 염색하다 to _____ your hair red

15 **drag**
[dræg]

끌다
· 여행 가방을 끌다 to _____ a suitcase

16 **fulfill**
[fulfíl]

❶이행[실현]하다 ❷충족시키다　*fulfillment 명이행[실현], 충족
· 약속을 이행하다 to _____ a promise

¹⁷ **enhance**
[inhǽns]

향상시키다[높이다]
• 생산성을 향상시키다 to _____ productivity

¹⁸ **endure**
[indʒúər]

견디다[참다]   *endurance 몡인내(력)
• 고통을 견디다 to _____ pain

¹⁹ **engage**
[ingéidʒ]

❶참여[관여]하다 ❷주의를 끌다 ❸고용하다 ❹교전하다
*engaged 톙약혼한   *engagement 몡약혼, 약속, 교전, 관여
• 범죄 활동에 관여하다 to _____ in criminal activities

²⁰ **install**
[instɔ́:l]

설치하다   *installation 몡설치, 장치, 시설   *reinstall 동재설치하다
• 보안 카메라를 설치하다 to _____ a security camera

²¹ **deny**
[dinái]

부인[부정]하다
*denial 몡부인[부정]   *undeniable 톙부인할 수 없는[명백한]
• 주장을 부인하다 to _____ a claim

²² **depict**
[dipíkt]

묘사하다(=describe)   *depiction 몡묘사
• 그를 영웅으로 묘사하다 to _____ him as a hero

²³ **classify**
[klǽsəfài]

분류하다   *classification 몡분류   *classified ad 안내 광고
• 책들을 주제별로 분류하다 to _____ books by subject

형용사

²⁴ **bold**
[bould]

❶대담한 ❷볼드체[굵은 활자체]의
• 대담한 시도 a _____ attempt

²⁵ **cheerful**
[tʃíərfəl]

명랑한[유쾌한]   *cheer 동환호[응원]하다, 기운을 북돋우다 몡환호, 응원
• 명랑한 목소리 a _____ voice

²⁶ **sensitive**
[sénsətiv]

❶세심한 ❷예민한[민감한]   *sensitivity 몡세심함, 예민함[민감성]
• 민감한 피부 _____ skin

²⁷ **visible**
[vízəbl]

❶눈에 보이는(↔invisible) ❷눈에 띄는(=noticeable)
• 뚜렷이 보이다 to be clearly _____

²⁸ **verbal**
[vɔ́:rbəl]

언어[구두]의(↔nonverbal)
• 구두 동의 a _____ agreement

²⁹ **overweight**
[òuvərwéit]

과체중의, 중량 초과의   *weight 몡(몸)무게   *weigh 동무게가 ~이다
• 과체중 아동 an _____ child

³⁰ **historic**
[histɔ́:rik]

역사적으로 중요한   🔄 historical 톙역사(상)의
*history 몡역사   *prehistoric 톙선사 시대의
• 역사적으로 중요한 건물 a _____ building

✅ **반갑다 기능어야!**   **will/would 조동사**

| 1 | 미래 예측(~일 것이다) | It **will** be hot this summer. 올여름은 더울 거야. |
| 2 | 의지(~할 작정이다) | I **will** go there tomorrow. 나는 내일 거기 갈 작정이다. |

*would: will의 과거형

| 1 | 과거 습관(~하곤 했다) | After lunch I **would** take a nap. 점심 후에 난 낮잠을 자곤 했다. |
| 2 | 가정 표현 | I **would** be happy if I had a good friend. 좋은 친구가 있으면 나는 행복할 텐데. |

A 영어는 우리말로, 우리말은 영어로!

1	union	16	생태계
2	remains	17	도기
3	stock	18	수술
4	pile	19	혁신
5	trap	20	그늘(지게 하다)
6	tune	21	염색하다
7	resort	22	끌다
8	vacuum	23	향상시키다[높이다]
9	fulfill	24	견디다[참다]
10	engage	25	설치하다
11	deny	26	묘사하다
12	bold	27	분류하다
13	sensitive	28	명랑한[유쾌한]
14	visible	29	언어[구두]의
15	overweight	30	역사적으로 중요한

B 단어와 단어의 만남

1 a seaside resort
2 a bold explorer
3 a cheerful voice
4 verbal skills
5 an overweight child
6 a historic building

7 노동조합원 a u_____ member
8 도기 한 점 a piece of p_____
9 책 더미 a p_____ of books
10 쥐덫 a mouse t_____
11 진공청소기 a v_____ cleaner
12 구두 동의 a v_____ agreement

C [보기] 단어들 뜻 씹어 보고 들어갈 곳에 쏙!

|보기|	ecosystem	innovation	remains	shade	surgery

1 We sat in the _____ of a pine tree. 우리는 소나무 그늘에 앉았다.
2 The patient had _____ on his heart. 그 환자는 심장 수술을 받았다.
3 Nature keeps the balance of a(n) _____. 자연은 생태계의 균형을 유지한다.
4 We need to encourage _____ in industry. 우리는 산업에서 혁신을 장려해야 한다.
5 I expected to see many historical _____ of the old kingdom.
    나는 옛 왕국의 많은 역사적 유물들을 볼 수 있기를 기대했다.

Answers
A 앞면 참조 **B** 1 해변 휴양지 2 대담한 탐험가 3 명랑한 목소리 4 구술 능력 5 과체중 아동 6 역사적으로 중요한 건물 7 union 8 pottery
9 pile 10 trap 11 vacuum 12 verbal **C** 1 shade 2 surgery 3 ecosystem 4 innovation 5 remains

D 내 영어 실력?? 영영 사전 보는 정도!!!

| 보기 |　　deny　　drag　　enhance

1 to improve something
2 to say that something is not true
3 to pull someone or something heavy along the ground

E [보기] 단어들 뜻 음미해 보고 빈칸 속에 퐁당!

| 보기 |　　classify　　depict　　dye　　endure　　fulfill　　install　　pile

1 She _____(e)d her hair red. 그녀는 머리를 붉게 염색했다.
2 They _____(e)d security cameras. 그들은 보안 카메라를 설치했다.
3 The sink was _____(e)d high with dishes. 싱크대에 접시가 높이 쌓여 있었다.
4 Her novel _____(e)s the life of country people. 그녀의 소설은 시골 사람들의 삶을 묘사한다.
5 Many cancer patients have to _____ a great deal of pain.
　많은 암 환자들은 엄청난 고통을 견뎌야 한다.
6 The government hasn't _____(e)d its promise to cut taxes.
　정부는 세금을 인하하겠다는 약속을 이행하지 않았다.
7 The books in the library are _____(e)d according to subject.
　도서관의 책들은 주제별로 분류되어 있다.

F 빈칸에 들어갈 알맞은 단어는?

1 She's very s_____ to criticism. 그녀는 비판에 매우 민감하다.
2 Most stars are not v_____ to the naked eye. 대부분의 별들은 육안으로 볼 수 없다.

G 같은 모양, 다른 의미

1 The store stocks all kinds of goods.
　Prices continued to fall on the stock market today.
2 He was humming a familiar tune. / They tuned their guitars before they played.
3 They have agreed to engage in talks to resolve the problem.
　She's engaged to a guy from England.

H 반갑다 기능어야! 익힌 후, 빈칸에 알맞은 기능어 넣기

1 Faith is not believing that God can, but that God _____.
　신앙은 신이 할 수 있다는 걸 믿는 게 아니라 신은 할 것이라는 걸 믿는 것이다.
2 If life were easy, then it _____ be boring. 삶이 쉽다면 그건 지겨울 것이다.

오늘의 dessert | *The pot calls the kettle black.*
냄비가 주전자 보고 검다고 한다.(똥 묻은 개가 겨 묻은 개 나무란다.)

Answers

D 1 enhance　2 deny　3 drag　E 1 dye　2 install　3 pile　4 depict　5 endure　6 fulfill　7 classify(classified)　F 1 sensitive 2 visible　G 1 그 가게는 모든 종류의 상품을 갖추고 있다.(갖추다) / 오늘 주식 시장에서 주가가 계속 떨어졌다.(주식)　2 그는 익숙한 곡조를 흥얼거리고 있었다.(곡조) / 그들은 연주하기 전에 기타를 조율했다.(조율하다)　3 그들은 문제를 해결하기 위한 회담에 참여하기로 동의했다.(참여하다) / 그녀는 영국 출신 남자와 약혼한 사이이다.(약혼한)　H 1 will　2 would

명사		
01	**corporation** [kɔ̀ːrpəréiʃən]	회사[기업], 법인 *corporate 형회사[법인]의 • 다국적 기업 a multinational _____
02	**ingredient** [ingríːdiənt]	(요리의) 재료[성분], 요소 • 이 요리의 주재료들 the main _____s of this dish
03	**instinct** [instíŋkt]	본능 *instinctive 형본능적인 • 생존 본능 a survival _____
04	**arrival** [əráivəl]	도착 *arrive 동도착하다 • 당신의 도착 시간 the time of your _____
05	**ethic** [éθik]	윤리[도덕], (-s) 윤리학 *ethical 형윤리의[윤리적인] • 직업 윤리 professional _____s
06	**creation** [kriéiʃən]	창조(물) *create 동창조하다 *creative 형창조적인 *creativity 명창조력 • 일자리 창출 job _____
07	**obstacle** [ábstəkl]	장애(물) • 장애를 극복하다 to overcome an _____
08	**landscape** [lǽndskèip]	풍경(화) 비교 seascape 명바다 풍경화 • 시골 풍경 a rural _____
09	**craft** [kræft]	❶수공예 ❷기술[솜씨] ❸배·항공기·우주선 *craftsman 명장인(匠人) • 전통 수공예 traditional _____s
10	**coverage** [kʌ́vəridʒ]	❶보도[방송] ❷(보험의) 보장 (범위) *cover 동덮다, 취재[보도/방송]하다 • 월드컵 생방송 live _____ of the World Cup

명사·동사		
11	**filter** [fíltər]	명필터[여과기] 동거르다[여과하다] • 먼지를 걸러 내다 to _____ out dust
12	**merit** [mérit]	명장점(↔demerit), 가치 동받을 만하다(=deserve) • 장점과 단점 _____s and demerits
13	**murder** [mə́ːrdər]	명살인 동살해하다 • 살인을 저지르다 to commit (a) _____
14	**assist** [əsíst]	동돕다[지원하다] 명도움 주기 *assistance 명도움[지원] *assistant 형보조의 명조수[보조자] • 그의 일을 돕다 to _____ him in his work

동사		
15	**weave** [wiːv] -wove-woven	짜다, 엮다 • 천을 짜다 to _____ cloth
16	**stir** [stəːr]	❶휘젓다 ❷움직이다 ❸불러일으키다[자극하다] • 숟가락으로 커피를 휘젓다 to _____ coffee with a spoon

¹⁷ **clap** [klæp]	(손뼉을) 치다 • 환호하며 박수를 치다 to cheer and _____

¹⁷ **clap**
[klæp]

(손뼉을) 치다
• 환호하며 박수를 치다 to cheer and _____

¹⁸ **skip**
[skip]

❶ 건너뛰다[빼먹다] ❷ 깡충깡충 뛰어가다
• 아침을 거르다 to _____ breakfast

¹⁹ **strengthen**
[stréŋkθən]

강화하다[강화되다](↔weaken)
＊strength 몡 힘, 강점[장점]　＊strong 혱 강한
• 근육을 강화하다 to _____ your muscles

²⁰ **scold**
[skould]

꾸짖다[야단치다]
• 늦었다고 그를 꾸짖다 to _____ him for being late

²¹ **terrify**
[térəfài]

무섭게[겁나게] 하다
＊terrifying 혱 무서운　＊terror 몡 공포　＊terrific 혱 멋진[훌륭한]
• 그의 폭력이 그녀를 무섭게 했다. His violence _____ied her.

²² **infect**
[infékt]

감염[전염]시키다　＊infection 몡 감염, 전염병　＊infectious 혱 전염성의
• 에이즈 바이러스에 감염된 사람들 people _____ed with HIV

형용사

²³ **lively**
[láivli]

활기찬[활발한]
• 활발한 아이 a _____ child

²⁴ **sensible**
[sénsəbl]

분별 있는[합리적인]
비교 sensitive 혱 세심한, 예민한[민감한]　＊sensibility 몡 감성[감수성]
• 분별 있는 사람 a _____ person

²⁵ **promising**
[prάmisiŋ]

유망한[장래성 있는]　＊promise 몡 약속 동 약속하다
• 전도유망한 젊은 배우 a _____ young actor

²⁶ **bitter**
[bítər]

쓴, 쓰라린, 지독한　＊bitterness 몡 쓴맛, 쓰라림
• 쓴맛 a _____ taste

²⁷ **miserable**
[mízərəbl]

비참한　＊misery 몡 비참
• 비참한 기분이 들다 to feel _____

²⁸ **mechanical**
[məkǽnikəl]

기계의, 기계적인　＊mechanize 동 기계화하다
• 기계 장치 a _____ device

²⁹ **actual**
[ǽktʃuəl]

실제의　＊actuality 몡 실제[현실]　＊actualize 동 현실화[실현]하다
• 그녀의 실제 나이 her _____ age

부사

³⁰ **nonetheless**
[nʌnðəlés]

그럼에도 불구하고(=nevertheless)
• 도보 여행은 힘들었지만, 그럼에도 불구하고 재미있었다.
　The hike was difficult, but fun _____.

☑ 반갑다 기능어야!　**may/might 조동사**

1　추측·가능(~일지도 모른다, ~일 수도 있다)　You **may** be right. 네 말이 맞을지도 몰라.
2　허가(~해도 되다)　You **may** go now. 넌 이제 가도 된다.

＊might: may의 과거형
　I told him that he **might** go. 나는 그에게 가도 된다고 말했다.
　If you worked harder, you **might** succeed. 〈가정 표현〉 좀 더 열심히 일한다면 너는 성공할 텐데.
＊may[might] as well A (as B): (B하느니) A하는 편이 낫다

A 영어는 우리말로, 우리말은 영어로!

1	corporation	16	본능
2	ingredient	17	도착
3	craft	18	윤리[도덕]
4	coverage	19	창조(물)
5	filter	20	장애(물)
6	merit	21	풍경(화)
7	assist	22	살인, 살해하다
8	stir	23	짜다, 엮다
9	skip	24	(손뼉을) 치다
10	terrify	25	강화하다[강화되다]
11	sensible	26	꾸짖다[야단치다]
12	promising	27	감염[전염]시키다
13	bitter	28	활기찬[활발한]
14	actual	29	비참한
15	nonetheless	30	기계의, 기계적인

B 단어와 단어의 만남

1 a multinational corporation
2 wealth creation
3 a promising young actor
4 a sensible decision
5 his actual age

6 생존 본능 a survival i_____
7 직업 윤리 professional e_____s
8 시골 풍경 a rural l_____
9 기계 장치 a m_____ device
10 활발한 아이 a l_____ child

C [보기] 단어들 뜻 씹어 보고 들어갈 곳에 쏙!

| 보기 | arrival ingredient merit murder obstacle

1 He was found guilty of _____. 그는 살인으로 유죄 판결을 받았다.

2 Mix all the _____s in a bowl. 사발에 있는 모든 재료들을 섞어라.

3 Fear of change is a(n) _____ to progress. 변화에 대한 두려움이 진보의 장애물이다.

4 This food has the _____ of being easy to cook. 이 식품은 요리하기 쉽다는 장점이 있다.

5 Let me know the date and time of your _____. 네 도착 날짜와 시간을 내게 알려다오.

D 내 영어 실력?? 영영 사전 보는 정도!!!

| 보기 | assist   strengthen   terrify

1 to help someone to do something
2 to make someone extremely frightened
3 to become stronger or make something stronger

E [보기] 단어들 뜻 음미해 보고 빈칸 속에 퐁당!

| 보기 | clap   filter   infect   scold   skip   weave

1 He _____(e)d them for arriving late. 그는 늦게 도착했다고 그들을 꾸짖었다.
2 The audience cheered and _____(e)d. 관객은 환호하며 박수를 쳤다.
3 All drinking water must be _____ed. 모든 식수는 여과되어야 한다.
4 Never _____ your breakfast to lose weight. 살을 빼기 위해 아침을 절대 거르지 마.
5 Most spiders _____ webs that are almost invisible.
   대부분의 거미들은 거의 보이지 않는 거미줄을 친다.
6 Anyone with a bad cold may _____ the people around him.
   독감에 걸린 누구든지 주위 사람들에게 전염시킬 수 있다.

F 빈칸에 들어갈 알맞은 단어는?

1 Black coffee leaves a b_____ taste in the mouth. 블랙커피는 입안에 쓴맛을 남긴다.
2 I've been so m_____ since he left me. 그가 날 떠난 후 나는 매우 비참하게 지내왔다.
3 The problems are not serious. N_____, we shall need to tackle them soon.
   그 문제들은 심각하지 않다. 그럼에도 불구하고 우리는 곧 그것들과 씨름해야 할 것이다.

G 같은 모양, 다른 의미

1 art and crafts / a rescue craft
   chefs who learned their craft in top hotels
2 live coverage of the World Cup / insurance coverage
3 She stirred her coffee with a plastic spoon.
   The music stirred memories of his childhood.

H 반갑다 기능어야! 익힌 후, 빈칸에 공통으로 알맞은 기능어 넣기

Be as kind as you can today; tomorrow you _____ not be there.
오늘 친절할 수 있을 만큼 친절하라. 내일은 거기에 없을지도 모른다.

You _____ as well not know a thing at all as know it imperfectly.
어설프게 아는 것보다 전혀 모르는 게 낫다.

오늘의 dessert | *Good medicine tastes bitter.* 좋은 약은 입에 쓰다.

Answers
D 1 assist 2 terrify 3 strengthen E 1 scold 2 clap(clapped) 3 filter 4 skip 5 weave 6 infect F 1 bitter 2 miserable
3 Nonetheless G 1 미술 공예(수공예) / 구조선(배) / 일류 호텔에서 기술을 배운 주방장들(기술) 2 월드컵 생방송(방송) / 보험 보장 범위(보장 범위)
3 그녀는 플라스틱 숟가락으로 커피를 휘저었다.(휘젓다) / 그 음악이 그의 어린 시절 추억을 불러일으켰다.(불러일으키다) H may

21 주어 + let/have/make + 목적어 + V/과거분사(목적보어)

- let, have, make는 '(목적어)를 (목적보어)하게 하다'라는 뜻의 사역동사이다.
- 사역동사는 목적보어로 원형 부정사(V)나 과거분사(수동의 의미)를 쓴다.

I tried not to let their harsh words break me. 나는 그들의 거친 말이 나의 기를 꺾지 않게 하도록 애썼다.

I won't have you say such things. 나는 네가 그런 말을 하도록 두지 않을 테야.

She made me memorize the numbers. 그녀는 나에게 숫자를 암기시켰다.

He had his family picture taken. 그는 가족사진을 찍게 했다.

22 주어 + 감각동사 + 목적어 + V/V-ing(목적보어)

- 감각동사(see, hear, listen to, feel 등)는 '목적어'가 '목적보어'하는 것을 감각하는 동사이다.
- 감각동사는 목적보어로 원형 부정사(V)나 V-ing(진행의 의미)를 쓴다.

Students should listen to their teacher speak. 학생들은 선생님이 말하는 것을 경청해야 한다.

I felt my heart beating faster. 나는 심장이 더 빨리 뛰는 걸 느꼈다.

23 수동태로 쓰이는 감정동사

- 감정동사(satisfy, excite, surprise, disappoint 등)의 주체가 감정을 느끼는 사람일 때는 수동태로 쓴다.

She was satisfied with his answer. 그녀는 그의 대답에 만족했다.

She wasn't surprised — disappointed, but not surprised.
그녀는 놀라지 않았다. 실망은 했으나 놀라지는 않았다.

24 진행형 수동태(be + being + 과거분사)

- 진행형(be + V-ing)과 수동태(be + 과거분사)가 합쳐진 형태를 말한다.

New kinds of jobs are being created daily. 새로운 종류의 직업들이 매일 만들어지고 있다.

A century ago, oxen were being used to pull the plow.
1세기 전에는 황소가 쟁기를 끄는 데 이용되고 있었다.

25 주의해야 할 수동태

- '완료형 수동태'는 완료형(have + 과거분사)과 수동태(be + 과거분사)가 합쳐진 형태를 말한다.
- 감각동사나 make가 쓰인 수동태 문장에서는 목적보어로 to V를 쓴다.

Nothing great has been accomplished without passion. 〈완료형 수동태〉
위대한 어떤 것도 열정 없이 이루어진 적은 없다.

By whom was this machine invented? 〈의문사가 쓰인 수동태〉 누구에 의해 이 기계가 발명됐니?

He was seen to run barefoot. 〈감각동사가 쓰인 수동태〉 그가 맨발로 달리는 것이 목격되었다.

We are made to study hard. 〈사역동사 make가 쓰인 수동태〉 우리는 열심히 공부하도록 시켜진다.

26 '경험'을 나타내는 현재완료(have + 과거분사)

- '~한 적이 있다'라는 뜻으로, 과거의 경험이 현재까지 영향을 미치고 있는 것을 나타낸다.

I have met her only once. 나는 딱 한 번 그녀를 만난 적이 있다.

Have you ever been to India? 너는 인도에 가 본 적이 있니?

You were the best thing that has ever happened to me. 널 만난 건 내게 일어난 최고의 일이었어.

He has never had a blind date. 그는 미팅을 한 적이 없다.

27 '계속'을 나타내는 현재완료(have + 과거분사)

- '~해서 지금도 …해 오고 있다'라는 뜻으로, 과거에 시작된 상태가 현재까지 계속되고 있는 것을 나타낸다.
- 동작의 계속을 강조할 때는 현재완료 진행형(have been V-ing)으로 쓴다.

I have known him for ten years. 나는 10년 동안 그를 알고 지내고 있다.

He has worked here since 2010. 그는 2010년부터 쭉 여기서 일해 오고 있다.

How long have you been playing the computer game? 너는 얼마 동안 컴퓨터 게임을 하고 있니?

28 '결과 · 완료'를 나타내는 현재완료(have + 과거분사)

- '~해서 지금 …인 상태다'라는 뜻으로, 과거 동작의 결과가 현재까지 남아 있는 것을 나타낸다.
- '~해서 지금은 끝냈다'라는 뜻으로, 과거에 시작된 동작이 현재에 와서 완료된 것을 나타낸다.

I have broken my leg. 나는 다리가 부러졌다. (→ 지금 부러져 있는 상태)

I have already paid the phone bill. 나는 벌써 전화 요금을 냈다.

We haven't eaten yet. 우리는 아직 먹지 못했다.

29 과거완료(had + 과거분사)

- 과거의 기준 시점 이전에 일어난 일이 과거의 기준 시점에서 어떠하다는 것을 나타낸다.

I wondered if I had ever met her. 내가 그녀를 만난 적이 있었는지 의심스러웠다.

He had been smoking for three years when he quit it last year.
작년에 담배를 끊었을 때 그는 3년 동안 피워 왔었다.

30 명사절 that절

- that절은 주어 · 보어 · 타동사의 목적어 · 전치사의 목적어 · 명사와의 동격 기능을 한다.
- 주어 기능을 할 때는 주로 형식 주어 it을 문두에 내세우고 that절은 뒤로 빠진다.

It is certain that he is alive. 〈주어〉 그가 살아 있는 것은 확실하다.

The young should learn that no one can win all the time. 〈타동사의 목적어〉
젊은이들은 아무도 항상 이길 수만은 없다는 걸 배워야 한다.

He refused to help me, despite the fact that I asked him. 〈명사와의 동격〉
내가 그에게 부탁했다는 사실에도 불구하고 그는 나를 도와주는 것을 거절했다.

명사

01 descendant
[diséndənt]

자손[후손](↔ancestor) *descend 통 내려가다[내려오다], ~의 자손이다
· 직계 자손 a direct _____

02 pupil
[pjú:pəl]

❶학생[아동] ❷눈동자[동공]
· 3학년 학생 a third-grade _____

03 beard
[biərd]

(턱)수염 *bearded 형 (턱)수염이 있는
비교 mustache 명 콧수염   whisker 명 구레나룻, (고양이 · 쥐 등의) 수염
· 턱수염을 기르다 to grow a _____

04 committee
[kəmíti]

위원회
· 위원회 모임 a _____ meeting

05 fortune
[fɔ́:rtʃən]

❶큰돈[부] ❷운(명) *misfortune 명 불운[불행] *fortunate 형 운 좋은
· 큰돈을 벌다 to make a _____

06 gym
[dʒim]

❶체육관(=gymnasium) ❷체조(=gymnastics)
· 체육관에 가다 to go to the _____

07 entrance
[éntrəns]

❶입구(↔exit) ❷입학[입장/입회] *enter 통 들어가다, 입학하다
· 앞쪽/뒤쪽 입구 the front/back _____

08 component
[kəmpóunənt]

(구성) 요소, 부품
· 정부 계획의 핵심 요소들 key _____s of the government's plan

09 colony
[kάləni]

❶식민지 ❷집단[군집] *colonial 형 식민지의 *colonization 명 식민지화
· 이전 영국 식민지 a former British _____

10 boundary
[báundəri]

경계(선), 한계
· 경계를 표시하다[나타내다] to mark a _____

11 consequence
[kάnsəkwèns]

❶결과 ❷중요성 *consequently 부 그 결과로
· 심각한 결과를 가져오다 to have serious _____s

명사·동사

12 bargain
[bá:rgən]

명 ❶싼 물건[특가품] ❷계약 통 흥정하다
· 정말 싼 물건 a real _____

13 abuse
명[əbjú:s] 통[əbjú:z]

명 ❶학대 ❷오용[남용] ❸욕설 통 ❶학대하다 ❷오용[남용]하다
· 아동 학대 child _____

14 roar
[rɔ:r]

통 으르렁거리다, 고함치다, 크게 웃다 명 으르렁거림, 함성, 폭소
· 사자가 으르렁거리는 소리를 듣다 to hear a lion _____

15 pause
[pɔ:z]

통 잠시 멈추다 명 멈춤[휴지]
· 잠시 멈추다 to _____ for a moment

동사

16 split
[split]-split-split

쪼개(지)다[찢(어지)다], 분열하다, 나누다
· 둘로/반으로 쪼개지다 to _____ in two/half

¹⁷ **punch** [pʌntʃ]	❶주먹으로 세게 치다 ❷구멍을 뚫다 • 그의 배를 주먹으로 세게 치다 to _____ him in the stomach	
¹⁸ **rub** [rʌb]	문지르다[비비다] • 눈을 비비다 to _____ your eyes	
¹⁹ **inspire** [inspáiər]	고무[격려]하다, 영감을 주다 　＊inspiration 명영감 • 그의 성공이 우리를 고무시켰다. His success _____d us.	
²⁰ **resist** [rizíst]	❶저항하다 ❷견디다 ＊resistance 명저항　＊resistant 형저항하는, 잘 견디는 • 변화에 저항하다 to _____ change	
²¹ **starve** [stɑːrv]	굶주리다[굶어 죽다]　＊starvation 명기아[아사] • 굶어 죽다 to _____ to death	
²² **specialize** [spéʃəlàiz]	특수화[전문화]하다, 전공하다 ＊specialization 명특수화[전문화]　＊specialty 명전문[전공] • 한국사를 전공하다 to _____ in Korean history	

형용사

²³ **considerate** [kənsídərət]	이해심 많은[배려하는] ＊consideration 명고려[배려]　＊consider 동고려[숙고/배려]하다, 여기다 • 친절하고 이해심이 많다 to be kind and _____	
²⁴ **enthusiastic** [inθùːziǽstik]	열렬한[열광적인]　＊enthusiasm 명열광[열정]　＊enthusiast 명~광 • 열렬한 지지자 an _____ supporter	
²⁵ **continual** [kəntínjuəl]	계속되는[거듭되는]　＊continue 동계속하다 • 거듭되는 항의 _____ complaints	
²⁶ **complicated** [kámpləkèitid]	복잡한(↔uncomplicated) • 복잡한 체계 a _____ system	
²⁷ **diverse** [divə́ːrs]	다양한[상이한]　＊diversity 명다양성(=variety)　＊diversify 동다양화하다 • 다양한 주제들 _____ subjects	
²⁸ **intensive** [inténsiv]	집중[집약]적인 • 집중 어학 과정 an _____ language course	
²⁹ **literary** [lítərèri]	문학의　＊literature 명문학　비교 literate 형읽고 쓸 수 있는 • 문학 비평 _____ criticism	

부사

³⁰ **afterward(s)** [ǽftərwərd(z)]	나중에[그 뒤에] • 지금 외출하고 나중에 식사하자. Let's go out now and eat _____.	

✅ **반갑다 기능어야!**　**should/ought to 조동사**

의무·당연·권고(~해야 하다[하는 게 좋다])
You **should[ought to]** obey the law.　법을 지켜야 한다.
We **should not[ought not to]** destroy nature.　우리는 자연을 파괴해서는 안 된다.

＊should have+과거분사: 후회·비난(~했어야 했다)
I **should have noticed** your new dress.　내가 네 새 옷을 알아봤어야 하는 건데.

A 영어는 우리말로, 우리말은 영어로!

1	pupil	16	자손[후손]
2	fortune	17	(턱)수염
3	colony	18	위원회
4	bargain	19	체육관, 체조
5	abuse	20	입구, 입학
6	roar	21	(구성) 요소, 부품
7	pause	22	경계(선), 한계
8	split	23	결과, 중요성
9	punch	24	문지르다[비비다]
10	inspire	25	굶주리다[굶어 죽다]
11	resist	26	이해심 많은[배려하는]
12	specialize	27	복잡한
13	enthusiastic	28	다양한[상이한]
14	continual	29	집중[집약]적인
15	afterward(s)	30	문학의

B 단어와 단어의 만남

1 computer components
2 a colony of ants
3 an enthusiastic supporter
4 an intensive English course
5 continual complaints
6 a complicated system

7 직계 후손 a direct d_____
8 위원회 모임 a c_____ meeting
9 입학시험 an e_____ examination
10 약물 오용[남용] drug a_____
11 문학 비평 l_____ criticism
12 다양한 문화들 d_____ cultures

C [보기] 단어들 뜻 씹어 보고 들어갈 곳에 쏙!

|보기|	bargain	beard	boundary	colony	gym

1 That was a _____ at the price. 그것은 그 가격이면 싼 것이었다.
2 Algeria was formerly a French _____. 알제리는 이전에 프랑스의 식민지였다.
3 He decided to grow a _____ and a mustache. 그는 턱수염과 콧수염을 기르기로 결심했다.
4 The fence marks the _____ between my land and hers.
   저 울타리가 내 땅과 그녀 땅의 경계를 나타낸다.
5 He goes to the _____ to do weight training several times a week.
   그는 일주일에 몇 번 웨이트 트레이닝을 하려고 체육관에 간다.

Answers
A 앞면 참조 **B** 1 컴퓨터 부품들 2 개미 집단 3 열렬한 지지자 4 집중 영어 과정 5 거듭되는 항의 6 복잡한 체계 7 descendant 8 committee
9 entrance 10 abuse 11 literary 12 diverse **C** 1 bargain 2 colony 3 beard 4 boundary 5 gym

D 내 영어 실력?? 영영 사전 보는 정도!!!

| 보기 |　　punch　　　roar　　　split

1　to make a deep, very loud noise
2　to divide into two or more groups, parts etc.
3　to hit someone or something hard with your fist

E [보기] 단어들 뜻 음미해 보고 빈칸 속에 풍당!

| 보기 |　　abuse　　inspire　　pause　　resist　　rub　　specialize　　starve

1　He _____s in Korean history.　그는 한국사를 전공한다.
2　He was punished for _____ing children.　그는 아이들을 학대한 이유로 처벌받았다.
3　He _____(e)d and thought for a moment.　그는 잠시 멈춰서 생각했다.
4　She yawned and _____(e)d her eyes sleepily.　그녀는 졸린 듯 하품을 하면서 눈을 비볐다.
5　They'll either die from the cold or _____ to death.　그들은 추위로 죽거나 굶어 죽을 것이다.
6　His success _____(e)d us to greater efforts.
　　그의 성공은 더 큰 노력을 하도록 우리를 고무시켰다.
7　The soldiers _____(e)d the enemy attacks for two days.
　　군인들은 이틀 동안 적의 공격에 저항했다.

F 빈칸에 들어갈 알맞은 단어는?

1　Try to be more c_____ of your neighbors.　네 이웃을 더 배려하려고 노력해라.
2　A_____ he was sorry for what he'd said.　그 뒤에 그는 자기가 한 말에 대해 미안해했다.

G 같은 모양, 다른 의미

1　the pupils of the cat's eyes / How many pupils does the school have?
2　He made a fortune on that deal.
　　He had the good fortune to work with a brilliant director.
3　We are aware of the consequences our actions will have.
　　Your opinion is of little consequence to me.

H 반갑다 기능어야! 익힌 후, 빈칸에 공통으로 알맞은 기능어 넣기

We all _____ plant some trees we'll never sit under.

우리 모두는 자신이 그 밑에 결코 앉게 되지 않을 나무들을 심어야 한다.

"I am sorry I hurt you ─ I _____ have lied."　"네게 상처를 줘 미안해. 내가 거짓말을 했어야 했는데."

오늘의 dessert | *Diligence is the mother of good fortune.*　근면은 행운의 근원이다.

Answers

D 1 roar　2 split　3 punch　E 1 specialize　2 abuse(abusing)　3 pause　4 rub(rubbed)　5 starve　6 inspire　7 resist
F 1 considerate　2 Afterward(s)　G 1 고양이 눈의 동공(동공) / 학교에 몇 명의 학생들이 있니?(학생)　2 그는 그 거래에서 큰돈을 벌었다.(큰돈) /
그는 재기 넘치는 관리자와 일할 수 있는 행운을 얻었다.(운)　3 우리는 우리의 행동이 가져올 결과를 알고 있다.(결과) / 네 의견은 내게 거의 중요하지 않
다.(중요성)　H should[ought to]

명사		
01	**veterinarian** [vètərənέəriən]	수의사(= vet) • 개를 수의사에게 데려가다 to take a dog to a _____
02	**herd** [həːrd]	❶ (짐승의) 떼 ❷ 군중 • 소 떼 a _____ of cattle
03	**wilderness** [wíldərnis]	황야[황무지] • 알래스카 황무지 the Alaskan _____
04	**volume** [válju:m]	❶ 음량 ❷ 양[용적] ❸ 책[권] • 볼륨을 높여라. Turn the _____ up.
05	**pastime** [pǽstàim]	취미 • 내가 가장 좋아하는 취미 my favorite _____
06	**task** [tæsk]	일[과업/과제] *multitask 통 동시에 여러 가지 일을 하다 • 과업을 수행하다/완수하다 to perform/complete a _____
07	**strain** [strein]	❶ 압박[부담] ❷ (-s) 가락[선율] • 그에게 부담을 주다 to put (a) _____ on him
08	**trait** [treit]	특성[형질] • 성격 특성 a personality[character] _____
09	**prospect** [práspekt]	가망[전망] *prospective 형 장래의, 유망한 • 취업 전망 job _____s
10	**politics** [pálitiks]	정치(학) *political 형 정치의 *politician 명 정치가 • 국제 정치 international _____
11	**psychology** [saikálədʒi]	심리(학) *psychological 형 심리의 *psychologist 명 심리학자 • 교육 심리학 educational _____
명사·동사		
12	**forecast** [fɔ́ːrkæst] -forecast(ed)-forecast(ed)	명 예보[예측] 통 예보[예측]하다(= predict) • 일기 예보 a weather _____
13	**ban** [bæn]	명 금지 통 금지하다 • 쇠고기 수입 금지 a _____ on beef imports
14	**register** [rédʒistər]	명 등록부[명부] 통 등록[기록]하다 *registration 명 등록 • 강좌에 등록하다 to _____ for a course
15	**stroke** [strouk]	통 쓰다듬다(= pet) 명 ❶ 뇌졸중 ❷ 치기, (수)영법 • 그녀의 머리를 쓰다듬다 to _____ her hair
16	**drift** [drift]	통 떠돌다[표류하다] 명 표류 *adrift 형 표류하는 • 바다로 떠내려가다 to _____ out to sea
17	**daydream** [déidrìːm]	통 백일몽을 꾸다[공상에 잠기다] 명 백일몽 • 그를 만나는 공상에 잠기다 to _____ about meeting him

동사	18 **creep** [kri:p]-crept-crept	살금살금 움직이다, 기다 • 계단을 살금살금 올라가다 to _____ up the stairs
	19 **depart** [dipá:rt]	출발하다[떠나다] *departure 명출발 • 런던으로 출발하다 to _____ for London
	20 **emerge** [imá:rdʒ]	나오다, 드러나다 *emergence 명출현 *emergency 명비상(사태) *emergent 형신생의 • 바다에서 나오다 to _____ from the sea
	21 **confirm** [kənfá:rm]	확인하다 *confirmation 명확인 • 예약을 확인하다 to _____ a reservation
	22 **enrich** [inrítʃ]	부유하게[풍요롭게] 하다 *rich 형부유한, 풍부한 • 삶을 풍요롭게 하다 to _____ your life
명사·형용사	23 **resident** [rézədənt]	명거주자[주민] 형거주하는 *residence 명주거지, 거주 *reside 동거주하다[살다] *residential 형주거의 • 지역 주민들 local _____s
	24 **abstract** [ǽbstrækt]	형추상적인 명추상화, 개요 *abstraction 명관념, 추출 • 추상적인 개념 an _____ concept
	25 **multiple** [mʌ́ltəpl]	형다수[복수]의 명배수 *multiply 동곱하다, 증가하다 • 선다형 시험 a _____ choice test
형용사	26 **pale** [peil]	창백한, 옅은 • 창백해지다 to go[turn] _____
	27 **capable** [kéipəbl]	❶(~ of) (~을) 할 수 있는 ❷유능한 *capability 명능력 • 무엇이든 할 수 있다 to be _____ of anything
	28 **diligent** [dílədʒənt]	근면한[부지런한] *diligence 명근면 • 근면한 학생 a _____ student
	29 **eager** [í:gər]	열망하는 *eagerness 명열망 • 그를 만나기를 열망하다 to be _____ to meet him
	30 **harsh** [hɑ:rʃ]	가혹한(=severe), 거친 • 가혹한 처벌 _____ punishment

---

☑ 반갑다 기능어야!   **must 조동사**

| 1 | 의무(=have to)(~해야 하다) | You **must** come earlier. 넌 더 일찍 와야 한다. |
| 2 | 확실한 추측(틀림없이 ~일 거다) | You **must** be joking. 틀림없이 농담이겠지. |

*must not[mustn't]: 금지(~해선 안 되다)
  You **must not** smoke in the public areas. 공공장소에서 담배를 피워서는 안 된다.
*don't have to: 불필요(~할 필요가 없다)
  You **don't have to** come. 너는 올 필요가 없다.

A 영어는 우리말로, 우리말은 영어로!

1	volume	16	수의사
2	pastime	17	(짐승의) 떼, 군중
3	strain	18	황야[황무지]
4	prospect	19	일[과업/과제]
5	register	20	특성[형질]
6	stroke	21	정치(학)
7	drift	22	심리(학)
8	daydream	23	예보(하다)
9	creep	24	금지(하다)
10	emerge	25	출발하다[떠나다]
11	confirm	26	거주자, 거주하는
12	enrich	27	창백한, 옅은
13	abstract	28	근면한[부지런한]
14	multiple	29	열망하는
15	capable	30	가혹한, 거친

B 단어와 단어의 만남

1 the Alaskan wilderness
2 personality traits
3 local residents
4 a multiple choice test
5 harsh criticism
6 소 떼 a h_____ of cattle
7 아동 심리학 child p_____
8 일기 예보 a weather f_____
9 추상적인 지식 a_____ knowledge
10 근면한 학생 a d_____ student

C [보기] 단어들 뜻 씹어 보고 들어갈 곳에 쏙!

|보기| pastime politics prospect strain task veterinarian

1 Take your pet to a _____. 애완동물을 수의사에게 데려가라.

2 Reading is her favorite _____. 독서는 그녀가 가장 좋아하는 취미다.

3 It was a hard _____ to perform. 그것은 수행하기 힘든 과업이었다.

4 More and more young people are interested in _____.
점점 더 많은 젊은이들이 정치에 관심을 갖는다.

5 There is no _____ of an economic recovery next year.
내년에 경제가 회복될 가망이 없다.

6 Without your help, I couldn't stand the _____ of my study.
너의 도움 없이는 난 공부의 압박을 견뎌 낼 수 없을 거야.

Answers

A 앞면 참조 **B** 1 알래스카 황무지 2 성격 특성 3 지역 주민들 4 선다형 시험 5 가혹한 비평[비판/비난] 6 herd 7 psychology 8 forecast
9 abstract 10 diligent **C** 1 veterinarian 2 pastime 3 task 4 politics 5 prospect 6 strain

D 내 영어 실력?? 영영 사전 보는 정도!!!

| 보기 | depart   drift   emerge

1 to move slowly on water or in the air
2 to appear or come out from somewhere
3 to leave, especially when you are starting a journey

E [보기] 단어들 뜻 음미해 보고 빈칸 속에 퐁당!

| 보기 | ban   confirm   creep(crept)   daydream   enrich   register

1 Smoking inside the building is _____ed. 건물 내에서의 흡연은 금지되어 있다.
2 The study of science has _____ed our lives. 과학 연구는 우리 삶을 풍요롭게 해 왔다.
3 She sat at her desk, _____ing about meeting him.
   그녀는 책상에 앉아서 그를 만나는 공상에 잠겼다.
4 I _____ up the stairs, trying not to wake my parents.
   난 부모님을 깨우지 않으려고 계단을 살금살금 올라갔다.
5 How many students have _____ed for English classes?
   몇 명의 학생이 영어 수업에 등록했나요?
6 The new results _____ what most of us knew already.
   새로운 결과가 우리 대부분이 이미 알고 있는 것을 확인해 준다.

F 빈칸에 들어갈 알맞은 단어는?
1 She suddenly went p_____. 그녀는 갑자기 창백해졌다.
2 The children were e_____ to go on a picnic. 아이들은 소풍 가기를 열망했다.
3 You are c_____ of better work than this. 너는 이보다 나은 일을 할 수 있다.

G 같은 모양, 다른 의미
1 Can you turn the volume up?
   Sales volumes fell 0.2% in June. / a volume of poetry
2 She stroked the baby's face.
   Since he had a stroke he's had trouble talking.

H 반갑다 기능어야! 익힌 후, 빈칸에 공통으로 알맞은 기능어 넣기
A big fish _____ swim in deep waters. 큰 물고기는 깊은 물에서 놀아야 한다.
The quiet hours in life are few, so we _____ not waste them in reading valueless
books. 인생에서 조용한 시간은 조금밖에 없으므로, 가치 없는 책을 읽으면서 시간을 낭비해서는 안 된다.

오늘의 dessert | *Little strokes fell great oaks.* 열 번 찍어 안 넘어가는 나무 없다.

Answers
D 1 drift 2 emerge 3 depart E 1 ban(banned) 2 enrich 3 daydream 4 crept 5 register 6 confirm F 1 pale 2 eager
3 capable G 1 볼륨을 높여 줄래?(음량) / 판매량이 6월에 0.2% 떨어졌다.(양) / 시집 한 권(책[권]) 2 그녀는 아기의 얼굴을 쓰다듬었다.(쓰다듬다) /
그는 뇌졸중을 앓고 난 이후로 말하는 데 어려움을 겪어왔다.(뇌졸중) H must

명사

01 minister
[mínəstər]
❶장관 ❷목사　＊ministry 명(정부의) 부
• 교육부 장관 the M＿＿＿ of Education

02 millionaire
[mìljənέər]
백만장자
• 백만장자 사업가 a ＿＿＿＿ businessman

03 scholarship
[skάlərʃìp]
장학금　＊scholar 명 학자
• 장학금을 신청하다 to apply for a ＿＿＿＿

04 assembly
[əsémbli]
❶의회, 집회 ❷조립　＊assemble 동 모으다[모이다], 조립하다
• 국회 the National A＿＿＿＿

05 notion
[nóuʃən]
생각[개념]
• 옳고 그름에 대한 다른 생각들 different ＿＿＿＿s of right and wrong

06 particle
[pά:rtikl]
입자, 작은 조각[극소량]
• 먼지 입자들 dust ＿＿＿＿s

07 tide
[taid]
조수[조류], 흐름　＊tidal 형 조수의
• 지금은 밀물/썰물이다. The ＿＿＿＿ is in/out.

08 legend
[lédʒənd]
전설　＊legendary 형 전설의
• 로빈 후드 전설 the ＿＿＿＿ of Robin Hood

09 masterpiece
[mǽstərpìːs]
걸작[명작], 대표작　＊master 동 숙달하다 명 달인[거장], 주인, 석사
• 피카소의 걸작들 Picasso's ＿＿＿＿s

10 option
[άpʃən]
선택(권)　＊optional 형 선택의
• 다른 선택의 여지가 없다 to have no other ＿＿＿＿

11 hardship
[hά:rdʃip]
어려움[곤란]
＊hard 부 열심히, 세게 형 단단한, 어려운　비교 hardness 명 단단함
• 재정적 어려움 financial ＿＿＿＿

12 farewell
[fὲərwél]
작별(인사)
• 송별회 a ＿＿＿＿ party

명사·동사

13 flame
[fleim]
명 불꽃 동 ❶불타다, 빛나다 ❷(인터넷상으로) 욕설하다
• 촛불 a candle ＿＿＿＿

14 scratch
[skrætʃ]
동 긁다[할퀴다] 명 긁힌[할퀸] 자국[찰과상]
• 모기 물린 데를 긁다 to ＿＿＿＿ a mosquito bite

15 burst
[bəːrst]-burst-burst
동 터지다[터뜨리다] 명 파열[폭발]
• 풍선을 터뜨리다 to ＿＿＿＿ a balloon

16 flash
[flæʃ]
동 번쩍이다 명 섬광[번쩍임], (카메라) 플래시　＊flashlight 명 손전등
• 번개가 번쩍였다. Lightning ＿＿＿＿ed.

17 spin
[spin]-spun-spun

❶빙빙 돌(리)다[회전하다] ❷(실을) 잣다
· 원을 그리며 빙빙 돌다 to _____ in circles

18 launch
[lɔːntʃ]

❶시작[착수]하다 ❷(배를) 진수하다, (우주선 등을) 발사하다 ❸출시하다
· 공격을 시작하다 to _____ an attack

19 reject
[ridʒékt]

거절[거부]하다(↔accept)   *rejection 명 거절
· 제안을 거절하다 to _____ an offer

20 accompany
[əkʌ́mpəni]

❶동행[동반]하다 ❷반주하다   *accompaniment 명 반주
· 제가 동행해 드릴까요? May I _____ you?

21 unite
[ju(ː)náit]

연합[통합]하다   *unity 명 통합[통일]   *reunite 통 재회[재결합]하다
· 사람들을 통합하다 to _____ people

22 decorate
[dékərèit]

꾸미다[장식하다]   *decoration 명 장식(품)   *decorative 형 장식의
· 방을 풍선으로 장식하다 to _____ a room with balloons

23 initial
[iníʃəl]

형 처음[초기]의(=first) 명 이름의 첫 글자[머리글자]
· 초기 반응 the _____ response[reaction]

24 superior
[səpíəriər]

형 우월한[우수한], 상급의(↔inferior) 명 윗사람[상사]
*superiority 명 우월성[우월감]
· 우수한 제품들 _____ products

25 sorrowful
[sɑ́rəfəl]

슬픈   *sorrow 명 슬픔
· 그녀의 슬픈 눈 her _____ eyes

26 swift
[swift]

빠른[신속한]
· 신속한 답변[답장] a _____ reply

27 vivid
[vívid]

생생한[선명한]
· 생생한 기억 a _____ memory

28 valid
[vǽlid]

유효한, 타당한(↔invalid)   *validity 명 타당성   *validate 통 입증[인증]하다
· 유효한 여권 a _____ passport

29 weird
[wiərd]

기이한   *weirdo 명 기인[괴짜]
· 이상한 꿈을 꾸다 to have a _____ dream

30 urban
[ə́ːrbən]

도시의(↔rural 시골의)   *suburban 형 교외[근교]의
· 도시 지역 an _____ area

✅ **반갑다 기능어야!**   **shall 조동사**

· Shall I/we ~ ?: 제안(~할까?)
  Shall I open the window? 제가 창문을 열까요?
  Shall we go for a walk? 우리 산책하러 갈까요?
  What **shall we** do this weekend? 우리 이번 주말에 뭘 할까요?
  Let's go to see a movie, **shall we**? 영화 보러 갑시다. 그럴래요?
  (옛 표현) The truth **shall** make you free. 진리가 너희를 자유롭게 하리라.

A 영어는 우리말로, 우리말은 영어로!

1	assembly	16	장관, 목사
2	notion	17	백만장자
3	particle	18	장학금
4	tide	19	전설
5	flame	20	걸작[명작], 대표작
6	scratch	21	선택(권)
7	burst	22	어려움[곤란]
8	flash	23	작별 (인사)
9	spin	24	거절[거부]하다
10	launch	25	꾸미다[장식하다]
11	accompany	26	슬픈
12	unite	27	빠른[신속한]
13	initial	28	생생한[선명한]
14	superior	29	유효한, 타당한
15	weird	30	도시의

B 단어와 단어의 만남

1 the legend of Robin Hood
2 the Minister of Education
3 a millionaire businessman
4 a car assembly plant
5 financial hardship
6 a swift reply
7 her sorrowful eyes

8 먼지 입자들 dust p_____s
9 위대한 걸작 a great m_____
10 송별회 a f_____ party
11 국제 연합 총회 the UN General A_____
12 유효한 여권 a v_____ passport
13 도시 지역 an u_____ area
14 생생한 기억 a v_____ memory

C [보기] 단어들 뜻 씹어 보고 들어갈 곳에 쏙!

|보기|	burst	decorate	flash	scratch

1 Lightning _____(e)d in the distance. 멀리서 번개가 번쩍였다.
2 Try not to _____ those mosquito bites. 모기 물린 데를 긁지 않도록 해라.
3 The kids _____ all the balloons with pins. 아이들이 핀으로 모든 풍선을 터뜨렸다.
4 They _____(e)d the room with flowers and balloons. 그들은 꽃과 풍선으로 방을 장식했다.

Answers

A 앞면 참조 **B** 1 로빈 후드 전설 2 교육부 장관 3 백만장자 사업가 4 자동차 조립 공장 5 재정적 어려움 6 신속한 답변[답장] 7 그녀의 슬픈 눈 8 particle 9 masterpiece 10 farewell 11 Assembly 12 valid 13 urban 14 vivid **C** 1 flash 2 scratch 3 burst 4 decorate

D 내 영어 실력?? 영영 사전 보는 정도!!!

| |보기| | reject | spin | unite |

1 to turn around and around very quickly
2 to refuse to accept, believe in, or agree with something
3 to join together as a group, or to make people join together

E [보기] 단어들 뜻 음미해 보고 빈칸 속에 퐁당!

| |보기| | flame | notion | option | scholarship | tide |

1 She won a _____ to Harvard. 그녀는 하버드대 장학금을 받았다.
2 Is the _____ going out or coming in? 조수가 밀려 나가니 들어오니[썰물이니 밀물이니]?
3 The _____s grew larger as the fire spread. 불이 번짐에 따라 불꽃이 더 커졌다.
4 He did it because he had no other _____. 그는 다른 선택의 여지가 없어서 그것을 했다.
5 They have different _____s of right and wrong.
   그들은 옳고 그름에 대한 다른 생각을 갖고 있다.

F 빈칸에 들어갈 알맞은 단어는?
1 Your computer is far s_____ to mine. 네 컴퓨터는 내 것보다 훨씬 우수하다.
2 A really w_____ thing happened last night. 어젯밤에 정말 기이한 일이 일어났다.

G 같은 모양, 다른 의미
1 the initial response
   They carved their initials into a tree.
2 Children under 12 must be accompanied by an adult.
   The singer was accompanied on the piano by her sister.
3 A test satellite was launched last week.
   The organization launched a campaign to raise money.

H 반갑다 기능어야! 익힌 후, 빈칸에 알맞은 기능어 넣기
Let's share a little of our food, clothes and love with the poor, _____ we?
우리가 가진 음식과 옷과 사랑의 조금만이라도 가난한 이들과 함께 나눕시다. 그러실래요?

오늘의 dessert | *Time and tide wait(s) for no man.* 세월은 사람을 기다려 주지 않는다.

Answers
D 1 spin 2 reject 3 unite E 1 scholarship 2 tide 3 flame 4 option 5 notion F 1 superior 2 weird G 1 초기 반응(초기의)
/ 그들은 나무에 자신들의 이름 첫 글자를 새겼다.(머리글자) 2 12세 미만 어린이는 어른과 동반해야 한다.(동반하다) / 그 가수는 여동생의 피아노 반주를
받았다.(반주하다) 3 시험 위성이 지난주에 발사되었다.(발사하다) / 그 단체는 모금 운동을 시작했다.(시작하다) H shall

명사

01 **spacecraft**
[spéiskræft]

우주선(= spaceship)
• 우주선을 발사하다 to launch a _____

02 **chemistry**
[kémistri]

화학 (작용)
*chemical 명화학 물질 형화학의   *chemist 명화학자
• 유기 화학 organic _____

03 **nutrition**
[nju:tríʃən]

영양 (섭취)
*malnutrition 명영양실조   *nutritious 형영양분이 풍부한
• 충분한/부족한 영양 섭취 good/poor _____

04 **breakdown**
[bréikdàun]

❶붕괴[몰락] ❷고장 ❸(신경) 쇠약
• 가족 붕괴 family _____

05 **copper**
[kápər]

구리
• 구리 선[동선] _____ wire

06 **drawer**
[drɔːr]

서랍   *draw 동(선으로) 그리다, 끌다, 뽑다
• 책상 서랍 a desk _____

07 **council**
[káunsəl]

지방 의회   *councilman 명(지방 의회) 의원
• 지방 의회/시 의회 a local/city _____

08 **district**
[dístrikt]

지구[구역]
• 금융 지구 a financial _____

09 **deed**
[di:d]

❶행위(=act) ❷증서   *misdeed 명악행[비행]
• 악행 an evil _____

10 **fame**
[feim]

명성   *famous 형유명한
• 국제적 명성을 얻다 to win international _____

11 **dimension**
[diménʃən]

❶차원 ❷크기[치수]   *one/two/three-dimensional 형1/2/3차원의
• 4차원 the fourth _____

명사·동사

12 **pioneer**
[pàiəníər]

명개척자[선구자] 동개척[선도]하다
• 개척자 정신 the _____ spirit

13 **burden**
[bə́:rdn]

명짐, 부담 동짐[부담]을 지우다   *burdensome 형부담이 되는
• 재정적 부담 a financial _____

14 **bond**
[bɑnd]

명❶유대 ❷채권 ❸(-s) 속박 ❹접착[결합]
동접착[결합]시키다, 유대감을 형성하다
• 딸과 엄마와의 유대 a daughter's _____ with her mother

15 **counsel**
[káunsəl]

동상담[조언]하다 명조언   *counseling 명상담   *counselor 명상담원
• 학생들을 상담하다 to _____ students

16 **urge**
[ə:rdʒ]

동촉구하다, 몰아대다 명충동(=desire)
• 재고해 줄 것을 촉구합니다. I _____ you to reconsider.

17 strive
[straiv] -strove-striven

노력[분투]하다
• 성공하기 위해 노력하다 to _____ for success

18 undergo
[ʌndərgóu]
-underwent-undergone

겪다[받다](=go through)
• 변화를 겪다 to _____ a change

19 tolerate
[tálərèit]

용인하다, 견디다[참다]
*tolerance 몡관용   *tolerant 뼹관대한   *tolerable 뼹참을 수 있는
• 나는 거짓말하는 걸 용인하지 않겠다. I won't _____ lying.

20 assemble
[əsémbl]

❶모으다[모이다] ❷조립하다(↔disassemble)
*assembly 몡의회[집회], 조립
• 자료를 모으다 to _____ data

21 spoil
[spɔil]

❶망치다(=ruin) ❷(음식이) 상하다
• 파티를 망치다 to _____ a party

22 tempt
[tempt]

유혹하다[부추기다]   *temptation 몡유혹
• 그 제안이 나를 유혹했다. The offer _____ed me.

23 uncover
[ʌnkʌ́vər]

❶밝히다[적발하다] ❷덮개를 벗기다(↔cover)
• 진실을 밝히다 to _____ the truth

24 overlook
[òuvərlúk]

❶간과하다 ❷눈감아 주다 ❸내려다보다
• 사실을 간과하다 to _____ the fact

25 sincere
[sinsíər]

진실한[진심의]   *sincerity 몡진실[진심]   *sincerely 뿐진심으로
• 진심 어린 사과 a _____ apology

26 jealous
[dʒéləs]

시기[질투]하는   *jealousy 몡질투[시기]
• 그의 성공을 시기하다 to be _____ of his success

27 optimistic
[àptəmístik]

낙관[낙천]적인(↔pessimistic)
*optimism 몡낙관[낙천]주의   *optimist 몡낙관[낙천]주의자
• 낙관적인 견해 an _____ view

28 occasional
[əkéiʒənəl]

가끔의   *occasionally 뿐가끔
• 서울에 가끔 방문하다 to make _____ visits to Seoul

29 prior
[práiər]

❶사전의 ❷우선하는   *priority 몡우선 사항[우선권]   *prior to ~ 전에
• 사전 지식 _____ knowledge

30 prone
[proun]

(나쁜 것을) 하기[당하기] 쉬운
• 실수하기 쉽다 to be _____ to mistakes

✔ **반갑다 기능어야!**   **used to 조동사**

1   **과거의 규칙적 습관**(전에는 ~하곤 했다)
    I **used to** eat too much junk food. 난 전에는 정크 푸드를 너무 많이 먹곤 했다.
2   **과거의 지속적 상태**(전에는 그랬다)
    There **used to** be a house there. 전에는 거기에 집 한 채가 있었다.(지금은 없어졌다.)

비교 be[get] used to+V-ing[명사]: ~에 익숙하다[익숙해지다]

A 영어는 우리말로, 우리말은 영어로!

1	breakdown	16	우주선
2	district	17	화학 (작용)
3	pioneer	18	영양 (섭취)
4	bond	19	구리
5	counsel	20	서랍
6	urge	21	지방 의회
7	undergo	22	행위, 증서
8	tolerate	23	명성
9	assemble	24	차원, 크기
10	tempt	25	짐[부담](을 지우다)
11	uncover	26	노력[분투]하다
12	overlook	27	망치다, (음식이) 상하다
13	sincere	28	시기[질투]하는
14	prior	29	낙관[낙천]적인
15	prone	30	가끔의

B 단어와 단어의 만남

1 a financial district
2 a city council
3 copper wire
4 the top drawer of the desk
5 strong family bonds
6 a sincere apology

7 악행 an evil d_____
8 화학 실험실 a c_____ laboratory
9 신경 쇠약 a nervous b_____
10 개척자 정신 the p_____ spirit
11 낙관적인 견해 an o_____ view
12 사전 지식 p_____ knowledge

C [보기] 단어들 뜻 씹어 보고 들어갈 곳에 쏙!

| |보기| | breakdown | burden | fame | nutrition | spacecraft |

1 Good _____ is essential for good health. 충분한 영양 섭취는 건강에 필수적이다.
2 The _____ went into orbit around the Earth. 우주선이 지구 궤도에 진입했다.
3 Our copy machine has a _____ every week. 우리 복사기는 매주 고장 난다.
4 She went to Hollywood in search of _____ and fortune.
  그녀는 명성과 부를 찾아 할리우드로 갔다.
5 I don't want to be a _____ on my children when I'm old.
  난 늙어서 자식들에게 부담이 되고 싶지 않다.

Answers

A 앞면 참조 **B** 1 금융 지구 2 시 의회 3 구리 선[동선] 4 책상 맨 위 서랍 5 강한 가족 간 유대 6 진심 어린 사과 7 deed 8 chemistry 9 breakdown 10 pioneer 11 optimistic 12 prior **C** 1 nutrition 2 spacecraft 3 breakdown 4 fame 5 burden

146

D 내 영어 실력?? 영영 사전 보는 정도!!!

|보기|	counsel	strive	urge

1 to try very hard to get or do something

2 to advise someone about their problems

3 to strongly suggest that someone does something

E [보기] 단어들 뜻 음미해 보고 빈칸 속에 풍당!

|보기|	spoil	tempt	tolerate	undergo(underwent)

1 The tall buildings have _____(e)d the view. 높은 건물들이 전망을 망쳐 놓았다.

2 I can't _____ your bad manners any longer. 난 더 이상 너의 무례를 용인할 수가 없다.

3 They offered free gifts to _____ people to join.
그들은 사람들을 가입하도록 유혹하기 위해 공짜 선물을 제공했다.

4 The country _____ a great many changes after the war.
그 나라는 전쟁 후에 아주 많은 변화를 겪었다.

F 빈칸에 들어갈 알맞은 단어는?

1 She is p_____ to gain weight. 그녀는 체중이 늘기 쉽다.

2 They made o_____ visits to London. 그들은 가끔 런던을 방문했다.

3 He is j_____ of his friend's success. 그는 친구의 성공을 시기한다.

4 You should not eat anything for six hours p_____ to your operation.
당신은 수술 전 6시간 동안 아무것도 먹어서는 안 된다.

G 같은 모양, 다른 의미

1 We measured the dimensions of the kitchen.
A diagram represents things in only two dimensions.

2 Uncover the pan. / We have to uncover the truth.

3 Our room overlooks the ocean.
It is easy to overlook a small detail like that.

4 They assembled in the meeting room.
The cars are assembled on an assembly line.

H 반갑다 기능어야! 익힌 후, 빈칸에 알맞은 기능어 넣기

I _____ _____ cry for I had no shoes to wear until I saw a man with no feet.
나는 발이 없는 한 남자를 보기 전까지는 신을 신발이 없다고 울곤 했다.

오늘의 dessert | *One rotten apple spoils the barrel.*
썩은 사과 한 개가 통 전체를 망친다.(미꾸라지 한 마리가 온 웅덩이를 흐린다.)

Answers

D 1 strive 2 counsel 3 urge **E** 1 spoil 2 tolerate 3 tempt 4 underwent **F** 1 prone 2 occasional 3 jealous 4 prior
G 1 우리는 부엌의 크기를 쟀다.(크기) / 도표는 2차원으로만 나타내는 것이다.(차원) 2 팬 뚜껑을 열어라.(덮개를 벗기다) / 우리는 진실을 밝혀야 한다.(밝히다) 3 우리 방에서는 바다가 내려다보인다.(내려다보다) / 그와 같이 세세한 사항은 간과하기 쉽다.(간과하다) 4 그들은 회의실에 모였다.(모이다)
/ 차들이 조립 라인에서 조립된다.(조립하다) **H** used to

147

명사	01 **workforce** [wɔ́ːrkfɔ̀ːrs]	전 직원[노동자], 노동력[노동 인구] • 숙련된 노동력 skilled _____
	02 **incentive** [inséntiv]	장려[우대]책, 장려금 • 저축을 장려하는 세금 우대책들 tax _____s to encourage savings
	03 **dynasty** [dáinəsti]	왕조 • 신라 왕조 the Silla D_____
	04 **monster** [mánstər]	괴물 • 머리가 둘 달린 괴물 a _____ with two heads
	05 **warehouse** [wɛ́ərhàus]	창고 • 제품을 창고에 보관하다 to store goods in a _____
	06 **avenue** [ǽvənjùː]	(Avenue) ~가(街), 가로수길 • 5번가 Fifth A_____
	07 **volcano** [vɑlkéinou]	화산 *volcanic 형화산의 • 활화산/사화산 an active/extinct _____
	08 **moisture** [mɔ́istʃər]	습기[수분] *moist 형촉촉한 *moisten 동촉촉하게 하다 • 습기[수분]를 흡수하다 to absorb _____
	09 **barrier** [bǽriər]	장애[장벽] • 언어 장벽 the language _____
	10 **fee** [fiː]	요금[수수료] • 회비 a membership _____
	11 **triangle** [tráiæ̀ŋgl]	❶삼각형 ❷(악기) 트라이앵글 *triangular 형삼각형의 • 직각 삼각형 a right _____
명사·동사	12 **trigger** [trígər]	명방아쇠 동일으키다[유발하다] • 방아쇠를 당기다 to pull the _____
	13 **vow** [vau]	명맹세[서약] 동맹세[서약]하다 • 혼인 서약 marriage[wedding] _____s
	14 **peel** [piːl]	동껍질을 벗기다 명껍질 • 바나나 껍질을 벗기다 to _____ a banana
	15 **proceed** 동[prəsíːd] 명[próusiːd]	동진행하다, 나아가다 명(-s) 수익금 *process 명과정 동처리하다 *procedure 명절차 • 일을 진행하다 to _____ with work
	16 **resume** 동[rizúːm] 명[rézumèi]	동다시 시작하다[재개하다] 명개요(=summary), 이력서 • 회담을 다시 시작하다 to _____ talks

동사	¹⁷ **convey** [kənvéi]	❶전(달)하다(=communicate) ❷나르다(=transport) • 메시지를 전하다 to _____ a message
	¹⁸ **fasten** [fǽsn]	단단히 고정시키다[매다] • 안전띠를 매다 to _____ your seat belt
	¹⁹ **lessen** [lésn]	감소하다[감소시키다](=reduce) • 위험을 감소시키다 to _____ the risk
	²⁰ **dedicate** [dédikèit]	바치다, 헌신[헌정]하다　*dedicated 혱헌신적인　*dedication 몡헌신 • 삶을 연구에 바치다 to _____ your life to research
	²¹ **overwhelm** [òuvərhwélm]	압도하다　*overwhelmed 혱압도된　*overwhelming 혱압도적인 • 그녀의 아름다움이 그를 압도했다. Her beauty _____ed him.
	²² **resemble** [rizémbl]	닮다 • 아버지를 닮다 to _____ your father

동사 convey: kənvéi; fasten fǽsn; lessen lésn; dedicate dédikèit; overwhelm òuvərhwélm; resemble rizémbl

동사·형용사	²³ **spare** [spɛər]	혱여분의　동❶할애하다[내주다] ❷피하게 해 주다 ❸아끼다 • 여분의 열쇠 a _____ key
	²⁴ **humble** [hʌ́mbl]	혱❶겸손한 ❷비천한　동겸허하게 하다 • 진실하고 겸손한 사람 a genuine and _____ person

형용사	²⁵ **genuine** [dʒénjuin]	진실한[진심의](=sincere), 진짜의(=real) • 진심 어린 염려 a _____ concern
	²⁶ **graceful** [gréisfəl]	우아한[품위 있는]　*grace 몡❶우아함[품위] ❷은총 ❸(식전) 감사 기도 • 무용수의 우아한 동작들 the dancer's _____ movements
	²⁷ **extraordinary** [ikstrɔ́ːrdənèri]	보통이 아닌[비범한](↔ordinary) • 비범한 재능 an _____ talent
	²⁸ **fertile** [fə́ːrtl]	비옥한, 생력력이 있는(↔infertile)　*fertility 몡비옥함, 생식력 *fertilize 동비료를 주다, 수정시키다　*fertilizer 몡비료 • 비옥한 토양 _____ soil
	²⁹ **exotic** [igzátik]	이국적인, 외래의 • 이국적인 장소 an _____ place

형용사·부사	³⁰ **halfway** [hǽfwèi]	혱중간의　뷔중간에[까지] • 산 중턱에 _____ up a mountain

---

☑ 반갑다 기능어야! 　that 접속사·관계사

• 접속사
1	주어	It is certain **that** he is a troublemaker. 그가 골칫거리라는 것은 확실하다.
2	보어	The trouble is **(that)** we have no money. 곤란한 건 우리가 돈이 없다는 거다.
3	목적어	I can't believe **(that)** he's only 17. 난 그가 17세밖에 안 되었다는 걸 믿을 수 없다.
4	동격	The news **that** our team won excites us. 우리 팀이 이겼다는 소식이 우리를 흥분시킨다.
• 관계사　the people and places **that** excite my interest 나의 관심을 끄는 사람들과 장소들

A 영어는 우리말로, 우리말은 영어로!

1	workforce	16	왕조
2	incentive	17	괴물
3	avenue	18	창고
4	triangle	19	화산
5	trigger	20	습기[수분]
6	proceed	21	장애[장벽]
7	resume	22	요금[수수료]
8	convey	23	맹세[서약](하다)
9	fasten	24	껍질(을 벗기다)
10	lessen	25	압도하다
11	dedicate	26	닮다
12	spare	27	우아한[품위 있는]
13	humble	28	보통이 아닌[비범한]
14	genuine	29	이국적인, 외래의
15	fertile	30	중간의, 중간에[까지]

B 단어와 단어의 만남

1 a monster with two heads
2 fertile farmland
3 an exotic place
4 a graceful dancer
5 a genuine concern
6 an extraordinary talent

7 신라 왕조 the Silla D_____
8 5번가 Fifth A_____
9 활화산 an active v_____
10 입장료 an entrance f_____
11 언어 장벽 the language b_____
12 직각 삼각형 a right t_____

C [보기] 단어들 뜻 씹어 보고 들어갈 곳에 쏙!

|보기|	incentive	moisture	warehouse	workforce

1 The _____ stores 50 tons of rice. 그 창고는 쌀 50톤을 저장한다.

2 Females represent 40% of the country's _____.
여성들이 그 나라 노동 인구의 40%를 차지한다.

3 Bonus payments provide an _____ to work harder.
상여금 지급은 더 열심히 일하게 하는 장려책을 제공한다.

4 Plants absorb _____ from the soil through their roots.
식물은 뿌리를 통해 흙에서 수분을 흡수한다.

Answers

A 앞면 참조 **B** 1 머리가 둘 달린 괴물 2 비옥한 농지 3 이국적인 장소 4 우아한 무용수 5 진심 어린 염려 6 비범한 재능 7 Dynasty
8 Avenue 9 volcano 10 fee 11 barrier 12 triangle **C** 1 warehouse 2 workforce 3 incentive 4 moisture

D 내 영어 실력?? 영영 사전 보는 정도!!!

| 보기 |　　peel　　　　proceed　　　　vow

1　to remove the skin from fruit or vegetables

2　to make a serious promise to yourself or someone else

3　to continue to do something that has already been started

E [보기] 단어들 뜻 음미해 보고 빈칸 속에 풍덩!

| 보기 |　　convey　　dedicate　　fasten　　lessen　　overwhelm　　resemble

1　_____ your seat belts. 안전띠를 매시오.

2　He grew up to _____ his father. 그는 자라서 아버지를 닮게 되었다.

3　He _____(e)d his life to helping the poor. 그는 가난한 사람들을 돕는 데 일생을 바쳤다.

4　Words cannot _____ how delighted I felt. 내가 얼마나 기뻤는지 말로는 전할 수 없다.

5　Exercise _____s the risk of heart disease. 운동은 심장병의 위험을 감소시킨다.

6　The beauty of the landscape _____(e)d me. 그 풍경의 아름다움이 나를 압도했다.

F 빈칸에 들어갈 알맞은 단어는?

She chased him h_____ up the stairs. 그녀는 계단 중간까지 그를 뒤쫓아 올라갔다.

G 같은 모양, 다른 의미

1　Peace talks will resume tomorrow.

　　She sent her resume to the company.

2　Don't pull the trigger yet.

　　The incident triggered a civil war.

3　Sorry, I can't spare the time.

　　Sorry, I haven't got any spare cash on me.

4　a man of humble birth

　　Be humble enough to learn from your mistakes.

H 반갑다 기능어야! 익힌 후, 빈칸에 공통으로 알맞은 기능어 넣기

All I know is _____ I know nothing. 내가 아는 모든 것은 나는 아무것도 모른다는 것이다.

Everything _____ is really great is created by the individual who can labor in freedom. 진짜 위대한 모든 것은 자유로운 상태에서 열심히 일하는 개인에 의해 창조된다.

오늘의 **dessert**　　*However humble it may be, there is no place like home.*

아무리 초라하더라도 집만 한 곳은 없다.

Answers

D 1 peel 2 vow 3 proceed　**E** 1 Fasten 2 resemble 3 dedicate 4 convey 5 lessen 6 overwhelm　**F** halfway　**G** 1 평화 회담이 내일 다시 시작될 것이다.(다시 시작하다) / 그녀는 이력서를 그 회사에 보냈다.(이력서)　2 방아쇠를 아직 당기지 마시오.(방아쇠) / 그 사건이 내전을 일으켰다.(일으키다)　3 미안해. 시간을 낼 수가 없구나.(할애하다[내주다]) / 미안해. 지니고 있는 여분의 현금이 없어.(여분의)　4 비천한 출신의 남자(비천한) / 너의 실수로부터 배울 수 있을 만큼 겸손해라.(겸손한)　**H** that

151

명사

01 surgeon
[sə́ːrdʒən]

외과 의사 　*surgery 명수술 　비교 physician 명(내과) 의사
• 성형외과 의사 a plastic _____

02 sympathy
[símpəθi]

동정, 공감
*sympathetic 형동정적인, 공감하는 　*sympathize 통동정하다, 공감하다
• 그에게 동정심을 느끼다 to feel _____ for him

03 thirst
[θəːrst]

목마름[갈증] 　*thirsty 형목마른
• 목말라 죽다 to die of _____

04 territory
[térətɔ̀ːri]

영토[지역], 영역 　*territorial 형영토의
• 적지[적의 영토] enemy _____

05 storage
[stɔ́ːridʒ]

저장[보관] 　*store 명가게[상점] 통비축[저장]하다
• 저장 공간 _____ space

06 guideline
[gáidlàin]

지침[가이드라인] 　*guide 명안내(인) 통안내[인도]하다
• 지침[가이드라인]을 작성하다/발표하다 to draw up/issue _____s

07 session
[séʃən]

❶(집단 활동의) 기간[시간] ❷회의[회기]
• 질의응답 시간 a question-and-answer _____

08 mercy
[mə́ːrsi]

자비 　*merciful 형자비로운(↔merciless)
• 가난한 이들에게 자비를 베풀다 to show _____ to the poor

09 privilege
[prívəlidʒ]

특권[특혜]
*privileged 형특권을 가진 명(the ~) 특권층(↔the underprivileged)
• 특권을 누리다 to enjoy a _____

명사·동사

10 rival
[ráivəl]

명경쟁자 통못지않다[필적하다] 　*unrivaled 형경쟁자가 없는
• 경쟁자를 이기다 to defeat your _____

11 sponsor
[spánsər]

명광고주, 후원자[후원사] 통광고주가 되다, 후원하다
• 공식 후원사 an official _____

12 stem
[stem]

명줄기(=stalk) 통(~ from) (~에서) 생기다[유래하다]
• 줄기를 자르다 to cut a _____

13 hook
[huk]

명(갈)고리[걸이], 낚싯바늘(=fishhook) 통❶걸다, 낚다 ❷(~ up) 연결하다
• 수건을 수건걸이에 걸어라. Hang your towel on the _____.

14 plot
[plɑt]

명❶(소설·영화·연극의) 줄거리 ❷음모 통음모를 꾸미다
• 살인 음모 a murder _____

15 rank
[ræŋk]

명계급[지위] 통(지위/순위/등급을) 매기다[차지하다]
• 1위를 차지하다 to be _____ed first

16 hatch
[hætʃ]

통알이 깨다[부화하다] 명(배·비행기) 출입구
• 알들이 부화했다. The eggs _____ed.

17 incorporate
[inkɔ́ːrpərèit]

포함하다(=include)
• 그 결과들이 보고서에 포함되었다.
  The results were _____d in the report.

18 embrace
[imbréis]

❶ 껴안다[포옹하다] ❷ 받아들이다 ❸ 포함하다
• 민주주의를 받아들이다 to _____ democracy

19 investigate
[invéstəgèit]

조사[수사]하다(=look into)
*investigation 몡 조사[수사]   *investigator 몡 조사[수사]관
• 원인을 조사하다 to _____ the cause

20 interfere
[ìntərfíər]

간섭[방해]하다   *interference 몡 간섭[방해]
• 내 삶에 간섭하다 to _____ in my life

21 imply
[implái]

❶ 암시하다 ❷ 수반하다   *implication 몡 영향, 암시, 연루
• 침묵은 동의를 암시한다. Silence _____ies consent.

22 imitate
[ímətèit]

모방하다, 흉내 내다   *imitation 몡 모방[흉내], 모조품   *imitator 몡 모방자
• 아이들은 부모를 모방한다. Children _____ their parents.

23 fade
[feid]

천천히 사라지다, 희미해지다[바래다]
• 빛이 희미해지기 시작했다. The light began to _____.

24 concrete
[kánkriːt]

형 구체적인(↔abstract) 몡 콘크리트
• 구체적인 증거 _____ evidence

25 dynamic
[dainǽmik]

형 (역)동적인 몡 (-s) 역학, 동력
• 역동적인 사람들 _____ people

26 bare
[bɛər]

벌거벗은, 빈
*barefoot 형 부 맨발의[로]   *bareheaded 형 부 모자를 쓰지 않은[않고]
• 맨발/맨손 _____ feet/hands

27 atomic
[ətámik]

원자(력)의   *atom 몡 원자
• 원자 폭탄 an _____ bomb

28 automatic
[ɔ̀ːtəmǽtik]

자동의   *automatically 부 자동으로   *automate 동 자동화하다
• 자동문 an _____ door

29 conventional
[kənvénʃənl]

전통[관습/인습]적인   *convention 몡 관습, 대회, 조약[협정]
• 전통적인 방법 a _____ method

30 eternal
[itə́ːrnl]

영원한   *eternity 몡 영원
• 영원한 사랑 _____ love

☑ **반갑다 기능어야!**   **as 접속사 · 전치사**

• 접속사
1 ~만큼   She is as smart **as** you (are). 그녀는 너만큼 똑똑하다.
2 ~ 대로   Do **as** you like. 너 좋은 대로 해라.
3 ~ 때[동안/따라] **As** time passed, things got better. 시간이 지남에 따라 사정이 나아졌다.
4 ~ 때문에   **As** you are sorry, I'll forgive you. 네가 미안해 하니 용서하마.
• 전치사: ~로(서)(자격) English **as** an international language 국제어로서의 영어

A 영어는 우리말로, 우리말은 영어로!

1	guideline	16	외과 의사
2	session	17	동정, 공감
3	rival	18	목마름[갈증]
4	sponsor	19	영토, 영역
5	stem	20	저장[보관]
6	hook	21	자비
7	plot	22	특권[특혜]
8	rank	23	조사[수사]하다
9	hatch	24	간섭[방해]하다
10	incorporate	25	모방하다, 흉내 내다
11	embrace	26	벌거벗은, 빈
12	imply	27	원자(력)의
13	fade	28	자동의
14	concrete	29	전통[관습/인습]적인
15	dynamic	30	영원한

B 단어와 단어의 만남

1 a heart surgeon
2 enemy territory
3 strict guidelines
4 a training session
5 a concrete floor
6 dynamic people
7 conventional behavior

8 저장 공간 s_____ space
9 외투 걸이 a coat h_____
10 구체적인 증거 c_____ evidence
11 영원한 사랑 e_____ love
12 핵무기 a_____ weapons
13 맨발 b_____ feet
14 자동문 an a_____ door

C [보기] 단어들 뜻 씹어 보고 들어갈 곳에 쏙!

|보기|	mercy	privilege	sympathy	thirst

1 He showed no _____ to his enemies. 그는 적들에게 자비를 베풀지 않았다.

2 They lost their way in the desert and died of _____.
그들은 사막에서 길을 잃어 목말라 죽었다.

3 Education should be a universal right and not a _____.
교육은 특권이 아니라 보편적 권리여야 한다.

4 Love begins with the deep _____ to human nature and life.
사랑은 인간성과 인생에 대한 깊은 동정과 더불어 시작된다.

Answers

A 앞면 참조　**B** 1 심장외과 의사　2 적지[적의 영토]　3 엄격한 지침[가이드라인]　4 훈련 기간　5 콘크리트 바닥　6 역동적인 사람들　7 관습적인 행동
8 storage　9 hook　10 concrete　11 eternal　12 atomic　13 bare　14 automatic　**C** 1 mercy　2 thirst　3 privilege　4 sympathy

D 내 영어 실력?? 영영 사전 보는 정도!!!

| 보기 | embrace   imitate   incorporate

1 to copy the way someone does something
2 to include something as part of a group, system, plan etc.
3 to put your arms around someone and hold them in a loving way

E [보기] 단어들 뜻 음미해 보고 빈칸 속에 퐁당!

| 보기 | fade   hatch   hook   imply   interfere   investigate   sponsor

1 The eggs in the nest _____(e)d. 둥지의 알들이 부화했다.
2 The bank is _____ing an art exhibition. 그 은행은 미술전을 후원하고 있다.
3 His silence seemed to _____ agreement. 그의 침묵은 동의를 암시하는 것 같았다.
4 Police are _____ing the cause of the explosion. 경찰이 폭발의 원인을 수사하고 있다.
5 As the years passed, the memories _____(e)d away.
   오랜 세월이 지남에 따라 기억이 희미해졌다.
6 Check that the computer is _____(e)d up to the printer.
   컴퓨터가 프린터와 연결되어 있는지 확인해라.
7 Even a low level of noise _____(e)s with my concentration.
   낮은 소음조차도 나의 집중을 방해한다.

F 같은 모양, 다른 의미

1 The film has a very simple plot. / a murder plot
2 people with high social rank
   The university is ranked number one in the country.
3 This flower has a long stem.
   Their disagreement stemmed from a misunderstanding.
4 The two teams have always been rivals.
   The college's facilities rival those of Harvard and Yale.

G 반갑다 기능어야! 익힌 후, 빈칸에 알맞은 기능어 넣기

Do onto others _____ you would have them do onto you.
남이 네게 해 주기를 바라는 대로 남에게 해 주어라.

오늘의 dessert | *Don't count your chickens before they're hatched.*
부화되기도 전에 병아리를 세지 마라.(김칫국부터 마시지 마라.)

명사

01 reputation
[rèpjutéiʃən]

평판[명성]
· 평판이 좋다/나쁘다 to have a good/bad _____

02 mummy
[mʌ́mi]

미라
· 이집트 미라 an Egyptian _____

03 monument
[mánjumənt]

기념비[탑/상], 유적　*monumental 혱기념비적인, 엄청난[대단한]
· 역사상 중요한 유적 a historic _____

04 paradise
[pǽrədàis]

낙원[천국]
· 지상 낙원 an earthly _____

05 nerve
[nəːrv]

❶신경 ❷(-s) 불안[초조] ❸용기, 뻔뻔스러움
*nervous 혱불안한[초조한], 신경의　*nervousness 몡불안[초조]
· 뇌신경 세포 brain _____ cells

06 phase
[feiz]

단계[국면](=period)　비교 pace 몡속도, 한 걸음
· 프로젝트의 초기/최종 단계 the initial/final _____ of the project

07 mud
[mʌd]

진흙　*muddy 혱진흙의
· 진흙투성이다 to be covered with _____

08 logic
[ládʒik]

논리(학)　*logical 혱논리적인(↔illogical)
· 논리를 적용하다 to apply _____

09 outcome
[áutkʌ̀m]

결과(=result, consequence)
· 선거 결과 the _____ of the election

10 meantime
[míːntàim]

그동안　*in the meantime 그동안(=meanwhile)
· 그동안 쉬도록 해 봐. In the _____, try to relax.

11 assumption
[əsʌ́mpʃən]

추정[가정]　*assume 동❶추정[가정]하다 ❷맡다 ❸~인 척하다, (성질을) 띠다
· 가정에 기반을 두다 to be based on an _____

동사

12 cultivate
[kʌ́ltəvèit]

❶경작[재배]하다 ❷기르다[함양하다]　*cultivation 몡경작[재배], 함양
· 토지를 경작하다/쌀을 재배하다 to _____ land/rice

13 arise
[əráiz]-arose-arisen

발생하다[일어나다]
· 새로운 위기가 발생했다. A new crisis has _____.

14 approve
[əprúːv]

승인[찬성]하다(↔disapprove)
*approval 몡승인[찬성]　*disapproval 몡반감[못마땅함]
· 계획을 승인하다 to _____ a plan

15 consult
[kənsʌ́lt]

❶상담[상의]하다 ❷참고하다[찾아보다]
*consultation 몡상의[상담]　*consultant 몡컨설턴트[상담역/고문]
· 변호사와 상담하다 to _____ a lawyer

16 diagnose
[dàiəgnóus]

진단하다　*diagnosis 몡진단
· 암으로 진단받다 to be _____d with cancer

¹⁷ **congratulate**
[kəngrǽtʃulèit]

축하하다　*congratulation 몡축하
- 그의 성공을 축하하다　to _____ him on his success

¹⁸ **boast**
[boust]

자랑하다　*boastful 혱자랑하는
- 재능을 자랑하다　to _____ of your talent

¹⁹ **prohibit**
[prouhíbit]

금지하다[못하게 하다]　*prohibition 몡금지
- 주류 판매를 금지하다　to _____ the sale of alcohol

²⁰ **dare**
[dɛər]

감히 ~하다[~할 용기가 있다]　*daring 혱대담한
- 나는 감히 그걸 하지 못했다.　I didn't _____ to do it.

²¹ **abandon**
[əbǽndən]

버리고 떠나다, 포기하다
- 그의 어머니는 그를 버리고 떠났다.　His mother _____ed him.

명사·형용사

²² **absolute**
[ǽbsəlùːt]

혱절대적인[완전한]　몡절대적인 것　*absolutely 閉절대[완전히]
- 그에 대한 절대적인 신뢰　_____ confidence in him

²³ **intellectual**
[ìntəléktʃuəl]

혱지적인　몡지식인　*intellect 몡지성(인)
- 지적 호기심/능력　_____ curiosity/ability

²⁴ **alien**
[éiljən]

혱외국[외계]의, 낯선　몡❶체류 외국인 ❷외계인
- 낯선 환경　an _____ environment

형용사

²⁵ **subjective**
[səbdʒéktiv]

주관적인(↔objective 객관적인)
- 주관적인 판단　_____ judgment

²⁶ **substantial**
[səbstǽnʃəl]

상당한(=considerable)
- 상당한 수의 사람들　a _____ number of people

²⁷ **loose**
[luːs]

풀린, 헐거운[헐렁한]　*loosen 통풀다[느슨하게 하다]
- 헐거워지다　to come _____

²⁸ **pure**
[pjuər]

순수한[깨끗한](↔impure)　*purist 몡순수주의자
*purity 몡순수성[깨끗함]　*purify 통정화하다　*purification 몡정화
- 순면/순금　_____ cotton/gold

²⁹ **raw**
[rɔː]

날것의, 가공되지 않은
- 생선회　_____ fish

³⁰ **selfish**
[sélfiʃ]

이기적인(↔unselfish)
*self 몡자기 자신, 자아　*selfishness 몡이기주의
- 이기적인 행동　_____ behavior

✅ **반갑다 기능어야!**　　or 접속사

1　~나[또는]
You **or** I am to blame.　너 또는 나 둘 중 하나가 잘못이다.
Either he couldn't come **or** he didn't want to.　그는 올 수 없었거나 오고 싶지 않았다.

2　not A or B: A도 B도 아니다
He can**not** read **or** write.　그는 읽을 줄도 쓸 줄도 모른다.

3　**명령문, or:** ~해라. 그렇게 하지 않으면
Put on your coat, **or** you'll catch cold.　코트를 입어. 그렇게 하지 않으면 너는 감기에 걸릴 거야.

A 영어는 우리말로, 우리말은 영어로!

1	monument	16	평판[명성]
2	nerve	17	미라
3	outcome	18	낙원[천국]
4	cultivate	19	단계[국면]
5	arise	20	진흙
6	consult	21	논리(학)
7	boast	22	그동안
8	prohibit	23	추정[가정]
9	dare	24	승인[찬성]하다
10	abandon	25	진단하다
11	absolute	26	축하하다
12	intellectual	27	주관적인
13	alien	28	상당한
14	loose	29	순수한[깨끗한]
15	raw	30	이기적인

B 단어와 단어의 만남

1 a historic monument
2 the experimental phase
3 the outcome of the election
4 pure drinking water
5 a loose shirt

6 이집트 미라 an Egyptian m_____
7 주관적인 판단 s_____ judgment
8 상당한 증가 a s_____ increase
9 지적 호기심 i_____ curiosity
10 이기적인 행동 s_____ behavior

C [보기] 단어들 뜻 씹어 보고 들어갈 곳에 쏙!

|보기|	assumption	logic	mud	paradise	reputation

1 The hotel has a good _____. 그 호텔은 평판이 좋다.
2 The market is a shopper's _____. 시장은 쇼핑객의 천국이다.
3 What's the _____ of your argument? 네 주장의 논리는 뭐니?
4 The car wheels got stuck in the _____. 차바퀴가 진흙에 빠져 꼼짝 못하게 되었다.
5 The theory is based on a series of false _____s.
그 이론은 일련의 그릇된 가정에 근거하고 있다.

Answers

A 앞면 참조 **B** 1 역사상 중요한 유적 2 실험 단계 3 선거 결과 4 깨끗한 식수 5 헐렁한 셔츠 6 mummy 7 subjective 8 substantial
9 intellectual 10 selfish **C** 1 reputation 2 paradise 3 logic 4 mud 5 assumption

D 내 영어 실력?? 영영 사전 보는 정도!!!

| 보기 | approve arise diagnose

1 to happen; to start to exist
2 to find out what illness a person has
3 to officially accept a plan, proposal etc.

E [보기] 단어들 뜻 음미해 보고 빈칸 속에 풍덩!

| 보기 | abandon boast congratulate cultivate dare prohibit

1 He didn't _____ say what he thought. 그는 감히 생각하는 바를 말하지 못했다.
2 The land was too poor to _____. 그 땅은 너무 척박해서 경작할 수 없었다.
3 How could she _____ her own child? 그녀는 어떻게 자신의 아이를 버리고 떠날 수 있었을까?
4 She _____(e)d that her son was a genius. 그녀는 자신의 아들이 천재라고 자랑했다.
5 I would like to _____ all the prize winners. 저는 모든 수상자들에게 축하하고 싶습니다.
6 Selling alcohol to people under 19 is _____(e)d.
   19세 미만인 사람들에게 술을 파는 것은 금지되어 있다.

F 빈칸에 들어갈 알맞은 단어는?

1 I have a_____ confidence in him. 난 그에 대해 절대적인 신뢰를 갖고 있다.
2 The doctor will be here soon. In the m_____, try to relax.
   의사가 곧 여기에 올 거야. 그동안 쉬도록 해 봐.

G 같은 모양, 다른 의미

1 an alien environment / aliens from outer space
2 raw fish / raw materials
3 brain nerve cells
   He had the nerve to deny the fact.
4 Have you consulted a dictionary?
   Consult your doctor if the headaches continue.

H 반갑다 기능어야! 익힌 후, 빈칸에 알맞은 기능어 넣기
He that is out sea must either sail _____ sink.
바다에 나온 사람은 항해하거나 가라앉거나 둘 중 하나를 해야 한다.

오늘의 dessert | *A stitch in time saves nine.* 제때 한 바늘땀이 나중 아홉 바늘땀의 수고를 던다.

Answers

D 1 arise 2 diagnose 3 approve **E** 1 dare 2 cultivate 3 abandon 4 boast 5 congratulate 6 prohibit **F** 1 absolute
2 meantime **G** 1 낯선 환경(낯선) / 우주에서 온 외계인들(외계인) 2 생선회(날것의) / 원자재[원료](가공되지 않은) 3 뇌신경 세포(신경) / 그는 뻔
뻔스럽게 사실을 부인했다.(뻔뻔스러움) 4 사전을 찾아봤니?(참고하다) / 두통이 계속되면 의사와 상담해라.(상담하다) **H** or

명사	01	**historian** [histɔ́ːriən]	역사가 *history 명 역사 • 유명한 역사가 a famous _____
	02	**geography** [dʒiágrəfi]	지리(학) *geographical 형 지리(학)의 • 지리 교과서 a _____ textbook
	03	**hydrogen** [háidrədʒən]	수소 • 수소 폭탄 a _____ bomb
	04	**predator** [prédətər]	포식자[포식 동물], 약탈자 *predatory 형 포식성의 비교 prey 명 먹잇감 • 사자와 늑대 같은 포식자들 _____s like lions and wolves
	05	**livestock** [láivstɑ̀k]	(집합적) 가축 • 가축을 기르다 to raise _____
	06	**fishery** [fíʃəri]	어장, 양어장[양식장] • 연안 어장 coastal _____ies
	07	**irrigation** [ìrəɡéiʃən]	관개 *irrigate 동 (땅에) 물을 대다[관개하다] • 관개 수로 an _____ channel
	08	**institution** [ìnstətjúːʃən]	❶ 기관 ❷ 제도 ❸ (양로원·보육원 등) 시설 *institutional 형 제도의 비교 institute 명 연구소[기관] 동 시행[시작]하다 • 교육 기관 an educational _____
	09	**frame** [freim]	틀[뼈대] *framework 명 뼈대, 체제 • 창틀 a window _____
	10	**deadline** [dédlàin]	마감 (시간/날짜) • 마감 시간[날짜]을 맞추다/놓치다 to meet/miss a _____
	11	**goodwill** [ɡúdwíl]	호의[친선] • 호의의 표시로 as a gesture of _____
	12	**horror** [hɔ́ːrər]	공포 *horrible[horrific] 형 공포스러운[끔찍한] *horrify 동 공포스럽게 하다 • 공포 영화 a _____ movie
	13	**heritage** [héritidʒ]	(집단의) 유산 • 우리 문화유산 our cultural _____
명사·동사	14	**nap** [næp]	명 낮잠 동 낮잠을 자다 • 낮잠을 자다 to take a _____
	15	**yield** [jiːld]	동 ❶ 산출하다 ❷ (~ to) 굴복하다, 양보하다 명 수확량 • 이익을 산출하다 to _____ a profit
	16	**worship** [wɔ́ːrʃip]	동 예배[숭배]하다 명 예배[숭배] • 신을 숭배하다 to _____ God

¹⁷ **trace** [treis]	图 ❶(행방을) 찾아내다[추적하다], 거슬러 올라가다 图흔적 • 실종된 아이들의 행방을 추적하다 to _____ missing children	

¹⁸ wreck
[rek]

图 망가뜨리다, 난파시키다 图 잔해, 난파선
*shipwreck 图 난파(선) 图 (be wrecked) 난파당하다 *wreckage 图 잔해
• 폭발로 차들이 망가졌다. The explosion _____ ed cars.

¹⁹ nod
[nɑd]

图 끄덕이다 图 끄덕임
• 머리를 끄덕이다 to _____ your head

동
사

²⁰ tickle
[tíkl]

간질이다
• 그의 발을 간질이다 to _____ his feet

²¹ wipe
[waip]

❶ 닦(아 내)다 ❷ 파괴[일소]하다
• 탁자를 닦다 to _____ a table

²² compose
[kəmpóuz]

❶ 구성하다 ❷ 작곡[작문]하다
*composition 图 구성, 작품　*composer 图 작곡가
• 10명의 회원으로 구성되다 to be _____ d of ten members

²³ elect
[ilékt]

(투표로) 선출하다　*election 图 선거　*elective 图 선거의
• 그를 대통령으로 선출하다 to _____ him (as) president

²⁴ digest
[dɑidʒést]

소화하다　*digestion 图 소화　*digestive 图 소화의
• 음식을 소화하다 to _____ food

형
용
사

²⁵ steep
[sti:p]

가파른
• 가파른 언덕 a _____ hill

²⁶ spectacular
[spektǽkjulər]

장관인, 굉장한　*spectacle 图 장관[구경거리], (-s) 안경
• 장관(壯觀) a _____ view

²⁷ prime
[praim]

주요한(=main), 최상의
• 우리의 주요 관심사 our _____ concern

²⁸ worthwhile
[wə̀:rθhwáil]

가치[보람] 있는
*worth 图 ~의 가치가 있는 图 가치　*worthy 图 가치 있는[훌륭한]
• 가치 있는 경험 a _____ experience

²⁹ infinite
[ínfənət]

무한한(↔finite 한정된)　*infinity 图 무한성[무한대]
• 무한한 우주 an _____ universe

³⁰ voluntary
[vάləntèri]

자발적인, 자원봉사의　*involuntary 图 무의식중의, 본의 아닌
• 자원봉사 단체 a _____ organization

✔ 반갑다 기능어야!　**neither/nor 접속사 · 한정사 · 부사**

• neither A nor B: A도 B도 아니다(둘 다 부정)
　She can **neither** sleep **nor** eat. 그녀는 잘 수도 먹을 수도 없다.

• neither: 둘 다 아니다
　I believe **neither** of the statements. 나는 두 진술 다 믿지 않는다.

• 부정문+〈neither[nor]+조동사(do, can)[be]+주어〉: ~도 또한 아니다
　He can't go, and **neither** can I. 그는 갈 수 없고, 나도 못 간다.

A 영어는 우리말로, 우리말은 영어로!

1	predator	16	역사가
2	fishery	17	지리(학)
3	institution	18	수소
4	heritage	19	가축
5	yield	20	관개
6	worship	21	틀[뼈대]
7	trace	22	마감 (시간/날짜)
8	wreck	23	호의[친선]
9	nod	24	공포
10	wipe	25	낮잠(을 자다)
11	compose	26	간질이다
12	spectacular	27	(투표로) 선출하다
13	prime	28	소화하다
14	worthwhile	29	가파른
15	voluntary	30	무한한

B 단어와 단어의 만남

1 livestock **farming**

2 coastal **fisheries**

3 an educational **institution**

4 our cultural **heritage**

5 a spectacular **view**

6 an infinite **universe**

7 유명한 역사가 a famous h_____

8 지리 교과서 a g_____ textbook

9 창틀 a window f_____

10 관개 수로 an i_____ channel

11 공포 영화 a h_____ movie

12 가파른 언덕 a s_____ hill

C [보기] 단어들 뜻 씹어 보고 들어갈 곳에 쏙!

|보기|	deadline	goodwill	hydrogen	nap	predator

1 I usually take a _____ after lunch. 나는 보통 점심 식사 후에 낮잠을 잔다.

2 There's no way I can meet that _____. 난 그 마감 시간에 맞출 수 없어.

3 Wolves are major _____s of small mammals. 늑대는 작은 포유류의 주된 포식자이다.

4 _____ combines with oxygen to form water. 수소는 산소와 결합하여 물을 이룬다.

5 They invited us to dinner as a gesture of _____.
그들은 호의의 표시로 우리를 저녁 식사에 초대했다.

Answers

A 앞면 참조 **B** 1 목축업 2 연안 어장 3 교육 기관 4 우리 문화유산 5 장관(壯觀) 6 무한한 우주 7 historian 8 geography 9 frame
10 irrigation 11 horror 12 steep **C** 1 nap 2 deadline 3 predator 4 Hydrogen 5 goodwill

D [보기] 단어들 뜻 음미해 보고 빈칸 속에 퐁당!

| 보기 | digest   elect   nod   tickle   worship   wreck |

1 They all _____ the same god. 그들은 모두 같은 신을 숭배한다.

2 I _____(e)d his feet with a feather. 나는 깃털로 그의 발을 간질였다.

3 We _____(e)d him as our representative. 우리는 그를 대표로 선출했다.

4 He _____(e)d when I asked if he understood.

그는 내가 이해했는지 물었을 때 고개를 끄덕였다.

5 The car was completely _____(e)d in the accident. 그 차는 사고로 완전히 망가졌다.

6 If you chew your food properly, it is easier to _____.

음식을 잘 씹으면 소화하기가 더 쉽다.

E 빈칸에 들어갈 알맞은 단어는?

1 Charities rely on v_____ donations. 자선 단체들은 자발적인 기부에 의존한다.

2 Smoking is the p_____ cause of lung cancer. 흡연은 폐암의 주요 원인이다.

3 Real joy comes from doing something w_____.

진정한 기쁨은 보람 있는 일을 하는 데서 생겨난다.

F 같은 모양, 다른 의미

1 This soil yields good harvests.

He yielded his seat to a senior.

2 They are trying to trace their missing daughter.

He traced his family history back to the 17th century.

3 Could you wipe the table for me?

Whole villages were wiped out by the floods.

4 This piece of music was composed for the piano.

Essay is composed of the introduction, the body and the conclusion.

G 반갑다 기능어야! 익힌 후, 빈칸에 알맞은 기능어 넣기

1 It is _____ wealth _____ fame, but occupation and comfort, which give happiness. 행복을 주는 것은 돈도 명성도 아니라 일과 낙(樂)이다.

2 If you run after two hares, you will catch _____. 두 마리 토끼를 뒤쫓으면 둘 다 놓친다.

오늘의 dessert | *Even Homer sometimes nods.*

호머같이 위대한 시인도 가끔 졸 때가 있다. (원숭이도 나무에서 떨어질 때가 있다.)

Answers

D 1 worship 2 tickle 3 elect 4 nod(nodded) 5 wreck 6 digest E 1 voluntary 2 prime 3 worthwhile F 1 이 토양은 풍성한 수확을 산출한다.(산출하다) / 그는 연장자에게 자리를 양보했다.(양보하다) 2 그들은 실종된 딸의 행방을 찾아내려 애쓰고 있다.(행방을 찾아내다) / 그는 가족사를 17세기까지 거슬러 올라갔다.(거슬러 올라가다) 3 탁자 좀 닦아 주실래요?(닦다) / 마을들 전체가 홍수로 완전히 파괴되었다.(파괴하다) 4 이 곡은 피아노를 위해 작곡되었다.(작곡하다) / 논술은 서론, 본론, 결론으로 구성된다.(구성하다) G 1 neither, nor 2 neither

명사

01 empire
[émpaiər]

제국　*emperor 명황제　*imperial 형제국[황제]의
• 로마 제국 the Roman E_____

02 fate
[feit]

운명　*fatal 형치명적인　*fatality 명사망자[치사]
• 비극적인 운명 a tragic _____

03 feather
[féðər]

깃털
• 깃털처럼 가볍다 to be as light as a _____

04 sleeve
[sli:v]

소매
• 긴소매 long _____s

05 evolution
[èvəlú:ʃən]

진화　*evolve 동진화하다　*evolutionary 형진화의
• 다윈의 진화론 Darwin's theory of _____

06 drought
[draut]

가뭄
• 가뭄 피해 _____ damage

07 metaphor
[métəfɔ̀:r]

은유　*metaphoric(al) 형은유의　비교 simile 명직유
• 매우 창조적인 은유의 사용 a very creative use of _____

08 encyclopedia
[ensàikləpí:diə]

백과사전
• 30권짜리 백과사전 a thirty-volume _____

09 cube
[kju:b]

❶ 정육면체 ❷ 세제곱　*cubic 형세제곱[정육면체]의
• 각설탕 a sugar _____

10 cone
[koun]

원뿔
• 원뿔 모양의 산 a _____-shaped mountain

11 feedback
[fí:dbæ̀k]

피드백[반응/의견]
• 긍정적인/부정적인 피드백 positive/negative _____

명사·동사

12 distress
[distrés]

명고통, 곤궁, 조난　동괴롭히다
• 정서적 고통/재정적 곤궁 emotional/financial _____

13 decline
[dikláin]

명하락[감소]　동❶ 하락[감소]하다 ❷ 거절[사절]하다
• 급격한 하락[감소] a steep[sharp] _____

14 strip
[strip]

동(옷을) 벗(기)다　명❶ 길고 가는 조각[띠] ❷ 연재 만화(=comic strip)
• 벌거벗다 to _____ naked

15 suspect
동[səspékt]　명[sʌ́spekt]

동의심하다, 혐의를 두다　명용의자
• 그가 거짓말했다고 의심하다 to _____ he was lying

동사

16 sting
[stiŋ]-stung-stung

(동식물이) 찌르다[쏘다]
• 벌에 쏘이다 to be _____ by a bee

17 suck
[sʌk]

빨다　비교 suckle 동젖을 빨다[먹다], 젖을 먹이다
• 엄지손가락을 빨다 to _____ your thumb

¹⁸ **scatter** [skǽtər]	(흩)뿌리다, 흩어지다 • 씨를 뿌리다 to _____ seeds	

¹⁹ **pronounce**
[prənáuns]

❶발음하다 ❷선언[선고]하다
*pronunciation 명발음 *mispronounce 동잘못 발음하다
• 단어들을 정확하게 발음하다 to _____ words correctly

²⁰ **symbolize**
[símbəlàiz]

상징하다 *symbol 명상징 *symbolic 형상징하는
• 비둘기는 평화를 상징한다. The dove _____s peace.

²¹ **restrict**
[ristríkt]

제한[한정]하다 *restriction 명규정, 제한 *restricted 형제한된
• 수입을 제한하다 to _____ imports

²² **retire**
[ritáiər]

퇴직[은퇴]하다 *retirement 명퇴직[은퇴] *retiree 명퇴직자
• 조기 퇴직하다 to _____ early

명사·형용사

²³ **minimum**
[mínəməm]

형최소[최저]의 명최소[최저] (↔maximum 형 명최대[최고](의))
*minimize 동최소화하다 *minimal 형최소의
• 최저가 a _____ price

²⁴ **noble**
[nóubl]

형고귀한, 귀족의 명귀족 *noble(wo)man 명귀족
• 고귀한 이상 _____ ideals

²⁵ **criminal**
[krímənl]

형범죄의, 형사상의 명범인[범죄자] *crime 명범죄
• 범죄 행동 _____ behavior

형용사

²⁶ **outstanding**
[àutstǽndiŋ]

뛰어난, 현저한
• 뛰어난 공연[성과] an _____ performance

²⁷ **outgoing**
[áutgòuiŋ]

❶외향적인 ❷(떠)나가는
• 외향적인 성격 an _____ personality

²⁸ **partial**
[páːrʃəl]

❶부분적인 ❷편파적인[불공평한](↔impartial 공정한)
• 부분적인 성공 a _____ success

²⁹ **mutual**
[mjúːtʃuəl]

서로[상호]의, 공동[공통]의
• 상호 신뢰/존중 _____ trust/respect

형용사·부사

³⁰ **overall**
[òuvərɔ́ːl]

형전반[전체]의 부전부, 대체로
• 전반적인 상황 the _____ situation

☑ 반갑다 기능어야! **so 접속사 · 부사**

1	결과(그래서)	I felt hungry, **so** I ate a sandwich. 나는 배가 고파서 샌드위치를 먹었다.
2	목적(~하도록)	I lowered my voice **so (that)** she couldn't hear. 나는 그녀가 듣지 못하도록 목소리를 낮추었다. He was **so** ashamed **that** he couldn't reply. 그는 너무 부끄러워서 대답할 수가 없었다.

*so+조동사+주어: ~도 역시 …하다
I did it, and **so** did he. 내가 그걸 하니까, 그도 역시 했다.

A 영어는 우리말로, 우리말은 영어로!

1	cube	16	제국
2	feedback	17	운명
3	distress	18	깃털
4	decline	19	소매
5	strip	20	진화
6	suspect	21	가뭄
7	sting	22	은유
8	scatter	23	백과사전
9	pronounce	24	원뿔
10	criminal	25	빨다
11	outstanding	26	상징하다
12	outgoing	27	제한[한정]하다
13	partial	28	퇴직[은퇴]하다
14	mutual	29	최소[최저](의)
15	overall	30	고귀한, 귀족(의)

B 단어와 단어의 만남

1 Darwin's theory of evolution
2 a thirty-volume encyclopedia
3 a cone-shaped mountain
4 a strip of paper
5 an outstanding performance
6 an outgoing personality
7 the overall situation

8 로마 제국 the Roman E_____
9 독수리 깃털 an eagle f_____
10 긴소매 long s_____s
11 심한 가뭄 a severe d_____
12 살인 용의자 a murder s_____
13 최저가 a m_____ price
14 상호 존중 m_____ respect

C [보기] 단어들 뜻 씹어 보고 들어갈 곳에 쏙!

| |보기| | distress | fate | feedback | metaphor |

1 "The city is a jungle" is a _____. '도시는 정글이다'는 은유다.
2 We want to decide our own _____. 우리는 자신의 운명을 결정하길 원한다.
3 She was crying and clearly in _____. 그녀는 울고 있었고 분명히 고통스러워했다.
4 We need more _____ from the consumer to improve our goods.
우리는 상품을 개선하기 위해 더 많은 고객의 피드백이 필요하다.

D 내 영어 실력?? 영영 사전 보는 정도!!!

| 보기 |　　restrict　　　retire　　　scatter

1 to limit something
2 to throw or drop things all over an area
3 to stop working, usually because of old age

E 빈칸에 공통으로 들어갈 단어는?

1 _____ ideals 고귀한 이상　　　　　a gathering of _____s 귀족들의 모임
2 a _____ sucess 부분적인 성공　　　a _____ referee 편파적인 심판
3 _____ behaviour 범죄 행동　　　　a dangerous _____ 위험한 범인

F [보기] 단어들 뜻 음미해 보고 빈칸 속에 퐁당!

| 보기 |　pronounce　　sting(stung)　　strip　　suck　　suspect　　symbolize

1 He was _____ by a bee. 그는 벌에 쏘였다.
2 The "b" in lamb is not _____(e)d. lamb에서 'b'는 발음되지 않는다.
3 I used to _____ my thumb as a child. 난 어릴 때 엄지손가락을 빨곤 했다.
4 He _____(e)d and jumped into the shower. 그는 옷을 벗고 샤워실로 뛰어들었다.
5 She strongly _____(e)d he was lying to her.
　그녀는 그가 자기에게 거짓말하고 있을 거라고 강하게 의심했다.
6 A wedding ring _____s a couple's vows to each other.
　결혼반지는 부부의 서로에 대한 맹세를 상징한다.

G 같은 모양, 다른 의미

1 She declined their invitation politely.
　His influence declined after he lost the election.
2 The cube of 5 is 125.
　A square is two-dimensional and a cube is three-dimensional.

H 반갑다 기능어야! 익힌 후, 빈칸에 알맞은 기능어 넣기

God gave us time _____ that everything wouldn't happen all at once.
모든 것이 갑자기 한꺼번에 일어나지 않도록 신은 우리에게 시간을 주었다.

오늘의 dessert | *Fine feathers make fine birds.* 깃이 아름다우면 아름다운 새.(옷이 날개.)

Answers

D 1 restrict 2 scatter 3 retire **E** 1 noble 2 partial 3 criminal **F** 1 stung 2 pronounce 3 suck 4 strip(stripped) 5 suspect
6 symbolize **G** 1 그녀는 그들의 초대를 정중하게 거절했다.(거절하다) / 그가 선거에서 패한 후 그의 영향력은 감소했다.(감소하다) 2 5의 세제곱은
125이다.(세제곱) / 정사각형은 2차원이고, 정육면체는 3차원이다.(정육면체) **H** so

명사

01 arch(a)eologist
[àːrkiálədʒist]

고고학자 *arch(a)eology 명 고고학
· 한 고고학자의 발견 an _____'s discovery

02 attorney
[ətə́ːrni]

변호사[검사] *district attorney 지방 검사
· 피고 측 변호사 a defense _____

03 caterpillar
[kǽtərpìlər]

(나비 · 나방의) 애벌레
· 애벌레는 나비가 된다. A _____ turns into a butterfly.

04 cereal
[síəriəl]

시리얼[곡물 식품], 곡식
· 시리얼 한 공기 a bowl of _____

05 cliff
[klif]

벼랑[절벽]
· 벼랑 끝 a _____ edge

06 cabin
[kǽbin]

❶오두막집 ❷(배 · 비행기의) 선실[객실]
· 통나무 오두막집 a log _____

07 architecture
[áːrkətèktʃər]

건축 *architect 명 건축가
· 현대 건축 modern _____

08 route
[ruːt]

길[경로], 노선
· 버스 노선 a bus _____

09 democracy
[dimάkrəsi]

민주주의 *democratic 형 민주주의의
· 민주주의 원칙들 the principles of _____

10 administration
[ədmìnəstréiʃən]

❶관리[경영] ❷행정부
*administer 통 관리하다, 집행하다 *administrator 명 관리자
· 경영(학) business _____

명사 · 동사

11 refund
[명 [ríːfʌnd] 동 [rifʌ́nd]]

명 환불 동 환불하다
*refundable 형 환불 가능한 *non-refundable 형 환불이 안 되는
· 환불을 요구하다 to claim[demand] a _____

12 prey
[prei]

명 먹잇감 동 (~ on[upon]) 잡아먹다
· 사자의 먹잇감이 되다 to fall _____ on a lion

13 polish
[pάliʃ]

동 ❶닦다[윤을 내다] ❷다듬다[퇴고하다] 명 광택제
· 구두를 닦다 to _____ shoes

동사

14 sow
[sou]-sowed-sown[sowed]

(씨를) 뿌리다
· 씨를 뿌리다 to _____ seeds

15 mislead
[mislíːd]-misled-misled

오도하다[속이다] *misleading 형 오도하는 *lead 동 이끌다
· 대중을 오도하다 to _____ the public

16 pat
[pæt]

쓰다듬다[토닥거리다]
· 그의 머리를 쓰다듬다 to _____ his head

17 paralyze
[pǽrəlàiz]

마비시키다　＊paralysis 몡마비
• 그의 다리가 마비되었다. His legs were _____ d.

18 reinforce
[rìːinfɔ́ːrs]

강화[보강]하다　＊reinforcement 몡강화[보강]
• 그의 명성을 강화하다 to _____ his reputation

19 recite
[risáit]

암송하다, 열거하다　＊recital 몡독주회[낭송회]
• 시를 암송하다 to _____ a poem

20 renew
[rinjúː]

❶갱신하다 ❷재개하다
＊renewal 몡재개, 갱신　＊renewable 톙재생 가능한(↔nonrenewable)
• 여권을 갱신하다 to _____ a passport

21 soak
[souk]

❶담그다[적시다] ❷(~ up) 빨아들이다[흡수하다]
• 옷을 물에 담그다 to _____ clothes in water

몡사·형용사

22 proof
[pruːf]

몡증거[증명] 톙견딜 수 있는
＊prove 통증명[입증]하다, ～로 판명되다　＊waterproof[rainproof] 톙방수의
• 과학적 증거 scientific _____

23 adolescent
[æ̀dəlésnt]

몡청소년 톙청소년의　＊adolescence 몡청소년기
• 어린이들과 청소년들 children and _____ s

24 latter
[lǽtər]

몡후자(↔former) 톙❶후자의 ❷후반의
• 내년 후반부 the _____ part of next year

형용사

25 gigantic
[dʒaigǽntik]

거대한　＊giant 톙거대한 몡거인
• 거대한 동상 a _____ statue

26 courageous
[kəréidʒəs]

용감한(=brave↔cowardly)　＊courage 몡용기(=bravery)
• 용감한 결정 a _____ decision

27 innocent
[ínəsənt]

❶무죄의(↔guilty) ❷순진한　＊innocence 몡무죄, 순진함
• 그를 무죄라고 판결하다 to find him _____

28 loyal
[lɔ́iəl]

충실한[충성스러운](↔disloyal)
＊loyalty 몡충실성[충성심]　비교 royal 톙왕의
• 충성스러운 지지자 a _____ supporter

29 grateful
[gréitfəl]

감사하는(↔ungrateful)　＊gratitude 몡감사
• 도와주셔서 감사합니다. I'm _____ for your help.

30 domestic
[dəméstik]

❶국내의 ❷가정의　＊domesticate 통(동물을) 길들이다
• 국내 시장 _____ market

☑ 반갑다 기능어야!　**if 접속사**

조건 · 가정: (만약) ～이라면[한다면]
If at first you don't succeed, try again. 처음에 성공하지 못하면 다시 시도해라.
If I **were** you, I **wouldn't worry** about it. 내가 너라면, 그것에 대해 걱정하지 않을 텐데.
If they **had built** the bridge more strongly, it **wouldn't have collapsed**.
다리를 좀 더 튼튼히 만들었더라면, 붕괴되지 않았을 텐데.

A 영어는 우리말로, 우리말은 영어로!

1	attorney	16	고고학자
2	cereal	17	애벌레
3	cabin	18	벼랑[절벽]
4	administration	19	건축
5	refund	20	길[경로], 노선
6	prey	21	민주주의
7	polish	22	(씨를) 뿌리다
8	mislead	23	마비시키다
9	pat	24	청소년(의)
10	reinforce	25	거대한
11	recite	26	용감한
12	renew	27	무죄의, 순진한
13	soak	28	충실한[충성스러운]
14	proof	29	감사하는
15	latter	30	국내의, 가정의

B 단어와 단어의 만남

1 a log cabin
2 a bowl of cereal
3 the principles of democracy
4 children and adolescents
5 a loyal supporter

6 벼랑 끝 a c_____ edge
7 중세 건축 medieval a_____
8 버스 노선 a bus r_____
9 거대한 동상 a g_____ statue
10 용감한 결정 a c_____ decision

C [보기] 단어들 뜻 씹어 보고 들어갈 곳에 쏙!

| 보기 | arch(a)eologist attorney caterpillar prey proof refund

1 Lions are pursuing their _____. 사자들이 먹잇감을 쫓고 있다.

2 _____s eat the leaves of plants. 애벌레는 식물의 잎을 먹는다.

3 _____s began to uncover the ruins. 고고학자들이 유적을 발굴하기 시작했다.

4 Do you have any _____ that this man stole your bag?
이 남자가 당신의 가방을 훔쳤다는 증거가 있나요?

5 Return your purchase within 14 days for a full _____.
전액 환불을 위해선 14일 이내에 반품하시오.

6 A(n) _____ is a person who can act for someone in a court of law.
변호사는 법정에서 누군가를 대리할 수 있는 사람이다.

Answers

A 앞면 참조 **B** 1 통나무 오두막집 2 시리얼 한 공기 3 민주주의 원칙들 4 아이들과 청소년들 5 충성스러운 지지자 6 cliff 7 architecture
8 route 9 gigantic 10 courageous **C** 1 prey 2 Caterpillar 3 Arch(a)eologist 4 proof 5 refund 6 attorney

D 내 영어 실력?? 영영 사전 보는 정도!!!

| 보기 | mislead   polish   recite   sow

1 to say a piece of writing aloud from memory
2 to plant or scatter seeds on a piece of ground
3 to cause someone to believe something that is not true
4 to make something smooth, bright, and shiny by rubbing it

E [보기] 단어들 뜻 음미해 보고 빈칸 속에 풍당!

| 보기 | paralyze   pat   reinforce   renew   soak

1 _____ the clothes in cold water. 옷을 찬물에 담가 두어라.
2 She _____(e)d the dog on the head. 그녀는 개의 머리를 쓰다듬었다.
3 His legs were _____(e)d in the crash. 그의 다리는 충돌 사고로 마비되었다.
4 I need to _____ my passport this year. 난 올해 여권을 갱신해야 한다.
5 Such jokes tend to _____ racial stereotypes.
   그러한 농담은 인종적 고정 관념을 강화하는 경향이 있다.

F 빈칸에 들어갈 알맞은 단어는?

1 I'm so g_____ for all your help. 도와주셔서 대단히 감사합니다.
2 The court found him i_____ and he was released.
   법정이 그를 무죄라고 판결해 그는 석방되었다.

G 같은 모양, 다른 의미

1 the administration of a company / the Kennedy Administration
2 the booming domestic economy / a victim of domestic violence
3 the latter half of the year
   Of the two, the former is better than the latter.

H 반갑다 기능어야! 익힌 후, 빈칸에 공통으로 알맞은 기능어 넣기

_____ all the year were playing holidays, to sport would be as tiring as to work.
일 년 내내 노는 휴일이라면, 노는 것도 일하는 것만큼 지겨울 거야.

Dream as _____ you'd live forever. Live as _____ you'd die today.
영원히 살 것처럼 꿈꾸고, 오늘 죽을 것처럼 살아라.

오늘의 **dessert** | *You reap what you sow.* 뿌린 대로 거둔다.(자업자득)

Answers

D 1 recite 2 sow 3 mislead 4 polish E 1 Soak 2 pat(patted) 3 paralyze 4 renew 5 reinforce F 1 grateful 2 innocent
G 1 회사 관리[경영](관리[경영]) / 케네디 정부(행정부) 2 호황인 국내 경제(국내의) / 가정 폭력의 피해자(가정의) 3 올해의[한 해의] 하반기(후반의) /
둘 중 전자가 후자보다 더 낫다.(후자) H If[if]

③① 명사절 what절

- what절은 주어 · 보어 · 타동사의 목적어 · 전치사의 목적어의 기능을 하며 '~ 것' 또는 '무엇이 ~인지'를 뜻한다.
- what절은 that절과 달리 what 없이는 불완전한 절로, what이 절 속에서 명사 역할을 한다.

What he likes most is going to the movies. 〈주어〉 그가 가장 좋아하는 것은 영화를 보러 가는 것이다.

This is what happened in your case. 〈보어〉 이것이 너의 경우에 일어난 것이다.

I see what you mean. 〈타동사의 목적어〉 나는 네가 무엇을 의미하는지 안다.

③② 명사절 whether[if]절

- '~인지 어떤지'라는 뜻으로 둘 중 하나를 선택해야 함을 나타내며, 주어 · 보어 · 타동사의 목적어 · 전치사의 목적어의 기능을 한다.

It makes no difference whether we lose or win. 〈주어〉 우리가 지느냐 이기느냐는 중요하지 않다.

I asked her if[whether] she liked me. 〈타동사의 목적어〉 나는 그녀에게 나를 좋아하는지 물었다.

We should think about whether buying more increases our quality of life. 〈전치사의 목적어〉
우리는 더 많은 것을 구입하는 게 삶의 질을 향상시키는지에 관해 생각해야 한다.

③③ 명사절 wh-절

- who/which/when/where/why/how가 이끄는 명사절로, 주어 · 보어 · 타동사의 목적어 · 전치사의 목적어의 기능을 한다. '누가/어느/언제/어디/왜/얼마나[어떻게] ~인지'를 뜻한다.
- wh-(의문사)를 포함하지만 실제 의문문과 달리 「wh- + 주어 + 동사」의 어순으로 쓴다.

Who he is is unknown to us all. 〈주어〉 그가 누구인지는 우리 모두에게 알려져 있지 않다.

He understood why she dyed her hair. 〈타동사의 목적어〉 그는 그녀가 왜 머리를 물들였는지 이해했다.

Success depends on how you think. 〈전치사의 목적어〉 성공은 네가 어떻게 생각하는지에 달려 있다.

③④ 명사절 wh-ever절

- whoever/whatever/whichever가 이끄는 명사절은 주어 · 보어 · 타동사의 목적어 · 전치사의 목적어의 기능을 하며 '누구든지/무엇이든지/어느 쪽이든지'를 뜻한다.

Whoever comes will be warmly welcomed. 〈주어〉 오는 누구든지 따뜻이 환영받을 것이다.

Whatever you need can be yours. 〈주어〉 네가 필요한 무엇이든지 네 것이 될 수 있다.

You can say whatever you want. 〈타동사의 목적어〉 네가 원하는 것은 무엇이든지 말할 수 있다.

③⑤ 부사절 wh-ever절 = no matter + wh-절

- wh-ever절은 부사절로도 쓰여 '~든지[~지라도]'를 뜻한다.
- 부사절 wh-ever절은 「no matter + wh-절」과 같은 뜻을 나타낸다.

Whatever happens, I will do it. 무슨 일이 있어도 나는 그걸 하겠다.

= No matter what happens, I will do it.

However tired you may be, you must do it. 너는 아무리 피곤해도 그걸 해야 한다.

36 관계사절 who/whose/whom절

• 앞의 명사가 사람일 때 주격 관계대명사는 who, 소유격은 whose, 목적격은 whom이나 who로 쓴다.
• 목적격 관계대명사 whom[who]은 보통 생략된다.

A person who applauds you behind is a good friend. 〈주격〉 뒤에서 널 칭찬하는 사람이 좋은 친구다.

Is there any student whose name hasn't been called? 〈소유격〉 이름이 불리지 않은 학생이 있니?

The man (whom[who]) she will marry is a pilot. 〈목적격〉 그녀가 결혼할 남자는 조종사다.

37 관계사절 which/whose/which절

• 앞의 명사가 사람이 아닐 때 주격 관계대명사는 which, 소유격은 whose, 목적격은 which로 쓴다.
• 목적격 관계대명사 which는 보통 생략된다.

Books which[that] sell well are not necessarily good ones. 〈주격〉
잘 팔리는 책이 반드시 좋은 책은 아니다.

Novels whose authors are famous sell well. 〈소유격〉 저자가 유명한 소설은 잘 팔린다.

This is the book (which) I have chosen. 〈목적격〉 이것이 내가 고른 책이다.

38 관계사절 that절

• 앞의 명사가 사람일 때도 사람이 아닐 때에도 관계대명사 that을 쓸 수 있다.
• 목적격이나 주격보어로 쓰이는 관계대명사 that은 생략할 수 있다.

Luck is something that comes in many forms. 〈주격〉 행운은 여러 가지 형태로 오는 것이다.

I'm not the man (that) I once was. 〈주격보어〉 나는 이전과 같은 사람이 아니야.

39 (대)명사 + (who(m)/which/that) + 주어 + 동사

• 목적격 관계대명사(who(m)/which/that)는 보통 생략되어, 「(대)명사 + 주어 + 동사」 구문이 된다.

Every product (that) we buy has an effect on the environment.
우리가 사는 모든 제품은 환경에 영향을 미친다.

Don't do anything you might regret. 후회할 어떤 것도 하지 마라.

40 전치사가 쓰인 관계사절

• 관계사절에서 관계대명사가 전치사의 목적어로 쓰이는 경우,
① 전치사를 관계대명사 앞에 두어 「전치사 + whom/which」 구문으로 쓴다.
② 전치사를 뒤에 둔 채 who(m)/which/that을 쓰거나 생략하고 「(who(m)/which/that) ~ 전치사」 구문으로 쓴다.

The events of a story are told in the order in which they occur.
이야기 속의 사건들은 일어난 순서대로 말해진다.

That is the boy (who[that]) I want to make friends with. 저 애가 내가 사귀고 싶은 소년이야.

Have you read the book I told you about? 내가 네게 말한 책을 읽어 보았니?

명사	01 **kindergarten** [kíndərgà:rtn]	유치원 • 유치원 교사 a _____ teacher
	02 **tribe** [traib]	부족[종족]　＊tribal 휑 부족의　＊tribesman 휑 부족[종족] 구성원 • 원시 부족 a primitive _____
	03 **breeze** [bri:z]	산들바람[미풍] • 시원한 산들바람 a cool _____
	04 **scenery** [sí:nəri]	❶경치[풍경] ❷무대 장치　＊scene 휑 장면, 현장 • 장관을 이루는 풍경 spectacular _____
	05 **wetland** [wétlæ̀nd]	습지(대) • 습지를 보존하다 to preserve _____s
	06 **honesty** [ánisti]	정직(↔dishonesty)　＊honest 휑 정직한 • 정직을 중요시하다 to value _____
	07 **thrift** [θrift]	절약　＊thrifty 휑 절약하는[검소한] • 그의 절약 습관 his habit of _____
	08 **temper** [témpər]	❶(화를 잘 내는) 성질[성깔] ❷(화난) 기분 ❸마음의 평정 ＊bad-tempered 휑 화를 잘 내는, 성격이 나쁜(↔good-tempered) ＊temperament 휑 기질 • 평정을 잃다[화를 내다]/유지하다[화를 참다] to lose/keep your _____
	09 **signature** [sígnətʃər]	서명　＊sign 통 서명하다, 신호하다　비교 autograph 휑 유명인의 서명[사인] • 여기에 서명해 주세요. Please put your _____ here.
	10 **transaction** [trænzǽkʃən]	거래 • 상거래 a commercial _____
명사·동사	11 **flavor** [fléivər]	휑 맛 통 맛을 내다 • 초콜릿 맛 a chocolate _____
	12 **slope** [sloup]	휑 비탈, 경사(지) 통 경사지다 • 가파른 비탈 a steep _____
	13 **cruise** [kru:z]	휑 유람 항해 통 순항하다　＊cruiser 휑 순양함, 유람 보트 • 호화 유람선 a luxury _____ ship
	14 **crush** [krʌʃ]	통 으스러[쭈그러]뜨리다, 찧다 휑 빽빽한 군중 • 압사당하다 to be _____ed to death
	15 **tap** [tæp]	통 가볍게[톡톡] 두드리다 휑 ❶톡톡 두드림 ❷수도꼭지(=faucet) • 그의 어깨를 톡톡 두드리다 to _____ him on the shoulder
	16 **disguise** [disɡáiz]	통 변장하다, 숨기다 휑 변장 • 거지로 변장하다 to _____ yourself as a beggar

17 migrate
[máigreit]

이주[이동]하다　*migration 몡이주[이동]
*immigrate 동이주해 오다　*emigrate 동이주해 가다
· 도시 지역으로 이주하다　to _____ to urban areas

18 exclaim
[ikskléim]

외치다[소리치다]　*exclamation 몡외침
· 무서워서 소리치다　to _____ in horror

19 conquer
[káŋkər]

정복하다　*conquest 몡정복　*conqueror 몡정복자
· 세계를 정복하다　to _____ the world

20 impose
[impóuz]

❶부과하다 ❷강요하다
· 벌금을 부과하다　to _____ a fine

21 interpret
[intə́ːrprit]

❶해석하다 ❷통역하다
*interpretation 몡해석, 통역　*misinterpret 동잘못 해석[이해]하다
· 해몽하다　to _____ a dream

22 distort
[distɔ́ːrt]

왜곡하다[일그러뜨리다]　*distortion 몡왜곡[일그러뜨림]
· 진실을 왜곡하다　to _____ the truth

23 cheat
[tʃiːt]

❶부정행위를 하다 ❷사기를 치다　*cheater 몡사기꾼
· 시험에서 부정행위를 하다　to _____ in the test

24 slight
[slait]

약간의, 사소한, 가벼운
· 약간의 증가　a _____ increase

25 dense
[dens]

❶밀집한 ❷짙은 ❸우둔한　*density 몡밀도
· 인구 밀집 지역들　areas of _____ population

26 inevitable
[inévətəbl]

불가피한[필연적인]
· 불가피한[필연적인] 결과　an _____ consequence[result]

27 countless
[káuntlis]

무수한
*count 동❶세다 ❷간주하다 ❸중요하다 ❹(~ on[upon]) 믿다
· 무수히 _____ times

28 costly
[kɔ́ːstli]

비용이 많이 드는, 대가가 큰　*cost 몡비용, 대가 동(비용이) 들다
· 비용이 많이 드는 사업　a _____ business

29 crucial
[krúːʃəl]

중대한[결정적인]
· 중대한 요인　a _____ factor

30 deadly
[dédli]

치명적인
· 치명적인 질병　a _____ disease

☑ 반갑다 기능어야! **because 접속사: ~ 때문에(원인 · 이유)**

He succeeded **because** he did his best in everything.　그는 매사에 최선을 다했기 때문에 성공했다.
Don't look down upon them just[simply] **because** they are poor.　단지 가난하다고 해서 그들을 경멸하지 마라.

*because of+N
　I was late **because of** a traffic jam.　나는 교통 체증 때문에 늦었다.

A 영어는 우리말로, 우리말은 영어로!

1	scenery	16	유치원
2	temper	17	부족[종족]
3	transaction	18	산들바람[미풍]
4	slope	19	습지(대)
5	cruise	20	정직
6	crush	21	절약
7	tap	22	서명
8	migrate	23	맛(을 내다)
9	impose	24	변장(하다), 숨기다
10	interpret	25	외치다[소리치다]
11	distort	26	정복하다
12	cheat	27	불가피한[필연적인]
13	slight	28	무수한
14	dense	29	중대한[결정적인]
15	costly	30	치명적인

B 단어와 단어의 만남

1 a cool breeze
2 his habit of thrift
3 a luxury cruise ship
4 an inevitable consequence
5 areas of dense population
6 deadly poison

7 유치원 교사 a k_____ teacher
8 원시 부족 a primitive t_____
9 아름다운 경치 beautiful s_____
10 현금 거래 cash t_____s
11 가파른 비탈 a steep s_____
12 약간의 증가 a s_____ increase

C [보기] 단어들 뜻 씹어 보고 들어갈 곳에 쏙!

|보기|	flavor	honesty	signature	temper	wetland

1 He must learn to control his _____. 그는 성질을 자제하는 걸 배워야 한다.

2 You must obtain the _____ of your parents. 너는 부모님의 서명을 받아야 한다.

3 Which _____ do you want — chocolate or vanilla? 초콜릿과 바닐라 중 어떤 맛을 원하니?

4 I believe that _____ and diligence lead to success.
나는 정직과 근면이 성공에 이르게 한다고 믿는다.

5 The _____s are home to a large variety of wildlife.
습지는 아주 다양한 야생 생물의 서식지다.

Answers

A 앞면 참조 **B** 1 시원한 산들바람 2 그의 절약 습관 3 호화 유람선 4 불가피한[필연적인] 결과 5 인구 밀집 지역들 6 치명적인 독[맹독]
7 kindergarten 8 tribe 9 scenery 10 transaction 11 slope 12 slight **C** 1 temper 2 signature 3 flavor 4 honesty
5 wetland

D 내 영어 실력?? 영영 사전 보는 정도!!!

| 보기 |　　crush　　　exclaim　　　tap

1 to hit your fingers lightly on something
2 to press something so hard it breaks or is damaged
3 to say something suddenly and loudly because of strong emotion

E [보기] 단어들 뜻 음미해 보고 빈칸 속에 풍덩!

| 보기 |　　cheat　　　conquer　　　disguise　　　distort　　　migrate

1 Swallows _____ south in winter. 제비는 겨울에 남쪽으로 이동한다.
2 She _____(e)d herself as a man. 그녀는 남장을 했다.
3 The Normans _____(e)d England in 1066. 노르만족이 1066년에 영국을 정복했다.
4 He was caught _____ing in his history test. 그는 역사 시험에서 부정행위를 하다 걸렸다.
5 His account was badly _____(e)d by the press. 그의 설명은 언론에 의해 심하게 왜곡되었다.

F 빈칸에 들어갈 알맞은 단어는?

1 I've warned her c_____ times. 난 그녀에게 무수히 경고했다.
2 Buying new furniture is too c_____. 새 가구를 사는 건 너무 많은 비용이 든다.
3 Winning this contract is c_____ to the future of our company.
이 계약을 따내는 것이 우리 회사의 미래에 결정적이다.

G 같은 모양, 다른 의미

1 We had to ask our guide to interpret for us.
　　The students were asked to interpret the poem.
2 The court can impose a fine or a prison sentence.
　　You shouldn't try to impose your views on others.

H 반갑다 기능어야! 익힌 후, 빈칸에 공통으로 알맞은 기능어 넣기

"I don't love you _____ I need you, but I need you _____ I love you."
"난 네가 필요하기 때문에 널 사랑하는 게 아니라, 널 사랑하기 때문에 네가 필요해."

Never give up on a dream just _____ of the time it will take to make it come true.
단지 꿈을 이루는 데 걸리는 시간 때문에 꿈을 포기하지는 마라.

오늘의 dessert | *A chain is no stronger than its weakest link.*
쇠사슬의 강도는 가장 약한 고리에 달려 있다.(한 가지 단점이 전체를 망친다.)

Answers

D 1 tap 2 crush 3 exclaim **E** 1 migrate 2 disguise 3 conquer 4 cheat 5 distort **F** 1 countless 2 costly 3 crucial
G 1 우리는 가이드에게 통역해 달라고 부탁해야 했다.(통역하다) / 학생들은 시를 해석할 것을 요구받았다.(해석하다) 2 법원은 벌금형이나 징역형을 부
과할 수 있다.(부과하다) / 다른 사람들에게 너의 견해를 강요하려고 해선 안 된다.(강요하다) **H** because

<table>
<tr><td>명사</td><td>01 **jaw**
[dʒɔː]</td><td>(이빨이 있는 위 · 아래) 턱　**대립** chin 명(입 밑) 턱
• 위턱/아래턱　the upper/lower _____</td></tr>
<tr><td></td><td>02 **ceiling**
[síːliŋ]</td><td>천장
• 높은 천장　a high _____</td></tr>
<tr><td></td><td>03 **pasture**
[pǽstʃər]</td><td>목초지
• 비옥한 목초지　an area of rich _____</td></tr>
<tr><td></td><td>04 **rainfall**
[réinfɔːl]</td><td>강우(량)
• 연평균 강우량　the average annual _____</td></tr>
<tr><td></td><td>05 **sequence**
[síːkwəns]</td><td>❶순서 ❷일련의 것들(=series) ❸(영화의) 일련의 장면
• 논리적인 순서로　in a logical _____</td></tr>
<tr><td></td><td>06 **necessity**
[nəsésəti]</td><td>❶필수품(↔luxury 사치품) ❷필요(성)
*necessary 형필요한 명(-ies) 필수품　*necessitate 동필요로 하다
• 그럴 필요가 없다.　There's no _____ for it.</td></tr>
<tr><td></td><td>07 **productivity**
[pròudʌktívəti]</td><td>생산성
*produce 동생산하다　*product 명제품[상품]　*productive 형생산적인
• 생산성을 향상시키다　to increase _____</td></tr>
<tr><td></td><td>08 **viewpoint**
[vjúːpɔint]</td><td>관점[시각](=point of view)
• 경제적 관점에서　from an economic _____</td></tr>
<tr><td></td><td>09 **aggression**
[əgréʃən]</td><td>공격(성), 침략　*aggressive 형공격적인
• 공격성을 보이다　to show _____</td></tr>
<tr><td></td><td>10 **depression**
[dipréʃən]</td><td>❶우울(증) ❷불경기[불황]　*depress 동우울[의기소침]하게 하다
• 우울증을 앓다　to suffer from _____</td></tr>
<tr><td>명사·동사</td><td>11 **wrinkle**
[ríŋkl]</td><td>명주름 동주름지다
• 눈가의 잔주름들　fine _____s around your eyes</td></tr>
<tr><td></td><td>12 **crack**
[kræk]</td><td>동갈라지다[금이 가다], 깨(지)다 명틈[금]
• 뼈에 금이 가다　to _____ a bone</td></tr>
<tr><td></td><td>13 **ache**
[eik]</td><td>동아프다(=hurt) 명아픔[통증]
*headache/toothache/stomachache/backache 명두통/치통/복통/요통
• 머리가 아프다.　My head _____s.</td></tr>
<tr><td></td><td>14 **chant**
[tʃænt]</td><td>동구호를 외치다[성가를 부르다] 명구호[성가]
• 구호를 외치다　to _____ slogans</td></tr>
<tr><td>동사</td><td>15 **erupt**
[irʌ́pt]</td><td>분출[폭발]하다, 발발하다[터지다]　*eruption 명분출[폭발], 발발
• 화산이 분출했다.　The volcano _____ed.</td></tr>
<tr><td></td><td>16 **chop**
[tʃɑp]</td><td>잘게 자르다[썰다]
• 당근을 잘게 썰다　to _____ up a carrot</td></tr>
</table>

17 **choke** [tʃouk]	숨이 막히다[질식하다], 질식시키다 • 질식사하다 to _____ to death
18 **alter** [ɔ́:ltər]	변하다[바꾸다](=change)　*alteration 명변화[변경] • 계획을 바꾸다 to _____ a plan
19 **perceive** [pərsí:v]	감지[인지]하다　*perception 명지각[인식]　*perceptual 형지각의 • 변화를 감지하다 to _____ a change
20 **invest** [invést]	투자하다　*investment 명투자　*investor 명투자가 • 주식에 투자하다 to _____ in stocks
21 **dismiss** [dismís]	❶무시하다 ❷해고하다(=fire) ❸떠나게 하다[해산시키다] • 주장을 무시하다 to _____ a claim

동사·형용사

22 **mature** [mətʃúər]	형성숙한[익은](↔immature)　동성숙[숙성]하다 *premature 형너무 이른, 조산의　*maturity 명성숙함, 성인임 • 나이에 비해 성숙하다 to be _____ for your age
23 **dim** [dim]	형어둑한[흐릿한]　동어두워지다 • 흐릿한 불빛 _____ light
24 **corrupt** [kərʌ́pt]	형타락[부패]한　동타락시키다　*corruption 명타락[부패] • 타락한 사회 a _____ society

형용사

25 **collective** [kəléktiv]	집단[단체]의, 공동[공통]의　*collectivity 명집단성 • 집단 결정/공동 노력 a _____ decision/effort
26 **competent** [kámpətənt]	유능한　*competence 명능력 • 유능한 변호사 a _____ lawyer
27 **vague** [veig]	모호한[막연한/희미한]　*vagueness 명모호함 • 막연한 느낌 a _____ feeling
28 **urgent** [ɔ́:rdʒənt]	긴급한 *urgency 명긴급　*urge 동촉구하다, 몰아내다 명충동 • 긴급한 전갈 an _____ message
29 **temporary** [témpərèri]	일시적인[임시의](↔permanent) • 임시 조치 a _____ measure

형용사·부사

30 **further** [fɔ́:rðər]	부❶더 ❷더 멀리 ❸게다가(=furthermore) 형더 이상의[추가의] 동발전[성공]시키다 • 그것을 더 논의하지 말자. Let's not discuss it _____.

☑ 반갑다 기능어야! 　**after** 전치사 · 부사 · 접속사: ~ 후에

after a while 잠시 후에　　**after** dinner 저녁 식사 후에
We'll feel great **after** our exam. 시험을 마치면 정말 좋을 거야.
After talking to a counselor, make the job decision. 카운슬러와 상담한 후에 직업을 결정하라.
John and Jane continued to live in the city **after** they got married.
John과 Jane은 결혼한 후에도 계속 그 도시에서 살았다.

A 영어는 우리말로, 우리말은 영어로!

1	jaw	16	천장
2	sequence	17	목초지
3	depression	18	강우(량)
4	crack	19	필수품, 필요(성)
5	chant	20	생산성
6	erupt	21	관점[시각]
7	chop	22	공격(성), 침략
8	choke	23	주름(지다)
9	dismiss	24	아프다, 아픔[통증]
10	mature	25	변하다[바꾸다]
11	dim	26	감지[인지]하다
12	corrupt	27	투자하다
13	collective	28	유능한
14	vague	29	긴급한
15	further	30	일시적인[임시의]

B 단어와 단어의 만남

1 the average annual rainfall
2 increased productivity
3 an area of rich pasture
4 a mature attitude
5 a corrupt society
6 a competent secretary
7 a vague memory

8 아래턱 the lower j_____
9 높은 천장 a high c_____
10 경제 불황 an economic d_____
11 흐릿한 불빛 d_____ light
12 집단 기억 c_____ memory
13 긴급한 전갈 an u_____ message
14 임시 해법 a t_____ solution

C [보기] 단어들 뜻 씹어 보고 들어갈 곳에 쏙!

|보기|	aggression	depression	viewpoint	wrinkle

1 Her face was covered in _____s. 그녀의 얼굴은 주름투성이다.
2 The patient is suffering from _____. 그 환자는 우울증을 앓고 있다.
3 Try looking at things from a different _____. 다른 관점에서 사물을 보도록 해 봐.
4 The research shows that computer games may cause _____.
그 연구는 컴퓨터 게임이 공격성을 유발할 수도 있음을 보여 준다.

Answers

A 앞면 참조 **B** 1 연평균 강우량 2 향상된 생산성 3 비옥한 목초지 4 성숙한 태도 5 타락한 사회 6 유능한 비서 7 희미한 기억 8 jaw 9 ceiling
10 depression 11 dim 12 collective 13 urgent 14 temporary **C** 1 wrinkle 2 depression 3 viewpoint 4 aggression

D 내 영어 실력?? 영영 사전 보는 정도!!!

| |보기| | alter | chant | chop |

1 to cut something into smaller pieces
2 to change, or to make someone or something change
3 to sing or shout the same words or phrases many times

E [보기] 단어들 뜻 음미해 보고 빈칸 속에 퐁당!

| |보기| | ache choke crack erupt invest mature perceive |

1 The volcano could _____ at any time. 그 화산은 언제라도 분출할 수 있었다.
2 The ice _____(e)d as I stepped onto it. 내가 얼음 위를 밟자 얼음이 갈라졌다.
3 Six people _____(e)d to death on the fumes. 6명이 연기에 질식사했다.
4 He _____(e)d a large sum of money in stocks. 그는 큰돈을 주식에 투자했다.
5 I _____(e)d a change in his behavior. 나는 그의 행동의 변화를 감지했다.
6 Her feet were _____ing from standing so long. 너무 오래 서 있어서 그녀는 발이 아팠다.
7 Humans take longer to _____ than most other animals.
   인간은 대부분의 다른 동물보다 성숙하는 데 더 오래 걸린다.

F 같은 모양, 다른 의미

1 A car is a necessity for this job.
   There's no necessity to pay now.
2 the sequence of events leading up to the war
   The questions should be asked in a logical sequence.
3 He dismissed the idea as impossible.
   He was unfairly dismissed from his post.
4 Are there any further questions?
   Further, it is important to consider the cost of repairs.
   What can I do to further my career?

G 반갑다 기능어야! 익힌 후, 빈칸에 알맞은 기능어 넣기

If you still have the courage _____ losing all, you have not lost everything.
모든 걸 잃은 후에도 아직 용기를 지니고 있다면, 모든 것을 다 잃어버린 것은 아니다.

오늘의 dessert | *Necessity is the mother of invention.* 필요는 발명의 어머니.

명사

01 minority
[mainɔ́:rəti]

소수 (집단)(↔majority)
*minor 형작은[사소한](↔major) 명미성년자, 부전공
• 소수 집단 a _____ group

02 pedestrian
[pədéstriən]

보행자
• 차에 치인 보행자들 _____s hit by cars

03 physician
[fizíʃən]

(내과) 의사(=doctor) 관련 surgeon 명외과 의사
• 의사에게 진찰받다 to consult a _____

04 frost
[frɔːst]

서리 *frosty 형서리가 내리는 *defrost 통해동하다
• 서리 피해 _____ damage

05 glacier
[gléiʃər]

빙하 *glacial 형빙하의
• 빙하가 급속히 녹고 있다. _____s are melting rapidly.

06 galaxy
[gǽləksi]

은하(계), (the Galaxy) 태양계가 속한 은하계
• 안드로메다은하 the Andromeda G_____

07 molecule
[mάləkjùːl]

분자 *molecular 형분자의
• 원자와 분자 atoms and _____s

08 headline
[hédlàin]

(신문 기사의) 큰 표제, (-s) (방송 뉴스의) 주요 제목들
• (신문) 제1면 큰 표제 a front-page _____

09 midst
[midst]

한가운데 *in the midst of ~의 한가운데에, ~(하는) 중에
*amidst[amid] 전~의 가운데에
• 도시 한가운데에 in the _____ of the city

10 guidance
[gáidns]

안내[지도] *guide 명안내자, 지침 통안내[지도]하다
• 진로 지도 career _____

11 grief
[griːf]

깊은 슬픔 *grieve 통(죽음을) 몹시 슬퍼하다, 몹시 슬프게 하다
• 그녀의 죽음에 대한 그의 깊은 슬픔 his _____ at her death

12 greed
[griːd]

탐욕 *greedy 형탐욕스러운
• 돈에 대한 탐욕 _____ for money

명사·동사

13 stain
[stein]

명얼룩 통얼룩지게 하다
• 얼룩을 제거하다 to remove a _____

14 loan
[loun]

명대출(금), 대여 통빌려주다(=lend↔borrow)
• 대출을 받다 to take out a _____

15 spill
[spil]-spilled/spilt-spilled/spilt

통엎지르다 명유출
• 그의 셔츠에 커피를 엎지르다 to _____ coffee on his shirt

16 spit
[spit]-spat/spit-spat/spit

통(침을) 뱉다 명침(=saliva)
• 땅에 침을 뱉다 to _____ on the ground

17 **sparkle** [spá:rkl]	통 반짝이다 명 반짝임[광채] • 햇빛에 반짝이다 to _____ in the sunlight	
18 **fold** [fould]	통 접다(↔unfold) 명 접은 선, 주름 • 종이를 반으로 접어라. _____ the paper in half.	

동사 19 **startle**
[stá:rtl]

깜짝 놀라게 하다
• 그 소리가 나를 깜짝 놀라게 했다. The noise _____d me.

20 **stun**
[stʌn]

❶크게 놀라게 하다 ❷기절시키다
*stunned 형 놀라는   *stunning 형 멋진, 깜짝 놀랄[충격적인]
• 그 소식이 사람들을 놀라게 했다. The news _____ned people.

21 **tumble**
[tʌ́mbl]

굴러 떨어지다
• 뒤로 굴러 떨어지다 to _____ backwards

22 **stimulate**
[stímjulèit]

자극[격려]하다
*stimulation 명 자극[격려]   *stimulus(복수 stimuli) 명 자극(제)
• 학생들의 흥미를 자극하다 to _____ students' interest

동사 형용사 23 **dull**
[dʌl]

형 ❶지루한(=boring) ❷흐린 ❸무딘(↔sharp) 통 무디게[흐리게] 하다
• 지루한 영화 a _____ movie

24 **slim**
[slim]

형 ❶날씬한, 얇은(=slender) ❷아주 적은 통 (~ down) 날씬하게 하다
• 날씬한 몸매 a _____ figure

형용사 25 **spacious**
[spéiʃəs]

널찍한   *space 명 공간, 우주   비교 spatial 형 공간의
• 널찍한 거실 a _____ living room

26 **sociable**
[sóuʃəbl]

사교적인(↔unsociable)   *sociability 명 사교성
• 사교적인 사람 a _____ person

27 **stiff**
[stif]

뻣뻣한[경직된], 굳은   *stiffness 명 뻣뻣함   *stiffen 통 뻣뻣해지다
• 뻣뻣한 목 a _____ neck

28 **stubborn**
[stʌ́bərn]

완고한[고집스러운](=obstinate)   *stubbornness 명 완고함
• 완고한 노인 a _____ old man

29 **striking**
[stráikiŋ]

두드러진[눈에 띄는](=marked)
• 두드러진 특징 a _____ feature

30 **subtle**
[sʌ́tl]

미묘한(↔obvious)
• 미묘한 차이 a _____ difference

✔ **반갑다 기능어야!** **before 접속사 · 전치사 · 부사: ~하기 전에**

Before you begin, try to relax. 시작하기 전에 긴장을 풀도록 해라.
We should bring peace **before** it is too late. 우리는 너무 늦기 전에 평화를 가져와야 한다.
It won't be long **before** your future is here. 머잖아 너의 미래가 올 것이다.
Five minutes **before** the final whistle are the most important in the game.
마지막 휘슬 전 5분이 경기에서 가장 중요하다.

183

A 영어는 우리말로, 우리말은 영어로!

1	headline	16	소수 (집단)
2	stain	17	보행자
3	loan	18	(내과) 의사
4	spill	19	서리
5	spit	20	빙하
6	sparkle	21	은하(계)
7	fold	22	분자
8	startle	23	한가운데
9	stun	24	안내[지도]
10	dull	25	깊은 슬픔
11	slim	26	탐욕
12	spacious	27	굴러 떨어지다
13	stiff	28	자극[격려]하다
14	stubborn	29	사교적인
15	striking	30	미묘한

B 단어와 단어의 만남

1 an ethnic minority
2 a front-page headline
3 an interest-free loan
4 a spacious living room
5 a striking feature

6 진로 지도 career g_____
7 잉크 얼룩 an ink s_____
8 기름 유출 an oil s_____
9 뻣뻣한 목 a s_____ neck
10 미묘한 차이 a s_____ difference

C [보기] 단어들 뜻 씹어 보고 들어갈 곳에 쏙!

| |보기| | frost | greed | midst | molecule | pedestrian |

1 A truck hit a _____ on the street. 트럭이 거리에서 보행자를 쳤다.
2 His actions were motivated by _____. 그의 행동은 탐욕이 동기가 되었다.
3 She appeared from the _____ of the crowd. 그녀가 군중 한가운데서 나타났다.
4 The grass and trees were white with _____. 풀과 나무들이 서리로 하얗다.
5 The _____s of oxygen gas contain just two atoms.
산소 분자는 2개의 원자만 포함하고 있다.

Answers

A 앞면 참조 **B** 1 소수 민족 2 (신문) 제1면 큰 표제 3 무이자 대출 4 널찍한 거실 5 두드러진 특징 6 guidance 7 stain 8 spill 9 stiff 10 subtle **C** 1 pedestrian 2 greed 3 midst 4 frost 5 molecule

D 서로 어울리는 것끼리 이어 주기

1 galaxy •   a. a doctor
2 glacier •   b. a mass of ice
3 grief •   c. very great sadness
4 physician •   d. one of the large groups of stars

E 내 영어 실력?? 영영 사전 보는 정도!!!

| 보기 | sparkle   spit   startle

1 to shine in small bright flashes
2 to force liquid, food etc. out of your mouth
3 to make someone suddenly surprised or slightly shocked

F [보기] 단어들 뜻 음미해 보고 빈칸 속에 퐁당!

| 보기 | fold   spill   stimulate   tumble

1 I _____(e)d coffee on my shirt. 나는 셔츠에 커피를 엎질렀다.
2 _____ the paper along the dotted line. 점선을 따라 종이를 접어라.
3 Praise _____s students to study hard. 칭찬은 학생들을 열심히 공부하도록 자극한다.
4 She lost her balance and _____(e)d backwards. 그녀는 균형을 잃고 뒤로 굴러 떨어졌다.

G 빈칸에 들어갈 알맞은 단어는?

1 She's a s_____ child who'll talk to anyone. 그녀는 아무에게나 말을 걸 사교적인 아이다.
2 He was too s_____ to admit that he was wrong.
그는 너무 완고해 자신이 틀렸다는 걸 인정할 수 없었다.

H 같은 모양, 다른 의미

1 a dull movie / a dull winter sky / a dull ache
2 She is tall and slim.
There's a slim chance that anyone survived the crash.
3 The impact of the ball had stunned her.
News of the disaster stunned people throughout the world.

I 반갑다 기능어야! 익힌 후, 빈칸에 공통으로 알맞은 기능어 넣기

All things are difficult _____ they are easy. 모든 건 쉬워지기 전에는 어렵다.
Be just _____ you be generous. 관대하기 전에 먼저 공정해라.

오늘의 dessert | *Greed has no limits.* 욕심은 끝이 없다.

Answers

D 1 d 2 b 3 c 4 a E 1 sparkle 2 spit 3 startle F 1 spill 2 Fold 3 stimulate 4 tumble G 1 sociable 2 stubborn
H 1 지루한 영화(지루한) / 흐린 겨울 하늘(흐린) / 둔통(무딘) 2 그녀는 키가 크고 날씬하다.(날씬한) / 추락 사고에서 누군가가 생존했을 가능성은 희박
하다.(아주 적은) 3 공에 맞은 충격으로 그녀는 기절했다.(기절시키다) / 그 재난 소식에 전 세계 사람들은 크게 놀랐다.(크게 놀라게 하다) I before

185

명사 01 **elbow**
[élbou]

팔꿈치
• 팔꿈치 관절 an _____ joint

02 **flesh**
[fleʃ]

❶살[고기] ❷(과일의) 과육　＊flesh and blood 혈육
• 아기의 볼살 the _____ of a baby's cheek

03 **fiber**
[fáibər]

섬유(질)　＊dietary fiber 식이 섬유
• 섬유질 함량이 높다 to be high in _____ content

04 **detergent**
[ditə́:rdʒənt]

세제
• 세탁용 세제 a laundry _____

05 **illusion**
[ilú:ʒən]

환상, 착각　＊illusionist 명마술사
• 착각하고 있다 to be under an _____

06 **expedition**
[èkspədíʃən]

탐험[원정](대)
• 탐험을 떠나다 to go on an _____

07 **exception**
[iksépʃən]

예외　＊exceptional 형뛰어난, 예외의　＊except 전～ 제외하고
• 예외 없이 without _____

08 **budget**
[bʌ́dʒit]

예산
• 연간 예산 an annual _____

09 **portion**
[pɔ́:rʃən]

❶부분[일부] ❷(음식의) 1인분　＊proportion 명비(율), 균형
• 우리 수입의 대부분 a large _____ of our income

10 **dignity**
[dígnəti]

위엄[존엄성]　＊dignify 동위엄 있어 보이게 하다
• 위엄 있는 남자 a man of _____

11 **affection**
[əfékʃən]

애정　＊affectionate 형애정 어린
• 그에 대한 깊은 애정 a deep _____ for him

명사 동사 12 **finance**
[fáinæns]

명재정, 자금 동자금을 공급하다　＊financial 형재정[금융]의
• 정부 재정 government _____

13 **drill**
[dril]

명❶연습[훈련] ❷송곳[드릴] 동연습[훈련]시키다
• 발음 연습 a pronunciation _____

14 **screw**
[skru:]

명나사 동나사로 고정하다[돌려 죄다]　＊screwdriver 명드라이버
• 나사를 죄다 to tighten a _____

15 **scoop**
[sku:p]

동❶뜨다[퍼내다] ❷특종을 보도하다 명큰 숟가락[스쿠프], 특종
• 아이스크림을 그릇에 떠 담다 to _____ ice cream into a bowl

동사 16 **seize**
[si:z]

❶잡아채다(=grab) ❷장악[압수]하다
• 그녀의 팔을 잡아채다 to _____ her by the arm

17 slam
[slæm]

쾅 닫(히)다(=bang), 세게 놓다
· 문을 쾅 닫다 to _____ a door

18 scrub
[skrʌb]

벅벅 문질러 닦다
· 바닥을 깨끗이 벅벅 문질러 닦다 to _____ the floor clean

19 leak
[liːk]

새다 *leakage 명누출[유출] *leaky 형새는
· 지붕이 새고 있다. The roof is _____ing.

20 recall
[rikɔ́ːl]

❶기억해 내다 ❷소환하다 ❸(불량품을) 회수하다
· 그의 이름을 기억해 내다 to _____ his name

21 resolve
[rizálv]

❶해결하다 ❷결심[결의]하다 *resolution 명결의[결심], 해결
· 갈등을 해결하다 to _____ a conflict

22 reproduce
[rìːprədjúːs]

❶생식[번식]하다 ❷복제[재현]하다
*reproduction 명생식, 복제(품) *reproductive 형생식[복제]의
· 알을 낳아 번식하다 to _____ by laying eggs

23 distribute
[distríbjuːt]

배급하다[나누어 주다](=give out)
*distribution 명배급[분배] *distributor 명배급자
· 전단을 나눠 주다 to _____ leaflets

명사·형용사

24 memorial
[məmɔ́ːriəl]

명기념비 형기념[추도]의
· 전쟁 기념비 a war _____

25 editorial
[èdətɔ́ːriəl]

명사설[논설] 형편집의
*edit 동편집하다 *editor 명편집자 *edition 명(책·신문·잡지의) 판
· 사설을 읽다 to read an _____

형용사

26 gradual
[grǽdʒuəl]

점차[점진]적인(↔sudden)
· 점진적인 기후 변화 a _____ change in climate

27 massive
[mǽsiv]

육중한[거대한], 엄청난 *mass 명덩어리, 대량, 대중, 질량
· 거대한 바위 a _____ rock

28 numerous
[njúːmərəs]

수많은 *number 명수 *numeral 명숫자
· 수많은 시도들 _____ attempts

29 prominent
[prámənənt]

❶중요한[저명한](=well-known) ❷두드러진
· 저명한 정치가 a _____ politician

30 naked
[néikid]

벌거벗은[나체의](=nude) *the naked eyes 육안
· 나체 남자 사진 a picture of a _____ man

✔ 반갑다 기능어야! while 접속사

1	~하는 동안	Don't listen to music **while** studying. 공부하는 동안 음악을 듣지 마.
		Don't phone me **while** I'm in class. 내가 수업 중일 때 내게 전화하지 마.
2	~ 반면에(대조)	**While** she likes Western food, he likes Korean one.
		그녀는 양식을 좋아하는 반면에 그는 한식을 좋아한다.

A 영어는 우리말로, 우리말은 영어로!

1	portion	16	팔꿈치
2	finance	17	살[고기], 과육
3	drill	18	섬유(질)
4	screw	19	세제
5	scoop	20	환상, 착각
6	seize	21	탐험[원정]대
7	slam	22	예외
8	recall	23	예산
9	resolve	24	위엄[존엄성]
10	reproduce	25	애정
11	distribute	26	벅벅 문질러 닦다
12	memorial	27	새다
13	editorial	28	점차[점진]적인
14	massive	29	수많은
15	prominent	30	벌거벗은[나체의]

B 단어와 단어의 만남

1 fiber content
2 a man of dignity
3 an expedition to the North Pole
4 the magazine's editorial staff
5 a massive rock
6 a prominent politician
7 연간 예산 an annual b_____
8 전쟁 기념비 a war m_____
9 교육 재정 f_____ for education
10 점진적인 변화 a g_____ change
11 수많은 시도들 n_____ attempts
12 나체 a n_____ body

C [보기] 단어들 뜻 씹어 보고 들어갈 곳에 쏙!

| 보기 | editorial   exception   flesh   illusion   portion   screw

1 Tighten all the _____s. 모든 나사를 조여라.
2 He is under the _____ she loves him. 그는 그녀가 자기를 사랑한다는 착각에 빠져 있다.
3 There's always a(n) _____ to every rule. 모든 규칙에는 항상 예외가 있다.
4 Their _____s always criticize the government. 그들의 사설은 늘 정부를 비판한다.
5 The thorn went deep into the _____ of my hand. 가시가 내 손 속 깊이 들어갔다.
6 A large _____ of the money has been spent on advertising.
돈의 대부분이 광고에 쓰여 왔다.

D 내 영어 실력?? 영영 사전 보는 정도!!!

| 보기 | affection   detergent   elbow

1 the joint where your arm bends
2 a feeling of liking or love and caring
3 a liquid or powder used for washing clothes, dishes etc.

E [보기] 단어들 뜻 음미해 보고 빈칸 속에 풍덩!

| 보기 | distribute   leak   recall   scoop   scrub   slam

1 I can't _____ meeting her before. 난 전에 그녀를 만난 걸 기억해 낼 수가 없다.
2 He left the room, _____ing the door. 그는 문을 꽝 닫고 방을 나갔다.
3 The roof is _____ing in several places. 지붕이 몇 군데 새고 있다.
4 She _____(e)d ice cream into their bowls. 그녀는 그들의 그릇에 아이스크림을 퍼 담았다.
5 Can you _____ copies of the report to everyone? 보고서 사본을 모두에게 나눠 줄래요?
6 She was on her hands and knees _____ing the floor.
    그녀는 네 발로 기어서 바닥을 벅벅 문질러 닦았다.

F 같은 모양, 다른 의미
1 an electric drill / a pronunciation drill
2 He resolved never to give up.
    They tried to resolve the conflict in the Middle East.
3 He seized her by the arm.
    A large quantity of drugs was seized by custom officers.
4 Most birds and fish reproduce by laying eggs.
    The photocopier reproduces colors very well.

G 반갑다 기능어야! 익힌 후, 빈칸에 공통으로 알맞은 기능어 넣기
You live several lives _____ reading a book. 책을 읽는 동안 여러 삶을 살게 된다.
Your character is what you really are, _____ your fame is merely what others
think of you. 인격은 진짜 너 자신인 반면에, 명성은 단지 다른 사람들이 너에 대해 생각하는 것일 뿐이다.

오늘의 dessert | *There is no rule but has some exceptions.* 예외 없는 규칙은 없다.

Answers

D 1 elbow 2 affection 3 detergent **E** 1 recall 2 slam(slamming) 3 leak 4 scoop 5 distribute 6 scrub(scrubbing) **F** 1 전기 드릴(드릴) / 발음 연습(연습) 2 그는 결코 포기하지 않겠다고 결심했다.(결심하다) / 그들은 중동 분쟁을 해결하려고 노력했다.(해결하다) 3 그는 그녀의 팔을 잡아챘다.(잡아채다) / 다량의 마약이 세관원에 의해 압수되었다.(압수하다) 4 대부분의 새와 물고기는 알을 낳아 번식한다.(번식하다) / 그 복사기는 색을 매우 잘 복사한다.(복제하다) **G** while

9788900442557

명사

01 colleague
[káliːɡ]

동료
• 나의 이전 동료 my former _____

02 closet
[klázit]

벽장
• 옷으로 가득 찬 벽장 a _____ full of clothes

03 aircraft
[ɛ́ərkræ̀ft]

(복수 aircraft) 항공기
• 군용 항공기들 military _____

04 bay
[bei]

만 비교 bay<gulf 명 만
• 만이 내려다보이는 집 a house overlooking the _____

05 intersection
[ìntərsékʃən]

교차(점[로]) *intersect 동 교차하다, 가로지르다
• 다음 교차로에서 우회전해라. Turn right at the next _____.

06 voyage
[vɔ́iidʒ]

(긴) 항해[우주여행](=journey) *voyager 명 항해자
• 그의 첫 바다 항해 his first sea _____

07 altitude
[ǽltətjùːd]

고도
• 4만 피트의 고도에서 at an _____ of 40,000 feet

08 biotechnology
[bàiouteknálədʒi]

생명 공학(=biotech) *biotechnological 형 생명 공학의
• 생명 공학 회사 a _____ company[firm]

09 spice
[spais]

양념, 향신료 *spicy 형 맛이 강한[매운](=hot)
• 양념 통 a _____ jar

10 courtesy
[kə́ːrtəsi]

예의 *courteous 형 예의 바른
• 예의 바르게 그들을 대하다 to treat them with _____

11 defect
[díːfekt]

결점[결함] *defective 형 결점[결함]이 있는
• 유전적 결함 a genetic _____

12 admission
[ədmíʃən]

❶ 인정[시인] ❷ 입장[입학] 허가
*admit 동 인정[시인]하다, 입장[입학]을 허가하다
• 패배의 인정 an _____ of defeat

명사·동사

13 compliment
명 [kámpləmənt]
동 [kámpləmènt]

명 칭찬[찬사] 동 칭찬하다 비교 complement 명 보완물 동 보완하다
• 칭찬을 받다 to get[receive] a _____

14 glow
[glou]

명 (부드러운) 빛 동 빛나다(=shine, gleam)
• 흐릿한/희미한 빛 a dim/faint _____

15 nurture
[nə́ːrtʃər]

동 양육[육성]하다 명 양육[육성]
• 아이들을 양육하다 to _____ children

16 insult
동 [insʌ́lt] 명 [ínsʌlt]

동 모욕하다 명 모욕
• 그를 모욕하다 to _____ him

17 overflow
[òuvərflóu]

넘쳐흐르다[범람하다]
• 강물이 둑을 넘쳐흘렀다. The river _____ed its bank.

18 demonstrate
[démənstrèit]

❶입증하다, 시범을 보이다 ❷시위하다　*demonstration 몡시위, 시범 설명
• 반전 시위를 하다 to _____ against the war

19 collide
[kəláid]

충돌하다　*collision 몡충돌
• 차 두 대가 정면으로 충돌했다. Two cars _____d head-on.

20 detect
[ditékt]

발견[탐지]하다
*detection 몡발견[탐지]　*detective 몡형사[탐정]　*detector 몡탐지기
• 질병을 조기에 발견하다 to _____ a disease early

21 accuse
[əkjúːz]

고소[비난]하다　*accusation 몡고발[비난]
• 살인죄로 고소되다 to be _____d of murder

22 evaluate
[ivǽljuèit]

평가하다　*evaluation 몡평가
• 학력을 평가하다 to _____ your academic ability

23 faint
[feint]

혱희미한　됭기절하다　몡기절
• 희미한 소리 a _____ sound

24 foul
[faul]

혱역겨운[더러운](=disgusting)　됭반칙하다　몡반칙
• 역겨운 냄새 a _____ smell

25 frank
[fræŋk]

솔직한
• 솔직한 의견 교환 a _____ exchange of opinions

26 magnificent
[mægnífəsnt]

장려한[멋진]　*magnificence 몡장려함[멋짐]
• 장려한 경치 _____ scenery

27 horrible
[hɔ́ːrəbl]

공포스러운[끔찍한](=horrific)
*horror 몡공포　*horrify 됭공포스럽게 하다
• 끔찍한 범죄 a _____ crime

28 immediate
[imíːdiət]

즉각적인　*immediately 붐즉시
• 즉각적인 반응[응답] an _____ response

29 internal
[intə́ːrnl]

내부의(↔external)
• 내장 _____ organs

30 fatal
[féitl]

치명적인　*fate 몡운명　*fatality 몡사망자[치사]
• 치명적인 사고 a _____ accident

☑ 반갑다 기능어야!　**until[till]** 접속사·전치사: ~(할 때)까지 쭉

I will study hard **till** I pass the exam. 나는 시험에 합격할 때까지 열심히 공부할 거야.
It was not **until** she was fifty that she started to paint. 그녀는 50세가 되어서야 비로소 그림을 그리기 시작했다.
Wait **until** six o'clock. 6시까지 기다려라.
She didn't arrive **until** 5. 그녀는 5시까지 도착하지 않았다.

A 영어는 우리말로, 우리말은 영어로!

1	voyage	16	동료
2	admission	17	벽장
3	compliment	18	항공기
4	glow	19	만
5	nurture	20	교차(점[로])
6	overflow	21	고도
7	demonstrate	22	생명 공학
8	collide	23	양념, 향신료
9	detect	24	예의
10	accuse	25	결점[결함]
11	faint	26	모욕(하다)
12	foul	27	평가하다
13	magnificent	28	솔직한
14	horrible	29	내부의
15	immediate	30	치명적인

B 단어와 단어의 만남

1 the biotech industries

2 a frank exchange of opinions

3 magnificent scenery

4 a horrible crime

5 an immediate response

6 군용 항공기들 military a_____

7 양념 통 a s_____ jar

8 유전적 결함 a genetic d_____

9 내장 i_____ organs

10 치명적인 사고 a f_____ accident

C [보기] 단어들 뜻 씹어 보고 들어갈 곳에 쏙!

|보기|	altitude	closet	compliment	courtesy	intersection

1 Thank you for your _____ . 칭찬에 감사합니다.

2 Turn right at the next _____ . 다음 교차로에서 우회전해라.

3 I have a _____ full of clothes that don't fit. 난 맞지 않는 옷들로 가득 찬 벽장이 있다.

4 We're flying at a(n) _____ of 40,000 feet. 우리는 4만 피트의 고도로 비행하고 있습니다.

5 They didn't even have the _____ to apologize. 그들은 사과하는 예의조차도 없었다.

Answers

A 앞면 참조 **B** 1 생명 공학 산업 2 솔직한 의견 교환 3 장려한 경치 4 끔찍한 범죄 5 즉각적인 반응[응답] 6 aircraft 7 spice 8 defect
9 internal 10 fatal **C** 1 compliment 2 intersection 3 closet 4 altitude 5 courtesy

D 내 영어 실력?? 영영 사전 보는 정도!!!

| 보기 |　　bay　　　　colleague　　　　glow　　　　voyage

1　a soft steady light
2　someone you work with
3　a long trip, especially in a ship or space vehicle
4　a place where a curve in the coast partly surrounds an area of sea

E [보기] 단어들 뜻 음미해 보고 빈칸 속에 풍덩!

| 보기 |　accuse　　collide　　detect　　evaluate　　insult　　nurture　　overflow

1　He was _____(e)d of murder. 그는 살인죄로 고소되었다.
2　The rain caused the river to _____. 비가 와서 강이 범람했다.
3　He was fired for _____ing a customer. 그는 고객을 모욕해 해고되었다.
4　The two cars _____(e)d head-on in thick fog. 차 두 대가 짙은 안개 속에서 정면충돌했다.
5　The tests are designed to _____ the disease early.
　　그 검사는 질병을 조기 발견하기 위해 고안된 것이다.
6　She wants to stay at home and _____ her children.
　　그녀는 집에 있으면서 아이들을 양육하고 싶어 한다.
7　What is the best and fairest way to _____ students?
　　학생들을 평가하는 가장 좋고 공정한 방법은 무엇일까?

F 같은 모양, 다른 의미

1　an admission of defeat
　　those applying for admission to university
2　The study demonstrates the link between poverty and malnutrition.
　　Thousands of people gathered to demonstrate against the war.
3　a faint light
　　Suddenly the woman in front of me fainted.
4　a pile of foul-smelling garbage
　　He committed three fouls by half-time.

G 반갑다 기능어야! 익힌 후, 빈칸에 알맞은 기능어 넣기

No one has tasted the full flavor of life _____ he has known poverty and love.
가난과 사랑을 알게 되기까지는 아무도 인생의 참맛을 충분히 맛보지 못한 것이다.

오늘의 dessert | *Easier said than done.* 행하기보다 말하기가 더 쉽다.

Answers

D 1 glow　2 colleague　3 voyage　4 bay　　E 1 accuse　2 overflow　3 insult　4 collide　5 detect　6 nurture　7 evaluate　　F 1 패배의 인정(인정) / 대학 입학 지원자들(입학 허가)　2 그 연구는 빈곤과 영양실조의 연관성을 입증한다.(입증하다) / 수천 명의 사람들이 반전 시위를 하려고 모였다.(시위하다)　3 희미한 빛(희미한) / 갑자기 내 앞에 있는 여자가 기절했다.(기절하다)　4 역겨운 냄새가 나는 쓰레기 더미(역겨운) / 그는 하프 타임까지 3개의 반칙을 범했다.(반칙)　G until[till]

193

명사	01 **celebrity** [səlébrəti]	❶유명인[명사](= star) ❷ 명성 • 각계각층의 유명인들 _____ies from all walks of life
	02 **autograph** [ɔ́ːtəɡræf]	유명인의 서명[사인] **비교** autobiography 명 자서전 • 사인을 받다 to get an _____
	03 **accountant** [əkáuntənt]	회계사 *account 명❶계좌, (-s) 회계 ❷설명 동❶차지하다 ❷설명하다 • 공인 회계사 a Certified Public A_____[CPA]
	04 **profession** [prəféʃən]	전문직 *professional 형 전문직[전문가]의 명 전문직 종사자[프로] • 법률직 the legal _____
	05 **mammal** [mǽməl]	포유류 • 고래는 포유류이다. Whales are _____s.
	06 **appliance** [əpláiəns]	가전제품 • 가전제품 domestic[household] _____s
	07 **canal** [kənǽl]	운하, 수로(= waterway) • 관개 수로 an irrigation _____
	08 **subscription** [səbskrípʃən]	정기 구독(료) *subscribe 동 정기 구독하다 • 정기 구독을 하다 to take out a _____
	09 **criticism** [krítəsìzm]	비판[비난/비평] *criticize 동 비판[비난/비평]하다 *critic 명 비평가 *critical 형 비판적인, 중대한 • 비판을 받아들이다 to accept[take] _____
	10 **phenomenon** [finámənàn]	(복수 phenomena) 현상 • 자연 현상 a natural _____
명사·동사	11 **beam** [biːm]	명 광선 동❶비추다[방송하다] ❷환히 미소 짓다 • 레이저 광선 a laser _____
	12 **charm** [tʃɑːrm]	동 매혹하다 명 매력 *charmed 형 매혹된 *charming 형 매혹적인 • 매우 매력적인 여성 a woman of great _____
	13 **halt** [hɔːlt]	동 멈추다[정지하다] 명 정지 *halting 형 더듬거리는, 멈칫거리는 • 정지하다 to come to a _____
	14 **highlight** [háilàit]	동 두드러지게 하다[강조하다] 명 주요 부분 • 교육의 필요성을 강조하다 to _____ the need for education
동사	15 **grind** [ɡraind]-ground-ground	갈다[빻다] *grinder 명 분쇄기 • 커피를 갈다 to _____ coffee
	16 **hop** [hɑp]	(한 발로) 깡충깡충 뛰다 • 오른발로 깡충깡충 뛰다 to _____ on your right foot

17 **excel** [iksél]	뛰어나다[탁월하다] *excellence 몡뛰어남[탁월함] *excellent 혱뛰어난[탁월한] • 외국어에 뛰어나다 to _____ at foreign languages	

17 excel
[iksél]

뛰어나다[탁월하다]
*excellence 몡뛰어남[탁월함]　*excellent 혱뛰어난[탁월한]
• 외국어에 뛰어나다 to _____ at foreign languages

18 flatter
[flǽtər]

아첨하다, 돋보이게 하다　*flattery 몡아첨
• 너 내게 아첨하는 거니? Are you trying to _____ me?

19 irritate
[írətèit]

짜증나게 하다(= annoy)
*irritation 몡짜증　*irritated 혱짜증난　*irritating 혱짜증나게 하는
• 그게 정말 날 짜증나게 한다. It really _____ s me.

20 hesitate
[hézətèit]

망설이다[주저하다]　*hesitation 몡주저　*hesitatingly 뵘주저하며
• 잠시 망설이다 to _____ for a moment

21 hinder
[híndər]

방해[저해]하다　*hindrance 몡방해[저해]
• 수사[조사]를 방해하다 to _____ an investigation

22 improvise
[ímprəvàiz]

즉석에서 하다　*improvisation 몡즉석에서 하기[한 것]
• 즉흥 연설 an _____ d speech

형용사

23 simultaneous
[sàiməltéiniəs]

동시의
• 동시통역 _____ interpretation

24 fearful
[fíərfəl]

두려워하는, 무서운　*fear 몡두려움[공포] 동두려워하다
• 실패를 두려워하다 to be _____ of failure

25 envious
[énviəs]

부러워하는　*envy 동부러워하다 몡부러움
• 그의 성공을 부러워하다 to be _____ of his success

26 extensive
[iksténsiv]

대규모의[광범위한]
• 광범위한 연구 _____ research

27 consistent
[kənsístənt]

일관된(↔inconsistent)　*consistency 몡일관성
• 문제에 대한 일관된 접근법 a _____ approach to the problem

28 fluent
[flúːənt]

유창한[능숙한]　*fluency 몡유창성[능숙함]
• 영어가 유창하다 to be _____ in English

29 controversial
[kàntrəvə́ːrʃəl]

논란거리인[논란이 많은]　*controversy 몡논란
• 논란이 많은 문제[쟁점] a _____ issue

명사·형용사·부사

30 freelance
[fríːlæns]

혱뵘프리랜서[자유 계약자]의[로] 몡프리랜서[자유 계약자](= freelancer)
• 프리랜서 작가로 일하다 to work as a _____ writer
• 집에서 프리랜서로 일하다 to work _____ home

✔ 반갑다 기능어야! **since 전치사·부사·접속사**

1　~ 이후[이래] 죽
She has been sick **since** last Sunday. 그녀는 지난 일요일 이후 죽 앓아 왔다.
I have known her **since** she was a child. 나는 그녀를 어릴 때부터 죽 알고 지내고 있다.

2　~ 때문에
Let's do our best, **since** we can expect no help from others.
다른 사람들의 도움은 기대할 수 없으므로 최선을 다하자.

A 영어는 우리말로, 우리말은 영어로!

1	celebrity	16	회계사
2	autograph	17	전문직
3	beam	18	포유류
4	charm	19	가전제품
5	halt	20	운하, 수로
6	highlight	21	정기 구독(료)
7	hop	22	비판[비난/비평]
8	flatter	23	현상
9	irritate	24	갈다[빻다]
10	hesitate	25	뛰어나다[탁월하다]
11	improvise	26	방해[저해]하다
12	fearful	27	동시의
13	extensive	28	부러워하는
14	controversial	29	일관된
15	freelance	30	유창한[능숙한]

B 단어와 단어의 만남

1 TV celebrities
2 domestic appliances
3 a consistent approach
4 a controversial issue
5 a freelance designer

6 공인 회계사 a Certified Public A_____
7 사회적인 현상 a social p_____
8 관개 수로 an irrigation c_____
9 동시통역 s_____ interpretation
10 광범위한 연구 e_____ research

C [보기] 단어들 뜻 씹어 보고 들어갈 곳에 쏙!

| 보기 |　autograph　criticism　mammal　profession　subscription

1 All _____s have the backbone. 모든 포유류는 등뼈가 있다.

2 She has the _____ of every player in the team. 그녀는 그 팀 모든 선수들의 사인을 갖고 있다.

3 I decided to take out a(n) _____ to an English magazine.
　나는 영어 잡지를 정기 구독하기로 결정했다.

4 We should accept the _____ of others to develop ourselves.
　우리는 자신을 발전시키기 위해서 타인의 비판을 받아들여야 한다.

5 No success in _____ can be made without concentration, creativity and
　self-sacrifice. 전문직에서의 어떠한 성공도 집중, 창의력 그리고 자기희생 없이는 이루어질 수 없다.

Answers

A 앞면 참조 **B** 1 TV 유명인들 2 가전제품 3 일관된 접근법 4 논란이 많은 문제[쟁점] 5 프리랜서 디자이너 6 Accountant 7 phenomenon
8 canal 9 simultaneous 10 extensive **C** 1 mammal 2 autograph 3 subscription 4 criticism 5 profession

D 내 영어 실력?? 영영 사전 보는 정도!!!

|보기| excel halt hop irritate

1 to make angry or annoyed
2 to stop or make something stop
3 to move by a quick jump or series of jumps
4 to do something very well, or much better than most people

E [보기] 단어들 뜻 음미해 보고 빈칸 속에 풍당!

|보기| charm flatter grind hesitate hinder improvise

1 She _____(e)d before replying. 그녀는 대답하기 전에 망설였다.
2 Jazz musicians are good at _____ing. 재즈 음악가들은 즉흥 연주를 잘한다.
3 He was _____(e)d by her beauty and wit. 그는 그녀의 미모와 재치에 매혹되었다.
4 Could you _____ up some coffee for me? 커피 좀 갈아 주시겠습니까?
5 He always _____s her by praising her cooking.
그는 늘 그녀의 요리 솜씨를 칭찬하며 그녀에게 아첨한다.
6 A former injury _____(e)d him from playing his best.
이전 부상이 그가 최상으로 경기하는 것을 방해했다.

F 빈칸에 들어갈 알맞은 단어는?
1 They were e_____ of his success. 그들은 그의 성공을 부러워했다.
2 He was f_____ that he would fail. 그는 실패할까 두려워했다.
3 She is f_____ in English, French, and German.
그녀는 영어, 프랑스어 그리고 독일어가 유창하다.

G 같은 모양, 다른 의미
1 Your resume should highlight your skills and achievements.
One of the highlights of the trip was seeing the Taj Mahal.
2 a laser beam / She beamed with delight at his remarks.
The concert was beamed by satellite all over the world.

H 반갑다 기능어야! 익힌 후, 빈칸에 공통으로 알맞은 기능어 넣기
Many improvements have been made _____ this century began.
금세기가 시작된 이래 많은 개선이 이루어져 왔다.

You are only hurting yourself by hating, _____ the person you hate doesn't know
it. 증오하면 너 자신만 상할 뿐이다. 왜냐하면 네가 증오하는 사람은 그걸 모르기 때문이다.

오늘의 dessert | *Easy come, easy go.* 쉽게 들어온 것은 쉽게 나간다.(쉽게 얻은 것은 쉽게 잃는다.)

Answers
D 1 irritate 2 halt 3 hop 4 excel E 1 hesitate 2 improvise(improvising) 3 charm 4 grind 5 flatter 6 hinder F 1 envious
2 fearful 3 fluent G 1 이력서는 기술과 업적을 두드러지게 해야 한다.(두드러지게 하다) / 여행의 주요 부분 중 하나는 타지마할 관광이었다.(주요 부분) 2 레이저 광선(광선) / 그녀는 그의 발언을 듣고 기뻐서 환히 미소 지었다.(환히 미소 짓다) / 음악회는 위성으로 전 세계에 방송되었다.(방송하다)
H since

01 candidate
[kǽndidèit]
명사

후보자
· 대통령 후보자 a presidential _____

02 republic
[ripʌ́blik]

공화국
· 민주 공화국 a democratic _____

03 lumber
[lʌ́mbər]

목재(=timber)
· 목재 회사 a _____ company

04 suburb
[sʌ́bəːrb]

교외[근교]   *suburban 휑교외[근교]의
· 서울 근교 a _____ of Seoul

05 tuition
[tjuːíʃən]

❶ (개인[소그룹]) 수업[교습] ❷ 수업료[등록금](=tuition fees)
· 영어 (개인[소그룹]) 수업[교습]을 받다 to receive _____ in English

06 yearbook
[jíərbùk]

❶ 졸업 앨범 ❷ 연감
· 학교 졸업 앨범 a school _____

07 immigration
[ìməgréiʃən]

(입국) 이민, 이민자 수   *immigrate 통이주해 오다   *immigrant 명이민자
· 불법 이민을 규제하다 to control illegal _____

08 symptom
[símptəm]

증상[징후]
· 독감 증상 flu _____s

09 commerce
[káməːrs]

상업(=trade)
*commercial 휑상업의 명광고 방송   *e-commerce 명전자 상거래
· 상공업 _____ and industry

10 telecommunications
[tèləkəmjùːnəkéiʃənz]

(원거리) 통신
· 통신 산업 the _____ industry

11 blend
[blend]
명사·동사

통섞(이)다[혼합하다] 명혼합물
· 소금과 밀가루를 섞어라. _____ the salt and flour.

12 drain
[drein]

통물을 빼다[배수하다] 명배수구   *drainage 명배수 (시설)
· 수영장 물을 빼다 to _____ a swimming pool

13 doom
[duːm]

통(실패할/죽을) 운명이게 하다 명비운[죽음/파멸]
*be doomed to V[N] ~할 운명이다
· 죽을 운명이다 to be _____ed to die

14 scream
[skriːm]

통비명을 지르다(=shriek), 소리치다(=yell) 명비명
· 아파서 비명을 지르다 to _____ in[with] pain

15 await
[əwéit]
동사

기다리다
· 당신의 답신을 기다리겠습니다. I will _____ your reply.

16 cancel
[kǽnsəl]

취소하다   *cancellation 명취소
· 약속을 취소하다 to _____ an appointment

¹⁷ **worsen** [wɔ́ːrsn]	악화되다[악화시키다] • 상황을 악화시키다 to _____ the situation
¹⁸ **contaminate** [kəntǽmənèit]	오염시키다(=pollute) *contamination 명오염 • 식수를 오염시키다 to _____ drinking water
¹⁹ **dictate** [díkteit]	❶받아쓰게 하다 ❷명령[지시]하다 ❸결정하다 *dictation 명받아쓰기 • 그에게 편지를 받아쓰게 하다 to _____ a letter to him
²⁰ **supervise** [súːpərvàiz]	감독하다 *supervision 명감독 *supervisor 명감독관 • 건축 공사를 감독하다 to _____ building work
²¹ **negotiate** [nigóuʃièit]	협상[교섭]하다 *negotiation 명협상[교섭] • 테러리스트들과 협상하다 to _____ with terrorists

동사·형용사

²² **deliberate** 형[dilíbərət] 동[dilíbərèit]	형❶의도[계획]적인 ❷신중한 동숙고하다 • 의도적인 시도 a _____ attempt
²³ **idle** [áidl]	형❶한가한(↔busy) ❷게으른 동빈둥거리다 *idler 명게으름뱅이 • 게으른 학생 an _____ student

명사·형용사

²⁴ **principal** [prínsəpəl]	형주요한 명교장 비교 principle 명원칙[원리] • 주요 수출품 the _____ export
²⁵ **utmost** [ʌ́tmòust]	형최고의 명최대한 • 최고로 중요한 문제 a matter of the _____ importance

형용사

²⁶ **adequate** [ǽdikwət]	충분한[적당한](↔inadequate) • 충분한 영양 섭취 _____ nutrition
²⁷ **desirable** [dizáiərəbl]	바람직한(↔undesirable) *desire 명욕구[욕망] 동바라다 • 매우 바람직한 일자리 a highly _____ job
²⁸ **relevant** [réləvənt]	관련된[적절한](↔irrelevant) *relevance 명관련[적절]성 • 관련된 질문 a _____ question
²⁹ **superficial** [sùːpərfíʃəl]	피상[표면]적인 • 피상적인 이해 a _____ understanding
³⁰ **edible** [édəbl]	식용의(↔inedible) • 식용 버섯 an _____ mushroom

---

✅ **반갑다 기능어야!** **though[although] 접속사: (비록) ~일지라도[이지만]**

(Al)though everyone played well, we lost the game. 모두 잘 했지만 우리는 경기에서 졌다.
We finished first, **(al)though** we began last. 우리는 마지막에 시작했어도 처음으로 끝냈다.
Even though it costs me my life, I will do it. 비록 그게 내 목숨을 잃게 할지라도 난 그것을 할 거야.

*though 부사: 그렇지만[하지만]
  Our team lost. It was a good game **though**. 우리 팀이 졌다. 그렇지만 좋은 경기였다.

A 영어는 우리말로, 우리말은 영어로!

1	tuition	16	후보자
2	immigration	17	공화국
3	blend	18	목재
4	drain	19	교외[근교]
5	doom	20	졸업 앨범, 연감
6	scream	21	증상[징후]
7	worsen	22	상업
8	dictate	23	(원거리) 통신
9	deliberate	24	기다리다
10	idle	25	취소하다
11	principal	26	오염시키다
12	utmost	27	감독하다
13	adequate	28	협상[교섭]하다
14	relevant	29	바람직한
15	superficial	30	식용의

B 단어와 단어의 만남

1 a presidential candidate
2 the Republic of Korea
3 a lumber company
4 a school yearbook
5 commerce and industry
6 the telecommunications industry
7 an idle student

8 서울 근교 a s_____ of Seoul
9 수업료 t_____ fees
10 이민 정책 i_____ policy
11 독감 증상 flu s_____s
12 충분한 시간 a_____ time
13 관련된 질문 a r_____ question
14 식용 버섯 an e_____ mushroom

C [보기] 단어들 뜻 씹어 보고 들어갈 곳에 쏙!

|보기|	blend	doom	negotiate	scream	worsen

1 They refuse to _____ with terrorists. 그들은 테러리스트들과 협상하기를 거부한다.
2 We are all _____(e)d to die in the end. 우리 모두는 결국 죽을 운명이다.
3 _____ together the eggs, sugar and flour. 계란, 설탕 그리고 밀가루를 함께 섞어라.
4 The political situation is steadily _____ing. 정치 상황이 꾸준히 악화되고 있다.
5 He covered her mouth to stop her from _____ing.
그는 그녀의 입을 막아 그녀가 비명을 지르지 못하게 했다.

Answers

A 앞면 참조 **B** 1 대통령 후보자 2 대한민국 3 목재 회사 4 학교 졸업 앨범 5 상공업 6 통신 산업 7 게으른 학생 8 suburb 9 tuition 10 immigration 11 symptom 12 adequate 13 relevant 14 edible **C** 1 negotiate 2 doom 3 Blend 4 worsen 5 scream

D [보기] 단어들 뜻 음미해 보고 빈칸 속에 퐁당!

| 보기 | await   cancel   contaminate   drain   idle   supervise

1 He _____s the building work. 그는 건축 공사를 감독한다.

2 He's anxiously _____ing his test results. 그는 걱정스레 시험 결과를 기다리고 있다.

3 They _____(e)d the football game due to rain. 그들은 비 때문에 축구 경기를 취소했다.

4 He _____(e)d away the hours watching television.
그는 텔레비전을 보면서 몇 시간을 빈둥거렸다.

5 The drinking water has become _____(e)d with lead. 식수가 납으로 오염되었다.

6 The swimming pool is _____(e)d and cleaned every winter.
수영장은 겨울마다 물을 뺀 후 청소된다.

E 빈칸에 들어갈 알맞은 단어는?

1 This is a matter of the u_____ importance. 이것은 최고로 중요한 문제다.

2 Reducing class sizes in schools is a d_____ aim.
학교의 학급 크기를 줄이는 것은 바람직한 목표다.

3 I only have a s_____ understanding of physics.
난 단지 물리학에 대한 피상적인 지식을 갖고 있을 뿐이다.

F 같은 모양, 다른 의미

1 Oil is the country's principal source of income.
a small school with three teachers and the principal

2 He dictated a letter to his secretary.
Your job generally dictates where you live.

3 I deliberated over the decision.
She spoke in a slow and deliberate way.
It was a deliberate attempt to prevent the truth from being known.

G 반갑다 기능어야! 익힌 후, 빈칸에 공통으로 알맞은 기능어 넣기

_____ the world is full of suffering, it is full also of the overcoming of it.
세상은 고통으로 가득 차 있지만, 또한 그것을 이겨내는 일로도 가득 차 있다.

_____ no one can go back and make a new start, anyone can make a new
ending. 아무도 되돌아가 새로운 시작을 만들 수는 없어도, 누구든 새로운 끝을 만들 수는 있다.

오늘의 dessert | *A willing burden is no burden.* 기꺼이 지는 짐은 무겁지 않다.

Answers

D 1 supervise 2 await 3 cancel 4 idle 5 contaminate 6 drain E 1 utmost 2 desirable 3 superficial F 1 석유는 그 나라의 주요 수입원이다.(주요한) / 3명의 교사와 교장이 있는 작은 학교(교장) 2 그는 비서에게 편지를 받아쓰게 했다.(받아쓰게 하다) / 보통 직장에 따라 사는 곳이 결정된다.(결정하다) 3 난 그 결정에 대해 숙고했다.(숙고하다) / 그녀는 느리고 신중한 방식으로 이야기했다.(신중한) / 그것은 진실이 알려지지 못하게 하려는 의도적인 시도였다.(의도적인) G Though[Although]

명사

01 personnel
[pə̀:rsənél]

❶직원들[인원](= staff) ❷인사 부서　**비교** personal 형개인의
• 숙련된 직원들　skilled _____

02 pulse
[pʌls]

맥박
• 맥박을 재다　to take your _____

03 sensation
[senséiʃən]

❶감각[느낌] ❷센세이션[돌풍]　*sensational 형선정적인[놀라운]
• 불타는[화끈거리는] 느낌　a burning _____

04 sewage
[sú:idʒ]

하수　*sewer 명하수관
• 하수 처리　_____ treatment

05 allowance
[əláuəns]

❶수당, 용돈 ❷허용량
*allow 통허락[허용]하다　*make allowance 참작[감안]하다
• 수당[용돈]을 받다　to get an _____

06 workout
[wə́:rkàut]

운동[연습]　**비교** work out 통운동하다
• 가벼운 운동　a light _____

07 anniversary
[æ̀nəvə́:rsəri]

기념일
• 그들의 20주년 결혼기념일　their twentieth wedding _____

08 reconciliation
[rèkənsìliéiʃən]

화해, 조화　*reconcile 통조화시키다, 화해시키다
• 양측 간의 화해　a _____ between the two sides

명사·동사

09 remedy
[rémədi]

명❶치료(제) ❷해결책　동해결하다
• 약초[한방] 치료　a herbal _____

10 shield
[ʃi:ld]

명방패　동보호하다
• 인간 방패　a human _____

11 breed
[bri:d]-bred-bred

동❶번식하다 ❷사육[재배]하다　명품종
*breeding 명번식, 사육[재배]
• 새들은 봄에 번식한다.　Birds _____ in the spring.

12 bump
[bʌmp]

동부딪치다　명❶충돌 ❷혹
• 의자에 부딪치다　to _____ into a chair

13 spark
[spɑ:rk]

동❶촉발시키다[유발하다] ❷불꽃을 일으키다　명불꽃
• 항의[시위]를 일으키다　to _____ (off) protests

14 cease
[si:s]

동중단하다[그치다]　명중단
• 생산을 중단하다　to _____ production

동사

15 carve
[kɑ:rv]

새기다[조각하다], 썰다
• 책상 위에 이름을 새기다　to _____ your name on a desk

16 snap
[snæp]

❶딱 부러지다[소리를 내다] ❷스냅 사진을 찍다 ❸(동물이) 물려고 하다
• 잔가지가 똑 부러졌다.　A twig _____ped.

202

¹⁷ **cherish**
[tʃériʃ]

소중히 여기다[아끼다]
• 그 기억을 소중히 여기다 to _____ that memory

¹⁸ **deprive**
[dipráiv]

(~ A of B) (A에게서 B를) 빼앗다[박탈하다]
• 권리를 박탈당하다 to be _____d of your rights

¹⁹ **designate**
[dézignèit]

❶지명[지정]하다 ❷표시[표기]하다 *designation 명지명[지정]
• 국립 공원으로 지정되다 to be _____d as a National Park

²⁰ **anticipate**
[æntísəpèit]

예상[기대]하다 *anticipation 명예상[기대]
• 어려움을 예상하다 to _____ difficulties

명사·형용사

²¹ **lyric**
[lírik]

형서정시의 명❶서정시 ❷(-s) (노래) 가사 *lyricism 명서정성
• 서정시 _____ poetry

²² **vocal**
[vóukəl]

형❶목소리[발성]의 ❷목소리를 높이는 명성악
*vocalist 명(밴드의) 가수 *vocal cords 성대
• 발성 기관 the _____ organs

²³ **terminal**
[tə́ːrmənl]

형(병이) 말기[불치]의 명터미널[종점], 단말기
*terminate 동끝나다[종료하다]
• 말기 암 _____ cancer

형용사

²⁴ **beneficial**
[bènəfíʃəl]

유익한[이로운] *benefit 명이익[혜택] 동이익을 주다[얻다]
• 경제에 미치는 유익한 영향 the _____ effect on the economy

²⁵ **solitary**
[sálətèri]

❶혼자의, 고독을 즐기는 ❷유일한 *solitude 명혼자 살기[(즐거운) 고독]
• 혼자 하는 산책 a _____ walk

²⁶ **vain**
[vein]

❶자만심이 강한 ❷헛된 *in vain 헛되이 *vanity 명자만심
• 헛된 노력 a _____ effort

²⁷ **apparent**
[əpǽrənt]

❶명백한[분명한] ❷외관상[겉보기]의
• 명백한 이유 없이 for no _____ reason

²⁸ **trivial**
[tríviəl]

하찮은[사소한]
• 사소한 일[문제] a _____ matter

²⁹ **vertical**
[və́ːrtikəl]

수직의(↔horizontal 수평의)
• 수직선 a _____ line

³⁰ **undone**
[ʌndʌ́n]

❶풀린 ❷끝나지 않은 *undo 동풀다, 원상태로 돌리다
• 네 단추가 풀렸다. Your button has come _____.

☑ **반갑다 기능어야!** **whether 접속사**

1 **명사절: ~인지 어떤지**
It's doubtful **whether** there'll be any seats left. 남아 있는 자리가 있을지 의심스럽다.
I don't know **whether** to believe him or not. 나는 그를 믿어야 할지 말아야 할지 모르겠다.

2 **부사절: ~이든 아니든**
Whether we win or lose, we must play fairly. 우리는 이기든 지든 정정당당하게 싸워야 한다.

A 영어는 우리말로, 우리말은 영어로!

1	personnel	16	맥박
2	sensation	17	하수
3	remedy	18	수당[용돈], 허용량
4	breed	19	운동[연습]
5	bump	20	기념일
6	spark	21	화해, 조화
7	carve	22	방패, 보호하다
8	snap	23	중단(하다), 그치다
9	designate	24	소중히 여기다[아끼다]
10	vocal	25	빼앗다[박탈하다]
11	terminal	26	예상[기대]하다
12	solitary	27	서정시(의), (노래) 가사
13	vain	28	유익한[이로운]
14	apparent	29	하찮은[사소한]
15	undone	30	수직의

B 단어와 단어의 만남

1 a herbal remedy
2 sparks from the fire
3 a human shield
4 their wedding anniversary
5 a trivial matter

6 하수 처리　s_____ treatment
7 서정시　l_____ poetry
8 발성 기관　the v_____ organs
9 수직선　a v_____ line
10 말기 암　t_____ cancer

C [보기] 단어들 뜻 씹어 보고 들어갈 곳에 쏙!

|보기|	allowance　lyric　pulse　reconciliation　sensation　workout

1 The doctor took my _____. 의사가 나의 맥박을 쟀다.
2 Who wrote the _____s for this song? 누가 이 노래의 가사를 썼니?
3 He had a burning _____ in his arm. 그는 팔에 화끈거리는 느낌을 받았다.
4 His father gives him a monthly _____. 아버지는 그에게 매달 용돈을 주신다.
5 She does a 30-minute _____ every morning. 그녀는 매일 아침 30분간 운동을 한다.
6 The meeting achieved a _____ between the two groups.
그 모임이 두 집단 간의 화해를 이루었다.

Answers
A 앞면 참조 **B** 1 약초[한방] 치료 2 불꽃[불똥] 3 인간 방패 4 그들의 결혼기념일 5 사소한 일[문제] 6 sewage 7 lyric 8 vocal 9 vertical
10 terminal **C** 1 pulse 2 lyric 3 sensation 4 allowance 5 workout 6 reconciliation

D 내 영어 실력?? 영영 사전 보는 정도!!!

| 보기 | anticipate   bump   cease

1 to expect something to happen
2 to stop doing something or stop happening
3 to hit or knock against something, especially by accident

E [보기] 단어들 뜻 음미해 보고 빈칸 속에 풍덩!

| 보기 | breed   carve   cherish   deprive   designate   snap   spark

1 He _____(e)d the chalk in two. 그는 분필을 두 개로 똑 부러뜨렸다.
2 Most of birds _____ in the spring. 대부분의 새들은 봄에 번식한다.
3 I still _____ the memory of that day. 난 아직도 그날의 추억을 소중히 여긴다.
4 This area has been _____(e)d as a National Park. 이 지역은 국립 공원으로 지정되었다.
5 His comment _____(e)d off a quarrel between them.
  그의 논평이 그들 사이의 말다툼을 일으켰다.
6 He claimed that he had been _____(e)d of his rights.
  그는 자신의 권리를 박탈당했다고 주장했다.
7 The statue was _____(e)d out of a single piece of stone.
  그 조각상은 돌 한 덩어리로 조각되었다.

F 빈칸에 들어갈 알맞은 단어는?
1 A good diet is b_____ to health. 좋은 음식은 건강에 이롭다.
2 This fact is a_____ to everybody. 이 사실은 모두에게 분명하다.
3 She led a s_____ life but was seldom lonely. 그녀는 혼자 살았지만 좀처럼 외롭지 않았다.

G 같은 모양, 다른 의미
1 skilled[trained] personnel / the personnel department
2 She is vain about her beauty.
  He made a vain attempt to escape.
3 Your shirt button has come undone.
  Most of the work had been left undone.

H 반갑다 기능어야! 익힌 후, 빈칸에 알맞은 기능어 넣기
The test of our progress is _____ we provide enough for those who have too
little. 진보를 판단하는 기준은 우리가 너무 없는 사람들에게 충분히 주는지 아닌지이다.

오늘의 dessert | *Don't cry before you are hurt.* 다치기도 전에 울지 마라.(미리 겁먹지 마라.)

Answers
D 1 anticipate 2 cease 3 bump E 1 snap(snapped) 2 breed 3 cherish 4 designate 5 spark 6 deprive 7 carve
F 1 beneficial 2 apparent 3 solitary G 1 숙련된[교육받은] 직원들(직원들) / 인사부(인사 부서) 2 그녀는 자신의 미모에 대해 자만심이 강하다.
(자만심이 강한) / 그는 탈출하려는 헛된 시도를 했다.(헛된) 3 네 셔츠 단추가 풀렸다.(풀린) / 대부분의 일이 끝나지 않은 채 남아 있었다.(끝나지 않은)
H whether

명사

01 dawn
[dɔːn]

새벽(=daybreak)
• 새벽에 at _____

02 adversity
[ədvə́ːrsəti]

역경　*adverse 혱부정적인[불리한]
• 역경에 맞서는 용기 courage in the face of _____

03 liver
[lívər]

간
• 간암 _____ cancer

04 microscope
[máikrəskòup]

현미경
• 전자 현미경 an electronic _____

05 outlet
[áutlet]

❶발산[배출] 수단 ❷아웃렛[할인점] ❸콘센트 ❹배출구
• 스트레스 발산 수단 an _____ for stress

06 jail
[dʒeil]

감옥[교도소](=prison)　*jailer 혱간수[교도관]
• 감옥에 가다 to go to _____

07 mural
[mjúərəl]

벽화
• 고분 벽화 an ancient tomb _____

08 souvenir
[sùːvəníər]

기념품
• 기념품 가게 a _____ shop

09 perspective
[pərspéktiv]

❶관점[시각](=view) ❷원근법
• 국제적 시각에서 from an international _____

10 nonsense
[nánsens]

말도 안 되는 것
• 그건 말도 안 돼. That's a _____.

11 usage
[júːsidʒ]

❶(언어의) 용법[어법] ❷사용(량)　*use 통명사용(하다)
• 현대 영어 용법 modern English _____

명사·동사

12 bandage
[bǽndidʒ]

몡붕대 통붕대를 감다
• 그의 다리를 붕대로 감다 to wrap his leg in a _____

13 blossom
[blásəm]

몡꽃 통꽃이 피다
• 벚꽃들 cherry _____s

14 flock
[flɑk]

몡(새·양의) 떼, 군중 통떼 지어 가다
• 양 떼 a _____ of sheep

15 litter
[lítər]

몡쓰레기 통어지르다
• 쓰레기를 버리다 to drop _____

16 shrug
[ʃrʌg]

통(어깨를) 으쓱하다 몡(어깨를) 으쓱하기
• 어깨를 으쓱하다 to _____ your shoulders

17 sigh
[sai]

동 한숨짓다 명 한숨
• 안도의 한숨을 쉬다 to _____ with relief

18 shrink
[ʃriŋk]-shrank-shrunk

줄어들다[줄어들게 하다] *shrinkage 명 수축[감소]
• 세탁으로 줄어들다 to _____ in the wash

19 soar
[sɔːr]

높이 오르다[치솟다]
• 치솟는 물가 _____ing prices

20 reap
[riːp]

거두다[수확하다]
• 보상을 받다 to _____ rewards

21 correspond
[kɔ̀ːrəspánd]

❶ 일치하다[해당하다] ❷ 소식을 주고받다
*correspondence 명 서신 (왕래), 관련성 *correspondent 명 통신원
• 그들의 진술이 일치하지 않는다. Their statements don't _____.

22 originate
[ərídʒənèit]

비롯되다[시작하다] *origin 명 기원[출신]
*original 형 원래의, 독창적인 *originality 명 독창성
• 그 관습은 한국에서 비롯됐다. The custom _____d in Korea.

23 chilly
[tʃíli]

쌀쌀한[차가운] *chill 명 냉기[한기] 동 차게[춥게] 하다
• 쌀쌀한 아침 a _____ morning

24 parental
[pəréntl]

부모의 *parent 명 부모
• 부모의 책임 _____ responsibility

25 innate
[inéit]

타고난[선천적인]
• 선천적인 학습 능력 the _____ ability to learn

26 profound
[prəfáund]

깊은[심오한]
• 깊은 통찰 a _____ insight

27 peculiar
[pikjúːljər]

❶ 이상한(= strange) ❷ 특유의[독특한](= unique)
• 이상한 느낌 a _____ feeling

28 monotonous
[mənátənəs]

단조로운
• 단조로운 목소리 a _____ voice

29 messy
[mési]

지저분한[엉망인] *mess 명 엉망 동 (~ up) 망치다
• 지저분한 방 a _____ room

30 random
[rǽndəm]

닥치는 대로[무작위]의
• 무작위 표본 a _____ sample

💚 반갑다 기능어야!   **unless 접속사: (만약) ~이 아니면[하지 않으면](= if ~ not)**

You are never defeated **unless** you give up. 포기하지 않으면 결코 패배하지 않는 거야.
Never say anything **unless** it is kind, necessary and true.
친절하고 필요하고 참되지 않으면 절대 아무 말도 하지 마.
We could not survive **unless** we gave up our wasteful culture.
우리는 낭비하는 문화를 포기하지 않는다면 살아남지 못할 거야.

A 영어는 우리말로, 우리말은 영어로!

1	outlet	16	새벽
2	perspective	17	역경
3	nonsense	18	간
4	usage	19	현미경
5	bandage	20	감옥[교도소]
6	blossom	21	벽화
7	flock	22	기념품
8	litter	23	한숨(짓다)
9	shrug	24	거두다[수확하다]
10	shrink	25	쌀쌀한[차가운]
11	soar	26	부모의
12	correspond	27	타고난[선천적인]
13	originate	28	깊은[심오한]
14	peculiar	29	단조로운
15	random	30	지저분한[엉망인]

B 단어와 단어의 만남

1 parental responsibility
2 a profound insight
3 monotonous work
4 a messy room
5 a random sample
6 간암 l_____ cancer
7 기념품 가게 a s_____ shop
8 벚꽃들 cherry b_____s
9 쌀쌀한 아침 a c_____- morning
10 선천적 능력 an i_____ ability

C [보기] 단어들 뜻 씹어 보고 들어갈 곳에 쏙!

|보기| originate reap shrink(shrank) shrug sigh soar

1 She _____(e)d with relief. 그녀는 안도의 한숨을 쉬었다.
2 My sweater _____ in the wash. 내 스웨터가 빨래해서 오그라들었다.
3 The rocket _____(e)d up into the air. 로켓이 공중으로 높이 치솟았다.
4 Those who work hard _____ the rewards. 열심히 일하는 사람들은 보상을 받는다.
5 "I don't know," he replied, _____ing his shoulders.
   "모르겠어." 그가 어깨를 으쓱하며 대답했다.
6 The style of architecture _____(e)d with the ancient Greeks.
   그 건축 양식은 고대 그리스인들에게서 비롯되었다.

D 내 영어 실력?? 영영 사전 보는 정도!!!

| 보기 | dawn   flock   mural

1 a picture painted on a wall
2 a group of sheep, goats, or birds
3 the time of day when light first appears

E [보기] 단어들 뜻 음미해 보고 빈칸 속에 퐁당!

| 보기 | adversity   bandage   jail   microscope   nonsense

1 He was arrested and sent to _____. 그는 체포되어 감옥에 보내졌다.
2 He wrapped a _____ around his knee. 그는 무릎 주위를 붕대로 감았다.
3 She showed courage in the face of _____. 그녀는 역경에 맞서 용기를 보여 주었다.
4 Each sample was examined through a _____. 각 샘플이 현미경으로 검사되었다.
5 It is _____ to say that mistakes are never made.
   실수가 절대 없다고 말하는 건 말도 안 된다.

F 빈칸에 공통으로 들어갈 알맞은 단어는?

1 an international _____ 국제적 시각
   the artist's use of _____ 예술가의 원근법 사용
2 an _____ for stress 스트레스 발산 수단
   a furniture _____ 가구 할인점   an electrical _____ 전기 콘센트

G 같은 모양, 다른 의미

1 the Internet usage rate / a book on modern English usage
2 Anyone caught dropping litter will be fined.
   His desk was littered with books and papers.
3 His actions do not correspond with his words.
   They corresponded regularly for many years.
4 I had a peculiar feeling that I had been there before.
   the strong flavor that is peculiar to garlic

H 반갑다 기능어야! 익힌 후, 빈칸에 알맞은 기능어 넣기

You cannot discover new oceans _____ you have courage to lose sight of the shore. 해안을 떠날 수 있는 용기가 없으면 새로운 바다를 발견할 수 없어.

오늘의 dessert | *Birds of a feather flock together.* 깃이 같은 새는 함께 모인다.(유유상종(類類相從))

Answers

D 1 mural 2 flock 3 dawn E 1 jail 2 bandage 3 adversity 4 microscope 5 nonsense F 1 perspective 2 outlet G 1 인터넷 사용률(사용) / 현대 영어 용법에 관한 책(용법) 2 쓰레기를 버리다 잡히는 사람은 벌금에 처해질 것이다.(쓰레기) / 그의 책상은 책과 서류로 어질러져 있었다.(어지르다) 3 그의 행동은 말과 일치하지 않는다.(일치하다) / 그들은 오랫동안 정기적으로 소식을 주고받았다.(소식을 주고받다) 4 난 전에 거기에 가 본 적이 있는 것 같은 이상한 느낌이 들었다.(이상한) / 마늘 특유의 강한 맛(특유의) H unless

209

명사
01 **equator**
[ikwéitər]

(the ~) 적도
• 적도 근처의 마을 a village near the _____

02 **bullet**
[búlit]

총알
• 총상 a _____ wound

03 **gender**
[dʒéndər]

(사회적) 성(=sex)
• 성차 a _____ difference

04 **tactic**
[tǽktik]

(-s) 전술[전략/작전]   *tactical 형 전술[작전]의
• 지연작전 delaying _____s

05 **congestion**
[kəndʒéstʃən]

혼잡, 막힘   *congested 형 혼잡한, 막힌
• 교통 혼잡 traffic _____

06 **division**
[divíʒən]

❶분할[분열] ❷나눗셈 ❸부서   *divide 통 나누다[나뉘다], 분할하다
• 세포 분열 cell _____

07 **extent**
[ikstént]

정도[범위], 길이[크기]
• 어느 정도는 to some[a certain] _____

08 **errand**
[érənd]

심부름
• 심부름을 하다 to run an _____

09 **conscience**
[kánʃəns]

양심
• 그건 양심의 문제다. It's a matter of _____.

명사
동사
10 **dismay**
[disméi]

명 실망[낙담] 통 실망[낙담]시키다   *dismayed 형 실망[낙담]한
• 실망스럽게도 to your _____

11 **project**
명[prádʒekt] 통[prədʒékt]

명 프로젝트[계획/기획] 통 계획[기획]하다, 비추다[투사/투영하다]
*projection 명 투사[투영]
• 연구 조사 계획 a research _____

12 **transplant**
통[trænsplǽnt]
명[trǽnsplæ̀nt]

통 이식하다[옮겨 심다] 명 이식
• 심장 이식 a heart _____

13 **substitute**
[sʌ́bstətjùːt]

통 (~ A for B) (B) 대신 (A를) 사용하다, (~ for) 대신하다
명 대용품, 교체 선수
• 버터 대신 마가린을 사용하다 to _____ margarine for butter

14 **mimic**
[mímik]-mimicked-mimicked

통 흉내 내다[모방하다] 명 흉내를 잘 내는 사람
• 그는 늘 선생님들을 흉내 낸다. He's always _____king the teachers.

동사
15 **squeeze**
[skwíːz]

❶짜(내)다[꽉 쥐다] ❷밀어 넣다
• 치약 튜브를 짜다 to _____ a toothpaste tube

16 **stumble**
[stʌ́mbl]

❶비틀거리다 ❷말을 더듬다
• 돌에 걸려 비틀거리다 to _____ over a stone

¹⁷ **shave**
[ʃéiv]

면도하다[깎다]
• 턱수염을 깎다 to _____ off your beard

¹⁸ **offend**
[əfénd]

❶불쾌하게 하다 ❷범죄를 저지르다
*offense 몡범죄, 모욕, 공격(진)   *offensive 옝모욕적인, 공격의
• 그의 발언에 불쾌해지다 to be _____ed by his remark

¹⁹ **violate**
[váiəlèit]

위반하다, 침해하다   *violation 몡위반, 침해
• 형법을 위반하다 to _____ criminal law

²⁰ **transmit**
[trænsmít]

전송[방송]하다   *transmission 몡전송[방송], 전염
• 생방송되다 to be _____ted live

²¹ **acknowledge**
[æknálidʒ]

❶인정하다 ❷감사를 표하다 ❸받았음을 알리다
• 일반적으로 인정된 사실 a generally _____d fact

형용사 ²² **thorough**
[θə́:rou]

철저한   *thoroughly 옘완전히[철저히]   뷔교 through 젠옘~을 (관)통하여
• 철저한 조사 a _____ investigation

²³ **priceless**
[práislis]

매우 값비싼[귀중한]   *price 몡값[가격], 대가 옽값[가격]을 매기다
• 매우 값비싼 그림 a _____ painting

²⁴ **marvelous**
[má:rvələs]

경탄할 만한[멋진](=wonderful)
*marvel 옽경이로워하다[경탄하다] 몡경이
• 멋진 공연 a _____ performance

²⁵ **noticeable**
[nóutisəbl]

뚜렷한[현저한]   *notice 옽알아차리다, 주목하다 몡주목, 공고[통지]
• 뚜렷한 향상 a _____ improvement

²⁶ **modest**
[mádist]

❶겸손한 ❷적당한[그리 크지 않은]   *modesty 몡겸손
• 당신은 너무 겸손하시네요! You're too _____!

²⁷ **neutral**
[njú:trəl]

중립의   *neutrality 몡중립
• 중립국 a _____ nation

²⁸ **literal**
[lítərəl]

문자 그대로의   뷔교 literary 옝문학의   *literate 옝읽고 쓸 수 있는
• 문자 그대로의 번역[직역] a _____ translation

²⁹ **ongoing**
[ángòuiŋ]

진행 중인
• 진행 중인 논의 an _____ discussion

³⁰ **inclined**
[inkláind]

❶(~의) 경향이 있는 ❷~하고 싶어 하는   *incline 옽(마음이) 기울다
• 그는 게으른 경향이 있다. He's _____ to be lazy.

❤ 반갑다 기능어야!   **what** 의문사·관계대명사: 무엇[무슨], ~하는 것

Misfortunes tell us **what** fortune is. 불행이 우리에게 행복이 무엇인지 가르쳐 준다.
Don't put off for tomorrow **what** you can do today. 오늘 할 일을 내일로 미루지 마라.
Do **what** you can, with **what** you have, where you are.
그대가 있는 곳에서, 그대가 가진 것으로, 그대가 할 수 있는 최선의 일을 하라.

211

A 영어는 우리말로, 우리말은 영어로!

1	division	16	적도
2	extent	17	총알
3	dismay	18	(사회적) 성
4	project	19	전술[전략/작전]
5	substitute	20	혼잡, 막힘
6	mimic	21	심부름
7	squeeze	22	양심
8	stumble	23	이식(하다)
9	offend	24	면도하다[깎다]
10	transmit	25	위반하다, 침해하다
11	acknowledge	26	철저한
12	priceless	27	뚜렷한[현저한]
13	marvelous	28	중립의
14	modest	29	문자 그대로의
15	inclined	30	진행 중인

B 단어와 단어의 만남

1 military tactics
2 a matter of conscience
3 a noticeable improvement
4 a literal translation
5 a priceless work of art
6 an ongoing discussion

7 총상 a b_____ wound
8 성차 a g_____ difference
9 교통 혼잡 traffic c_____
10 세포 분열 cell d_____
11 심장 이식 a heart t_____
12 철저한 조사 a t_____ investigation

C [보기] 단어들 뜻 씹어 보고 들어갈 곳에 쏙!

| |보기| | acknowledge | offend | squeeze | transmit | violate |

1 He _____(e)d the need for reform. 그는 개혁의 필요성을 인정했다.
2 She did not mean to _____ anyone. 그녀는 누구를 불쾌하게 하려고 의도한 것은 아니었다.
3 They were arrested for _____ing criminal law. 그들은 형법을 위반해 체포되었다.
4 I _____(e)d the toothpaste tube, but nothing came out.
난 치약 튜브를 짰지만 아무것도 나오지 않았다.
5 The World Cup final will be _____(e)d live via satellites.
월드컵 결승전은 위성으로 생방송될 것이다.

Answers

A 앞면 참조 **B** 1 군사 전술[전략] 2 양심의 문제 3 뚜렷한 향상 4 문자 그대로의 번역[직역] 5 매우 값비싼 예술품 6 진행 중인 논의 7 bullet
8 gender 9 congestion 10 division 11 transplant 12 thorough **C** 1 acknowledge 2 offend 3 violate(violating) 4 squeeze
5 transmit(transmitted)

D 내 영어 실력?? 영영 사전 보는 정도!!!

|보기|	mimic	shave	substitute

1 to copy the way someone speaks or behaves

2 to cut off hair from the skin on your face, legs etc.

3 to use something or someone instead of another thing or person

E [보기] 단어들 뜻 음미해 보고 빈칸 속에 풍당!

|보기|	dismay	equator	errand	extent

1 To what _____ can he be trusted? 어느 정도까지 그를 신뢰할 수 있는가?

2 It is often very hot near the _____. 적도 부근은 흔히 매우 덥다.

3 He often runs _____s for his grandmother. 그는 종종 할머니 심부름을 한다.

4 To her _____, her name was not on the list. 실망스럽게도 그녀의 이름은 명단에 없었다.

F 빈칸에 들어갈 알맞은 단어는?

1 This will be a m_____ opportunity for you. 이건 네게 멋진 기회가 될 것이다.

2 Journalists are supposed to be politically n_____.
언론인들은 정치적으로 중립적이어야 한다.

G 같은 모양, 다른 의미

1 a building project
Laser images were projected onto a screen.

2 The child stumbled and fell.
In her nervousness she stumbled over her words.

3 She's very modest about her success.
a modest house with a small garden

4 He's inclined to be lazy.
He writes only when he feels inclined to.

H 반갑다 기능어야! 익힌 후, 빈칸에 공통으로 알맞은 기능어 넣기

It is not who is right, but _____ is right, that is of importance.

중요한 것은 누가 옳은지가 아니라 무엇이 옳은지이다.

_____ is essential can be seen not to the eye but with the heart.

본질적인 것은 눈에 보이는 게 아니라 마음으로 보이는 거야.

오늘의 dessert | *Better late than never.* 아무리 늦더라도 전혀 안 하는 것보다는 낫다.

Answers

D 1 mimic 2 shave 3 substitute E 1 extent 2 equator 3 errand 4 dismay F 1 marvelous 2 neutral G 1 건설 프로젝트(프로젝트[기획/계획]) / 레이저 이미지들이 화면에 비추어졌다.(비추다) 2 그 아이가 비틀거리다 넘어졌다.(비틀거리다) / 그녀는 초조해서 말을 더듬었다.(말을 더듬다) 3 그녀는 자신의 성공에 대해 매우 겸손하다.(겸손한) / 작은 정원이 있는 그리 크지 않은 집(그리 크지 않은) 4 그는 게으른 경향이 있다.(경향이 있는) / 그는 쓰고 싶을 때만 쓴다.(~하고 싶어 하는) H what[What]

수능 적중 영어 구문 60

41 추가 정보를 주는 관계사절: 주어, 관계사절, 동사 / , 관계사절

- 앞의 명사 또는 앞 내용 전부나 일부에 대해 추가 정보를 줄 때 쓴다.
- 추가 정보를 주는 관계사절 앞(뒤)에는 쉼표(,)를 쓴다.

John, who sits beside me, is very friendly.   John은 내 옆에 앉는데 매우 친절하다.

He emigrated to Australia, where he settled down as a cook.
그는 호주로 이민 갔는데, 거기서 그는 요리사로 정착했다.

He changed his mind, which made us very angry.
그는 마음을 바꿨는데, 그것이 우리를 매우 화나게 했다.

42 '때'를 나타내는 부사절 1

- when(~할 때), while(~하는 동안), before(~하기 전에), after(~한 후에) 등으로 때를 나타낸다.

When tears are in your eyes, I will dry them all.   네 눈에 눈물이 날 때, 내가 모두 닦아 줄게.

Strike while the iron is hot.   쇠는 달구어진 동안 쳐라.(쇠뿔도 단김에 빼라.)

We should bring peace before it is too late.   우리는 너무 늦기 전에 평화를 가져와야 한다.

After I talk to you, I always feel better.   나는 너와 이야기한 후에는 늘 기분이 나아져.

43 '때'를 나타내는 부사절 2

- till[until](~할 때까지), since(~한 이래), as soon as(~하자마자), once(일단 ~하면) 등으로 때를 나타낸다.

Wait till[until] you are called for.   데리러 갈 때까지 기다려라.

It's been over seventy years since the country was divided.   나라가 분단된 지 70년이 넘었다.

Once you start, you must finish it.   일단 시작하면 끝장을 봐야 한다.

44 '이유'를 나타내는 부사절

- because, since, as, now (that) 등으로 '~ 때문에[이니까]'를 뜻하는 이유를 나타낸다.

He succeeded because he did his best in everything.   그는 매사에 최선을 다했기 때문에 성공했다.

Since I'm not very busy, I can help you.   별로 바쁘지 않으니 나는 너를 도울 수 있어.

As he often lies, I don't like him.   그가 자주 거짓말을 해서 나는 그를 좋아하지 않는다.

Now (that) you're here, why not stay for dinner?   여기 왔으니 저녁 식사 하고 가지 그래?

45 '조건'을 나타내는 부사절

- if(~이면[하면]), unless(~하지 않으면), as[so] long as(~하는 한) 등으로 조건을 나타낸다.

If you need some time to be alone, try washing the dishes!
혼자 있을 시간이 좀 필요하면 설거지를 해 봐!

Unless the weather improves, we will have to cancel the game.
날씨가 나아지지 않는다면 우리는 경기를 취소해야 할 것이다.

You can use my phone as long as you speak shortly.   짧게 통화하기만 한다면 내 전화를 써도 좋다.

46 '대조'를 나타내는 부사절 1

- while, whereas, when 등으로 '～ 반면에[～이지만/～인데도]'를 뜻하는 대조를 나타낸다.

He likes sports, while I like books. 그는 스포츠를 좋아하는데 나는 책이 좋다.

Whereas children can learn easily, adults have a harder time.
아이들은 쉽게 배울 수 있는 반면에 어른들은 더 어렵게 배운다.

She claimed to be 18, when I know she's only 16.
그녀가 겨우 16살이라는 걸 내가 아는데도 그녀는 18살이라고 주장했다.

47 '대조'를 나타내는 부사절 2

- though, although, even though, even if 등으로 '(비록) ～일지라도[인데도]'를 뜻하는 대조를 나타낸다.

Though she is handicapped, she looks happy all the time.
그녀는 장애인인데도 항상 행복해 보인다.

She never gave up although her life was difficult. 그녀는 삶이 힘들었는데도 결코 포기하지 않았다.

Even if you don't like it, you must do it. 비록 좋아하지 않더라도 너는 그것을 해야 한다.

48 '방식'을 나타내는 부사절

- (just) as, (just) like, as if, as though 등으로 '(꼭) ～ 대로/(마치) ～ 처럼'을 뜻하는 방식을 나타낸다.

Be great in act as you are in thought. 생각에서 위대한 대로 행동에서도 위대하라.

You should do it like I show you. 내가 네게 보여 주는 대로 너는 그걸 해야 해.

(Just) as food nourishes our body, so do books nourish our mind.
음식이 몸에 영양분을 주는 것처럼, 책은 마음에 영양분을 준다.

I feel as if[though] I am flying high in the sky. 나는 하늘 높이 날고 있는 기분이야.

49 '목적'을 나타내는 부사절

- so that, so, that 등으로 '～하기 위하여[～하도록]'을 뜻하는 목적을 나타낸다.
- lest + 주어 + (should) V: ～하지 않기 위하여[～하지 않도록]

They have part-time jobs so (that) they can buy the things they want.
그들은 원하는 물건을 살 수 있도록 시간제 일을 한다.

He took a taxi (so) that he wouldn't be late. 그는 지각하지 않기 위해 택시를 탔다.

I hurried lest I should be late. 나는 늦지 않도록 서둘렀다.

50 '결과'를 나타내는 부사절

- 「so + 형용사/부사 (that) ~」, 「such + a + 형용사 + 명사 (that) ~」으로 '너무 ～해서 …하다'를 뜻하는 결과를 나타낸다.

I was so tired (that) I fell asleep in class. 나는 너무 피곤해서 수업 중에 잠들었다.

It was such a wonderful movie (that) I saw it five times.
그건 너무 훌륭한 영화여서 나는 다섯 번이나 보았다.

명사

01 duration
[djuréiʃən]

(지속) 기간
• 3년 기간의 계약 a contract of three years' _____

02 costume
[kástʃuːm]

(무대 · 시대 · 지방) 의상
• 할로윈 의상을 입은 아이들 children in their Halloween _____s

03 aisle
[ail]

(좌석 사이의) 긴 통로
• 통로 쪽 좌석 an _____ seat

04 barn
[bɑːrn]

곡식 창고[축사]
• 곡물을 곡식 창고에 저장하다 to store grain in a _____

05 basement
[béismənt]

지하실[지하층]
• 지하실로 내려가다 to go down to the _____

06 counterpart
[káuntərpɑ̀ːrt]

(대응 관계의) 상대
• 그 팀과 중국 상대 팀 the team and its Chinese _____

07 dialect
[dáiəlèkt]

사투리[방언]
• 지방 사투리 a local _____

08 interval
[íntərvəl]

간격
• 1시간 간격으로 at hourly _____s

09 consensus
[kənsénsəs]

합의[의견 일치]
• 합의에 이르다 to reach a _____

10 disgrace
[disgréis]

망신[수치](=dishonor)   *disgraceful 형 수치스러운
• 집안에 망신을 가져오다 to bring _____ on the family

11 destiny
[déstəni]

운명(=fate)   *destined 형 ~할 운명인, ~행(行)인
• 자신의 운명을 지배하다 to control your own _____

명사
동사

12 contract
명[kántrækt] 동[kəntrǽkt]

명 계약(서) 동 ❶수축[축소]하다 ❷(병에) 걸리다 ❸계약하다
*contraction 명 수축[축소]   *contractor 명 계약자
• 계약서에 서명하다 to sign a _____

13 dispute
[dispjúːt]

명 분쟁[논란] 동 반박하다, 다투다
• 법적 분쟁 a legal _____

14 shift
[ʃift]

동 ❶옮기다 ❷바꾸다[바뀌다] 명 ❶변화 ❷교대 근무
• 자세를 바꾸다 to _____ your position

15 reform
[rifɔ́ːrm]

동 개혁하다 명 개혁
*reformer 명 개혁가   *reformist 형 개혁적인 명 개혁가
• 제도를 개혁하다 to _____ a system

16 sneeze
[sniːz]

동 재채기를 하다 명 재채기
• 기침과 재채기 coughs and _____s

17 cooperate
[kouápərèit]

협력[협조]하다
*cooperation 명 협력[협조]   *cooperative 형 협조적인[협동의]
• 서로 협력하다 to _____ with each other

18 kneel
[ni:l]
-kneeled[knelt]-kneeled[knelt]

무릎을 꿇다   *knee 명 무릎
• 무릎을 꿇다 to _____ down

19 tremble
[trémbl]

떨다, 가볍게 흔들리다
• 내 손이 떨렸다. My hands _____d.

20 exploit
[iksplɔ́it]

❶ 착취하다 ❷ 개발[활용]하다   *exploitation 명 착취, 개발
• 외국인 노동자들을 착취하다 to _____ foreign workers

21 refine
[riːfáin]

❶ 개선하다 ❷ 정제하다   *refinement 명 개선, 정제
• 정유하다 to _____ oil

22 restore
[ristɔ́ːr]

복원[복구]하다, 회복하다   *restoration 명 복원[복구], 회복
• 신뢰를 회복하다 to _____ confidence

23 intent
[intént]

형 열중한, 결심한 명 의도   *intention 명 의도   *intentional 형 의도적인
• 일에 열중하다 to be _____ on your work

24 juvenile
[dʒúːvənl]

형 ❶ 청소년의 ❷ 유치한 명 청소년
• 청소년 범죄 _____ crime

25 auditory
[ɔ́ːdətɔ̀ːri]

청각의
• 청신경 the _____ nerve

26 intimate
[íntəmət]

친밀한   *intimacy 명 친밀함
• 친밀한 관계 an _____ relationship

27 furious
[fjúəriəs]

❶ 격노한 ❷ 격렬한   *fury 명 격노[분노]
• 그 결정에 격노하다 to be _____ at the decision

28 fundamental
[fʌ̀ndəméntl]

근본[기본]적인
• 근본적인 변화 a _____ change

29 immune
[imjúːn]

면역(성)의   *immunity 명 면역(력)   *immunize 동 면역하다
• 면역 체계 an _____ system

30 linguistic
[liŋgwístik]

언어(학)의   *linguistics 명 언어학   *linguist 명 언어학자
• 아동의 언어 발달 a child's _____ development

☑ **반갑다 기능어야!**   **when 의문부사 · 관계부사 · 접속사**

• 의문부사: 언제
  When do you believe[think] he can finish it? 그가 언제 그것을 끝낼 수 있다고 생각하니?

• 관계부사
  There are times **(when[that])** we are discouraged. 낙담할 때가 있는 법이다.

• 접속사: ~일[할] 때
  When you're feeling down, brush your teeth. 기분이 울적할 땐 이를 닦아 봐.

A 영어는 우리말로, 우리말은 영어로!

1	costume	16	(지속) 기간
2	aisle	17	지하실[지하층]
3	barn	18	사투리[방언]
4	counterpart	19	간격
5	contract	20	합의[의견 일치]
6	dispute	21	망신[수치]
7	shift	22	운명
8	sneeze	23	개혁(하다)
9	tremble	24	협력[협조]하다
10	exploit	25	무릎을 꿇다
11	refine	26	복원[복구]하다, 회복하다
12	intent	27	청각의
13	juvenile	28	친밀한
14	furious	29	면역(성)의
15	fundamental	30	언어(학)의

B 단어와 단어의 만남

1 an aisle seat
2 a legal dispute
3 juvenile crime
4 an intimate relationship
5 fundamental human rights

6 광대 의상 a clown c_____
7 지방 사투리 a local d_____
8 청각적 자극 a_____ stimuli
9 면역 체계 i_____ system
10 언어 발달 l_____ development

C [보기] 단어들 뜻 씹어 보고 들어갈 곳에 쏙!

|보기|	consensus	counterpart	destiny	disgrace	intent	interval

1 Buses leave at hourly _____(e)s. 버스는 1시간 간격으로 떠난다.

2 It was not his _____ to hurt anyone. 누군가를 해치려는 게 그의 의도는 아니었다.

3 Could we reach a(n) _____ on this matter? 우리가 이 문제에 대해 합의에 이룰 수 있을까요?

4 People want to control their own _____(e)s. 사람들은 자신의 운명을 지배하고 싶어 한다.

5 Their actions brought _____ on the whole country.
   그들의 행동이 나라 전체에 망신을 가져왔다.

6 The Foreign Minister held talks with his Chinese _____.
   외무부 장관이 중국 상대 장관과 회담을 가졌다.

Answers

A 앞면 참조 **B** 1 통로 쪽 좌석 2 법적 분쟁 3 청소년 범죄 4 친밀한 관계 5 기본적인 인권 6 costume 7 dialect 8 auditory 9 immune 10 linguistic **C** 1 interval 2 intent 3 consensus 4 destiny(destinies) 5 disgrace 6 counterpart

D 내 영어 실력?? 영영 사전 보는 정도!!!

| 보기 | barn   basement   duration

1   the length of time that something continues
2   a room in a building that is under the level of the ground
3   a large farm building for storing grain or keeping animals in

E [보기] 단어들 뜻 음미해 보고 빈칸 속에 퐁당!

| 보기 | cooperate   kneel(knelt)   reform   restore   sneeze   tremble

1   He _____s old paintings.   그는 오래된 그림들을 복원한다.
2   The dust was making him _____.   먼지 때문에 그는 재채기를 했다.
3   My legs were _____ing with fear.   무서워서 내 다리가 후들거렸다.
4   They _____(e)d the voting system.   그들은 투표 제도를 개혁했다.
5   She _____ down and began to pray.   그녀는 무릎을 꿇고 기도하기 시작했다.
6   They agreed to _____ with each other.   그들은 서로 협력하기로 동의했다.

F 빈칸에 들어갈 알맞은 단어는?
1   Hard work is f_____ to success.   근면은 성공에 필수적이다.
2   She was f_____ at having been deceived.   그녀는 속았다는 데 격분했다.

G 같은 모양, 다른 의미
1   Read the contract carefully before you sign it.
    He contracted malaria while he was traveling.
    In spoken English, 'do not' often contracts to 'don't'.
2   She works an eight-hour shift.
    She shifted her gaze from him to me.
3   the process of refining oil
    Car makers are constantly refining their designs.
4   We should not exploit foreign workers.
    The country's natural resources have not yet been fully exploited.

H 반갑다 기능어야! 익힌 후, 빈칸에 알맞은 기능어 넣기
A best friend is someone who loves you _____ you forget to love yourself.
최고의 친구는 네가 자신을 사랑하는 걸 잊고 있을 때 널 사랑해 주는 사람이야.

오늘의 dessert | *Cut your coat according to your cloth.*
천에 따라 코트를 잘라라.(분수에 맞게 살아라.)

Answers

D 1 duration   2 basement   3 barn   **E** 1 restore   2 sneeze   3 tremble(trembling)   4 reform   5 knelt   6 cooperate   **F** 1 fundamental   2 furious   **G** 1 서명하기 전에 계약서를 자세히 읽어라.(계약서) / 그는 여행하는 동안 말라리아에 걸렸다.((병에) 걸리다) / 구어 영어에서 'do not'은 흔히 'don't'로 축약된다.(축소하다)   2 그녀는 8시간씩 교대 근무를 한다.(교대 근무) / 그녀는 시선을 그에게서 나에게로 옮겼다.(옮기다)   3 정유 과정(정제하다) / 자동차 제조업자들은 끊임없이 디자인을 개선하고 있다.(개선하다)   4 우리는 외국인 노동자를 착취해선 안 된다.(착취하다) / 그 나라의 천연자원은 아직 완전히 개발되지 못했다.(개발하다)   **H** when

명사	**01 spectator** [spékteitər]	관객 *spectacle 명 장관[구경거리], (-s) 안경 • 환호하는 관객들 cheering _____s
	02 ankle [ǽŋkl]	발목 • 발목이 부러지다 to break your _____
	03 circuit [sə́:rkit]	❶ 회로 ❷ 순회 • 전기 회로 an electrical _____
	04 asset [ǽset]	자산 • 회사의 자산 a company's _____s
	05 artifact [ά:rtəfæ̀kt]	(도구·장신구·무기 등) 인공 유물 • 고대 이집트 인공 유물들 ancient Egyptian _____s
	06 circulation [sə̀:rkjuléiʃən]	❶ 혈액 순환 ❷ 유통 *circulate 동 순환하다, 유통하다 • 혈액 순환을 개선시키다 to improve the _____
	07 sociology [sòusiάlədʒi]	사회학 *sociologist 명 사회학자 *sociological 형 사회학의 • 사회학은 사회에 대한 연구다. _____ is the study of society.
	08 advent [ǽdvent]	출현[도래] • 새로운 과학 기술의 출현 the _____ of new technology
	09 reception [risépʃən]	환영회[축하연], 환영[반응] *receptionist 명 접수원 *receive 동 받다 • 환영회를 열다 to have[hold] a _____
	10 coincidence [kouínsidəns]	(우연의) 일치 *coincidental 형 우연의 일치인 *coincide 동 동시에 일어나다, 일치하다 • 정말 우연의 일치군요! What a _____!
명사·동사	**11 bias** [báiəs]	명 편견[편향](=prejudice) 동 편견을 갖게 하다 • 여성에 대한 편견 a _____ against women
	12 audition [ɔ:díʃən]	명 (배우·가수 선발) 오디션 동 오디션을 받다[하다] • 오디션에 통과하다 to pass an _____
	13 pound [paund]	명 파운드(무게·영국 화폐 단위) 동 세게 두드리다, (심장이) 쿵쿵 뛰다 • 문을 세게 두드리다 to _____ on the door
	14 quote [kwout]	동 인용하다 명 인용, 견적 *quotation 명 인용(문), 견적 • 셰익스피어를 인용하다 to _____ Shakespeare
동사	**15 exceed** [iksí:d]	초과하다[넘어서다] *excess 명 과도 형 초과한 *excessive 형 과도한 • 제한 속도를 초과하다 to _____ the speed limit
	16 exclude [iksklú:d]	제외[배제]하다(↔include) *exclusive 형 배타[독점]적인 *exclusion 명 제외[배제] • 음식에서 지방을 제외하다 to _____ fat from your diet

17 overhear
[òuvərhíər]
-overheard-overheard

엿듣다
• 그들의 대화를 엿듣다 to _____ their conversation

18 infer
[infə́:r]

추론[추리]하다   *inference 몡추론[추리]
• 문맥으로부터 의미를 추론하라. _____ the meaning from the context.

19 prevail
[privéil]

❶일반적이다[널리 퍼져 있다] ❷승리하다 ❸(~ on[upon]) 설득하다
*prevalent 혱일반적인[널리 퍼져 있는]   *prevalence 몡유행
• 정의가 승리하리라. Justice will _____.

20 perish
[périʃ]

(비명에) 죽다, 사라지다
• 화재로 죽다 to _____ in the fire

21 compound
몡혱[kámpaund]
몽[kəmpáund]

몡화합물 혱복합의 몽❶악화시키다 ❷혼합하다
• 화학 화합물 a chemical _____

22 duplicate
몽[djú:plikèit]
몡혱[djú:plikət]

몽복사[복제]하다(=copy), 되풀이하다 혱복사[복제]의 몡사본[복제품]
• 문서를 복사하다 to _____ a document

23 reverse
[rivə́:rs]

몽반대로 하다[뒤집다] 몡반대[역] 혱반대[역]의
• 결정을 뒤집다 to _____ a decision

24 fake
[feik]

몡❶모조품[가짜] ❷사기꾼 혱위조의 몽날조[위조]하다
• 위조 신분증 a _____ ID card

25 alert
[ələ́:rt]

혱경계하는[기민한] 몽알리다[경고하다] 몡경계경보, 경계 태세
• 경계하다 to stay _____

26 fragile
[frǽdʒəl]

부서지기 쉬운, 취약한[연약한]   *fragility 몡부서지기 쉬움, 허약
• 부러지기 쉬운 뼈들 _____ bones

27 flexible
[fléksəbl]

융통성 있는, 유연한(↔inflexible, rigid)   *flexibility 몡융통성[유연성]
• 유연한 접근법 a _____ approach

28 harmonious
[ha:rmóuniəs]

조화로운   *harmony 몡조화   *harmonize 몽조화를 이루다
• 조화로운 관계 a _____ relationship

29 habitual
[həbítʃuəl]

습관적인   *habit 몡습관
• 상습범 a _____ criminal

30 destined
[déstind]

❶~할 운명인[하기로 되어 있는] ❷~행인[가기로 되어 있는]
*destiny 몡운명   *destination 몡목적지
• 우리는 만날 운명이었다. We were _____ to meet.

☑ 반갑다 기능어야!   **how** 의문부사: 얼마나, 어떻게

You can't imagine **how** beautifully she did it. 너는 그녀가 얼마나 훌륭히 해냈는지 상상도 못할 거다.
It is hard to decide on **how** they should use money. 그들이 어떻게 돈을 사용해야 하는지를 결정하는 것은 어렵다.
I don't know **how** to love him. 난 그를 어떻게 사랑해야 할지 모르겠어요.

A 영어는 우리말로, 우리말은 영어로!

1	artifact	16	관객
2	reception	17	발목
3	bias	18	회로, 순회
4	audition	19	자산
5	pound	20	혈액 순환, 유통
6	infer	21	사회학
7	prevail	22	출현[도래]
8	perish	23	(우연의) 일치
9	compound	24	인용(하다)
10	duplicate	25	초과하다[넘어서다]
11	reverse	26	제외[배제]하다
12	fake	27	엿듣다
13	alert	28	융통성 있는, 유연한
14	fragile	29	조화로운
15	destined	30	습관적인

B 단어와 단어의 만남

1 cheering spectators

2 ancient Egyptian artifacts

3 a wedding reception

4 the advent of new technology

5 What a coincidence!

6 fragile bones

7 전기 회로 an electrical c_____

8 사회학 교수 a s_____ professor

9 유기 화합물 an organic c_____

10 위조 신분증 a f_____ ID card

11 상습범 a h_____ criminal

12 조화로운 관계 a h_____ relationship

C [보기] 단어들 뜻 씹어 보고 들어갈 곳에 쏙!

|보기|	ankle	asset	audition	bias	fake

1 The painting was judged a _____. 그 그림은 모조품으로 판명되었다.

2 Reporters must not show political _____. 기자는 정치적 편견을 보여서는 안 된다.

3 We found ourselves _____-deep in water.

우리는 발목 깊이의 물속에 있다는 걸 알았다.

4 A sense of humor is a great _____ in this business. 유머 감각은 이 일에서 큰 자산이다.

5 The director is holding _____s next week for the major parts.

감독이 주요 배역들을 뽑기 위해 다음 주에 오디션을 열 것이다.

Answers

A 앞면 참조 **B** 1 환호하는 관객들 2 고대 이집트 인공 유물들 3 결혼 피로연 4 새로운 과학 기술의 출현 5 정말 우연의 일치군요! 6 부러지기 쉬운 **뼈들** 7 circuit 8 sociology 9 compound 10 fake 11 habitual 12 harmonious **C** 1 fake 2 bias 3 ankle 4 asset 5 audition

D 내 영어 실력?? 영영 사전 보는 정도!!!

| 보기 | duplicate exceed perish quote

1 to copy something exactly
2 to die, especially in a terrible or sudden way
3 to be more than a particular number or amount
4 to repeat exactly what someone else has said or written

E [보기] 단어들 뜻 음미해 보고 빈칸 속에 퐁당!

| 보기 | compound exclude infer pound overhear(overheard) reverse

1 I _____ part of their conversation. 나는 그들의 대화 일부를 엿들었다.
2 _____ the meaning from the context. 문맥으로부터 의미를 추론하라.
3 He _____(e)d on the door with his fist. 그는 주먹으로 문을 세게 두드렸다.
4 The judge _____(e)d the original decision. 재판관은 원심을 뒤집었다.
5 Try _____ing sugar and fat from your diet. 음식에서 설탕과 지방을 제외해 보아라.
6 The country's problems were _____(e)d by severe food shortages.
　 그 나라의 문제들이 심각한 식량 부족으로 악화되었다.

F 빈칸에 들어갈 알맞은 단어는?

1 We were d_____ never to meet again. 우리는 결코 다시 만나지 못할 운명이었다.
2 Try to stay a_____ while driving at night. 야간 운전 중에는 경계하도록 해라
3 You need to be more f_____ in your approach. 넌 접근법에서 더 유연할 필요가 있다.

G 같은 모양, 다른 의미

1 Exercise improves the circulation.
　 the circulation of money/information
2 Those beliefs prevail among young people.
　 Common sense will prevail in the end.
　 She prevailed upon her father to say nothing.

H 반갑다 기능어야! 익힌 후, 빈칸에 공통으로 알맞은 기능어 넣기

Wisdom is not _____ much you know but _____ you use what you know.
지혜란 얼마나 많이 아느냐가 아니라 아는 걸 어떻게 이용하느냐이다.

오늘의 dessert | *Don't put all your eggs in one basket.* 한 바구니에 모든 계란을 담지 마라.

Answers

D 1 duplicate 2 perish 3 exceed 4 quote **E** 1 overheard 2 infer 3 pound 4 reverse 5 exclude(excluding) 6 compound
F 1 destined 2 alert 3 flexible **G** 1 운동은 혈액 순환을 개선시킨다.(혈액 순환) / 화폐/정보의 유통(유통) 2 그러한 믿음들은 젊은이들 사이에
널리 퍼져 있다.(널리 퍼져 있다) / 상식이 결국 승리할 것이다.(승리하다) / 그녀는 아버지가 아무 말도 하지 않게 설득했다.(설득하다) **H** how

명
사
01 refugee
[rèfjudʒíː]

난민　*refuge 명 피난(처)
• 난민 수용소 a _____ camp

02 fountain
[fáuntən]

❶분수 ❷원천　*fountain pen 만년필
• 공원 분수 a _____ in the park

03 harbor
[háːrbər]

항구
• 배가 항구를 떠났다. The ship left the _____.

04 scent
[sent]

향기(=fragrance)
• 장미 향기 the _____ of roses

05 affair
[əféər]

일, 문제, 사건
• 나의 사적인 일들 my private _____s

06 justice
[dʒʌ́stis]

❶정의(↔injustice) ❷사법[재판]　*just 형 공정한　*justify 동 정당화하다
• 정의감 a sense of _____

07 ambition
[æmbíʃən]

야망[야심]　*ambitious 형 야심 찬
• 야망을 이루다 to achieve your _____

08 meditation
[mèdətéiʃən]

명상　*meditate 동 명상하다, 숙고하다
• 기도와 명상 prayer and _____

09 absence
[ǽbsəns]

결석[부재], 결여[결핍](↔presence)　*absent 형 결석한[부재하는], 멍한
• 반복되는 학교 결석 repeated _____s from school

명
사
·
동
사
10 cage
[keidʒ]

명 새장[우리]　동 새장[우리]에 가두다
• 새장 속의 앵무새 a parrot in a _____

11 triumph
[tráiəmf]

명 승리(감)　동 승리하다　*triumphant 형 의기양양한
• 승리의 함성 a shout of _____

12 wind
동 [waind]-wound-wound
명 [wind]

동 ❶감다 ❷구불구불하다 ❸(~ up) 끝내다　명 바람
비교 wound[wuːnd] 명 상처[부상] 동 상처를 입히다
• 구불구불한 길 a _____ing path

13 grasp
[græsp]

동 ❶붙잡다[꽉 쥐다] ❷파악하다　명 ❶붙잡음[꽉 쥠] ❷이해력
• 그녀의 손을 꽉 잡다 to _____ her hand

동
사
14 attain
[ətéin]

❶성취[달성]하다 ❷이르다[도달하다]
*attainment 명 성취[달성], 도달　*attainable 형 이룰[달성할] 수 있는
• 목표를 달성하다 to _____ your goal

15 foretell
[fɔːrtél]-foretold-foretold

예언하다(=predict, forecast, foresee)
• 미래를 예언하다 to _____ the future

16 graze
[greiz]

(동물이) 풀을 뜯어 먹다　*overgraze 동 과잉 방목하다
• 젖소들이 풀을 뜯고 있다. The cows are _____ing.

17 splash [splæʃ]	(물을) 튀(기)다[끼얹다/첨벙거리다] • 물을 얼굴에 끼얹다 to _____ water on your face
18 instruct [instrʌ́kt]	❶ 지시하다 ❷ 가르치다 *instruction 명(-s) 설명서, 지시 *instructor 명강사 • 그에게 기다리라고 지시하다 to _____ him to wait
19 inherit [inhérit]	상속받다[물려받다] *inheritance 명유산, 유전 • 상속받은 재산 _____ed wealth
20 nourish [nə́ːriʃ]	영양분을 공급하다 *nourishment 명영양분[자양분] • 영양분을 잘 공급받은 아기 a well-_____ed baby
21 flourish [flə́ːriʃ]	번영[번창/번성]하다 • 그의 사업이 번창하고 있다. His business is _____ing.
22 inquire [inkwáiər]	❶ 문의하다 ❷ (~ into) 조사하다 *inquiry 명문의, 조사 • 표에 대해 문의하다 to _____ about tickets
23 distract [distrǽkt]	산만하게 하다[(주의를) 딴 데로 돌리다](↔attract) *distraction 명산만하게 하는 것, 기분 전환 *distracted 형주의가 산만한 • 날 산만하게 하지 마. Don't _____ me.

명사·형용사

24 wholesale [hóulsèil]	명도매 형도매의 *wholesaler 명도매상(인) • 도매가격 _____ prices
25 shallow [ʃǽlou]	형얕은[천박한] 명(the shallows) 여울 • 얕은 강 a _____ river

형용사

26 reliable [riláiəbl]	믿을 수 있는(=dependable↔unreliable) *rely 동의존하다, 믿다 • 믿을 수 있는 통계 _____ statistics
27 dizzy [dízi]	어지러운 *dizziness 명어지러움 • 어지럽다 to feel _____
28 distinct [distíŋkt]	❶ 구별되는[별개의] ❷ 뚜렷한[분명한] *distinction 명구별[차이], 차별성 비교 distinctive 형독특한[특이한] • 두 개의 구별되는 개념 two _____ concepts
29 drastic [drǽstik]	과감한[급격한] • 과감한 조치 _____ measures
30 fierce [fiərs]	격렬한[맹렬한], 사나운 • 맹렬한 공격 a _____ attack

✔ 반갑다 기능어야! **who** 의문대명사·관계대명사

• 의문대명사: 누구

　Who will bell the cat is a major concern. 누가 고양이 목에 방울을 달 것인지가 주된 관심사다.

• 관계대명사

　Don't hurt someone **who** takes care of you. 널 돌봐 주는 이에게 상처를 주지 마라.

　He **who** neglects the little loses the greater. 작은 것을 소홀히 하는 이는 더 큰 것을 잃는다.

A 영어는 우리말로, 우리말은 영어로!

1	affair	16	난민
2	cage	17	분수, 원천
3	triumph	18	항구
4	wind	19	향기
5	grasp	20	정의, 사법[재판]
6	attain	21	야망[야심]
7	graze	22	명상
8	splash	23	결석, 결여
9	instruct	24	예언하다
10	flourish	25	상속받다[물려받다]
11	inquire	26	영양분을 공급하다
12	distract	27	도매(의)
13	shallow	28	믿을 수 있는
14	distinct	29	어지러운
15	fierce	30	과감한[급격한]

B 단어와 단어의 만남

1 a parrot in a cage
2 public affairs
3 the triumph over hardship
4 reliable statistics
5 a fierce dog

6 난민 수용소 a r_____ camp
7 장미 향기 the s_____ of roses
8 도매가격 w_____ prices
9 과감한 조치 d_____ measures
10 얕은 강 a s_____ river

C [보기] 단어들 뜻 씹어 보고 들어갈 곳에 쏙!

|보기|	absence	ambition	fountain	harbor	justice	meditation

1 He called you during your _____. 당신 부재중에 그가 전화했어요.
2 Her _____ is to climb Mount Everest. 그녀의 야망은 에베레스트산을 등반하는 것이다.
3 Several boats lay at anchor in the _____. 배 몇 척이 항구에 정박하고 있었다.
4 She found peace through yoga and _____. 그녀는 요가와 명상으로 평화를 찾았다.
5 They made wishes and threw coins into the _____.
   그들은 소원을 빌고 동전을 분수에 던졌다.
6 We should realize freedom, equality and _____ in our society.
   우리는 이 사회에서 자유, 평등 그리고 정의를 실현해야 한다.

Answers

A 앞면 참조 **B** 1 새장 속의 앵무새 2 공무 3 어려움을 이겨낸 승리 4 믿을 수 있는 **통계** 5 사나운 개 6 refugee 7 scent 8 wholesale
9 drastic 10 shallow **C** 1 absence 2 ambition 3 harbor 4 meditation 5 fountain 6 justice

D 내 영어 실력?? 영영 사전 보는 정도!!!

| 보기 | inquire   flourish   foretell

1 to ask someone for information
2 to say what will happen in the future
3 to develop and be successful, or to grow well

E [보기] 단어들 뜻 음미해 보고 빈칸 속에 퐁당!

| 보기 | attain   distract   graze   inherit   nourish   splash

1 Water _____(e)d onto the floor. 물이 바닥 위로 튀었다.
2 India _____(e)d independence in 1947. 인도는 1947년에 독립을 달성했다.
3 Who will _____ the house when he dies? 그가 죽으면 누가 그 집을 상속받을 거니?
4 Don't _____ your father while he's driving. 아빠가 운전하실 때 산만하게 하지 마.
5 Groups of cattle were _____ing on the grass. 소 떼들이 풀밭에서 풀을 뜯고 있었다.
6 Children need plenty of good fresh food to _____ them.
   아이들은 영양분을 줄 수 있는 좋은 신선한 식품이 많이 필요하다.

F 빈칸에 들어갈 알맞은 단어는?
1 Climbing so high made me feel d_____. 매우 높이 올라가서 난 어지러웠다.
2 The two concepts are quite d_____ from each other. 두 개념은 완전히 구별된다.

G 같은 모양, 다른 의미
1 The path winds down to the beach.
   Wind the bandage around your finger.
2 Grasp the rope with both hands.
   At the time I didn't fully grasp what he meant.
3 We instruct the children in basic reading skills.
   Police officers were instructed to search the house.

H 반갑다 기능어야! 익힌 후, 빈칸에 공통으로 알맞은 기능어 넣기
The deep sea can be measured, but _____ knows the hearts of men?

깊은 바다는 잴 수 있다지만, 누가 사람의 마음을 알까?

Those _____ live only for themselves are truly dead to others.

오로지 자신만을 위해 사는 사람들은 남들에게는 사실 죽은 것이다.

오늘의 dessert | *A drowning man will grasp at a straw.* 물에 빠진 사람은 지푸라기라도 잡는다.

Answers

D 1 inquire 2 foretell 3 flourish E 1 splash 2 attain 3 inherit 4 distract 5 graze(grazing) 6 nourish F 1 dizzy
2 distinct G 1 작은 길이 해변까지 구불구불 나 있다.(구불구불하다) / 손가락에 붕대를 감아라.(감다) 2 양손으로 밧줄을 붙잡아라.(붙잡다) / 그때 나는 그가 의미하는 바를 완전히 파악하지 못했다.(파악하다) 3 우리는 기본 독해 기술을 아이들에게 가르친다.(가르치다) / 경찰관들은 그 집을 수색하라는 지시를 받았다.(지시하다) H who

명사	01 **mechanic** [məkǽnik]	❶정비사[수리공] ❷(-s) 역학, 기계학 *mechanical 휑기계의 *mechanism 몡기계 장치, 메커니즘[기제] • 비행기 정비사 an airplane _____
	02 **accessory** [əksésəri]	액세서리[장신구], 부속물 • 액세서리[장신구]를 하다 to wear _____ies
	03 **currency** [kə́:rənsi]	❶통화[화폐] ❷통용 • 외화 foreign _____
	04 **iceberg** [áisbə:rg]	빙산 비교 ice cap 몡만년설 • 빙산의 일각 the tip of the _____
	05 **thermometer** [θərmámətər]	온도[체온]계 • 온도계를 읽다 to read a _____
	06 **rod** [rɑd]	막대(기) • 낚싯대 a fishing _____
	07 **portrait** [pɔ́:rtrit]	초상화 *portray 툉묘사하다[그리다] • 초상화를 그리다 to paint a _____
	08 **ecology** [ikálədʒi]	생태(학) *ecological 휑생태(학)의 *ecologist 몡생태학자 • 습지 생태 the _____ of the wetlands
	09 **riddle** [rídl]	수수께끼 • 수수께끼를 풀다 to solve a _____
	10 **shortcut** [ʃɔ́:rtkʌ̀t]	지름길 • 지름길로 가다 to take a _____
명사·동사	11 **tutor** [tjú:tər]	몡개인[소그룹] 교사 툉개인[소그룹] 지도를 하다 • 개인 교사를 고용하다 to hire a _____
	12 **draft** [dræft]	몡❶초안[초고] ❷징병 툉❶초안을 작성하다 ❷징집하다 • 대략적인 초안 a rough _____
	13 **sweat** [swet]	몡땀 툉땀을 흘리다 • 땀으로 젖어 있다 to be wet with _____
	14 **retail** [rí:teil]	몡소매 툉소매로 팔(리)다 뷔소매로 *retailer 몡소매상 • 소매업 the _____ trade
	15 **giggle** [gígl]	툉킥킥 웃다 몡킥킥 웃음 • 그의 농담에 킥킥거리며 웃다 to _____ at his joke
동사	16 **cope** [koup]	(~ with) 대처[처리]하다(=manage) • 스트레스에 대처하다 to _____ with stress

¹⁷ **assess** [əsés]	평가하다(=evaluate) *assessment 명평가	
	• 학생의 능력을 평가하다 to _____ a student's ability	

¹⁸ **derive** [diráiv]	(~ from) ❶얻다 ❷나오다[비롯되다](=be derived) 비교 deprive 동빼앗다[박탈하다]
	• 라틴어에서 나온 단어 a word _____d from Latin

¹⁹ **accumulate** [əkjú:mjulèit]	모으다[축적하다] *accumulation 명축적
	• 큰돈을 모으다 to _____ a fortune

²⁰ **generalize** [dʒénərəlàiz]	일반화하다 *generalization 명일반화
	• 연구 결과들을 일반화하다 to _____ the study's findings

동사·형용사

²¹ **foster** [fɔ́:stər]	동❶육성[함양]하다 ❷아이를 맡아 기르다 형수양[위탁]의
	• 공동체 의식을 함양하다 to _____ a sense of community

²² **damp** [dæmp]	형축축한[습기 찬] 동축축하게 하다
	• 축축한 옷 _____ clothes

명사·형용사

²³ **vegetarian** [vèdʒətɛ́əriən]	명채식주의자 형채식의
	• 엄격한 채식주의자 a strict _____

²⁴ **narrative** [nǽrətiv]	명묘사[서술/이야기] 형이야기체의 *narrate 동이야기하다
	• 1인칭 시점 서술[이야기] a first-person _____

²⁵ **disposable** [dispóuzəbl]	형일회용의 명일회용품 *dispose 동(~ of) 처리하다 *disposal 명처리
	• 일회용 컵 a _____ cup

²⁶ **beloved** [bilʌ́vid]	형대단히 사랑받는[사랑하는] 명대단히 사랑하는 사람
	• 그의 너무나 사랑하는 아내 his _____ wife

형용사

²⁷ **lunar** [lú:nər]	달의
	• 달의 표면 the _____ surface

²⁸ **arrogant** [ǽrəgənt]	거만한 *arrogance 명거만
	• 거만한 태도 an _____ attitude

²⁹ **absurd** [əbsə́:rd]	터무니없는[부조리한](=ridiculous)
	• 터무니없는 생각 an _____ idea

부사

³⁰ **accidentally** [æ̀ksədéntəli]	우연히[뜻하지 않게] *accidental 형우연한
	• 그는 뜻하지 않게 파일을 삭제했다. He _____ deleted the file.

☑ **반갑다 기능어야!** why 의문부사·관계부사

• 의문부사: 왜
I can't explain **why** it's so. 나는 그것이 왜 그런지 설명할 수 없어.
It matters not how busy you are, but **why** you are busy. 네가 얼마나 바쁜가가 아니라 왜 바쁜가가 중요한 거야.
• 관계부사
There were many reasons (**why**) the war broke out. 전쟁이 일어난 많은 이유가 있었다.

A 영어는 우리말로, 우리말은 영어로!

1	mechanic	16	통화[화폐], 통용
2	accessory	17	빙산
3	tutor	18	온도[체온]계
4	draft	19	막대(기)
5	retail	20	초상화
6	giggle	21	생태(학)
7	derive	22	수수께끼
8	accumulate	23	지름길
9	foster	24	땀(을 흘리다)
10	damp	25	대처[처리]하다
11	narrative	26	평가하다
12	disposable	27	일반화하다
13	beloved	28	채식주의자, 채식의
14	absurd	29	달의
15	accidentally	30	거만한

B 단어와 단어의 만남

1 foreign currency
2 a first-person narrative
3 his foster father
4 damp clothes
5 a disposable toothbrush
6 her beloved husband
7 자동차 정비사 a car m_____
8 낚싯대 a fishing r_____
9 빙산의 일각 the tip of the i_____
10 초상화가 a p_____ painter
11 소매업 the r_____ trade
12 달의 표면 the l_____ surface

C [보기] 단어들 뜻 씹어 보고 들어갈 곳에 쏙!

|보기|	accessory	ecology	riddle	shortcut	sweat

1 Can you solve this _____? 이 수수께끼를 풀 수 있니?
2 _____ was running down her face. 그녀의 얼굴에 땀이 흘러내리고 있었다.
3 There aren't any _____(e)s to learning English. 영어를 배우는 데에는 어떤 지름길도 없다.
4 She wore a green wool suit with matching _____(e)s.
그녀는 녹색 모직 정장과 어울리는 액세서리를 하고 있었다.
5 _____ deals with the relation of living things to their environment.
생태학은 환경에 대한 생물들의 관계를 다룬다.

Answers
A 앞면 참조 **B** 1 외화 2 1인칭 시점 서술[이야기] 3 그의 수양아버지 4 축축한 옷 5 일회용 칫솔 6 그녀의 너무나 사랑하는 남편 7 mechanic
8 rod 9 iceberg 10 portrait 11 retail 12 lunar **C** 1 riddle 2 Sweat 3 shortcut 4 accessory(accessories) 5 Ecology

D 내 영어 실력?? 영영 사전 보는 정도!!!

> | 보기 | thermometer   tutor   vegetarian

1 someone who does not eat meat or fish
2 a device used for measuring temperature
3 someone who gives private lessons to one student or a small group

E [보기] 단어들 뜻 음미해 보고 빈칸 속에 풍덩!

> | 보기 | accumulate   assess   cope   foster   generalize   giggle

1 The girls _____(e)d at the joke. 소녀들이 농담에 킥킥 웃었다.
2 By investing wisely he _____(e)d a fortune. 그는 현명하게 투자해서 큰돈을 모았다.
3 It would be foolish to _____ from a single example.
   한 가지 예로 일반화하는 것은 어리석은 짓일 것이다.
4 We have to learn how to _____ with the unexpected.
   우리는 예기치 않은 상황에 대처하는 법을 배워야 한다.
5 Exams are not the only means of _____ing a student's ability.
   시험이 학생의 능력을 평가하는 유일한 수단은 아니다.
6 These classroom activities are intended to _____ children's language skills.
   이 교실 활동은 아동의 언어 기능을 육성하려고 의도된 것이다.

F 빈칸에 들어갈 알맞은 단어는?

1 What an a_____ idea! 얼마나 터무니없는 생각인가!
2 He was unbearably a_____. 그는 참을 수 없을 정도로 거만했다.
3 The gun went off a_____. 그 총은 우연히 발사되었다.

G 같은 모양, 다른 의미

1 This word is derived from Latin.
   He derived great pleasure from painting.
2 He's been drafted into the army.
   I've made a first draft of my speech.

H 반갑다 기능어야! 익힌 후, 빈칸에 공통으로 알맞은 기능어 넣기

It takes less time to do the thing right, than it does to explain _____ you did it wrong. 일을 제대로 하는 것이 왜 잘못됐는지 설명하는 것보다 시간이 덜 걸린다.
A single reason _____ you can do something is worth 100 reasons _____ you can't. 네가 뭔가를 할 수 있는 단 한 가지 이유는 할 수 없는 백 가지 이유만한 가치가 있다.

오늘의 dessert | *Spare the rod and spoil the child.* 매를 아끼면 아이를 망친다.

Answers

D 1 vegetarian   2 thermometer   3 tutor   **E** 1 giggle   2 accumulate   3 generalize   4 cope   5 assess   6 foster   **F** 1 absurd 2 arrogant   3 accidentally   **G** 1 이 단어는 라틴어에서 나왔다.(나오다) / 그는 그림 그리는 데서 큰 기쁨을 얻는다.(얻다)   2 그는 군대에 징집되었다.(징집하다) / 나는 연설의 첫 초안을 작성했다.(초안)   **H** why

명사	**01 referee** [rèfərí:]	심판 • 편파적인 심판 a partial _____
	02 opponent [əpóunənt]	상대, 반대자 *oppose 동반대하다 *opposition 명반대 • 상대를 이기다 to defeat an _____
	03 biography [baiágrəfi]	전기 *autobiography 명자서전 *biographical 형전기의 • 처칠의 전기 a _____ of Churchill
	04 bulb [bʌlb]	❶전구(=light bulb) ❷알뿌리[구근] • 100와트짜리 전구 a 100-watt _____
	05 norm [nɔːrm]	❶(-s) 규범 ❷표준, 기준 • 사회적/문화적 규범 social/cultural _____s
	06 mist [mist]	(엷은) 안개 *misty 형안개 낀 비교 fog 명(짙은) 안개 • 아침 안개 the morning _____
	07 certificate [sərtífikət]	❶증명서 ❷자격증 *certification 명증명[보증](서) *certify 동증명[보증]하다 • 학위 증명서 a degree _____
	08 flaw [flɔː]	결함[흠] • 치명적 결함 a fatal _____
	09 mischief [místʃif]	못된 짓[장난], 장난기 *mischievous 형짓궂은 • 장난을 치다 to get into _____
	10 paradox [pǽrədàks]	역설[패러독스] *paradoxical 형역설적인 *paradoxically 부역설적으로 • 잘 알려진 역설 a well-known _____
	11 proportion [prəpɔ́ːrʃən]	❶비(율) ❷균형 *proportional 형비례하는 • 남녀 비율[성비] the _____ of men to women
명사·동사	**12 frown** [fraun]	동눈살을 찌푸리다 명찌푸림, 찌푸린 표정 • 그를 보고 눈살을 찌푸리다 to _____ at him
	13 decay [dikéi]	동썩다[부패하다], 쇠퇴하다 명부패, 쇠퇴 • 설탕은 치아를 썩게 한다. Sugars make your teeth _____.
동사	**14 facilitate** [fəsílətèit]	용이하게 하다 • 이 방법은 학습을 용이하게 한다. This method _____s learning.
	15 assure [əʃúər]	장담[확언]하다, 보장하다 *assured 형자신감 있는, 확실한 *assuredly 부확실히 *assurance 명확인[장담], 자신감 • 그는 내게 그것의 품질을 장담[보장]했다. He _____d me of its quality.
	16 inhabit [inhǽbit]	살다[거주/서식하다] *inhabitant 명거주자[서식 동물] *habitat 명서식지 • 펭귄은 남극에 서식한다. Penguins _____ the Antarctic.

¹⁷ **multiply** [mʌ́ltəplài]	❶곱하다 ❷증가하다 *multiply 휑다수[복수]의 명배수 *multitude 명다수 • 4에 5를 곱하다 to _____ 4 by 5
¹⁸ **exaggerate** [igzǽdʒərèit]	과장하다 *exaggeration 명과장 • 과장하는 경향이 있다 to tend to _____
¹⁹ **diminish** [dimíniʃ]	줄(이)다[감소하다] • 인구가 줄었다. The population has _____ed.
²⁰ **discard** [diskáːrd]	버리다 • 폐지 _____ed paper
²¹ **omit** [oumít]	빠뜨리다[생략하다] • 어떤 세부 사항도 빠뜨리지 마세요. Don't _____ any details.

명사·형용사

²² **antique** [æntíːk]	명골동품 휑골동품의 • 골동품 가게 an _____ shop
²³ **manual** [mǽnjuəl]	명(사용) 설명서 휑손의, 육체노동의, 수동의 • 사용 설명서 an instruction _____
²⁴ **cosmetic** [kɑzmétik]	명(-s) 화장품(=make-up) 휑화장[성형]의 • 화장품들 _____ products
²⁵ **stable** [stéibl]	휑안정된 명마구간 *stability 명안정(성) *stabilize 동안정되다[안정시키다] • 안정된 물가 _____ prices

형용사

²⁶ **sophisticated** [səfístəkèitid]	❶세련된 ❷정교한 *sophistication 명세련, 정교화 • 세련된 스타일 a _____ style
²⁷ **humid** [hjúːmid]	(다)습한 *humidity 명습도[습기] • 고온 다습한 기후 a hot and _____ climate
²⁸ **tender** [téndər]	부드러운, 다정한 • 부드러운 미소 a _____ smile
²⁹ **cognitive** [kɑ́gnətiv]	인식[인지]의 *cognition 명인식[인지] • 아동의 인지 발달 a child's _____ development
³⁰ **odd** [ɑd]	❶이상한 ❷홀수의(↔even 짝수의) • 이상한 행동 방식 an _____ way to behave

✔ **반갑다 기능어야!**   **which 의문사·관계대명사**

• **의문사**: 어느[어떤] (사람[것])
 Which book are you looking for? 어느 책을 찾고 있니?
• **관계대명사**
 Did you see the email **which** came today? 오늘 온 이메일 봤니?
 Time, **which** strengthens friendship, weakens love. 시간은 우정을 강하게 하지만 사랑은 약하게 한다.
 Life is like an onion, **which** you peel crying. 인생은 양파 같아서 울면서 벗긴다.

A 영어는 우리말로, 우리말은 영어로!

1	biography	16	심판
2	norm	17	상대, 반대자
3	mischief	18	전구, 알뿌리
4	frown	19	(엷은) 안개
5	decay	20	증명서, 자격증
6	facilitate	21	결함[흠]
7	assure	22	역설
8	inhabit	23	비(율), 균형
9	multiply	24	과장하다
10	diminish	25	버리다
11	manual	26	빠뜨리다[생략하다]
12	cosmetic	27	골동품(의)
13	sophisticated	28	안정된, 마구간
14	tender	29	(다)습한
15	odd	30	인식[인지]의

B 단어와 단어의 만남

1 a biography of Churchill
2 a tulip bulb
3 social norms
4 tooth decay
5 a tender smile
6 the cosmetic industry

7 편파적인 심판 a partial r_____
8 전구 a light b_____
9 학위 증명서 a degree c_____
10 골동품 가게 an a_____ shop
11 습한 날씨 a h_____ weather
12 인지 발달 c_____ development

C [보기] 단어들 뜻 씹어 보고 들어갈 곳에 쏙!

| 보기 | flaw   mischief   mist   opponent   paradox   proportion |

1 The early-morning _____ soon lifted. 이른 아침 안개가 곧 걷혔다.
2 The cups have a small _____ in the pattern. 그 컵들은 무늬에 작은 흠이 있다.
3 Those children are always getting into _____. 저 아이들은 늘 장난만 친다.
4 He went into the finals by defeating the _____. 그는 상대를 꺾고 결승에 진출했다.
5 "More haste, less speed" is a well-known _____.
'급할수록 천천히'는 잘 알려진 역설이다.
6 The _____ of adults who smoke is lower than before.
흡연하는 성인의 비율이 전보다 더 낮다.

D 내 영어 실력?? 영영 사전 보는 정도!!!

| 보기 |　　diminish　　inhabit　　omit

1 to live in a particular place
2 to not include someone or something
3 to become or make something become smaller or less

E [보기] 단어들 뜻 음미해 보고 빈칸 속에 풍덩!

| 보기 |　　assure　　decay　　discard　　exaggerate　　facilitate　　frown

1 You _____ when you are angry. 너는 화가 나면 눈살을 찌푸린다.
2 I can _____ you that she'll be fine. 난 네게 그녀가 건강해질 거라고 장담할 수 있어.
3 Structured teaching _____(e)s learning. 조직적인 가르침은 학습을 용이하게 한다.
4 Advertisements _____ the products or services. 광고는 제품이나 서비스를 과장한다.
5 Freezing conditions will stop most things from _____ing.
   냉동 상태는 대부분의 물건을 부패하지 않게 할 것이다.
6 People who _____ their litter in the streets should pay heavy fines.
   쓰레기를 거리에 버리는 사람들은 무거운 벌금을 내야 한다.

F 빈칸에 공통으로 들어갈 알맞은 단어는?

1 a user _____ 사용자 설명서　　skilled _____ workers 숙련된 육체노동자들
2 an _____-looking house 이상하게 생긴 집　　_____ numbers 홀수
3 a _____ style 세련된 스타일　　_____ computer systems 정교한 컴퓨터 시스템

G 같은 모양, 다른 의미

1 Four multiplied by five is 20.
   The amount of information available has multiplied.
2 He led the horse back into the stable.
   Prices have remained stable for some months.

H 반갑다 기능어야! 익힌 후, 빈칸에 공통으로 알맞은 기능어 넣기

A straw shows _____ way the wind blows.
지푸라기 하나가 바람이 어느 방향으로 부는지 보여 준다.

Yesterday is history, tomorrow is a mystery, today is a gift of God, _____ is why
we call it the present.
어제는 역사고 내일은 수수께끼고 오늘은 신의 선물인데, 이것이 오늘을 'present(현재, 선물)'라 부르는 이유이다.

오늘의 **dessert**　　*Gambling is the sure way of getting nothing for something.*
　　　　　　　　　　　　도박은 중요한 뭔가로 아무것도 못 얻는 확실한 방법이다.

Answers

D 1 inhabit 2 omit 3 diminish **E** 1 frown 2 assure 3 facilitate 4 exaggerate 5 decay 6 discard **F** 1 manual 2 odd
3 sophisticated **G** 1 4 곱하기 5는 20이다.(곱하다) / 이용 가능한 정보량이 증가했다.(증가하다) 2 그는 말을 마구간으로 다시 끌고 갔다.(마구간) /
물가가 몇 달 동안 안정된 상태를 유지해 왔다.(안정된) **H** which

명사	01	**bride** [braid]	신부 *bridal 휑신부의 비교(bride)groom 명신랑 • 그의 아름다운 신부 his beautiful _____
	02	**co-worker** [kóuwə̀ːrkər]	동료(=colleague) • 동료들과 잘 지내다 to get along with your _____s
	03	**accommodation** [əkàmədéiʃən]	(-s) 숙박 시설 *accommodate 동수용하다, 숙박시키다 • 여행과 호텔 숙박 시설 travel and hotel _____s
	04	**moss** [mɔːs]	이끼 • 이끼로 덮인 돌 a stone covered with _____
	05	**package** [pǽkidʒ]	꾸러미[소포](=parcel) • 소포의 내용물 the contents of a _____
	06	**debt** [det]	빚[부채] • 빚을 갚다 to pay off a _____
	07	**scarcity** [skɛ́ərsəti]	부족 *scarce 휑부족한 • 자원 부족 the _____ of resources
	08	**liberty** [líbərti]	자유 *liberal 휑자유주의의[자유로운] 명자유주의자 • 개인의 자유 individual[personal] _____
	09	**zeal** [ziːl]	열의[열성] *zealous 휑열성적인[열심인] • 그녀의 종교적인 열성 her religious _____
	10	**superstition** [sùːpərstíʃən]	미신 *superstitious 휑미신적인 • 널리 퍼져 있는 미신 a widespread _____
명사 동사	11	**divorce** [divɔ́ːrs]	명이혼 동이혼하다 • 이혼하다 to get a _____
	12	**weed** [wiːd]	명잡초 동잡초를 뽑다 • 잡초를 뽑다 to pull up a _____
	13	**attribute** 동[ətríbjuːt] 명[ǽtrəbjùːt]	동(~ A to B) (A를 B) 때문이라고 여기다(=ascribe) 명속성[자질] • 그는 자신의 성공을 근면 때문이라고 여긴다. He _____s his success to hard work.
	14	**echo** [ékou]	동메아리치다[되울리다] 명메아리 • 그의 고함 소리가 메아리쳤다. His shouts _____ed.
	15	**commute** [kəmjúːt]	동통근하다 명통근 *commuter 명통근자 • 버스로 통근하다 to _____ by bus
동사	16	**dwell** [dwel] -dwelt[dwelled]-dwelt[dwelled]	살다[거주하다] *dwelling 명주거지[주택] *dweller 명거주자[주민] • 숲속에 살다 to _____ in the forest

17 **applaud** [əplɔ́:d]	박수갈채를 보내다 　*applause 몡박수갈채 • 관중이 박수갈채를 보냈다. The audience _____ed.	

18 **bleed**
[bli:d]-bled-bled

피를 흘리다　*bleeding 몡출혈　*blood 몡피
• 코피가 나요. My nose is _____ing.

19 **suppress**
[səprés]

❶진압하다 ❷억누르다　*suppression 몡진압, 억제
• 화를 억누르다 to _____ your anger

20 **prescribe**
[priskráib]

❶처방하다 ❷규정하다　*prescription 몡처방(전)
• 진통제를 처방받다 to be _____d painkillers

21 **conceal**
[kənsí:l]

숨기다[감추다]　*concealment 몡숨김[은폐]
• 증거를 숨기다 to _____ evidence

22 **discriminate**
[diskrímənèit]

❶차별하다 ❷구별하다　*discrimination 몡차별, 구별
• 여성을 차별하다 to _____ against women

명
사
·
형
용
사

23 **leftover**
[léftòuvər]

몡(-s) (먹다) 남은 음식　혱남은
• 먹다 남은 음식을 개에게 줘라. Give the _____s to the dog.

24 **oval**
[óuvəl]

몡계란형[타원형]　혱계란형[타원형]의
• 타원형 거울 an _____ mirror

25 **inferior**
[infíəriər]

혱열등한, 하급의　몡아랫사람[하급자](↔superior)　*inferiority 몡열등
• 그에게 열등감을 느끼다 to feel _____ to him

형
용
사

26 **definite**
[défənit]

명확한　*definitely 묀명확히
• 명확한 대답 a _____ answer

27 **rational**
[rǽʃənl]

이성[합리]적인(↔irrational)　*rationality 몡합리성
• 합리적인 결정 a _____ decision

28 **pessimistic**
[pèsəmístik]

비관[염세]적인(↔optimistic)
*pessimism 몡비관주의　*pessimist 몡비관주의자
• 비관적인 인생관 a _____ view of life

29 **disgusting**
[disgʌ́stiŋ]

역겨운[혐오스러운]　*disgust 동역겹게[혐오스럽게] 하다 몡역겨움[혐오]
• 역겨운 냄새 a _____ smell

30 **striped**
[straipt]

줄무늬가 있는　*stripe 몡줄무늬
• 줄무늬 셔츠 a _____ shirt

☑ **반갑다 기능어야!**　　**where 의문부사 · 관계부사 · 접속사**

• 의문부사: 어디에	Only the wearer knows **where** the shoe pinches. 신고 있는 사람만이 구두가 발 어디를 죄는지 안다.
• 관계부사	A city is a large community **where** people are lonely together. 도시는 사람들이 함께 고독한 큰 공동체다.
• 접속사	**Where** there is smoke there is fire.　연기 나는 곳에 불난다.

A 영어는 우리말로, 우리말은 영어로!

1	co-worker	16	신부
2	zeal	17	숙박 시설
3	weed	18	이끼
4	attribute	19	꾸러미[소포]
5	echo	20	빚[부채]
6	dwell	21	부족
7	applaud	22	자유
8	suppress	23	미신
9	prescribe	24	이혼(하다)
10	conceal	25	통근(하다)
11	discriminate	26	피를 흘리다
12	leftover	27	계란형[타원형](의)
13	inferior	28	이성[합리]적인
14	definite	29	비관[염세]적인
15	disgusting	30	줄무늬가 있는

B 단어와 단어의 만남

1 his beautiful bride
2 moss-covered walls
3 her religious zeal
4 a definite answer
5 a rational decision
6 a disgusting smell

7 이혼율 d_____ rate
8 신용 카드 빚 credit card d_____s
9 식량 부족 a s_____ of food
10 자유와 평등 l_____ and equality
11 타원형 얼굴 an o_____ face
12 줄무늬 셔츠 a s_____ shirt

C [보기] 단어들 뜻 씹어 보고 들어갈 곳에 쏙!

| 보기 | accommodation   leftover   package   superstition   weed

1 Give the _____s to the dog. 먹다 남은 음식을 개에게 줘라.

2 The _____ was delivered last week. 소포가 지난주에 배달되었다.

3 The price includes flights and _____. 가격은 항공편과 숙박 시설을 포함한 것이다.

4 He bent down and pulled _____s out of the garden.
그는 허리를 구부려 정원에서 잡초를 뽑았다.

5 According to _____, breaking a mirror brings bad luck.
미신에 따르면 거울을 깨는 것이 불운을 부른다.

D 내 영어 실력?? 영영 사전 보는 정도!!!

|보기| bleed   conceal   dwell

1   to live somewhere
2   to hide something carefully
3   to lose blood, especially because of an injury

E [보기] 단어들 뜻 음미해 보고 빈칸 속에 풍덩!

|보기| applaud   prescribe   echo   commute

1   The audience _____(e)d loudly.   청중이 크게 박수갈채를 보냈다.
2   He _____(e)s to Seoul every day.   그는 매일 서울로 통근한다.
3   Their shouts _____(e)d through the forest.   그들의 고함 소리가 숲에 메아리쳤다.
4   The doctor _____(e)d some pills to help me to sleep.
    의사는 내가 자는 데 도움이 되는 약을 처방해 주었다.

F 같은 관계 맺어 주기
1   destiny : fate = colleague : c_____
2   major : minor = superior : i_____
3   positive : negative = optimistic : p_____

G 같은 모양, 다른 의미
1   She could not suppress her anger.
    The demonstration was brutally suppressed.
2   We should not discriminate on grounds of age, sex or race.
    Newborn babies can discriminate between a man's and a woman's voice.
3   He attributes his success to hard work.
    Patience is one of the most important attributes in a teacher.

H 반갑다 기능어야! 익힌 후, 빈칸에 공통으로 알맞은 기능어 넣기
If you don't know _____ you're going, how do you expect to get there?
네가 어디로 가는지도 모른다면 어떻게 그곳에 도착하길 기대하겠니?
We live in a society _____ pizza gets to your house before the police.
우리는 피자가 경찰보다 더 빨리 집에 도착하는 사회에 살고 있다.

오늘의 **dessert** | *A rolling stone gathers no moss.*   구르는 돌은 이끼가 끼지 않는다.

Answers

D 1 dwell   2 conceal   3 bleed   **E** 1 applaud   2 commute   3 echo   4 prescribe   **F** 1 co-worker   2 inferior   3 pessimistic
G 1 그녀는 화를 억누를 수 없었다.(억누르다) / 그 시위는 잔혹하게 진압되었다.(진압하다)   2 우리는 나이, 성별 또는 인종을 이유로 차별해선 안 된다.(차별하다) / 신생아는 남성과 여성의 목소리를 구별할 수 있다.(구별하다)   3 그는 자신의 성공을 근면 때문이라고 여긴다.(때문이라고 여기다) / 인내는 교사의 가장 중요한 자질 중 하나이다.(속성[자질])   **H** where

239

명사	01	**companion** [kəmpǽnjən]	❶ 동반자 ❷ 친구[벗]　＊companionship 圐 동료애[우정] • 길동무 a traveling _____
	02	**priority** [praiɔ́ːrəti]	우선 사항[우선권]　＊prior 圀 사전의, 우선하는 ＊prioritize 圐 우선순위를 매기다 • 안전이 최우선이다. Security is a top _____.
	03	**beverage** [bévəridʒ]	마실 것[음료](=drink) • 알코올음료들 alcoholic _____s
	04	**cottage** [kátidʒ]	작은 별장 • 시골 작은 별장 a country _____
	05	**dormitory** [dɔ́ːrmətɔ̀ːri]	기숙사 • 기숙사에 살다 to live in a _____
	06	**astronomy** [əstránəmi]	천문학　＊astronomical 圀 천문학의, 천문학적인　＊astronomer 圐 천문학자 • 천문학에 관한 폭넓은 지식 a broad knowledge of _____
	07	**missile** [mísəl]	미사일 • 미사일 공격 a _____ attack
	08	**compensation** [kàmpənséiʃən]	보상(금)　＊compensate 圐 보상하다 • 보상을 요구하다 to claim[demand] _____
	09	**criterion** [kraitíəriən]	(복수 criteria) 기준[표준] • 기준을 충족시키다 to meet[satisfy/fulfill] a _____
	10	**checkup** [tʃékʌ̀p]	건강 검진 • 정기 건강 검진 a regular _____
	11	**suspicion** [səspíʃən]	혐의[의심]　＊suspicious 圀 의심하는, 의심스러운 ＊suspect 圐 의심하다, 혐의를 두다 圐 용의자 • 살인 혐의로 체포되다 to be arrested on _____ of murder
명사·동사	12	**compromise** [kámprəmàiz]	圐 타협 圐 타협하다 • 타협에 이르다 to reach a _____
	13	**pitch** [pitʃ]	圐 음의 높이 圐 던지다　＊high-pitched 圀 고음의　＊low-pitched 圀 저음의 • 목소리의 높이를 낮추다 to lower the _____ of your voice
	14	**bang** [bæŋ]	圐 쾅 치다[닫다](=slam) 圐 쾅 소리 • 문을 쾅쾅 두드리다 to _____ on the door
	15	**bounce** [bauns]	圐 튀(기)다, 깡충깡충 뛰다 圐 튐 • 공을 벽에 튀기다 to _____ a ball against the wall
	16	**glitter** [glítər]	圐 반짝이다(=sparkle) 圐 반짝이는 빛 • 그녀의 목걸이가 반짝였다. Her necklace _____ed.

17 **manipulate** [mənípjulèit]	다루다[조작/조종하다] *manipulation 명조작[조종] *manipulative 형조작의[조정하는] • 그 휠체어는 조작하기 쉽다. The wheelchair is easy to _____.

18 **induce**
[indʒúːs]

❶설득[유도]하다 ❷유발하다
• 졸음을 유발하는 약물 drugs which _____ sleep

19 **prosper**
[práspər]

번영[번창/번성]하다 *prosperity 명번영 *prosperous 형번영하는
• 사업이 번창하고 있다. The business is _____ing.

20 **comprehend**
[kàmprihénd]

이해하다(=understand)
*comprehension 명이해 *comprehensible 형이해할 수 있는
• 그의 태도를 이해하지 못하다 to fail to _____ his attitude

21 **constitute**
[kánstətʃùːt]

❶~로 여겨지다 ❷구성하다 *constitution 명헌법, 체질
• 12달이 1년을 구성한다. 12 months _____ a year.

22 **suspend**
[səspénd]

❶일시 중지하다[정학시키다] ❷매달다[걸다]
*suspension 명중지, 정직[정학]
• 열차 운행을 일시 중지하다 to _____ train services

23 **obvious**
[ábviəs]

분명한[명백한]
• 분명한 이유 an _____ reason

24 **repetitive**
[ripétətiv]

반복되는
*repetition 명반복[되풀이] *repeat 동반복하다[되풀이하다] 명반복
• 반복되는 행동 양식 a _____ pattern of behavior

25 **awkward**
[ɔ́ːkwərd]

어색한[불편한]
• 어색한 침묵 an _____ silence

26 **holy**
[hóuli]

신성한[성스러운]
• 성지/성수 _____ ground/water

27 **witty**
[wíti]

재치[기지] 있는 *wit 명재치[기지], 재담가
• 재치 있는 발언 a _____ remark

28 **awesome**
[ɔ́ːsəm]

어마어마한[경외심을 일으키는], 아주 멋진 비교 awful 형끔찍한[지독한]
• 그 광경은 경외심을 불러일으켰다. The view was _____.

29 **secondhand**
[sékəndhǽnd]

❶중고의 ❷간접의
• 중고 가구 _____ furniture

30 **beforehand**
[bifɔ́ːrhæ̀nd]

미리[사전에]
• 미리 예약하다 to make a reservation _____

☑ **반갑다 기능어야!**   **wh-ever 대명사·부사·접속사: 누구[무엇/어느/언제/어디/얼마나](~)든지**

Whoever has no patience has no wisdom. 인내가 없는 사람은 누구든지 지혜가 없다.
She gives me **whatever** I need. 그녀는 내가 필요한 것은 무엇이든지 준다.
Whatever you do or dream, begin it now. 네가 무얼 하든 꿈꾸든 지금 시작해.
We have to finish it, **however** long it takes. 아무리 오래 걸리더라도 우리는 그걸 끝내야 한다.

241

A 영어는 우리말로, 우리말은 영어로!

1	companion	16	우선 사항[우선권]
2	cottage	17	마실 것[음료]
3	pitch	18	기숙사
4	bang	19	천문학
5	bounce	20	미사일
6	glitter	21	보상(금)
7	manipulate	22	기준[표준]
8	induce	23	건강 검진
9	prosper	24	혐의[의심]
10	comprehend	25	타협(하다)
11	constitute	26	분명한[명백한]
12	suspend	27	반복되는
13	awkward	28	신성한[성스러운]
14	awesome	29	재치[기지] 있는
15	secondhand	30	미리[사전에]

B 단어와 단어의 만남

1 a traveling companion

2 an alcoholic beverage

3 a country cottage

4 a witty remark

5 a repetitive task

6 an awkward silence

7 최우선 (사항) a top p_____

8 대학 기숙사 a college d_____

9 핵미사일 a nuclear m_____

10 정기 건강 검진 a regular c_____

11 성수 h_____ water

12 간접흡연 s_____ smoking

C [보기] 단어들 뜻 씹어 보고 들어갈 곳에 쏙!

|보기|	astronomy compensation compromise criterion(criteria) suspicion

1 She was arrested on _____ of murder. 그녀는 살인 혐의로 체포되었다.

2 The two sides finally reached a _____. 양측이 마침내 타협에 이르렀다.

3 He was paid _____ for his knee injury. 그는 무릎 부상에 대해 보상을 받았다.

4 What are the _____ for selecting the winner? 우승자를 선발하는 기준이 무엇이니?

5 _____ is the scientific study of the stars and planets.
천문학은 별과 행성들에 대한 과학적 학문이다.

Answers

A 앞면 참조 B 1 길동무 2 알코올음료 3 시골 작은 별장 4 재치 있는 발언 5 반복되는 일[과업] 6 어색한 침묵 7 priority 8 dormitory
9 missile 10 checkup 11 holy 12 secondhand C 1 suspicion 2 compromise 3 compensation 4 criteria 5 Astronomy

D [보기] 단어들 뜻 음미해 보고 빈칸 속에 퐁당!

| 보기 |　bang　bounce　comprehend　glitter　manipulate　prosper

1　The business is _____ing. 사업이 번창하고 있다.

2　Stop _____ing on the door. 문을 그만 쾅쾅 두드려라.

3　The river _____(e)d in the sunlight. 강이 햇빛에 반짝였다.

4　He knows how to _____ public opinion. 그는 여론을 조작하는 법을 안다.

5　The kids were _____ing a ball against the wall. 아이들이 공을 벽에 튀기고 있었다.

6　They don't seem to _____ how serious this is.

　　그들은 이 일이 얼마나 심각한지 이해하지 못하는 것 같다.

E 빈칸에 들어갈 알맞은 단어는?

1　The view was a_____. 그 광경은 경외심을 불러일으켰다.

2　It is o_____ that he is lying. 그가 거짓말하고 있는 것이 분명하다.

3　We paid for our tickets b_____. 우리는 표 값을 미리 지불했다.

F 같은 모양, 다른 의미

1　Her voice rose to a high pitch.

　　He picked up a stone and pitched it.

2　the 50 states that constitute the USA

　　The rise in crime constitutes a threat to society.

3　He was suspended from school.

　　A lamp is suspended from the ceiling.

4　drugs which induce sleep

　　Nothing would induce me to go back.

G 반갑다 기능어야! 익힌 후, 빈칸에 알맞은 기능어 넣기

Some cause happiness _____ they go; Others _____ they go.

어떤 사람들은 어디를 가든 행복을 가져다주지만, 어떤 사람들은 언제 떠나든 행복을 준다.

오늘의 dessert │ *One good turn deserves another.*

은혜는 은혜로 갚아야 한다.(가는 정이 있으면 오는 정도 있다.)

Answers

D 1 prosper　2 bang　3 glitter　4 manipulate　5 bounce(bouncing)　6 comprehend　**E** 1 awesome　2 obvious
3 beforehand　**F** 1 그녀의 목소리가 고음으로 올라갔다.(음의 높이) / 그는 돌을 주워 던졌다.(던지다)　2 미국을 구성하는 50개 주(구성하다) / 범죄의
증가는 사회에 대한 위협으로 여겨진다.(~로 여겨지다)　3 그는 학교에서 정학당했다.(정학시키다) / 램프가 천장에 매달려 있다.(매달다)　4 졸음을 유발하
는 약물(유발하다) / 아무것도 날 돌아가게 설득하지 못할 거야.(설득하다)　**G** wherever, whenever

명사

01 **niece**
[niːs]

조카딸　비교 nephew 명 조카
• 그녀의 조카딸의 결혼식 her _____'s wedding

02 **merchant**
[mə́ːrtʃənt]

상인[무역상]
• 포도주 무역상 a wine _____

03 **beast**
[biːst]

짐승[야수]
• 미녀와 야수 Beauty and the B_____

04 **tag**
[tæg]

꼬리표[이름표/정가표]
• 가격표 a price _____

05 **margin**
[máːrdʒin]

❶ 여백 ❷ 차이 ❸ 수익 ❹ 가장자리　*marginal 형 주변부의, 미미한
• 여백에 메모하다 to make a note in the _____

06 **machinery**
[məʃíːnəri]

(집합적) 기계(류), 기계 부품들　*machine 명 기계
• 농기계/공업용 기계(류) agricultural/industrial _____

07 **publicity**
[pʌblísəti]

❶ 홍보[광고](업) ❷ 매스컴의 관심　*publicize 동 홍보[광고]하다, 알리다
• 홍보 활동 a _____ campaign

08 **contradiction**
[kàntrədíkʃən]

❶ 모순 ❷ 반박
*contradict 동 반박하다, 모순되다　*contradictory 형 모순되는
• 논리적 모순 a logical _____

09 **reference**
[réfərəns]

❶ 언급 ❷ 참고 (문헌) ❸ 추천(인)
• 이전 사건에 대한 언급들 _____s to an earlier event

10 **bunch**
[bʌntʃ]

❶ 다발[송이/묶음] ❷ 많은 수[양]
• 꽃다발/포도송이 a _____ of flowers/grapes

명사·동사

11 **peer**
[piər]

명 또래　동 유심히 보다[응시하다]
• 또래 집단 a _____ group

12 **caution**
[kɔ́ːʃən]

명 조심[주의/경고]　동 경고하다[주의를 주다](=warn)
*cautious 형 조심스러운[신중한]　*precaution 명 예방책
• 그것을 조심해서 다루다 to treat it with _____

13 **revenge**
[rivéndʒ]

명 복수[보복](=vengeance)　동 복수하다(=avenge)
*revengeful 형 복수심에 불타는
• 그에게 복수하다 to take _____ on him

14 **yawn**
[jɔːn]

동 하품하다　명 하품
• 기지개를 켜며 하품을 하다 to stretch and _____

15 **trim**
[trim]

동 ❶ 다듬다 ❷ 줄이다　명 다듬기, 장식
• 머리를 다듬다 to _____ your hair

16 **roast**
[roust]

동 굽다　명 구운 고기
• 닭고기를 굽다 to _____ a chicken

동사	17 **devise** [diváiz]	고안[창안]하다　*device 명 장치, 방책 • 새로운 방법을 고안하다　to _____ a new method
	18 **amuse** [əmjú:z]	즐겁게[재미있게] 하다　*amusement 명 즐거움[재미], 오락 *amused 형 재미있어[즐거워] 하는　*amusing 형 재미있는[즐거운] • 아이들을 즐겁게 하다　to _____ children
	19 **withdraw** [wiðdrɔ́:] -withdrew-withdrawn	❶(예금을) 인출하다 ❷철수[철회]하다　*withdrawal 명 인출, 철수[철회] • 현금을 인출하다　to _____ cash
	20 **sprain** [sprein]	삐다(=twist) • 발목을 삐다　to _____ your ankle
	21 **hasten** [héisn]	서두르다, 재촉하다[앞당기다]　*haste 명 서두름　*hasty 형 서두른[성급한] • 출발을 서두르다　to _____ your departure
	22 **bind** [baind] -bound-bound	묶다, 감다, 결속시키다 비교 bound 형 ❶꼭 ~할 것 같은 ❷~해야 하는 ❸~행의　명 (-s) 한계[한도] • 그의 양손을 함께 묶다　to _____ his hands together
	23 **certify** [sɔ́:rtəfài]	증명[보증]하다　*certification 명 증명[보증](서) • 안전하다고 증명되다　to be _____ied (as) safe
	24 **coordinate** [kouɔ́:rdənèit]	조직화[조정]하다　*coordination 명 조직화[조정] • 팀의 업무를 조직화[조정]하다　to _____ the work of the team
형용사	25 **ripe** [raip]	❶익은 ❷준비가 된　*ripen 동 익(히)다 • 익은 과일 _____ fruit
	26 **favorable** [féivərəbl]	호의적인[유리한] *favor 명 호의[도움], 지지 동 선호하다　*favoritism 명 편애 • 호의적인 영화평 _____ film reviews
	27 **resentful** [rizéntfəl]	분개한　*resent 동 분개하다　*resentment 명 분개 • 분개한 표정 a _____ look
	28 **probable** [prábəbl]	개연성 있는[~일 것 같은] *probably 부 아마　*probability 명 개연성, 확률 • 개연성 있는 원인/결과 the _____ cause/outcome
	29 **athletic** [æθlétik]	운동(선수)의　*athletics 명 운동 경기　*athlete 명 운동선수 • 운동 능력 _____ ability
	30 **checked** [tʃekt]	체크[바둑판]무늬의(=checkered) • 체크무늬 치마 a _____ skirt

☑ 반갑다 기능어야!　-self 대명사

myself/yourself/himself/herself/itself/ourselves/yourselves/themselves
1　자기 자신을[에게]　I can look after **myself**. 난 나 자신을 돌볼 수 있다.
　　　　　　　　　　Study not for others but for **yourself**. 남을 위해서가 아니라 너 자신을 위해서 공부해라.
2　자기 스스로(강조)　Set **yourself** realistic goals. 너 스스로 현실적인 목표를 세워라.
　　　　　　　　　　She lives **(all) by herself**. 그녀는 혼자서 산다.

A 영어는 우리말로, 우리말은 영어로!

1	tag	16	조카딸
2	margin	17	상인[무역상]
3	publicity	18	짐승[야수]
4	reference	19	기계(류)
5	bunch	20	모순, 반박
6	caution	21	또래, 유심히 보다[응시하다]
7	trim	22	복수[보복](하다)
8	roast	23	하품(하다)
9	amuse	24	고안[창안]하다
10	withdraw	25	삐다
11	hasten	26	증명[보증]하다
12	bind	27	호의적인[유리한]
13	coordinate	28	분개한
14	ripe	29	운동(선수)의
15	probable	30	체크[바둑판]무늬의

B 단어와 단어의 만남

1	her niece's wedding	7	가격표 a price t_____
2	a wealthy merchant	8	꽃다발 a b_____ of flowers
3	Beauty and the Beast	9	또래 압력 p_____ pressure
4	agricultural machinery	10	보복 공격 r_____ attacks
5	a favorable response	11	운동 능력 a_____ ability
6	the probable cause	12	체크무늬 치마 a c_____ skirt

C [보기] 단어들 뜻 씹어 보고 들어갈 곳에 쏙!

|보기|	caution	contradiction	margin	reference

1 I wrote some notes in the _____. 난 여백에 노트를 했다.

2 This book will become a standard _____ book. 이 책은 권위 있는 참고서가 될 것이다.

3 Sick animals should be handled with great _____.
병든 동물은 매우 조심해서 다루어져야 한다.

4 It's a _____ to say you love animals and yet wear furs.
네가 동물을 사랑한다고 말하면서 모피를 입는 것은 모순이다.

D 내 영어 실력?? 영영 사전 보는 정도!!!

|보기|	certify	devise	hasten	roast

1 to make something happen faster or sooner
2 to plan or invent a new way of doing something
3 to officially state that something is correct or true
4 to cook food with dry heat in an oven or over a fire

E [보기] 단어들 뜻 음미해 보고 빈칸 속에 퐁당!

|보기|	amuse bind(bound) coordinate peer roast sprain yawn

1 He stretched and _____(e)d. 그는 기지개를 켜며 하품을 했다.
2 She _____(e)d into the darkness. 그녀는 어둠을 응시했다.
3 His joke _____(e)d the audience. 그의 농담이 청중을 즐겁게 했다.
4 She fell and _____(e)d her ankle. 그녀는 넘어져 발목을 삐었다.
5 She _____(e)d the whole campaign. 그녀가 캠페인 전체를 조직화했다.
6 They _____ his arms and legs with rope. 그들은 그의 팔과 다리를 밧줄로 묶었다.

F 빈칸에 들어갈 알맞은 단어는?

1 Are the apples r_____ enough to eat? 사과가 먹을 만큼 익었니?
2 She was highly r_____ at their unfair treatment.
그녀는 그들의 부당한 대우에 매우 분개했다.

G 같은 모양, 다른 의미

1 a publicity campaign
a murder trial that received a lot of publicity
2 He withdrew $200 from his savings account.
The UN withdrew its troops from the country.
3 My hair needs trimming.
They're trying to trim their costs.

H 반갑다 기능어야! 익힌 후, 빈칸에 공통으로 알맞은 기능어 넣기

Be _____ — who else is better qualified? 너 자신이 돼라. 너 밖에 누가 더 자격이 있겠니?
If you want a thing well done, do it _____. 어떤 일이 잘되기를 바란다면 너 스스로 그걸 해 봐.

오늘의 **dessert** | *Soon ripe, soon rotten.* 빨리 익은 열매는 빨리 썩는다.

Answers
D 1 hasten 2 devise 3 certify 4 roast E 1 yawn 2 peer 3 amuse 4 sprain 5 coordinate 6 bound F 1 ripe 2 resentful
G 1 홍보 활동(홍보) / 많은 매스컴의 관심을 받은 살인 재판(매스컴의 관심) 2 그는 자신의 예금 계좌에서 200달러를 인출했다.(인출하다) / 국제 연합은
그 나라에서 부대를 철수했다.(철수하다) 3 내 머리는 잘라 다듬어야 해.(다듬다) / 그들은 비용을 줄이려고 노력 중이다.(줄이다) H yourself

247

명사		
01	**patriot** [péitriət]	애국자 *patriotism 명 애국심 *patriotic 형 애국적인 • 진정한 애국자 a true _____
02	**auditorium** [ɔ̀ːdətɔ́ːriəm]	청중[관객]석, 강당 *audience 명 청중[관객], 시청자 • 학교 강당 a school _____
03	**meadow** [médou]	풀밭[초원] • 초원에서 풀을 뜯고 있는 말들 horses grazing in the _____
04	**hay** [hei]	건초 • 건초 더미 a pile of _____
05	**kettle** [kétl]	주전자(=teakettle), 솥 • 전기 주전자 an electric _____
06	**vapor** [véipər]	(수)증기 *evaporate 동 증발하다 • 수증기 water _____
07	**enrollment** [inróulmənt]	등록, 등록자 수 *enroll 동 등록하다 • 등록자 수의 감소 a decrease in _____
08	**compassion** [kəmpǽʃən]	동정심[연민](=pity, sympathy) *compassionate 형 동정적인 • 환자들에 대한 동정심[연민] _____ for the sick
09	**impulse** [ímpʌls]	충동 *impulsive 형 충동적인 • 충동적으로 행동하다 to act on _____
10	**mode** [moud]	양식[방식] • 서양의 사고방식들 Western _____s of thought

명사·동사		
11	**bud** [bʌd]	명 (식물의) 눈[꽃봉오리] 동 (식물의) 눈[꽃봉오리]이 맺히다 • 장미 꽃봉오리 a rose _____
12	**esteem** [istíːm]	명 존경[존중] 동 존경[존중]하다 *self-esteem 명 자존[자부]심 • 그를 매우 존경하다 to hold him in high _____
13	**switch** [switʃ]	동 ❶ 바꾸다 ❷ (~ on/off) 스위치를 켜다/끄다 명 스위치, 바꿈 • 채널을 바꾸다 to _____ channels
14	**retreat** [ritríːt]	동 후퇴하다(↔advance), 물러나다 명 후퇴 • 산으로 후퇴하다 to _____ to the mountains
15	**tease** [tiːz]	동 놀리다 명 놀림 • 놀림을 당하다 to get _____d

동사		
16	**maximize** [mǽksəmàiz]	최대[극대]화하다(↔minimize) *maximum 명 형 최대[최고](의) • 효율/이익을 최대화하다 to _____ efficiency/profits

¹⁷ **swell** [swel] -swelled-swollen[swelled]	❶붓다[부어오르다] ❷증가하다 • 내 발목이 부어올랐다. My ankle _____ed up.	

¹⁸ **dip**
[dip]

❶살짝 담그다 ❷내려가다
• 물에 손을 담그다 to _____ your hand in the water

¹⁹ **astonish**
[əstániʃ]

크게 놀라게 하다
*astonishment 명경악   *astonished 형깜짝 놀란   *astonishing 형놀라운
• 그 소식이 그를 크게 놀라게 했다. The news _____ed him.

²⁰ **vomit**
[vámit]

토하다(=throw up)
• 피를 토하다 to _____ blood

²¹ **contend**
[kənténd]

❶경쟁하다[다투다](=compete) ❷주장하다
• 상을 놓고 경쟁하다 to _____ for a prize

²² **justify**
[dʒʌ́stəfài]

정당화하다
*just 형공정한   *unjustified 형정당하지 않은   *justice 명정의
• 자신의 행동을 정당화하다 to _____ your actions

명사 형용사

²³ **radical**
[rǽdikəl]

형❶근본적인 ❷급진적인 명급진주의자
• 근본적인 개혁 _____ reform

²⁴ **bilingual**
[bailíŋgwəl]

형이중 언어를 사용하는 명이중 언어 사용자
• 이중 언어 교육 _____ education

형용사

²⁵ **abundant**
[əbʌ́ndənt]

풍부한   *abundance 명풍부함
• 풍부한 노동력 an _____ labor force

²⁶ **evident**
[évədənt]

분명한[명백한](=obvious)   *evidence 명증거
• 그가 행복한 것은 분명했다. It was _____ that he is happy.

²⁷ **gorgeous**
[gɔ́ːrdʒəs]

아름다운[매력적인/멋진]
• 너 멋있어 보이는구나! You look _____!

²⁸ **solemn**
[sáləm]

엄숙한
• 엄숙한 의식 a _____ ceremony

²⁹ **homesick**
[hóumsìk]

향수에 젖은   *homesickness 명향수병
• 향수에 젖다 to feel[get] _____

³⁰ **ironic**
[airánik]

❶반어적인 ❷얄궂은[뜻밖의]
*irony 명반어(법), 얄궂은[뜻밖의] 상황   *ironically 부반어적으로
• 반어적인 논평 an _____ comment

☑ 반갑다 기능어야!   **one**(복수 **ones**) 대명사

1   이미 나온 불특정 명사 대신
    A learned fool is more foolish than an ignorant **one**. 배운 바보가 무지한 바보보다 더 어리석다.
2   ~ 중 하나   I think of you as **one of** my friends. 난 널 친구 중 하나로 생각한다.
3   일반인   **One** cannot put back the clock. 아무도 시계를 거꾸로 돌릴 순 없다.

A 영어는 우리말로, 우리말은 영어로!

1	enrollment	16	애국자
2	bud	17	청중[관객]석, 강당
3	esteem	18	풀밭[초원]
4	switch	19	건초
5	tease	20	주전자, 솥
6	maximize	21	(수)증기
7	swell	22	동정심[연민]
8	dip	23	충동
9	astonish	24	양식[방식]
10	contend	25	후퇴(하다)
11	radical	26	토하다
12	bilingual	27	정당화하다
13	evident	28	풍부한
14	gorgeous	29	엄숙한
15	ironic	30	향수에 젖은

B 단어와 단어의 만남

1 compassion for the sick
2 a mode of production
3 a radical feminist
4 bilingual education
5 an abundant labor force
6 an ironic comment

7 학교 강당 a school a_____
8 수증기 water v_____
9 갑작스런 충동 a sudden i_____
10 장미 꽃봉오리 a rose b_____
11 근본적인 개혁 r_____ reform
12 엄숙한 의식 a s_____ ceremony

C 내 영어 실력?? 영영 사전 보는 정도!!!

| 보기 | enrollment   esteem   hay   kettle   meadow   patriot

1 someone who loves their country
2 respect or admiration for someone
3 a field with wild grass and flowers
4 a container used for boiling water in
5 the act of officially joining a course, school etc.
6 long grass that has been cut and dried, used as food for cattle

Answers

A 앞면 참조 **B** 1 환자들에 대한 동정심[연민] 2 생산 양식 3 급진적인 페미니스트[남녀평등주의자] 4 이중 언어 교육 5 풍부한 노동력 6 반어적인 논평 7 auditorium 8 vapor 9 impulse 10 bud 11 radical 12 solemn **C** 1 patriot 2 esteem 3 meadow 4 kettle 5 enrollment 6 hay

D [보기] 단어들 뜻 씹어 보고 들어갈 곳에 쏙!

| 보기 | astonish   retreat   swell   vomit

1 The news _____(e)d everyone. 그 소식이 모두를 크게 놀라게 했다.

2 My ankle _____(e)d up like a balloon. 내 발목이 풍선처럼 부어올랐다.

3 The injured man was _____ing blood. 부상당한 남자가 피를 토하고 있었다.

4 They could neither advance nor _____. 그들은 전진할 수도 후퇴할 수도 없었다.

E [보기] 단어들 뜻 음미해 보고 빈칸 속에 풍당!

| 보기 | justify   maximize   switch   tease

1 I used to get _____(e)d about my name. 난 이름으로 놀림을 받곤 했다.

2 The meeting has been _____(e)d to next week. 모임이 다음 주로 바뀌었다.

3 Companies need to _____ value before profit.

기업들은 이익에 앞서 가치를 최대화해야 한다.

4 How can we _____ spending so much money on arms?

우리는 무기에 그렇게 많은 돈을 쓰는 것을 어떻게 정당화할 수 있을까?

F 빈칸에 들어갈 알맞은 단어는?

1 You look g_____! 너 멋있어 보이는구나!

2 It was e_____ that she was unhappy. 그녀가 불행한 것은 분명했다.

3 Most people get h_____ the first time they leave home.

대부분의 사람들이 집을 떠난 처음에는 향수에 젖는다.

G 같은 모양, 다른 의미

1 He dipped his hand in the water.

The sun dipped below the horizon.

2 Several teams are contending for the prize.

She contends that money cannot buy happiness.

H 반갑다 기능어야! 익힌 후, 빈칸에 알맞은 기능어 넣기

A creative person works on his next task because he was not satisfied with his

previous _____. 창조적인 사람은 이전 일에 만족하지 못하므로 다음 일을 계속한다.

오늘의 **dessert** | *The end doesn't justify the means.* 목적은 수단을 정당화할 수 없다.

Answers

D 1 astonish 2 swell 3 vomit 4 retreat E 1 tease 2 switch 3 maximize 4 justify F 1 gorgeous 2 evident 3 homesick
G 1 그는 물에 손을 담갔다.(살짝 담그다) / 태양이 지평선 아래로 졌다.(내려가다) 2 몇 팀이 상을 놓고 경쟁하고 있다.(경쟁하다) / 그녀는 돈으로 행복을
살 수 없다고 주장한다.(주장하다) H one

명사

01 thorn
[θɔːrn]

(식물의) 가시, 가시나무　*thorny 혱 가시가 많은
· 장미는 가시가 있다. Roses have _____s.

02 outlook
[áutlùk]

❶ 관점 ❷ 전망(=prospect)
· 긍정적인 인생관 a positive _____ on life

03 obligation
[àbləɡéiʃən]

의무　*obligatory 혱 의무적인　*oblige 동 (~에게) 강요[강제]하다
· 도덕적/사회적/법적 의무 moral/social/legal _____

04 conviction
[kənvíkʃən]

❶ 신념[확신] ❷ 유죄 판결　*convict 동 유죄를 선고[입증]하다 명 기결수
· 강한 정치적 신념 a strong political _____

05 ignorance
[íɡnərəns]

무지　*ignore 동 무시하다　*ignorant 혱 무지한
· 대중의 무지와 편견 public _____ and prejudice

06 receipt
[risíːt]

❶ 영수증 ❷ 받기[수령/인수]　*receive 동 받다
· 영수증 좀 주시겠어요? Can I have a _____, please?

07 boredom
[bɔ́ːrdəm]

지루함[권태]　*bore 동 지루하게 하다　*bored 혱 지루해 하는
· 지루함을 달래다 to relieve _____

08 diabetes
[dàiəbíːtiːz]

당뇨병　*diabetic 혱 당뇨병의
· 당뇨병의 주요 증상들 major symptoms of _____

명사·동사

09 shed
[ʃed]-shed-shed

동 ❶ 없애다 ❷ 떨어뜨리다[흘리다/비추다] 명 헛간[창고]
· 많은 일자리를 없애다 to _____ many jobs

10 confine
동 [kənfáin]　명 [kánfain]

동 ❶ 한정하다 ❷ 가두다 명 (-s) 한계[경계]
*confinement 명 감금　*confined 혱 한정된, 아주 좁은
· 논평을 100 단어로 한정하다 to _____ your comments to 100 words

동사

11 exert
[iɡzə́ːrt]

❶ (힘을) 행사하다 ❷ (~ oneself) 노력하다　*exertion 명 노력, 행사
· 영향력/압력을 행사하다 to _____ influence/pressure

12 shorten
[ʃɔ́ːrtn]

짧게 하다[단축하다], 짧아지다(↔lengthen)
· 치마를 짧게 하다 to _____ a skirt

13 notify
[nóutəfài]

통지[신고]하다(=inform)　*notification 명 통지[신고]
· 경찰에 사고를 신고하다 to _____ the police of an accident

14 arouse
[əráuz]

불러일으키다[자극하다], 깨우다
· 그들의 관심을 불러일으키다 to _____ their interest

15 confront
[kənfrʌ́nt]

닥치다, 맞서다
*confrontation 명 대립[대치]　*be confronted with ~에 직면하다
· 그 나라에 닥친 문제들 the problems _____ing the country

16 convert
[kənvə́ːrt]

전환[개조]하다, 개종[전향]하다
*conversion 명 전환[개조]　*convertible 혱 전환 가능한
· 침대로 전환되는 소파 a sofa that _____s into a bed

17 revise
[riváiz]

수정[개정]하다　*revision 몡수정[개정]
• 계획을 수정하다　to _____ a plan

18 dominate
[dámənèit]

지배하다
*domination[dominance] 몡지배　*dominant 혱지배적인, (유전적) 우성의
• 세계 시장을 지배하다　to _____ the world market

19 sustain
[səstéin]

❶유지[지속]시키다 ❷(피해를) 입다　*sustainable 혱지속 가능한
• 경제 성장을 지속시키다　to _____ economic growth

명사·형용사 **20 fluid**
[flú:id]

몡액체(=liquid), 유체　혱유동적인, 유연한, 유(동)체의
• 체액　body _____ s

21 liberal
[líbərəl]

혱자유주의의, 개방[진보]적인　몡자유주의자
*liberalism 몡자유주의　*liberty 몡자유
• 자유주의적[개방적/진보적] 태도　a _____ attitude

동사·형용사 **22 prompt**
[prɑmpt]

혱즉각적인[신속한]　동촉발[유도]하다
• 매우 신속한 답장　a very _____ reply

형용사 **23 intense**
[inténs]

극심한[강렬한]
*intensity 몡강렬함, 강도[세기]　*intensify 동심해지다[강화하다]
• 극심한 더위/강렬한 기쁨　_____ heat/pleasure

24 allergic
[ələ́:rdʒik]

알레르기의　*allergy 몡알레르기
• 복숭아 알레르기가 있다　to be _____ to peaches

25 oral
[ɔ́:rəl]

❶구두[구술]의 ❷입의
• 구두시험　an _____ test

26 coherent
[kouhíərənt]

조리 있는(↔incoherent)　*coherence 몡조리[통일성]
• 조리 있는 설명　a _____ explanation

27 skeptical
[sképtikəl]

회의적인[의심하는]　*skeptic 몡회의론자　*skepticism 몡회의
• 그들의 주장에 회의적이다　to be _____ of their claims

28 hostile
[hάstl]

적대적인　*hostility 몡적대감[반감]
• 그의 적대적인 태도　his _____ attitude

29 breathtaking
[bréθtèikiŋ]

(흥분·놀라움으로) 숨 막히는
• 숨 막히는 산들의 풍경　a _____ view of the mountains

부사 **30 vice versa**
[vàis vɔ́:rsə]

그 반대도 마찬가지로
• 그는 그녀를 신뢰하지 않고, 그 반대도 마찬가지이다.(그녀도 그를 신뢰하지 않는다.)
　He doesn't trust her, and _____ _____.

☑ 반갑다 기능어야! **none 대명사: 아무도[아무것도] ~ 않다(=no one[nothing])**

None are completely happy.　아무도 완전히 행복하지는 않다.
A friend to all is a friend to **none**.　모두에게 친구는 아무에게도 친구가 아니다.
(I want) **None** of your tricks!　잔머리 굴리지 마!
None but the brave deserves the fair.　용감한 자만이 미인을 차지할 자격이 있다.

A　영어는 우리말로, 우리말은 영어로!

1	conviction	16	가시(나무)
2	receipt	17	관점, 전망
3	shed	18	의무
4	confine	19	무지
5	exert	20	지루함[권태]
6	shorten	21	당뇨병
7	arouse	22	통지[신고]하다
8	confront	23	수정[개정]하다
9	convert	24	지배하다
10	sustain	25	극심한[강렬한]
11	fluid	26	알레르기의
12	liberal	27	구두[구술]의, 입의
13	prompt	28	조리 있는
14	breathtaking	29	회의적인[의심하는]
15	vice versa	30	적대적인

B　단어와 단어의 만남

1　moral obligation
2　strong political convictions
3　a good outlook on life
4　his hostile attitude
5　a coherent explanation

6　체액　body f_____s
7　극심한 고통　i_____ pain
8　알레르기 반응　an a_____ reaction
9　구두 보고　an o_____ report
10　진보적 정치인　a l_____ politician

C　[보기] 단어들 뜻 씹어 보고 들어갈 곳에 쏙!

|보기|	boredom	diabetes	ignorance	receipt	thorn

1　He suffers from _____. 그는 당뇨병을 앓고 있다.
2　_____ of the law is no excuse. 법에 대한 무지가 변명이 될 수 없다.
3　The _____ went deep into the flesh. 가시가 살 속 깊이 박혔다.
4　Keep your _____ as proof of purchase. 구매의 증거로 영수증을 보관해라.
5　This game can relieve the _____ of a long journey.
　　이 게임은 긴 여행의 지루함을 달래 줄 수 있다.

Answers

A 앞면 참조　**B** 1 도덕적 의무　2 강한 정치적 신념　3 훌륭한 인생관　4 그의 적대적인 태도　5 조리 있는 설명　6 fluid　7 intense　8 allergic
9 oral　10 liberal　**C** 1 diabetes　2 Ignorance　3 thorn　4 receipt　5 boredom

D [보기] 단어들 뜻 음미해 보고 빈칸 속에 퐁당!

> |보기| arouse confront convert dominate notify revise shorten

1 Smoking can _____ your life. 흡연은 수명을 단축시킬 수 있다.
2 Have you _____(e)d the police? 경찰에 신고했니?
3 His behavior _____(e)d our suspicions. 그의 행동이 우리의 의심을 불러일으켰다.
4 You should review and _____ the plan. 넌 계획을 재검토해서 수정해야 한다.
5 Her loud voice _____(e)d the conversation. 그녀의 큰 목소리가 대화를 지배했다.
6 They _____(e)d the spare bedroom into an office.
   그들은 여분의 침실을 사무실로 개조했다.
7 The problems _____ing the new government were enormous.
   새 정부에 닥친 문제들은 엄청났다.

E 빈칸에 들어갈 알맞은 단어는?

1 She e_____ed considerable influence on them.
   그녀는 그들에게 상당한 영향력을 행사했다.
2 He is highly s_____ of the reforms. 그는 개혁에 매우 회의적이다.
3 The scene was one of b_____ beauty. 그 장면은 숨 막히게 아름다운 것이었다.
4 The boys refused to play with the girls, and v_____ _____.
   소년들은 소녀들과 놀기를 거부했고, 그 반대도 마찬가지였다.

F 같은 모양, 다른 의미

1 Please confine your comments to 100 words.
   They were confined in a dark, narrow room.
2 a tool shed / He needs to shed some weight.
   The trees are starting to shed their leaves.
3 She found it difficult to sustain the children's interest.
   Two of the fire-fighters sustained serious injuries.
4 Prompt action must be taken.
   Pride prompted his angry response.

G 반갑다 기능어야! 익힌 후, 빈칸에 공통으로 알맞은 기능어 넣기

_____ is wise at all times. 아무도 항상 현명하지만은 않다.

A Jack of all trades is a master of _____. 무엇이든 다 할 수 있는 이는 아무것에도 뛰어나지 않다.

오늘의 dessert | *Ignorance is bliss.* 모르는 게 약이다.

Answers

D 1 shorten 2 notify(notified) 3 arouse 4 revise 5 dominate 6 convert 7 confront **E** 1 exert 2 skeptical 3 breathtaking
4 vice versa **F** 1 논평을 100단어로 한정해 주십시오.(한정하다) / 그들은 어둡고 좁은 방에 감금되었다.(가두다) 2 공구 창고(창고) / 그는 체중을 좀
뺄 필요가 있다.(없애다) / 나무들이 잎을 떨어뜨리기 시작하고 있다.(떨어뜨리다) 3 그녀는 아이들의 흥미를 유지시키는 게 어렵다는 걸 알았다.(유지시키
다) / 소방관 중 2명이 중상을 입었다.((피해를) 입다) 4 즉각적인 조치가 취해져야 한다.(즉각적인[신속한]) / 자존심이 그의 화난 반응을 촉발시켰다.(촉발
하다) **G** None[none]

255

51 too ~ to V

- too + 형용사/부사 + to V: 너무 ~해서 …할 수 없다, …하기엔 너무 ~하다

The opportunity is too good for me to miss. 그 기회가 너무 좋아서 나는 놓칠 수가 없다.

(= The opportunity is so good that I can't miss it.)

He was too sick to travel. 그는 너무 아파서 여행을 할 수 없었다.

52 현재 · 미래 사실의 반대를 나타내는 가정 표현

- If + 주어 + 과거동사/were[was] ~, 주어 + would/could/might + V: ~한다면[라면], …할 텐데
  (→ 현재 사실의 반대 가정, 미래 실현 가능성 적음)
- if가 생략되고 were가 앞으로 나갈 수 있다.

If the educational system were[was] better, we would be happier.
만약 교육 제도가 더 좋다면 우리는 더 행복할 텐데.

I would go around the world if I had enough money. 돈이 충분히 있다면 나는 세계 일주를 할 텐데.

Were you a princess, what would you do? 네가 만일 공주라면 무얼 하고 싶니?

53 과거 사실의 반대를 나타내는 가정 표현

- If + 주어 + had + 과거분사 ~, 주어 + would/could/might + have + 과거분사: ~했다면(였다면), …했을 텐데

If I had been you, I wouldn't have done so. 내가 너였다면 그렇게 하지 않았을 텐데.

We couldn't have won the game if many fans hadn't cheered.
많은 팬들이 응원해 주지 않았다면 우린 경기에서 이길 수 없었을 거야.

Without my teacher's advice, I would have failed. 선생님의 충고가 없었다면 나는 실패했을 거야.

54 I wish/as if 가정 표현

- I wish + 과거동사/had + 과거분사: ~한다면[라면]/~했다면[였다면] 좋을 텐데
- as if + 과거동사/had + 과거분사: 마치 ~하는[인]/~했던[였던] 것처럼

I wish I were your rose. 내가 그대의 장미라면 좋으련만.

I wish I had worked harder for the test. 내가 시험공부를 더 열심히 했었더라면 좋았을 텐데.

The robot moves as if it were a human. 그 로봇은 마치 인간인 것처럼 움직인다.

You talk as if you had really been there. 너는 마치 거기에 진짜 가 본 듯이 말하는구나.

55 not only A but (also) B

- not only A but (also) B: A뿐만 아니라 B도 역시
- A와 B는 문법적으로 같은 형태(명사/동사/형용사/부사 등)이어야 한다.

Language not only expresses ideas but actually shapes them.
언어는 생각을 표현할 뿐만 아니라 실제로 형성하기도 한다.

Not only do you have your own ideas, but they have theirs, too.
너도 자신의 생각을 갖고 있을 뿐만 아니라 그들도 역시 갖고 있다.

56 not A but B

- not A but B: A가 아니라 B
- A와 B는 문법적으로 같은 형태(명사/동사/형용사/부사 등)이어야 한다.

  It is not red, but black. 그것은 붉지 않고 검다.

  I did not go, but stayed at home. 나는 가지 않고 집에 있었다.

  Not he but she supports the family. 그가 아니라 그녀가 가족을 부양한다.

57 as + 형용사/부사 + as ~

- as + 형용사/부사 + as: ~만큼 …한/하게
- 배수사(half/twice/three times 등) + as + 형용사/부사 + as ~: ~의 (반/두 배/세 배)만큼 …한/하게

  Being with her is as beautiful as a colorful rainbow.
  그녀와 함께하는 것은 오색 빛깔 무지개만큼 아름답다.

  You must give as much as you take. 받은 만큼 (많이) 주어야 한다.

  There are twice as many bicycles as cars in the city.
  그 도시에는 자동차의 두 배만큼 많은 자전거가 있다.

58 It be + 강조할 대상 + that[who] ~

- 주어, 목적어, 보어, 부사어 등 강조할 대상을 be동사와 that 사이에 두어 강조한다.
- 강조할 대상이 사람일 경우 that 대신 who를 쓸 수 있다.

  It is you that[who] told me so. 내게 그렇게 말한 건 바로 너야.

  It isn't until we lose our health that we realize its importance.
  우리는 건강을 잃고 나서야 비로소 건강의 중요성을 깨닫는다.

59 순서 바뀜[도치]/생략

- 부사어가 문장 맨 앞에 오면 주어와 동사의 순서가 바뀌어 「부사어 + 동사 + 주어」의 어순으로 쓴다.
- 주절과 부사절의 주어가 같을 때, 부사절의 「주어 + be동사」는 종종 생략된다.

  Around the sun go the eight planets. 태양 주위를 8개의 행성이 돈다.

  Little did I dream of meeting her there. 나는 거기서 그녀를 만나리라곤 거의 꿈도 꾸지 않았다.

  Many workers learn new skills while (they are) keeping their regular jobs.
  많은 노동자들이 일상적인 일을 계속하면서 새로운 기술을 배운다.

60 부정어

- no(어떤 ~도 없는[아닌]), little(거의 없는[아닌]), never(결코[절대] ~ 않다), hardly(거의 ~ 아니다[없다]), without(~ 없이) 등이 있다.

  No living plant or animal can exist in complete isolation.
  살아 있는 어떤 식물이나 동물도 완전한 고립 상태에서 생존할 수 없다.

  Many of the students speak little English. 많은 학생들이 영어를 거의 말하지 못한다.

  I can hardly remember life without television. 나는 텔레비전이 없는 생활을 거의 기억할 수 없다.

uccess

- Ralph Waldo Emerson

To laugh often and much;

to win the respect of intelligent people

and the affection of children;

to earn the appreciation of honest critics

and endure the betrayal of false friends;

to appreciate beauty,

to find the best in others;

to leave the world a bit better,

whether by a healthy child, a garden patch,

or a redeemed social condition;

to know even one life has breathed easier

because you have lived.

This is to have succeeded.

성공 - 랠프 왈도 에머슨

자주 많이 웃는 것, 똑똑한 사람들의 존경과 아이들의 사랑을 받는 것,

정직한 비평가들의 찬사를 얻고, 거짓 친구들의 배신을 참아내는 것,

참 아름다움을 알아보는 것, 다른 사람들에게서 가장 좋은 점을 찾아내는 것,

세상을 좀 더 낫게 하는 것, 건강한 아이를 기르든, 텃밭을 가꾸든, 나쁜 사회 환경을 개선시키든,

당신이 살았기 때문에 단 하나의 생명이라도 더 편히 숨 쉬게 되었음을 아는 것,

이것이 성공한 것이다.

1등급 영단어
UP to 1st Grade
600

여기 600개 단어들은 앞의 1800개보다는 빈도가 낮지만
확실한 수능 1등급을 위해 꼭 외워 두어야 할 친구들입니다.
1일 30개씩 20일만 더 노력해 수능 1등급 영단어 완성이라는
'유종의 미'를 거두기 바랍니다.

권장 학습법

1. 먼저 30개 단어를 쭉 훑어보아 낯을 익힌다. (5분)

2. 모르는 단어를 중심으로 각자 취향대로 본격적으로 집중해서 외운다. (15분)

3. [Standard Examples]를 풀어 보며 외운 것을 확인한다.
   답을 직접 써 보는 게 좋지만, 이동 중일 때는 머릿속으로 써 보아도 된다. (10분)

4. 채점해 보고 틀린 것들을 골라내 다시 암기한다.
   이때 가능한 한 모든 예구[예문]를 통째로 암기하려고 노력한다. (10분)

총 소요 시간: 약 40분

명사

01	**antibiotic** [æ̀ntibaiɑ́tik]	항생제
02	**landfill** [lǽndfil]	쓰레기 매립(지)
03	**fist** [fist]	주먹
04	**ideology** [àidiɑ́lədʒi]	이데올로기[이념], 관념 *ideological 형 이념적인
05	**recreation** [rèkriéiʃən]	레크리에이션[오락] *recreational 형 레크리에이션[오락]의
06	**hierarchy** [háiərɑ̀:rki]	❶계급[계층], 체계[위계] ❷지배층 *hierarchical 형 계급[계층/위계]의
07	**brochure** [brouʃúər]	홍보용 소책자
08	**burial** [bériəl]	매장(埋葬) *bury 통 묻다, 매장하다
09	**combustion** [kəmbʌ́stʃən]	발화, 연소
10	**collaboration** [kəlæ̀bəréiʃən]	공동 작업 *collaborate 통 공동 작업[협력]하다 *collaborative 형 공동의
11	**cuisine** [kwizí:n]	(특유의) 요리(법) 비교 recipe 명 요리[조리]법

명사 · 동사

12	**clash** [klæʃ]	명 충돌 통 충돌하다
13	**foam** [foum]	명 (물)거품[포말] 통 거품이 일다(=bubble)
14	**blink** [bliŋk]	통 ❶눈을 깜박이다 ❷(빛이) 깜박이다 명 깜박임
15	**bully** [búli]	통 (약자를) 못살게 굴다[위협하다] 명 (약자를) 못살게 구는 자
16	**flush** [flʌʃ]	통 ❶얼굴이 붉어지다(=blush) ❷물로 씻어 내리다 명 홍조, 씻어 내림
17	**gamble** [gǽmbl]	통 도박하다 명 도박 *gambling 명 도박 *gambler 명 도박꾼

동사

18	**accelerate** [əksélərèit]	가속화하다 *acceleration 명 가속
19	**fuse** [fju:z]	결합[융합]하다 *fusion 명 결합[융합]
20	**aspire** [əspáiər]	열망[염원]하다 *aspiration 명 열망[포부]
21	**unify** [jú:nəfài]	통합[통일]하다 *(re)unification 명 (재)통합[통일]
22	**assert** [əsə́:rt]	단언[주장]하다 *assertion 명 단언 *assertive 형 자신감 있는[확신에 찬]
23	**compress** [kəmprés]	압축하다 *compression 명 압축

형용사

24	**rotten** [rɑ́tn]	썩은[부패한] *rot 통 썩다[부패하다](=decay)
25	**carefree** [kέərfrì:]	근심 걱정 없는[태평스러운]
26	**chronic** [krɑ́nik]	만성[고질]의(↔acute 급성의) *chronically 부 만성적으로
27	**clumsy** [klʌ́mzi]	서투른[어색한](=awkward)
28	**brand-new** [brǽndnjú:]	아주 새로운[신품의]
29	**eligible** [élidʒəbl]	자격이 있는
30	**exclusive** [iksklú:siv]	배타[독점]적인 *exclude 통 제외[배제]하다

Standard Examples

명사

01 The doctor prescribed her a_____s. 의사는 그녀에게 항생제를 처방했다.

02 a l_____ site 쓰레기 매립장

03 to pound on the door with both f_____s 두 주먹으로 문을 쾅쾅 두드리다

04 a new i_____ based on individualism 개인주의에 바탕한 새로운 이념

05 a r_____ center/facility 레크리에이션 센터/시설

06 the social/political h_____ 사회적/정치적 계층[계급]

07 a travel b_____ 여행 홍보용 소책자

08 a prehistoric b_____ ground 선사 시대의 매장지

09 spontaneous c_____ 자연 발화   internal c_____ engine 내연 기관

10 a c_____ between two writers 두 작가의 공동 작업

11 French/Italian c_____ 프랑스/이탈리아 요리(법)

명사 · 동사

12 a c_____ of opinions/cultures 의견/문화 충돌

13 the beach covered with f_____ 물거품[포말]로 뒤덮인 해변

14 She b_____ed in the bright sunlight. 그녀는 밝은 햇빛에 눈을 깜박였다.

15 He b_____ies the younger kids. 그는 어린 아이들을 못살게 군다.

16 She f_____ed with anger. 그녀는 화가 나서 얼굴이 붉어졌다.

17 to g_____ on the horses 경마 도박을 하다

동사

18 measures to a_____ the rate of economic growth 경제 성장률을 가속화하는 조치들

19 to f_____ jazz and Latin rhythms 재즈와 라틴 리듬을 결합하다

20 They a_____ to a better way of life. 그들은 더 나은 삶의 방식을 열망한다.

21 the task of u_____ing Europe 유럽을 통합하는 과제

22 He a_____ed that he was innocent. 그는 자신이 결백하다고 주장했다.

23 c_____ed air/gas 압축 공기/가스

형용사

24 a r_____ egg 썩은 계란

25 a c_____ attitude/life 근심 걱정 없는 태도/생활

26 c_____ heart disease 만성 심장병

27 He made a c_____ attempt to apologize. 그는 사과하려는 서툰 시도를 했다.

28 a b_____ computer 최신 컴퓨터

29 Are you e_____ to vote? 너는 투표할 자격이 있니?

30 an e_____ interview 독점 인터뷰

명사

01	**copywriter** [kápiràitər]	광고 문안 작성자
02	**crutch** [krʌtʃ]	목발
03	**posture** [pástʃər]	자세[태도]
04	**deficiency** [difíʃənsi]	부족[결핍](= shortage), 결함 *deficient 형 부족한
05	**diaper** [dáiəpər]	기저귀
06	**dilemma** [di**léma**]	진퇴양난[딜레마]
07	**expanse** [ikspǽns]	광활한 공간
08	**ambassador** [æmbǽsədər]	대사
09	**fin** [fin]	지느러미
10	**utility** [ju:tíləti]	❶ (복수 utilities) (전기·수도·가스 등) 공공 서비스 ❷ 유용성 ❸ (컴퓨터) 유틸리티
11	**longevity** [lɑndʒévəti]	❶ 장수 ❷ 수명

동사

12	**flutter** [flʌ́tər]	퍼덕거리다[펄럭이다](= flap)
13	**encompass** [inkʌ́mpəs]	❶ 포함하다[아우르다] ❷ 에워[둘러]싸다
14	**devastate** [dévəstèit]	완전히 파괴[황폐화]하다
15	**disclose** [disklóuz]	밝히다[드러내다](= reveal ↔ conceal) *disclosure 명 폭로
16	**disregard** [dìsrigá:rd]	무시하다(= ignore)
17	**disrupt** [dìsrʌ́pt]	방해하다[지장을 주다](= disturb) *disruption 명 지장

명사·형용사

18	**cunning** [kʌ́niŋ]	형 교활한 명 교활함
19	**conservative** [kənsə́:rvətiv]	형 보수적인 명 보수주의자
20	**equivalent** [ikwívələnt]	형 동등한(= equal) 명 상당하는 것[등가물]
21	**maximum** [mǽksəməm]	형 최대[최고]의 명 최대[최고](↔ minimum) *maximize 동 최대화하다
22	**static** [stǽtik]	형 정적인[정체된](↔ dynamic) 명 ❶ 잡음 ❷ 정전기(= static electricity)
23	**subconscious** [sʌ̀bkánʃəs]	형 잠재의식의 명 잠재의식

형용사

24	**receptive** [riséptiv]	수용적인 *receive 동 받(아들이)다
25	**excessive** [iksésiv]	지나친[과도한] *excess 명 과도[초과] 형 초과한 *exceed 동 초과하다
26	**gross** [grous]	❶ 총계의 ❷ 명백히 잘못된
27	**intolerable** [intálərəbl]	참을 수 없는 *tolerate 동 용인하다, 견디다
28	**factual** [fǽktʃuəl]	사실의 *fact 명 사실
29	**notorious** [noutɔ́:riəs]	악명 높은(= infamous)
30	**prevalent** [prévələnt]	일반적인[널리 퍼져 있는] *prevalence 명 유행

Standard **Examples**

01 to work as a c_____ 광고 문안 작성자로 일하다

02 to walk on c_____es 목발을 짚고 걷다

03 sitting/upright p_____ 앉은/똑바른 자세

04 a vitamin d_____ 비타민 결핍

05 a disposable d_____ 일회용 기저귀

06 a moral d_____ 도덕적 딜레마

07 the vast e_____ of the ocean 광대한 대양[망망대해]

08 the US a_____ to Korea 주한 미국 대사

09 the f_____ of a shark 상어 지느러미

10 Does your rent include u_____ies? 집세에 공공 서비스 요금이 포함되어 있어요?

11 I wish you health and l_____. 건강과 장수를 기원합니다.

동사

12 The bird f_____ed its wings. 새가 날개를 퍼덕거렸다.

13 The group e_____es all ages. 그 집단은 모든 연령대를 포함한다[아우른다].

14 Bombs d_____d the town. 폭탄이 그 도시를 완전히 파괴했다.

15 They did not d_____ details. 그들은 세부 사항을 공개하지 않았다.

16 She d_____ed his advice. 그녀는 그의 충고를 무시했다.

17 The meeting was d_____ed by protesters. 모임이 시위자들에 의해 방해받았다.

명사 · 형용사

18 a c_____ criminal 교활한 범인

19 a c_____ society/view 보수적인 사회/관점

20 Eight kilometers is roughly e_____ to five miles. 8킬로미터는 대략 5마일과 같다.

21 the m_____ speed 최대 속도

22 a s_____ population level 정체된 인구 수준

23 s_____ desires 잠재의식의 욕망

형용사

24 to be r_____ to new ideas 새로운 사상에 수용적이다

25 e_____ drinking 과음

26 g_____ national product[GNP] 국민 총생산

27 i_____ pain/heat 참을 수 없는 고통/더위

28 f_____ information 사실 정보

29 a n_____ computer hacker 악명 높은 컴퓨터 해커

30 p_____ beliefs 일반적인[널리 퍼져 있는] 믿음들

263

명사

01	**baggage** [bǽgidʒ]	수화물(=luggage)
02	**formation** [fɔːrméiʃən]	형성(물) *form 명 형태, 형식 동 형성하다
03	**lump** [lʌmp]	덩어리, 혹
04	**basin** [béisn]	❶ 대야[대접] ❷ 분지, 유역
05	**martial art** [máːrʃəl ɑːrt]	무술
06	**certainty** [sə́ːrtnti]	확실성, 확실한 것(↔uncertainty) *certain 형 확신하는[확실한], 어떤
07	**mentor** [méntɔːr]	멘토[조언자/조력자]
08	**warrior** [wɔ́ːriər]	전사[용사]
09	**bliss** [blis]	완전한 행복[기쁨]
10	**constraint** [kənstréint]	제약, 제한[통제]
11	**blunder** [blʌ́ndər]	어리석은 실수
12	**lottery** [lɑ́təri]	복권, 추첨

명사·동사

13	**orphan** [ɔ́ːrfən]	명 고아 동 고아로 만들다 *orphanage 명 고아원
14	**grip** [grip]	명 ❶ 꽉 잡음(=grasp) ❷ 지배 ❸ 이해 동 꽉 잡다
15	**mold** [mould]	명 ❶ 틀 ❷ 곰팡이 동 만들다[형성하다](=form)
16	**harness** [háːrnis]	명 마구(馬具), 안전벨트 동 (자연력을) 이용하다
17	**loom** [luːm]	동 (거대한 모습으로) 불쑥 나타나다 명 베틀[직기]
18	**discharge** [distʃɑ́ːrdʒ]	동 ❶ 방출[배출]하다 ❷ 내보내다 명 방출[배출], 내보냄

동사

19	**overlap** [òuvərlǽp]	겹치다[중복되다]
20	**plunge** [plʌndʒ]	❶ 추락[급락]하다 ❷ (~ in[into]) 뛰어들다
21	**insert** [insə́ːrt]	(끼워) 넣다[삽입하다] *insertion 명 삽입
22	**lick** [lik]	핥다[핥아 먹다]
23	**linger** [líŋgər]	오래 머무르다

형용사

24	**circular** [sə́ːrkjulər]	❶ 원형의[둥근] ❷ 순회[순환]의 *circle 명 원(형) 동 빙빙 돌다, 원을 그리다
25	**glorious** [glɔ́ːriəs]	영광스러운, 멋진 *glory 명 영광
26	**gracious** [gréiʃəs]	품위 있는, 우아한 *grace 명 우아함, 품위, 은총
27	**immense** [iméns]	막대한[엄청난]
28	**integral** [íntigrəl]	❶ 필수적인 ❷ 내장된 ❸ 완전한
29	**dumb** [dʌm]	❶ 멍청한 ❷ (화·놀라움으로) 말을 잃은 ❸ 벙어리의(※ 무례한 표현)
30	**intricate** [íntrikət]	복잡한 *intricacy 명 복잡함

Standard Examples

01 overweight b_____ 중량 초과 수화물

02 the f_____ of a new government 새 정부의 형성

03 a l_____ of clay 점토 덩어리

04 a b_____ surrounded by mountains 산으로 둘러싸인 분지

05 Taegwondo is one of oriental m_____ _____s. 태권도는 동양 무술들 중 하나이다.

06 There are few absolute c_____ies. 절대로 확실한 것은 거의 없다.

07 He wrote for advice to his m_____. 그는 조언자에게 조언을 구하는 편지를 썼다.

08 the unknown w_____ 무명용사

09 to be in a state of b_____ 완전히 행복한 상태에 있다

10 financial/legal c_____s 재정적/법률적 제약들

11 to make a b_____ 어리석은 실수를 하다

12 to win the l_____ 복권에 당첨되다

13 o_____ boys/girls 고아 소년들/소녀들

14 Get a firm g_____ on the rope. 밧줄을 꽉 잡아라.

15 The bread was green with m_____. 빵은 곰팡이가 파랗게 피어 있었다.

16 to h_____ the power of the wind 풍력을 이용하다

17 A dark shape l_____ed up ahead of us. 어두운 형체가 우리 앞에 불쑥 나타났다.

18 The factory d_____d chemicals into the river. 그 공장은 화학 물질을 강으로 배출했다.

19 The petals of the flower o_____. 그 꽃의 꽃잎들은 겹쳐져 있다.

20 to p_____ into the sea 바다 속으로 뛰어들다

21 I_____ the key in the lock. 열쇠를 자물쇠에 끼워라.

22 Her dog jumped up to l_____ her face. 개가 뛰어올라 그녀의 얼굴을 핥았다.

23 a taste that l_____s in your mouth 입안에 오래 남는 맛

24 a c_____ table 원형 탁자   a c_____ bus route 순환 버스 노선

25 a g_____ victory 영광스러운 승리

26 a g_____ lady 품위 있는 부인

27 an i_____ amount of work to be done 해야 할 막대한 양의 일

28 an i_____ part of the school's curriculum 학교 교육 과정의 필수 부분

29 a d_____ idea 멍청한 생각

30 i_____ patterns/structures 복잡한 무늬/구조

01	**monolog(ue)** [mάnəlɔ̀(:)g]	독백
02	**motive** [móutiv]	동기 *motivate 통 동기를 부여하다
03	**outfit** [áutfit]	❶(특수복) 옷[복장] ❷조직[회사]
04	**painkiller** [péinkìlər]	진통제
05	**paw** [pɔ:]	(발톱 있는 동물의) 발
06	**perseverance** [pə̀:rsəvíərəns]	인내(심) *persevere 통 끈질기게 노력하다
07	**pesticide** [péstəsàid]	살충제(=insecticide) *pest 명 해충
08	**downfall** [dáunfɔ̀:l]	몰락(의 원인)
09	**porch** [pɔ:rtʃ]	현관
10	**longing** [lɔ́(:)ŋiŋ]	열망[갈망] *long 통 열망[갈망]하다 형 긴 부 오래
11	**ratio** [réiʃou]	비(율)
12	**spear** [spiər]	창

13	**magnify** [mǽgnəfài]	확대하다 *magnitude 명 (큰) 규모, (별의) 광도, (지진의) 진도
14	**weep** [wi:p] -wept-wept	울다[눈물을 흘리다]
15	**mumble** [mʌ́mbl]	중얼거리다
16	**necessitate** [nəsésətèit]	필요로 하다(=need, require) *necessity 명 필수품, 필요(성)
17	**integrate** [íntəgrèit]	통합하다 *integration 명 통합
18	**oppress** [əprés]	억압하다 *oppression 명 억압
19	**falslfy** [fɔ́:lsəfài]	위조[변조/조작]하다 *false 형 틀린[가짜의/거짓된]

20	**obscure** [əbskjúər]	형 잘 알려지지 않은[무명의], 난해한[불명료한] 통 가리다
21	**weary** [wíəri]	형 지친[싫증 난] 통 지치다[지치게 하다]
22	**elaborate** [ilǽbərət]	형 정교한 통 [ilǽbəreit] 더 자세히 설명하다

23	**ignorant** [ígnərənt]	무지[무식]한 *ignore 통 무시하다 *ignorance 명 무지
24	**faraway** [fά:rəwèi]	먼(=distant)
25	**applicable** [ǽplikəbl]	해당[적용]되는
26	**majestic** [mədʒéstik]	장엄한 *majesty 명 ❶(Majesty) (왕 · 여왕의 경칭) 폐하 ❷장엄함
27	**medi(a)eval** [mì:dií:vəl]	중세의
28	**magnetic** [mægnétik]	자기의 *magnet 명 자석
29	**successive** [səksésiv]	연속적인[연이은] *succeed 통 ❶성공하다 ❷뒤를 잇다 *succession 명 연속, 계승
30	**pregnant** [prégnənt]	임신한 *pregnancy 명 임신

Standard Examples

01 a long m_____ 긴 독백

02 the m_____ for the murder 살인 동기

03 She bought a new o_____ for the party. 그녀는 새 파티복 한 벌을 샀다.

04 He took a strong p_____. 그는 강한 진통제를 복용했다.

05 a lion's p_____ 사자의 발

06 I admire her p_____. 나는 그녀의 인내심에 감탄한다.

07 to spray plants with p_____s 식물에 살충제를 뿌리다

08 the scandal that led to his d_____ 그의 몰락으로 이끈 스캔들

09 the front p_____ 앞 현관

10 a deep l_____ for peace 평화에 대한 강한 열망

11 the r_____ of men to women 남녀 비율

12 the s_____ and shield 창과 방패

동사

13 A microscope m_____ies bacteria. 현미경은 박테리아를 확대한다.

14 He w_____ at the news of her death. 그는 그녀의 사망 소식에 울었다.

15 She m_____d something I did not hear. 그녀는 내가 알아듣지 못하는 말을 중얼거렸다.

16 Increased traffic n_____s widening the road. 늘어난 교통량으로 도로 확장이 필요하다.

17 to i_____ learning with play 학습을 놀이와 통합하다

18 They are o_____ed by a military dictator. 그들은 군사 독재자에 의해 억압받고 있다.

19 to f_____ the evidence/certificate 증거를 조작하다/자격증[증명서]을 위조하다

동사 · 형용사

20 an o_____ poet 무명의 시인   an o_____ poem 난해한 시

21 The people were growing w_____ of the war. 사람들은 전쟁에 지쳐 가고 있었다.

22 e_____ designs/decorations 정교한 디자인/장식

형용사

23 They were i_____ of economics. 그들은 경제에 무지했다.

24 a f_____ country 먼 나라

25 The rule is not a_____ to this case. 그 규칙은 이 경우에 적용되지 않는다.

26 the m_____ mountains of the Himalayas 장엄한 히말라야 산맥

27 m_____ architecture 중세 건축

28 the Earth's m_____ field 지구 자기장

29 their fourth s_____ victory 그들의 4연승

30 She's three months p_____. 그녀는 임신 3개월이다.

UP to 1st Grade　DAY 05

01	**real estate** [ríːəl istèit]	부동산(=realty)
02	**respiration** [rèspəréiʃən]	호흡　*respiratory 형 호흡의
03	**resolution** [rèzəlúːʃən]	❶결의[결심] ❷해결　*resolve 통 ❶해결하다 ❷결심[결의]하다
04	**reunion** [riːjúːnjən]	재회 모임[동창회], 재회[재결합]　*reunite 통 재회[재결합]하다
05	**sanitation** [sæ̀nətéiʃən]	(공중) 위생 관리[시설]　*sanitary 형 위생의
06	**sunscreen** [sʌ́nskrìːn]	자외선 차단제[차단 크림]
07	**gratitude** [grǽtətjùːd]	감사　*grateful 형 감사하는
08	**scope** [skoup]	❶범위(=range) ❷여지[기회]
09	**shrine** [ʃrain]	성지(聖地)　*enshrine 통 소중히 간직하다[모시다]
10	**sidewalk** [sáidwɔ̀ːk]	(포장된) 보도[인도]
11	**sphere** [sfiər]	❶구(체) ❷영역[분야]　*hemisphere 명 (지구·뇌의) 반구
12	**spouse** [spaus]	배우자
13	**cathedral** [kəθíːdrəl]	대성당

14	**dwindle** [dwíndl]	(점점) 줄어들다
15	**recur** [rikə́ːr]	재발하다, 되풀이되다　*recurrent 형 재발되는, 되풀이되는
16	**purify** [pjúərəfài]	정화[순화]하다　*purification 명 정화
17	**ensue** [insúː]	(결과가) 뒤따르다　*ensuing 형 다음의[뒤따른]
18	**shiver** [ʃívər]	떨다(=quiver)
19	**regulate** [régjulèit]	규제[조절]하다　*regulation 명 규정[법규], 규제[조절]
20	**amplify** [ǽmpləfài]	❶증폭하다 ❷더 자세히 진술[서술]하다　*ample 형 충분한[풍부한]
21	**empower** [impáuər]	권한을 주다　*power 명 힘[권한]

22	**acoustic(al)** [əkúːstik(əl)]	❶음향의, 청각의 ❷(악기가) 전자 장치를 쓰지 않는　*acoustics 명 음향 시설, 음향학
23	**utilitarian** [juːtìlətɛ́əriən]	❶실용적인 ❷공리주의의　*utilitarianism 명 공리주의
24	**slippery** [slípəri]	미끄러운
25	**restless** [réstlis]	가만있지 못하는
26	**sacred** [séikrid]	신성한, 종교의
27	**subsequent** [sʌ́bsikwənt]	그다음의(↔previous)　비교 consequent 형 결과로 일어나는
28	**straightforward** [strèitfɔ́ːrwərd]	❶간단한(=simple) ❷솔직한(=frank)

29	**uphill** [ʌ́phíl]	형 오르막의(↔downhill), 힘든　부 언덕 위로
30	**upright** [ʌ́pràit]	형 똑바른　부 똑바로

Standard Examples

01 a fall in the value of r_____ _____ 부동산 가치의 하락

02 artificial r_____ 인공호흡

03 Have you made any New Year's r_____s? 너는 새해 결심을 했니?

04 a middle school r_____ 중학교 동창회

05 poor s_____ 열악한 위생 관리[시설]

06 to apply s_____ to protect your skin 피부를 보호하기 위해 자외선 차단제를 바르다

07 to express your g_____ 감사를 표하다

08 the s_____ of the investigation 조사의 범위

09 to visit the s_____ of Mecca 메카 성지를 방문하다

10 Bicycles are not allowed on the s_____. 자전거는 인도에서는 허용되지 않는다.

11 A basketball is a kind of s_____. 농구공은 일종의 구다.

12 your s_____'s name 배우자의 이름

13 St. Paul's C_____ 세인트 폴 대성당

14 Resources are d_____ing. 자원이 점점 줄어들고 있다.

15 The disease may r_____. 그 병은 재발할지도 모른다.

16 chemicals used to p_____ the water 물을 정화[정수]하는 데 사용되는 화학 물질들

17 problems that e_____ from food shortages 식량 부족에 따른 문제들

18 He was s_____ing with cold. 그는 추위에 떨고 있었다.

19 The activities are r_____d by law. 그 활동은 법에 의해 규제된다.

20 to a_____ a weak signal 약한 신호를 증폭시키다

21 movements to e_____ minority groups 소수 집단들에 권한을 주기 위한 운동들

22 a_____ vibrations 음향 진동

23 u_____ furniture/objects/buildings 실용적인 가구/물건/건물

24 The floor looks s_____. 바닥이 미끄러워 보인다.

25 The children are getting r_____. 아이들은 가만히 있지 못한다.

26 a s_____ shrine/temple 신성한 사당/사원

27 s_____ generations/events 그다음 세대들/일[사건]들

28 a s_____ process 간단한 과정 a s_____ person 솔직한 사람

29 an u_____ slope 오르막 비탈 an u_____ struggle 힘든 투쟁

30 She sat u_____ in bed. 그녀는 침대에 똑바로 앉아 있었다.

269

UP to 1st Grade

DAY 06

01	**hell** [hel]	지옥(↔heaven 천국)
02	**stereotype** [stériətàip]	고정 관념
03	**legislation** [lèdʒisléiʃən]	법률 (제정)
04	**syndrome** [síndroum]	증후군
05	**textile** [tékstail]	직물
06	**texture** [tékstʃər]	감촉[촉감/식감]
07	**firework** [fáiərwə̀:rk]	폭죽, 불꽃놀이
08	**transition** [trænzíʃən]	이행[과도] *transitional 휑 과도기의
09	**breakthrough** [bréikθrù:]	돌파(구)
10	**troop** [tru:p]	군대
11	**primate** [práimèit]	영장류

명사 · 동사

12	**rebel** 몡[rébəl] 통[ribél]	몡 반역자[반항아] 통 반항하다 *rebellion 몡 반란 *rebellious 휑 반항[반란]의
13	**spiral** [spáiərəl]	몡 휑 나선(형)(의) 통 나선형으로 움직이다
14	**toll** [toul]	몡 ❶통행료 ❷사상자 수 통 천천히 (조)종을 울리다
15	**dash** [dæʃ]	통 ❶급히 달려가다 ❷내동댕이치다 몡 돌진, 대시 기호(—)
16	**sip** [sip]	통 조금씩 마시다 몡 한 모금
17	**sprint** [sprint]	통 (단거리를) 전력 질주하다 몡 단거리 경주 *sprinter 몡 단거리 선수
18	**sprout** [spraut]	통 싹이 트다 몡 싹(=shoot) *bean sprout 콩나물

동사

19	**falter** [fɔ́:ltər]	흔들리다[불안정해지다]
20	**simulate** [símjulèit]	❶모의실험을 하다 ❷~인 체하다[모방하다] *simulation 몡 모의실험
21	**skid** [skid]	(차가) 미끄러지다
22	**skim** [skim]	❶(표면에서) 걷어 내다 ❷훑어보다 ❸(표면을) 스치듯 지나가다
23	**spank** [spæŋk]	(손으로) 엉덩이를 때리다
24	**swear** [swɛər] -swore-sworn	❶맹세[선서]하다 ❷욕하다
25	**surrender** [səréndər]	항복[투항]하다, 넘겨주다

형용사

26	**widespread** [wáidsprèd]	널리 퍼진[광범위한] *spread 통 퍼지다[퍼뜨리다], 펴다 몡 확산
27	**earnest** [ə́:rnist]	성실한[진지한]
28	**ultraviolet** [ʌ̀ltrəváiəlit]	자외선의 *ultraviolet rays[light/radiation] 자외선
29	**fruitful** [frú:tfəl]	생산적인[유익한](↔fruitless)
30	**worthy** [wə́:rði]	가치 있는[훌륭한], (~ of) ~할[받을] 가치가 있는

Standard Examples

01 heaven and h_____ 천국과 지옥

02 racial/sexual s_____s 인종적/성적 고정 관념들

03 new l_____ to protect children 어린이를 보호하는 새로운 법률

04 Acquired Immune Deficiency S_____[AIDS] 후천성 면역 결핍증

05 the t_____ industry 직물 공업

06 the smooth t_____ of silk 실크의 부드러운 감촉

07 to watch f_____s 불꽃놀이를 보다

08 the period of t_____ to democracy 민주주의로의 과도기

09 a major b_____ in cancer research 암 연구의 주요한 돌파구

10 the withdrawal of foreign t_____s 외국 군대의 철수

11 Gorillas are the largest living p_____s. 고릴라는 가장 큰 살아 있는 영장류이다.

명사·동사

12 r_____ forces 반란군

13 a s_____ staircase 나선형 계단

14 The death t_____ has risen to 13. 사망자 수가 13명으로 늘어났다.

15 He d_____ed into the room. 그는 방 안으로 급히 달려갔다.

16 She s_____ped her tea. 그녀는 차를 조금씩 마셨다.

17 He s_____ed after the bus. 그는 버스를 뒤쫓아 전력 질주했다.

18 The seeds will s_____ in a few days. 씨앗이 며칠 후에 싹이 틀 것이다.

동사

19 She f_____ed for a moment. 그녀는 잠시 흔들렸다.

20 to s_____ different road conditions 다양한 도로 조건을 모의실험하다

21 The car s_____ded on ice and hit a tree. 차가 빙판에서 미끄러져 나무에 부딪쳤다.

22 He s_____s over a paper every morning. 그는 아침마다 신문을 훑어본다.

23 His mom would s_____ him. 그의 엄마는 그의 엉덩이를 때리곤 했다.

24 to s_____ to tell the truth 진실을 말할 것을 맹세하다

25 The rebel soldiers were forced to s_____. 반군들은 항복할 것을 강요당했다.

형용사

26 the w_____ use of chemicals in agriculture 농업에서의 화학 약품의 광범위한 사용

27 an e_____ young man 성실한 젊은이   e_____ discussions 진지한 토론

28 u_____ rays 자외선

29 a f_____ discussion/collaboration 생산적인 논의/공동 작업

30 to be w_____ of attention/mention 주목할/언급할 가치가 있다

Up to 1st Grade

DAY **07**

명사

01	**carton** [kɑ́ːrtn]	(음식을 담는) 갑[통]
02	**ally** [ǽlai]	동맹국(↔enemy), (the Allies) 연합국　*alliance 명 동맹　*allied 형 동맹한
03	**sibling** [síbliŋ]	(한 명의) 형제자매[동기]
04	**amateur** [ǽmətʃùər]	명 형 아마추어[비전문가](의)(↔professional)
05	**banner** [bǽnər]	현수막[깃발]
06	**anthropology** [æ̀nθrəpálədʒi]	인류학　*anthropologist 명 인류학자　*anthropological 형 인류학의
07	**anonymity** [æ̀nəníməti]	익명(성)　*anonymous 형 익명의
08	**aquarium** [əkwɛ́əriəm]	(복수 -s[aquaria]) 수족관
09	**pollen** [pálən]	꽃가루[화분]　*pollinate 동 수분[가루받이]시키다
10	**vice** [vais]	악(행)[악덕/악습], (성·마약 관련) 범죄　[비교] vice- 부(副)~ *vicious 형 포악한
11	**witch** [witʃ]	마녀　[비교] wizard 명 마법사
12	**metabolism** [mətǽbəlìzm]	물질대사[신진대사]　*metabolic 형 신진대사의　*metabolize 동 신진대사시키다
13	**debris** [dəbríː]	❶잔해[파편] ❷쓰레기

명사·동사

14	**anchor** [ǽŋkər]	명 ❶닻 ❷앵커[텔레비전 뉴스 진행자](=anchorperson)　동 닻을 내리다
15	**barter** [bɑ́ːrtər]	명 물물 교환　동 물물 교환하다
16	**reign** [rein]	명 통치 기간　동 통치[지배]하다　[비교] rein 명 고삐, 통제권
17	**upgrade** 동[ʌ̀pgréid] 명[ʌ́pgreid]	동 업그레이드하다[개선하다/승급시키다]　명 업그레이드

동사

18	**swish** [swiʃ]	휙 움직이다
19	**thump** [θʌmp]	❶(주먹으로) 세게 치다 ❷쿵쾅거리다
20	**twinkle** [twíŋkl]	반짝이다
21	**undertake** [ʌ̀ndərtéik] -undertook-undertaken	❶착수하다 ❷약속하다
22	**utilize** [júːtəlàiz]	이용[활용]하다(=use)　*utility 명 ❶공공 서비스 ❷유용성 ❸(컴퓨터) 유틸리티
23	**vibrate** [váibreit]	진동하다[진동시키다]　*vibration 명 진동　*vibrant 형 활기찬
24	**browse** [brauz]	❶둘러보다[훑어보다] ❷인터넷을 검색하다(=surf)
25	**abound** [əbáund]	많이 있다[풍부하다]　*abundant 형 많은[풍부한]

형용사

26	**absent-minded** [æ̀bsəntmáindid]	정신이 멍한[잘 잊어버리는](=forgetful)
27	**aerial** [ɛ́əriəl]	항공의, 공중의
28	**aggressive** [əgrésiv]	공격적인　*aggression 명 공격(성), 침략
29	**acquainted** [əkwéintid]	아는[아는 사이인]　*acquaintance 명 아는 사람[지인], 면식, 지식
30	**optimal** [áptəməl]	최상[최적]의(=optimum)

Standard Examples

01 a c_____ of milk 우유 한 갑

02 South Korea is an a_____ of the United States. 남한은 미국의 동맹국이다.

03 He has no s_____s. 그는 형제자매가 없다.

04 a gifted a_____ 타고난 재능이 있는 아마추어

05 to carry a b_____ 현수막[깃발]을 들고 있다

06 cultural a_____ 문화 인류학

07 the a_____ of the big city 대도시의 익명성

08 We went to the a_____. 우리는 수족관에 갔다.

09 She is allergic to p_____. 그녀는 꽃가루 알레르기가 있다.

10 Jealousy is a v_____. 시기[질투]는 악덕이다.

11 a wicked w_____ 사악한 마녀

12 exercises to speed up your m_____ 신진대사를 촉진하는 운동들

13 flying d_____ from the blast 폭발로 날아다니는 파편

14 to drop/weigh a_____ 닻을 내리다/올리다

15 a b_____ system 물물 교환 체제

16 during the r_____ of King Sejong 세종대왕의 통치 기간 동안

17 We need to u_____ our computer. 우리는 컴퓨터를 업그레이드할 필요가 있다.

18 The horse s_____ed its tail. 말이 꼬리를 휙 움직였다.

19 He t_____ed the table with his fist. 그는 주먹으로 탁자를 세게 쳤다.

20 stars t_____ing in the sky 하늘에서 반짝이는 별들

21 He u_____ the task of writing the report. 그는 보고서를 쓰는 일에 착수했다.

22 U_____ all available resources. 이용 가능한 모든 자원을 활용해라.

23 When a train went past, the walls v_____d. 열차가 지나갈 때 벽이 진동했다.

24 She b_____d through the magazine. 그녀는 잡지를 훑어봤다.

25 a river where fish a_____ 물고기가 많이 있는 강

26 Grandpa's becoming quite a_____. 할아버지는 정신이 명해지시고 있다.

27 an a_____ photograph 항공 사진 an a_____ attack 공습

28 a dangerous a_____ dog 위험하고 공격적인 개

29 I am well a_____ with her family. 나는 그녀의 가족과 잘 아는 사이이다.

30 under o_____ conditions 최적의 상황[환경]에서

명사

01 **aristocracy** [ӕrəstάkrəsi]　(the ~) (집합적) 귀족 (계급)(=the nobility)　*aristocrat 명 귀족

02 **credibility** [krèdəbíləti]　신뢰성　*credible 형 믿을[신뢰할] 수 있는

03 **downturn** [dáuntə̀ːrn]　하락[침체]

04 **axis** [ӕksis]　(복수 axes) (지)축　비교 ax 명 도끼

05 **barbarism** [bάːrbərìzm]　야만[미개], 만행　*barbarian 명 야만인　*barbarous 형 야만적인[잔혹한]

06 **copyright** [kάpiràit]　저작권[판권]

07 **intake** [íntèik]　❶섭취량 ❷흡입[주입]구

08 **cavity** [kӕvəti]　구멍[빈 공간](=hole), 충치 구멍

09 **attic** [ӕtik]　다락(방)

10 **lost and found**　분실물 취급소

11 **entry** [éntri]　❶출입[입장/입국] ❷가입 ❸참가[출품](작) ❹입력

12 **magnitude** [mӕgnətjùːd]　❶(큰) 규모[중요도] ❷(별의) 광도 ❸(지진의) 진도

13 **empathy** [émpəθi]　감정 이입[공감]　*empathetic[empathic] 형 감정 이입의

동사

14 **underlie** [ʌ̀ndərlái] -underlay-underlain 기저를 이루다[기저가 되다]　*underlying 형 근본적인[근원적인], 밑에 있는

15 **activate** [ӕktəvèit]　작동[활성화]하다　*activation 명 작동[활성화]

16 **afflict** [əflíkt]　괴롭히다[피해를 입히다]

17 **assimilate** [əsíməlèit]　동화하다, 소화[흡수]하다　*assimilation 명 동화, 흡수

18 **confess** [kənfés]　자백[고백]하다, 인정하다　*confession 명 자백[고백], 인정

19 **clatter** [klӕtər]　덜커덕[쟁그랑]거리다

20 **deem** [diːm]　여기다[간주하다](=consider)

21 **counteract** [kàuntərӕkt]　(악영향에) 대응하다

명사·형용사

22 **commonplace** [kάmənplèis]　형 평범한[흔한] 명 평범한[흔한] 것

23 **compact** [kəmpӕkt]　형 소형의　명 [kάmpӕkt] 콤팩트[휴대용 분갑]

24 **evergreen** [évərgrìːn]　형 상록의　명 상록수

25 **humanitarian** [hjuːmӕnətέəriən]　형 인도주의의　명 인도주의자　*humanitarianism 명 인도주의

형용사

26 **supreme** [supríːm]　최고의

27 **invariable** [invέəriəbl]　변함없는　*vary 동 다르게 하다, 변화를 주다

28 **barren** [bӕrən]　불모의(=infertile↔fertile)

29 **extrinsic** [ekstrínsik]　외적인[외부의]　비교 intrinsic 형 고유한[본질적인]

30 **comprehensive** [kàmprihénsiv]　포괄적인　비교 comprehensible 형 이해할 수 있는

Standard Examples

명사

01 the landed a＿＿＿＿＿ 토지 소유 귀족 계급

02 to gain/lose c＿＿＿＿＿ 신뢰성을 얻다/잃다

03 a d＿＿＿＿＿ in sales 판매 하락   the economic d＿＿＿＿＿ 경기 침체

04 the vertical/horizontal a＿＿＿＿＿ 수직축/수평축

05 the b＿＿＿＿＿ of war 전쟁의 야만성

06 Who owns the c＿＿＿＿＿ of this book? 누가 이 책의 저작권을 갖고 있나요?

07 to reduce your daily i＿＿＿＿＿ of salt 일일 소금 섭취량을 줄이다

08 I have no c＿＿＿＿＿ies. 나는 충치가 없다.

09 a small a＿＿＿＿＿ room 작은 다락방

10 to contact the l＿＿＿＿＿ ＿＿＿＿＿ office 분실물 취급소에 연락하다

11 The sign read "No E＿＿＿＿＿." 표지판에 '출입 금지'라고 쓰여 있었다.

12 We didn't grasp the m＿＿＿＿＿ of the task. 우리는 그 일의 규모[중요도]를 파악하지 못했다.

13 e＿＿＿＿＿ for other people's situations 다른 사람들의 입장에 대한 공감

동사

14 a principle that u＿＿＿＿＿s the party's policies 그 정당 정책들의 기저가 되는 원칙

15 This switch a＿＿＿＿＿s the alarm. 이 스위치가 경보기를 작동시킨다.

16 a country a＿＿＿＿＿ed by famine 기근으로 피해를 입은 나라

17 to a＿＿＿＿＿ into an alien culture 낯선 문화에 동화하다

18 to c＿＿＿＿＿ to a crime 범행을 자백하다

19 Don't c＿＿＿＿＿ the dishes. 접시를 쟁그랑거리지 마라.

20 Do whatever you d＿＿＿＿＿ necessary. 네가 필요하다고 여기는 뭐든지 해라.

21 measures to c＿＿＿＿＿ traffic congestion 교통 혼잡에 대응하는 조치들

명사·형용사

22 Divorce has become increasingly c＿＿＿＿＿. 이혼이 점차 흔해지고 있다.

23 a c＿＿＿＿＿ digital camera 소형 디지털 카메라

24 e＿＿＿＿＿ trees/forests/leaves 상록수/상록수림/상록 잎

25 H＿＿＿＿＿ aid is being sent to the refugees. 인도주의적 원조가 난민에게 보내지고 있다.

형용사

26 the S＿＿＿＿＿ Court 대법원

27 an i＿＿＿＿＿ principle 변함없는 원칙

28 a b＿＿＿＿＿ desert 불모의 사막

29 a combination of intrinsic and e＿＿＿＿＿ factors 본질적 그리고 외적 요인들의 조합

30 a c＿＿＿＿＿ study/survey 포괄적인 연구/조사

명사

01 **civilian** [sivíljən]	민간인 *civil 형 시민[민간]의
02 **casualty** [kǽʒuəlti]	사상자[피해자]
03 **diameter** [daiǽmitər]	지름[직경]
04 **couch** [kautʃ]	긴 의자(=sofa)
05 **coward** [káuərd]	겁쟁이 *cowardly 형 비겁한 *cowardice 명 겁
06 **creek** [kriːk]	시내[개울](=brook)
07 **dictatorship** [diktéitərʃìp]	독재 (국가) *dictator 명 독재자
08 **diploma** [diplóumə]	졸업장
09 **appetite** [ǽpətàit]	❶식욕 ❷욕구[욕망] *appetizer 명 애피타이저[전채]

명사·동사

10 **feast** [fiːst]	명 잔치[연회], 축제(=festival) 동 맘껏 먹다
11 **quest** [kwest]	명 탐구[탐색] 동 탐구[탐색]하다
12 **delegate** 형[déligət] 동[déligèit]	명 대표(=representative) 동 위임하다 *delegation 명 대표단
13 **stride** [straid]	명 ❶(성큼성큼 걷는) 걸음 ❷진전 동 성큼성큼 걷다[활보하다]
14 **paddle** [pǽdl]	명 (짧은) 노 동 노를 젓다
15 **curse** [kəːrs]	동 욕하다, 저주하다 명 욕, 저주
16 **endeavor** [indévər]	동 노력하다 명 노력[시도]

동사

17 **compel** [kəmpél]	강요하다 *compelling 형 강렬한[강력한]
18 **comprise** [kəmpráiz]	~로 이루어지다[구성되다](=be comprised of), 구성하다
19 **conform** [kənfɔ́ːrm]	(규칙·관습 등에) 따르다 *conformity 명 순응
20 **crave** [kreiv]	갈망[열망]하다 *craving 명 갈망[열망]
21 **allocate** [ǽləkèit]	배정[할당]하다 *allocation 명 배정[할당]
22 **rejoice** [ridʒɔ́is]	크게 기쁘게 하다[기뻐하다]
23 **elevate** [éləvèit]	(들어) 올리다, 높이다, 승진시키다 *elevation 명 해발 높이[고도], 증가

형용사

24 **explicit** [iksplísit]	분명한[명확한], 노골적인(↔implicit 암시적인)
25 **brutal** [brúːtl]	잔혹한[잔인한] *brutality 명 잔혹성[잔인성]
26 **consecutive** [kənsékjutiv]	연속적인[연이은](=successive)
27 **contagious** [kəntéidʒəs]	(접촉) 전염성의(=infectious) *contagion 명 (접촉) 전염(병)
28 **discrete** [diskríːt]	별개의[분리된](=separate) 비교 discreet 형 신중한
29 **divine** [diváin]	신의[신성한]
30 **durable** [djúərəbl]	오래 견디는[내구성이 있는]

Standard Examples

명사

01 Many innocent c_____s were killed. 많은 무고한 민간인들이 죽임을 당했다.

02 civilian c_____ies 민간인 사상자들

03 Draw a circle six centimeters in d_____. 지름이 6센티미터인 원을 그려라.

04 He slept on the c_____ last night. 그는 어젯밤에 긴 의자에서 잤다.

05 Don't be such a c_____. 그렇게 겁쟁이처럼 굴지 마.

06 He took one leap over the c_____. 그는 개울을 한 번에 뛰어넘었다.

07 a military d_____ 군사 독재 (국가)

08 a high school d_____ 고등학교 졸업장

09 to lose your a_____ 식욕을 잃다

명사·동사

10 to hold a f_____ 잔치를 열다

11 the q_____ for happiness/knowledge/truth 행복/지식/진리 탐구

12 D_____s attended the conference. 대표들이 회의에 참석했다.

13 to make great s_____s in reducing poverty 가난을 줄이는 데 큰 진전을 이루다

14 We p_____d the canoe along the coast. 우리는 해안을 따라 카누의 노를 저었다.

15 He c_____d loudly. 그가 큰 소리로 욕을 했다. a witch's c_____ 마녀의 저주

16 I will e_____ to do my best. 나는 최선을 다하려고 노력할 것이다.

동사

17 He was c_____led to resign. 그는 사임하도록 강요당했다.

18 The committee is c_____d of 8 members. 위원회는 8명으로 이루어져 있다.

19 He refused to c_____ to the customs. 그는 관습을 따르기를 거부했다.

20 Most little kids c_____ attention. 대부분의 어린 아이들은 관심을 갈망한다.

21 A_____ the same amount of time to each question. 각 문제에 같은 시간을 배정해라.

22 She r_____d in her success. 그녀는 자신의 성공에 크게 기뻐했다.

23 The doctor told him to e_____ his leg. 의사는 그에게 다리를 들어 올리라고 말했다.

형용사

24 e_____ instructions[directions] 명확한 지시

25 a b_____ attack/murder 잔혹한 공격/살인

26 It rained for three c_____ days. 3일 연속 비가 왔다.

27 a highly c_____ disease 전염성이 높은 질병

28 They can be divided into d_____ categories. 그것들은 별개의 범주로 나뉠 수 있다.

29 d_____ love/will 신의 사랑/뜻

30 Wood is a d_____ material. 나무는 내구성이 있는 재료이다.

명사

01	**fabric** [fǽbrik]	❶ 직물 ❷ 구조
02	**foe** [fou]	적(= enemy)
03	**fragment** [frǽgmənt]	파편[조각]
04	**geology** [dʒiɑ́lədʒi]	지질(학) *geologist 명 지질학자 *geological 형 지질(학)의
05	**gravel** [grǽvəl]	자갈
06	**hemisphere** [hémisfiər]	(지구·뇌의) 반구 *sphere 명 구, 영역[분야]
07	**lighting** [láitiŋ]	조명 비교 lightning 명 번개[번갯불]
08	**hut** [hʌt]	오두막(집)[막사]
09	**equilibrium** [ìːkwəlíbriəm]	평형[균형], (마음의) 평정 *equilibrate 동 평형[균형]을 유지하다
10	**embassy** [émbəsi]	대사관 비교 ambassador 명 대사

동사

11	**flee** [fliː] -fled-fled	달아나다[도망치다](= escape)
12	**deceive** [disíːv]	속이다 *deception 명 속임[기만] *deceptive 형 기만적인
13	**persist** [pərsíst]	끈질기게 계속하다, 지속되다 *persistence 명 고집, 지속됨 *persistent 형 끈질긴, 지속되는
14	**deplete** [diplíːt]	감소시키다 *depletion 명 감소
15	**devour** [diváuər]	❶ 게걸스레 먹다 ❷ 탐독하다
16	**enclose** [inklóuz]	❶ 동봉하다 ❷ 둘러싸다 *enclosure 명 울타리[담]를 친 장소
17	**enlarge** [inláːrdʒ]	확대하다 *large 형 큰 *enlargement 명 확대
18	**entitle** [intáitl]	❶ 권리[자격]를 주다 ❷ 제목을 붙이다 *entitlement 명 권리[자격] (부여)
19	**escort** [iskɔ́ːrt]	호위하다

명사·형용사

20	**epic** [épik]	명 서사시 형 서사시의
21	**submarine** [sʌ̀bməríːn]	명 잠수함 형 해저의
22	**sole** [soul]	형 하나뿐인[유일한](= only) 명 발바닥[구두창]
23	**elastic** [ilǽstik]	형 탄력[신축성] 있는 명 고무 밴드 *elasticity 명 탄력[탄성]
24	**joint** [dʒɔint]	형 공동의 명 관절

형용사

25	**decent** [díːsnt]	❶ 괜찮은[적절한] ❷ 예의[품위] 있는
26	**elegant** [éligənt]	우아한[고상한] *elegance 명 우아함[고상함]
27	**easy-going** [ìːzigóuiŋ]	태평스러운[느긋한]
28	**energetic** [ènərdʒétik]	정력적인[활기찬] *energy 명 정력[활기], 에너지
29	**feminine** [fémənin]	여성의[여성스러운](↔ masculine)
30	**fond** [fɑnd]	❶ 좋아하는 ❷ 애정 어린

Standard Examples

01 cotton f_____ 면직물   the f_____ of society 사회 구조

02 friends and f_____s 친구들과 적들

03 glass f_____s 유리 파편들

04 G_____ is the science of the earth's crust. 지질학은 지각에 관한 과학이다.

05 a g_____ path 자갈길

06 the Northern/Southern h_____ 북/남반구

07 electric/natural l_____ 전기/자연 조명

08 a wooden h_____ 나무로 만든 오두막집

09 Supply and demand are in e_____. 공급과 수요가 균형 상태에 있다.

10 the American E_____ 미국 대사관

11 a camp for refugees f_____ing from the war 전쟁에서 도망친 난민을 위한 수용소

12 He had been d_____ing her for years. 그는 몇 년 동안 그녀를 속여 오고 있었다.

13 He p_____ed in denying the charges. 그는 끈질기게 계속해서 혐의를 부인했다.

14 Food supplies were severely d_____d. 식량 공급량이 심하게 감소했다.

15 to d_____ everything on the plate 접시에 있는 모든 것을 게걸스레 먹다

16 Please e_____ a check with your order. 주문서와 함께 수표를 동봉해 주세요.

17 I'm going to get these pictures e_____d. 나는 이 사진들을 확대하려고 한다.

18 Membership e_____s you to many benefits. 회원에게는 많은 혜택을 받을 권리를 준다.

19 The police e_____ed her to the airport. 경찰이 그녀를 공항까지 호위했다.

20 an e_____ poem 서사시

21 a nuclear s_____ 핵 잠수함   s_____ plants 해저 식물

22 the s_____ survivor of the plane crash 비행기 추락 사고의 유일한 생존자

23 an e_____ headband 신축성 있는 머리띠

24 a j_____ statement 공동 성명   a knee j_____ 무릎 관절

25 a d_____ meal 괜찮은 식사   d_____ people 예의[품위] 있는 사람들

26 an e_____ woman 우아한 여성

27 Her parents are pretty e_____. 그녀의 부모님은 상당히 느긋하시다.

28 an e_____ leader 정력적인 지도자

29 She wears very f_____ clothes. 그녀는 매우 여성스러운 옷을 입는다.

30 He's f_____ of her. 그는 그녀를 좋아한다.   a f_____ look 애정 어린 눈길

명사

01 **prophecy** [práfəsi]	예언(력)	*prophesy 통 예언하다 *prophet 명 예언자
02 **fright** [frait]	공포	*frighten 통 무섭게[두렵게] 하다
03 **nightmare** [náitmèər]	악몽	
04 **funeral** [fjú:nərəl]	장례(식)	
05 **workload** [wə́:rklòud]	업무량[작업량]	
06 **intermission** [ìntərmíʃən]	막간[휴게 시간](=interlude)	
07 **intuition** [ìntju:íʃən]	직감[직관]	*intuitive 형 직감[직관]적인
08 **latitude** [lǽtətjù:d]	위도	비교 longitude 명 경도
09 **slavery** [sléivəri]	❶노예 제도 ❷노예 (상태/신분)	*slave 명 노예

명사 · 동사

10 **index** [índeks]	명 ❶색인[찾아보기] ❷(복수 indices) 지표[지수] 통 색인을 만들다
11 **lease** [li:s]	명 임대차 계약 통 임대[임차]하다(=rent)
12 **glimpse** [glimps]	명 언뜻 봄 통 언뜻 보다
13 **combat** [kámbæt]	명 전투[싸움] 통 ❶싸우다 ❷방지하다
14 **boom** [bu:m]	통 ❶우르릉거리다[우렁차게 말하다] ❷호황을 맞다[번창하다] 명 붐[호황]
15 **lodge** [lɑdʒ]	통 ❶숙박하다[숙박시키다] ❷박히다 명 오두막 *lodging 명 숙소
16 **flap** [flæp]	통 퍼덕거리다[펄럭이다](=flutter) 명 ❶덮개 ❷펄럭임
17 **flip** [flip]	통 휙 던지다[뒤집다/넘기다] 명 휙 던지기

동사

18 **execute** [éksikjù:t]	❶처형하다 ❷실행[집행]하다 *execution 명 처형, 실행[집행]
19 **exhale** [ekshéil]	(숨을) 내쉬다[내뿜다](↔inhale)
20 **expel** [ikspél]	쫓아내다[추방하다]
21 **pierce** [piərs]	(꿰)뚫다[관통하다]
22 **extinguish** [ikstíŋgwiʃ]	(불을) 끄다 *extinguisher 명 소화기
23 **glide** [glaid]	미끄러지듯 움직이다(=slide), 활공하다
24 **haul** [hɔ:l]	(무거운 것을) 끌어당기다

형용사

25 **spatial** [spéiʃəl]	공간의 *space 명 우주, 공간 비교 spacious 형 널찍한
26 **literate** [lítərət]	읽고 쓸 수 있는(↔illiterate) *literacy 명 읽고 쓰는 능력(↔illiteracy 문맹)
27 **honorable** [ánərəbl]	명예로운[존경할 만한] *honor 명 명예, 존경 통 존경하다, 명예를 주다
28 **impersonal** [impə́:rsənl]	❶인간미 없는 ❷특정 개인과 상관없는
29 **indispensable** [ìndispénsəbl]	필수 불가결한(=essential)
30 **dental** [déntl]	이[치아/치과]의 *dentist 명 치과 의사

Standard **Examples**

01 His p_____ was fulfilled. 그의 예언이 실현되었다.

02 stage f_____ 무대 공포증

03 to have a n_____ 악몽을 꾸다

04 to attend a f_____ 장례식에 참석하다

05 stress caused by a heavy w_____ 과중한 업무량으로 야기된 스트레스

06 There will be a short i_____ at the end of Act 2. 2막 끝에 짧은 휴게 시간이 있을 것이다.

07 feminine i_____ 여성의 직감

08 the north/south l_____ 북위/남위

09 Ancient civilizations were based on s_____. 고대 문명은 노예 제도에 기반을 두었다.

명사 · 동사

10 Look it up in the i_____. 색인에서 그것을 찾아봐라.

11 a two-year l_____ on the apartment 2년간의 아파트 임대차 계약

12 He caught a g_____ of her in the crowd. 그는 군중 속에서 그녀를 언뜻 보았다.

13 unarmed c_____ 비무장 전투 to c_____ crime/disease 범죄/질병을 방지하다

14 Thunder b_____ed. 천둥이 우르릉거렸다. a property b_____ 부동산 호황

15 The fishbone l_____d in her throat. 생선뼈가 그녀의 목에 박혔다.

16 The bird f_____ped its wings and flew away. 새가 날개를 퍼덕거리며 날아갔다.

17 Let's f_____ a coin to see who goes first. 동전을 던져 누가 먼저 갈지 정하자.

동사

18 They have been e_____d for political crimes. 그들은 정치범으로 처형되었다.

19 Take a deep breath, then e_____ slowly. 깊은 숨을 들이쉬고 나서 천천히 내쉬어라.

20 She was e_____led from school at 15. 그녀는 15살 때 학교에서 쫓겨났다.

21 to have[get] your ears p_____d 귀를 뚫다

22 Please e_____ all cigarettes. 모든 담뱃불을 꺼 주세요.

23 She was g_____ing over the ice. 그녀는 빙판 위를 미끄러지듯 움직이고 있었다.

24 They h_____ed the boat out of the water. 그들은 물 밖으로 배를 끌어당겼다.

형용사

25 the development of a child's s_____ awareness 아동의 공간 인지 발달

26 He is barely l_____. 그는 겨우 글을 읽고 쓸 줄 안다.

27 an h_____ man 존경할 만한 남자

28 a formal and i_____ business letter 공식적이고 인간미 없는 상업상 서신

29 Cars are an i_____ part of our lives. 차는 우리 생활의 필수 불가결한 부분이다.

30 d_____ health 치아 건강 a d_____ appointment 치과 예약[진료 약속]

명사

01	**lining** [láiniŋ]	안감, (인체 부위의) 내벽
02	**outbreak** [áutbrèik]	(전쟁·사고·질병 등의) 발발[발생] ＊**break out** 통 발발[발생]하다
03	**perimeter** [pərímətər]	둘레
04	**marble** [má:rbl]	❶ 대리석 ❷ 구슬
05	**imagery** [ímidʒəri]	❶ 형상화[이미지] ❷ 화상[사진] 비교 **image** 명 이미지[인상], (영)상
06	**misconception** [mìskənsépʃən]	오해[잘못된 통념](=fallacy) ＊**conception** 명 개념, 구상
07	**moderation** [màdəréiʃən]	적당함[절제] ＊**moderate** 형 적당한, 온건한 명 온건주의자 ＊**in moderation** 적당히
08	**nostalgia** [nɑstǽldʒə]	향수[과거에 대한 그리움] ＊**nostalgic** 형 향수의
09	**germ** [dʒə:rm]	❶ 세균[병균] ❷ 싹[배아]
10	**sermon** [sə́:rmən]	설교
11	**fur** [fə:r]	(동물의) 털, 모피

명사·형용사

12	**arithmetic** [əríθmətik]	명 산수 형 [æ̀riθmétik] 산수의
13	**interior** [intíəriər]	명 내부(↔exterior) 형 내부의 ＊**interiorize** 통 내면화하다
14	**prestige** [prestí:ʒ]	명 위신[명망] 형 고급의, 일류의 ＊**prestigious** 형 명망 있는
15	**surplus** [sə́:rplʌs]	명 ❶ 여분[잉여] ❷ 흑자(↔deficit 적자) 형 여분[잉여]의
16	**subordinate** [səbɔ́:rdənət]	명 부하[하급자] 형 종속된[부차적인]
17	**hollow** [hálou]	형 속이 빈, 우묵한, 공허한(=empty) 명 움푹 꺼진 곳

동사

18	**illuminate** [ilú:mənèit]	❶ 밝게 비추다[조명하다] ❷ 설명하나 ＊**illumination** 명 조명
19	**impair** [impéər]	해치다[손상시키다](=damage) ＊**impairment** 명 손상, 장애
20	**initiate** [iníʃièit]	❶ 시작[착수]하다 ❷ 가입시키다 ＊**initiative** 명 주도권[결단력]
21	**insulate** [ínsəlèit]	❶ 절연[단열/방음]하다 ❷ 격리하다 ＊**insulation** 명 절연[방음/단열](재)
22	**knit** [nit]	뜨다[짜다]
23	**liberate** [líbərèit]	해방하다 ＊**liberation** 명 해방
24	**scan** [skæn]	❶ 살피다 ❷ 훑어보다 ❸ 스캔하다 ＊**scanner** 명 스캐너, 판독 장치
25	**abolish** [əbáliʃ]	폐지하다 ＊**abolition** 명 폐지

형용사

26	**affordable** [əfɔ́:rdəbl]	(가격이) 알맞은 ＊**afford** 통 여유가 되다[할 수 있다]
27	**intact** [intǽkt]	손상되지 않은[온전한]
28	**attentive** [əténtiv]	주의[귀]를 기울이는(↔inattentive)
29	**liable** [láiəbl]	❶ ~할 것 같은(=likely), ~하기 쉬운(=prone) ❷ 법적 책임이 있는
30	**dual** [djú:əl]	둘[이중]의 ＊**duality** 명 이중[이원]성

Standard Examples

01 a jacket with a silk l_____ 실크 안감을 댄 재킷   the stomach l_____ 위 내벽

02 the o_____ of war 전쟁의 발발   an o_____ of food poisoning 식중독의 발생

03 the p_____ of a triangle 삼각형의 둘레

04 a m_____ floor 대리석 바닥

05 visual i_____ 시각적 형상화[이미지]   satellite i_____ 인공위성 사진

06 a popular m_____ 대중의 잘못된 통념

07 to exercise in m_____ 적당히 운동하다

08 n_____ for the good old days 좋았던 옛날에 대한 그리움

09 Rats and flies spread g_____s. 쥐와 파리는 병균을 퍼뜨린다.

10 to deliver[give] a s_____ 설교하다

11 a f_____ coat 모피 코트

12 He's not very good at a_____. 그는 산수를 그리 잘하지 못한다.

13 the i_____ of a building/car 건물/자동차 내부

14 social/international p_____ 사회적/국제적 위신[명망]

15 a s_____ of crude oil 여분의 원유

16 the relationship between s_____s and superiors 부하와 상사 관계

17 a h_____ tree 속이 빈 나무

18 The room was i_____d by candles. 방이 촛불로 밝게 비추어졌다.

19 Alcohol i_____s your ability to drive a car. 술은 운전 능력을 손상시킨다.

20 They i_____d recycling programs. 그들은 재활용 프로그램을 시작했다.

21 He i_____d his home to save energy. 그는 에너지를 절약하기 위해 집을 단열했다.

22 She's k_____ting a sweater. 그녀는 스웨터를 뜨고 있다.

23 He was l_____d from his parents' strict rules. 그는 부모의 엄한 규율에서 해방되었다.

24 to s_____ his face 그의 얼굴을 살피다   to s_____ the list 명단을 훑어보다

25 to a_____ slavery 노예 제도를 폐지하다

26 an a_____ price 알맞은 가격

27 The package arrived i_____. 소포가 손상되지 않고 도착했다.

28 an a_____ audience 귀를 기울이는 청중

29 The areas near the river are l_____ to flooding. 강 가까운 지역은 범람하기 쉽다.

30 She has d_____ nationality. 그녀는 이중 국적을 가지고 있다.

명사

01	**nuisance** [njúːsns]	성가신 존재[폐]
02	**shortcoming** [ʃɔ́ːrtkʌ̀miŋ]	단점[결점](=defect, weakness)
03	**obesity** [oubíːsəti]	비만
04	**odds** [ɑdz]	❶(the ~) 가능성[확률] ❷역경[곤란] ❸차이
05	**optics** [ɑ́ptiks]	광학 *optical 형 광학의 *optic 형 눈의
06	**ranch** [ræntʃ]	(대)목장 *rancher 명 목장주
07	**pebble** [pébl]	조약돌[자갈]
08	**penalty** [pénəlti]	처벌, 벌금[벌칙] *penalize 동 처벌하다 *death penalty 사형
09	**perfume** [pə́ːrfjùːm]	❶향수(=scent) ❷향기(=fragrance)
10	**motorcycle** [móutərsàikl]	오토바이(=motorbike) *motorcyclist 명 오토바이 타는 사람

동사

11	**obsess** [əbsés]	집착하게 하다 *obsession 명 집착[강박 (관념)] *obsessive 형 강박적인
12	**penetrate** [pénətrèit]	관통하다 *penetration 명 침투, 관통
13	**enforce** [infɔ́ːrs]	❶집행[시행]하다 ❷강제[강요]하다 *enforceable 형 집행[강제]할 수 있는
14	**preoccupy** [priːɑ́kjupài]	마음을 사로잡다 *preoccupation 명 심취[몰두]
15	**proclaim** [proukléim]	선언[선포]하다(=declare, announce)
16	**propel** [prəpél]	나아가게 하다[추진하다]
17	**radiate** [réidièit]	방사[방출]하다 *radiation 명 방사선[방사능] *radioactive 형 방사성[방사능]의
18	**reassure** [rìːəʃúər]	안심시키다 *reassurance 명 안심시키기
19	**recruit** [rɪkrúːt]	모집하다 *recruitment 명 신규 모집
20	**render** [réndər]	❶~이 되게 하다 ❷주다[제공하다] ❸표현[번역]하다

동사·형용사

21	**triple** [trípl]	형 3중[3배]의 동 3배가 되다
22	**tame** [teim]	형 길들여진(↔wild) 동 길들이다(=domesticate)
23	**utter** [ʌ́tər]	형 완전한(=absolute) 동 말하다[소리를 내다] *utterly 부 완전히
24	**alternate** [ɔ́ːltərnət]	형 ❶번갈아 일어나는 ❷하나 거르는 동 [ɔ́ːltərnèit] 번갈아 일어나다[하다]

형용사

25	**worn** [wɔːrn]	❶닳은 ❷지친 동 wear의 과거분사 *worn-out 형 닳아빠진, 녹초가 된
26	**monetary** [mɑ́nətèri]	통화[화폐]의
27	**mortal** [mɔ́ːrtl]	영원히 살지 못하는(↔immortal 영원히 사는[불멸/불후의])
28	**penniless** [pénilis]	무일푼의 *penny 명 페니(1/100파운드), 1센트 동전
29	**proficient** [prəfíʃənt]	능숙한 *proficiency 명 능숙함[숙달]
30	**punctual** [pʌ́ŋktʃuəl]	시간을 지키는 *punctuality 명 시간 엄수

Standard Examples

01 The dogs next door are a real n_____. 옆집 개들은 정말 성가신 존재이다.

02 He was aware of his own s_____s. 그는 자신의 결점을 알고 있었다.

03 O_____ can lead to heart disorders. 비만은 심장 질환의 원인이 될 수 있다.

04 the o_____ of winning the lottery 복권에 당첨될 가능성

05 fiber o_____ 섬유 광학

06 a cattle r_____ 목우장[소 목장]

07 to pick up p_____s 조약돌을 줍다

08 to impose a p_____ 처벌을 가하다

09 She never wears p_____. 그녀는 절대 향수를 뿌리지 않는다.

10 a m_____ accident 오토바이 사고

동사

11 Why are people o_____ed with money? 왜 사람들은 돈에 집착할까?

12 bullets that can p_____ metal 금속을 관통할 수 있는 총알

13 Parking restrictions will be strictly e_____d. 주차 제한 규정이 엄격히 시행될 것이다.

14 She was p_____ied with her own thoughts. 그녀는 자신의 생각에 사로잡혀 있었다.

15 to p_____ a state of emergency 비상사태를 선포하다

16 a boat p_____led by a small motor 소형 모터로 나아가는 배

17 The sun r_____s light and heat. 태양은 빛과 열을 방사한다.

18 Teachers r_____d anxious parents. 선생님들은 걱정하는 부모님들을 안심시켰다.

19 It's not easy to r_____ qualified people. 자질을 갖춘 사람들을 모집하는 건 쉽지 않다.

20 His rudeness r_____ed me speechless. 그의 무례함이 나를 말문이 막히게 했다.

동사 · 형용사

21 The company has t_____d in size. 그 회사는 크기가 3배가 되었다.

22 t_____ elephants 길들여진 코끼리들

23 That's u_____ nonsense! 그건 완전히 말도 안 돼!

24 The service runs on a_____ days. 그 서비스는 격일로 운영된다.

형용사

25 w_____ blankets 닳아 해진 담요들

26 the International M_____ Fund[IMF] 국제 통화 기금

27 We are all m_____. 우리는 모두 영원히 살지 못한다.

28 He is jobless and p_____. 그는 직장도 없고 무일푼이다.

29 She is p_____ in three languages. 그녀는 3개 국어에 능숙하다.

30 He's always p_____ for appointments. 그는 늘 약속 시간을 지킨다.

명사

01 physiology [fiziálədʒi] 생리학, 생리 기능 *physiologist 명 생리학자 *physiological 형 생리학의, 생리적인

02 housewarming [háuswɔ̀ːrmiŋ] 집들이

03 loaf [louf] (복수 loaves) 빵 한 덩이

04 prose [prouz] 산문

05 rectangle [réktæ̀ŋgl] 직사각형 *rectangular 형 직사각형의

06 regularity [règjulǽrəti] 규칙성(↔irregularity) *regular 형 규칙적인

07 rehearsal [rihə́ːrsəl] 리허설[예행연습] *rehearse 동 리허설[예행연습]을 하다

08 faucet [fɔ́ːsit] 수도꼭지(=tap)

09 fraction [frǽkʃən] ❶ 분수 ❷ 작은 부분[일부] 비교 friction 명 마찰, 불화[알력]

10 completion [kəmplíːʃən] 완료[완성] *complete 동 끝내다[완성하다] 형 완전한

명사·동사

11 plague [pleig] 명 역병[악성 전염병], (the ~) 페스트 동 괴롭히다

12 pledge [pledʒ] 명 서약[맹세](=oath) 동 서약[맹세]하다

13 probe [proub] 명 ❶ 조사 ❷ (space ~) 무인 우주 탐사선 동 조사하다

14 intrigue [intríːg] 동 ❶ 호기심을 불러일으키다 ❷ 모의하다 명 모의[음모] *intriguing 형 아주 흥미로운

동사

15 retain [ritéin] 보유[유지]하다

16 retrieve [ritríːv] ❶ 되찾다[회수하다] ❷ (정보를) 검색하다 *retrieval 명 회수

17 sew [sou] -sewed-sewed[sewn] 바느질하다[깁다] 비교 sow 동 (씨를) 뿌리다 saw 명 동 톱(질하다)

18 simplify [símpləfài] 단순화하다 *simplification 명 단순화

19 situate [sítʃuèit] (~에) 놓다 *be situated (~에) 위치하다(=be located)

20 slaughter [slɔ́ːtər] 도살하다, 대량 학살하다(=massacre) *slaughterhouse 명 도살장

21 sob [sab] 흐느껴 울다[흐느끼며 말하다]

22 specify [spésəfài] 명시하다 *specific 형 특정한, 구체적인 *specification 명 설명서

23 sprinkle [spríŋkl] (물·가루를) 뿌리다

형용사

24 irresistible [ìrizístəbl] 저항[거부]할 수 없는

25 renowned [rináund] 유명한(=famous) *renown 명 명성

26 rigid [rídʒid] 경직된[딱딱한](↔flexible) *rigidity 명 경직

27 profitable [práfitəbl] 수익성 있는[유익한](↔unprofitable) *profit 명 이익[수익] 동 이익을 얻다[주다]

28 spontaneous [spɑntéiniəs] 자연스러운[즉흥적인]

29 sticky [stíki] 끈적거리는

30 synthetic [sinθétik] 합성[인조]의 *synthesize 동 합성[종합]하다

Standard Examples

287

명사

01 a book on p_____ 생리학에 관한 책

02 a h_____ party/gift 집들이 파티/선물

03 a l_____ of bread 빵 한 덩이

04 a p_____ writer 산문 작가

05 the four sides of a r_____ 직사각형의 네 변

06 the r_____ of the seasons 계절의 규칙성

07 a r_____ before the performance 공연 전 예행연습

08 to turn a f_____ on/off 수도꼭지를 틀다/잠그다

09 a f_____ of the original price 원래 가격의 일부

10 The project is near c_____. 그 프로젝트는 거의 완료되었다.

명사 · 동사

11 an outbreak of p_____ 역병의 발병

12 a p_____ of support/loyalty 지지/충성 서약

13 a space p_____ 무인 우주 탐사선

14 Your idea i_____s me. 너의 생각은 나의 호기심을 불러일으켜.

동사

15 The town had r_____ed much of its old charm. 그 도시는 많은 옛 매력을 유지해 왔다.

16 We taught our dog to r_____ a ball. 우리는 개에게 공을 되찾아 오는 걸 가르쳤다.

17 She s_____s all her own clothes. 그녀는 자신의 모든 옷을 바느질한다.

18 The application forms have been s_____ied. 신청서가 단순화되었다.

19 The hotel is s_____d on the lakeside. 그 호텔은 호숫가에 위치해 있다.

20 They s_____ed all infected animals. 그들은 감염된 모든 동물들을 도살했다.

21 I heard a child s_____bing loudly. 나는 한 아이가 큰 소리로 흐느껴 우는 소리를 들었다.

22 Please s_____ your size when ordering clothes. 옷 주문 시 치수를 명시해 주세요.

23 She s_____d sugar over the strawberries. 그녀는 딸기 위에 설탕을 뿌렸다.

형용사

24 an i_____ offer/impulse 거부할 수 없는 제안/충동

25 a r_____ author 유명한 저자

26 the r_____ discipline 경직된 규율

27 a highly p_____ business 대단히 수익성 있는 사업

28 a s_____ cheer 자연스러운[즉흥적인] 환호

29 s_____ fingers covered in jam 잼이 묻어 끈적거리는 손가락

30 s_____ fabrics 합성 직물

명사

01	**pharmacy** [fáːrməsi]	약국(=drugstore), 약학 *pharmacist 몡 약사
02	**sentiment** [séntəmənt]	❶ 정서 ❷ 감상(感傷) *sentimental 혱 감상적인
03	**segment** [ségmənt]	부분[조각]
04	**millennium** [miléniəm]	(복수 millennia[millenniums]) 천년 *millennial 혱 천년(간)의
05	**simplicity** [simplísəti]	단순[간단] *simple 혱 간단한[단순한]
06	**archive** [áːrkaiv]	기록 (보관소)
07	**bough** [bau]	큰 가지 비교 twig 몡 잔가지 branch 몡 가지
08	**specimen** [spésəmən]	표본[견본](=sample)
09	**spine** [spain]	❶ 등뼈[척추](=backbone) ❷ 기개[용기] *spineless 혱 척추가 없는

명사·동사

10	**shovel** [ʃʌ́vəl]	몡 삽 동 삽으로 뜨다
11	**stalk** [stɔːk]	몡 줄기(=stem) 동 ❶ 몰래 뒤쫓다 ❷ 활보하다 *stalking 몡 스토킹
12	**cue** [kjuː]	몡 신호[큐] 동 신호를 주다
13	**supplement** [sʌ́pləmənt]	몡 보충(물), 부록 동 [sʌ́pləment] 보충하다 *supplementary 혱 보충의
14	**stink** [stiŋk] -stank-stunk	동 악취를 풍기다 몡 악취
15	**beep** [biːp]	동 삐[빵] 소리를 내다 몡 삐[빵] 소리
16	**grin** [grin]	동 활짝 웃다 몡 활짝 웃음
17	**twist** [twist]	동 비틀다[꼬다], (발목 등을) 삐다 몡 꼬임, 비틀기

동사

18	**minimize** [mínəmàiz]	최소화하다, 축소하다(↔maximize) *minimum 몡 혱 최소[최저](의) *minimal 혱 최소의
19	**subtract** [səbtrǽkt]	빼다 *subtraction 몡 뺄셈, 빼기
20	**surpass** [sərpǽs]	능가하다[넘어서다]
21	**terminate** [tə́ːrmənèit]	끝나다[종료하다](=end, finish) *termination 몡 종료
22	**undermine** [ʌ̀ndərmáin]	약화시키다
23	**ventilate** [véntəlèit]	환기하다[통풍시키다] *ventilation 몡 환기[통풍]

형용사

24	**authentic** [ɔːθéntik]	진짜의 *authenticity 몡 진짜임 *authenticate 동 진짜임을 증명하다
25	**lengthy** [léŋkθi]	긴[장황한] *length 몡 길이 *lengthen 동 길어지다[길게 하다]
26	**introspective** [ìntrəspéktiv]	자기 성찰적인 *introspection 몡 자기 성찰
27	**temperate** [témpərət]	❶ 온화한[온대의] ❷ 절제하는(=moderate)
28	**toxic** [táksik]	유독한[독성의]
29	**unanimous** [juːnǽnəməs]	만장일치의 *unanimity 몡 만장일치
30	**unbearable** [ʌ̀nbɛ́ərəbl]	참을 수 없는(=intolerable↔bearable) *bear 동 참다

명사

01 an all-night p_____ 철야 영업 약국

02 anti-American s_____ 반미 정서

03 a s_____ of an orange 오렌지 한 조각

04 the beginning of a new m_____ 새 천년의 시작

05 He wrote with a beautiful s_____ of style. 그는 아름다운 간결한 문체로 글을 썼다.

06 a film a_____ 필름[영화] 보관소

07 a broken b_____ 부러진 큰 가지

08 a s_____ of rock 암석 표본

09 Her s_____ twisted. 그녀의 척추가 휘었다.

명사 · 동사

10 to dig with a s_____ 삽으로 파다

11 She trimmed the s_____s of the tulips. 그녀는 튤립의 줄기를 다듬었다.

12 Their silence was a c_____ for him to speak. 그들의 침묵은 그가 말하라는 신호였다.

13 Take vitamin s_____s. 비타민 보충제를 복용해라.

14 It s_____s in here! 여기서 악취가 나네!

15 Why does the computer keep b_____ing? 컴퓨터가 왜 계속 삐 소리를 내고 있지?

16 to g_____ from ear to ear 입이 귀에 걸리도록 활짝 웃다

17 T_____ the two ends of the wire together. 철사의 두 끝을 같이 꼬아라.

동사

18 We must m_____ the risk of infection. 우리는 감염의 위험을 최소화해야 한다.

19 S_____ 12 from 32. 32에서 12를 빼라.

20 The results s_____ed my expectations. 결과는 내 기대를 넘어섰다.

21 His contract of employment t_____s in December. 그의 고용 계약이 12월에 끝난다.

22 Criticism u_____s their confidence. 비난은 그들의 자신감을 약화시킨다.

23 a well-v_____d kitchen 환기가 잘되는 부엌

형용사

24 an a_____ work by Picasso 피카소의 진짜 작품

25 a l_____ discussion 긴 논의

26 She is very quiet and i_____. 그녀는 매우 조용하고 자기 성찰적이다.

27 a t_____ climate 온대 기후

28 t_____ chemicals 유독성 화학 물질들

29 a u_____ vote 만장일치 (표결)

30 u_____ pain/loneliness 참을 수 없는 고통/외로움

명사

01	**panel** [pǽnl]	❶(토론의) 패널[자문단] ❷(계기)판 *panelist 명 패널리스트[토론자]
02	**tissue** [tíʃuː]	❶(세포) 조직 ❷화장지
03	**trademark** [tréidmàːrk]	등록 상표(=TM)
04	**unrest** [ʌnrést]	(사회·정치적) 불안
05	**vein** [vein]	정맥 비교 artery 명 동맥
06	**verge** [vəːrdʒ]	직전(=brink) *on the verge of ~의 직전에
07	**cradle** [kréidl]	요람
08	**vessel** [vésəl]	❶배 ❷(혈)관
09	**realm** [relm]	❶영역[범위] ❷왕국(=kingdom)
10	**stationery** [stéiʃənèri]	문구류[문방구], 편지지 비교 stationary 형 움직이지 않는[정지된]
11	**wallet** [wálit]	지갑 비교 purse 명 핸드백

명사·동사

12	**blast** [blæst]	명 ❶돌풍 ❷폭발 동 폭파하다, (~ off) 발사되다 *blast-off (우주선의) 발사
13	**advocate** [ǽdvəkèit]	동 지지[옹호]하다 명 [ǽdvəkət] 지지[옹호]자 *advocacy 명 지지[옹호]
14	**outlaw** [áutlɔ̀ː]	동 불법화하다 명 범법자[도망자]
15	**wail** [weil]	동 울부짖다[통곡하다] 명 울부짖음[통곡]

동사

16	**wag** [wæg]	(꼬리·손가락·머리를) 흔들다
17	**yearn** [jəːrn]	갈망[동경]하다(=long)
18	**accommodate** [əkámədèit]	수용하다[숙박시키다] *accommodation 명 (-s) 숙박 시설
19	**smash** [smæʃ]	박살내다[박살나다], 세게 (부딪)치다
20	**mediate** [míːdièit]	중재[조정]하다 *mediator 명 중재자 *mediation 명 중재[조정]
21	**detach** [ditǽtʃ]	떼다[분리하다] *detachment 명 무심함[초연], 분리
22	**beware** [biwέər]	조심하다
23	**orient** [ɔ́ːriənt]	지향하게 하다, 적응하게 하다 *oriented 형 지향하는 *orientation 명 오리엔테이션, 지향

형용사

24	**uneasy** [ʌníːzi]	불안한[불편한] *easy 형 쉬운, 편안한 *unease 명 불안
25	**periodic** [pìəriádik]	주기적인 *periodical 명 정기 간행물[전문 잡지] *periodic table 주기율표
26	**vulnerable** [vʌ́lnərəbl]	상처받기 쉬운[연약한/취약한] *vulnerability 명 상처받기 쉬움, 취약함
27	**wretched** [rétʃid]	불쌍한[비참한], 지독한
28	**wicked** [wíkid]	사악한, 심술궂은
29	**ambiguous** [æmbígjuəs]	애매모호한(↔unambiguous) *ambiguity 명 애매모호함
30	**sensory** [sénsəri]	감각의

Standard Examples

명사

01 a p_____ of experts 전문가 패널[자문단]　　a solar p_____ 태양 전지판

02 muscle/brain/nerve t_____ 근육/뇌/신경 조직

03 Registered t_____s are protected by the law. 등록 상표는 법에 의해 보호받는다.

04 political/social u_____ 정치적/사회적 불안

05 The v_____s carry blood to the heart. 정맥은 혈액을 심장으로 운반한다.

06 She looked on the v_____ of tears. 그녀는 눈물을 터뜨리기 직전처럼 보였다.

07 to rock a c_____ 요람을 흔들다

08 a fishing v_____ 어선　　a burst blood v_____ 파열된 혈관

09 the r_____ of art/science/education 예술/과학/교육의 영역

10 a s_____ store 문구점

11 I left my w_____ at home. 나는 지갑을 집에 놓고 왔다.

명사 · 동사

12 a b_____ of cold air 차가운 돌풍　　a bomb b_____ 폭탄 폭발

13 I a_____ a policy of gradual reform. 나는 점진적 개혁 정책을 지지한다.

14 to o_____ drunken driving 음주 운전을 불법화하다

15 Mourners w_____ed at the funeral. 조문객들이 장례식에서 통곡했다.

동사

16 The dog w_____ged its tail. 개가 꼬리를 흔들었다.

17 The people y_____ for peace. 사람들은 평화를 갈망한다.

18 The hotel can a_____ up to 500 guests. 그 호텔은 500명까지 숙박시킬 수 있다.

19 to s_____ a window 창문을 박살내다

20 to m_____ between staff and management 직원들과 경영진 사이를 중재하다

21 You can d_____ the hood from the jacket. 재킷에서 모자를 떼어 낼 수 있다.

22 B_____ of the dog! 개를 조심해!

23 to be o_____ed towards science 과학을 지향하다

형용사

24 His presence made her feel u_____. 그가 있어 그녀는 불편했다.

25 to carry out p_____ checks 주기적인 점검을 실시하다

26 Old people are particularly v_____ to the flu. 노인들이 특히 독감에 걸리기 쉽다.

27 their w_____ living conditions 그들의 비참한 생활 상태

28 a w_____ deed 사악한 행위

29 an a_____ statement 애매모호한 진술

30 s_____ organs 감각 기관

UP to 1st Grade

DAY 17

01 **wizard** [wízərd] 마법사 비교 witch 명 마녀

02 **zoology** [zouάlədʒi] 동물학 *zoo[zoological garden] 명 동물원

03 **peasant** [péznt] 소작농[소농]

04 **anatomy** [ənǽtəmi] 해부(학), 신체 (구조)

05 **beak** [bi:k] (새의) 부리

06 **belly** [béli] ❶ 위 ❷ 배[복부]

07 **trauma** [tró:mə] 트라우마[정신적 외상], 충격적인 경험 *traumatic 형 정신적 외상의[대단히 충격적인]

08 **botany** [bátəni] 식물학 *botanic(al) 형 식물(학)의

09 **nectar** [néktər] ❶ (꽃의) 꿀 ❷ (진한) 과즙

10 **bureaucracy** [bjuərάkrəsi] 관료제[관료주의], (집합적) 관료 *bureaucratic 형 관료의

11 **correlation** [kɔ̀(:)rəléiʃən] 상관관계 *correlate 동 상호 관련되다[관련시키다]

12 **boost** [bu:st] 향상[고양]시키다, 들어[밀어] 올리다

13 **clarify** [klǽrəfài] 분명히 하다 *clarification 명 설명 *clarity 명 명확성

14 **ferment** [fərmént] 발효되다[발효시키다] *fermentation 명 발효

15 **widen** [wáidn] 넓어지다[넓히다], 커지다[확대하다] *wide 형 넓은 부 활짝

16 **comply** [kəmplái] (법·명령 등에) 따르다

17 **extract** [ikstrǽkt] 뽑아내다[추출하다] *extraction 명 뽑아냄[추출]

18 **portray** [pɔːrtréi] 묘사하다[그리다] *portrait 명 초상화

19 **indulge** [indʌ́ldʒ] 빠지다[탐닉하다]

20 **midterm** [mídtə̀ːrm] 형 중간[중기]의 명 중간고사

21 **(a)esthetic** [esθétik] 형 미(학)의 명 (-s) 미학

22 **affirmative** [əfə́ːrmətiv] 형 긍정의 명 긍정

23 **diagonal** [daiǽgənl] 형 대각선[사선]의 명 대각선[사선]

24 **maiden** [méidn] 형 최초의 명 처녀 *maid 명 하녀

25 **stern** [stəːrn] 형 엄(격)한(=strict) 명 선미[고물](↔bow 이물[뱃머리])

26 **apt** [æpt] ❶ ~하는 경향이 있는[~하기 쉬운] ❷ 적절한

27 **chronological** [krὰnəládʒikəl] 시간 순서대로의[연대순의] *chronology 명 연대순, 연대표 *chronological age 달력 나이

28 **empirical** [impírikəl] 경험의[실증적인]

29 **coarse** [kɔːrs] ❶ 거친[굵은](=rough) ❷ 상스러운[야비한]

30 **formidable** [fɔ́ːrmidəbl] 어마어마한[가공할]

Standard Examples

01 the W_____ of Oz 오즈의 마법사

02 He published a book on z_____. 그는 동물학에 관한 저서를 출간했다.

03 Most villagers are p_____ farmers. 마을 사람들 대부분이 소작농이다.

04 to take a class on[in] a_____ 해부학 수업을 받다

05 The gull held the fish in its b_____. 갈매기가 부리에 물고기를 물고 있었다.

06 He fell asleep with a full b_____. 그는 배가 불러 잠이 들었다.

07 t_____s such as death or divorce 죽음이나 이혼 같은 충격적인 경험

08 Biology and b_____ are life sciences. 생물학과 식물학은 생명 과학이다.

09 flowers full of n_____ and pollen 꿀과 꽃가루로 가득한 꽃들

10 the reduction of unnecessary b_____ 불필요한 관료제의 축소

11 the high c_____ between poverty and crime 가난과 범죄 사이의 높은 상관관계

12 Christmas b_____s sales by 30%. 크리스마스는 판매를 30% 향상시킨다.

13 Could you c_____ your remarks? 당신의 발언을 분명히 해 주시겠습니까?

14 The wine f_____s in oak barrels. 포도주는 오크 통에서 발효된다.

15 the w_____ing gap between rich and poor 커지는 빈부 격차

16 They c_____ied with the UN resolution. 그들은 국제 연합 결의안을 따랐다.

17 Oils are e_____ed from the plants. 기름이 그 식물들에서 추출된다.

18 He p_____ed himself as a victim. 그는 자신을 피해자로 묘사했다.

19 She has i_____d in shopping. 그녀는 쇼핑에 빠졌다.

20 a m_____ exam 중간고사

21 From an a_____ point of view, it's nice. 미학적 관점에서 그것은 좋다.

22 an a_____ response to the question 질문에 대한 긍정적인 응답

23 a d_____ line 대각선[사선]

24 a m_____ flight/voyage 처녀비행/항해

25 a s_____ expression/voice 엄한 표정/목소리

26 to be a_____ to be forgetful 잘 잊어버리는 경향이 있다

27 to arrange documents in c_____ order 문서들을 연대순으로 배열하다

28 e_____ evidence/knowledge/research 실증적 증거/지식/연구

29 c_____ hands 거친 손   c_____ sand 굵은 모래

30 a f_____ opponent/challenge 어마어마한 상대/도전

명사

01	**dew** [dju:]	이슬 *dewdrop 명 이슬방울
02	**chamber** [tʃéimbər]	❶ 방[실] ❷ (의회의) 의원
03	**diplomat** [dípləmæt]	외교관 *diplomacy 명 외교 *diplomatic 형 외교의
04	**ego** [í:gou]	자아 *egotism[egoism] 명 이기주의 *egotist[egoist] 명 이기주의자
05	**enterprise** [éntərpràiz]	❶ 기업[회사] ❷ 사업 ❸ 진취적 기상 *enterprising 형 진취적인
06	**by-product** [báiprɑ̀dʌkt]	❶ 부산물 ❷ 부작용 *product 명 제품[상품], 산물
07	**numeral** [njú:mərəl]	숫자(=figure) *numerical 형 수의[수로 나타낸]
08	**formula** [fɔ́:rmjulə]	(복수 -s[formulae]) (공)식 *formulate 동 고안하다 *formulation 명 공식[정식]화
09	**microwave** [máikrouwèiv]	전자레인지
10	**frontier** [frʌntíər]	❶ 미개척지 ❷ 국경(=border, boundary)
11	**hatred** [héitrid]	증오[혐오] *hate 동 증오[혐오]하다 명 증오

명사 · 동사

12	**blur** [blə:r]	동 흐릿해지다[흐릿하게 하다] 명 흐릿한 형체[것] *blurry 형 흐릿한
13	**glare** [glɛər]	동 ❶ 노려보다 ❷ 눈이 부시게 빛나다 명 눈이 부신 빛, 노려봄
14	**implement** [ímpləmənt]	동 시행하다 명 [ímpləmənt] 기구[도구] *implementation 명 시행
15	**chatter** [tʃǽtər]	동 재잘거리다, 지저귀다 명 수다 유의 chat 동 잡담하다 명 잡담
16	**dread** [dred]	동 두려워하다 명 두려움 *dreadful 형 끔찍한

동사

17	**overtake** [òuvərtéik]-overtook-overtaken	❶ 앞지르다[추월하다] ❷ 갑자기 닥치다
18	**discern** [disə́:rn]	알아차리다[식별하다] *discernible 형 식별할 수 있는
19	**displace** [displéis]	❶ 대신[대체]하다(=replace) ❷ 쫓아내다
20	**dispose** [dispóuz]	(~ of) 처리하다 *disposal 명 처리 *disposable 형 일회용의 명 일회용품
21	**dissolve** [dizálv]	녹(이)다[용해하다]
22	**enlighten** [inláitn]	이해시키다[깨우치다] *enlightenment 명 깨달음, (the E-) 계몽주의
23	**furnish** [fə́:rniʃ]	❶ 가구를 비치하다 ❷ 제공[공급]하다

형용사

24	**crooked** [krúkid]	❶ 비뚤어진 ❷ 부정직한 *crook 동 구부리다 명 사기꾼
25	**crude** [kru:d]	❶ 대략의 ❷ 조잡한 ❸ 상스러운 ❹ 천연 그대로의
26	**figurative** [fígjurətiv]	❶ 비유적인 ❷ 구상[조형]의
27	**potent** [póutnt]	강(력)한
28	**keen** [ki:n]	❶ 열심인[열망하는] ❷ 예민한[예리한]
29	**legitimate** [lidʒítəmət]	합법의[정당한]
30	**notable** [nóutəbl]	주목할 만한 *note 동 주목[주의]하다 명 메모, 필기 *notably 부 특히, 뚜렷이

Standard Examples

명사

01 a morning d_____ 아침 이슬

02 The heart has four c_____s. 심장은 4개의 방[심실]이 있다.

03 an experienced d_____ 노련한 외교관

04 Winning the prize boosted her e_____. 수상은 그녀의 자아를 고양시켰다.

05 public e_____s 공기업들　young people with e_____ 진취적 기상을 지닌 젊은이들

06 a b_____ of oil refining 정유의 부산물

07 a(n) Arabic/Roman n_____ 아라비아/로마 숫자

08 a mathematical/chemical f_____ 수학/화학 공식

09 I'll heat it up in the m_____. 내가 전자레인지에 그것을 데울게.

10 the f_____ between France and Switzerland 프랑스와 스위스 사이의 국경

11 eyes full of h_____ 증오로 가득 찬 눈

명사 · 동사

12 The street lights were b_____red by the fog. 가로등이 안개에 흐릿해졌다.

13 She g_____d at me. 그녀가 나를 노려보았다.　the g_____ of the sun 눈부신 햇빛

14 to i_____ a policy/plan 정책/계획을 시행하다

15 She c_____ed excitedly like a child. 그녀는 흥분해서 어린아이처럼 재잘거렸다.

16 He's d_____ing his interview tomorrow. 그는 내일 면접을 두려워하고 있다.

동사

17 Will electronic books o_____ printed books? 전자책이 인쇄된 책[종이책]을 앞지를까?

18 I could d_____ a town in the distance. 나는 멀리서 도시를 식별할 수 있었다.

19 Workers have been d_____d by machines. 노동자들이 기계에 의해 대체되어 왔다.

20 the difficulties of d_____ing of nuclear waste 핵폐기물 처리의 어려움

21 Sugar d_____s in water. 설탕은 물에 녹는다.

22 Please e_____ me on this point. 이 점에 대해 나를 좀 이해시켜 주세요.

23 The house was simply f_____ed. 그 집은 간소하게 가구가 비치되어 있었다.

형용사

24 c_____ teeth 비뚤어진 이

25 a c_____ estimate 대략의 추산　c_____ oil 원유

26 a f_____ expression 비유적 표현　f_____ art 조형 미술

27 a p_____ force/weapon 강력한 힘/무기

28 Dogs have a very k_____ sense of smell. 개는 매우 예민한 후각을 가지고 있다.

29 l_____ business activities 합법적 기업 활동들

30 a n_____ success/discovery 주목할 만한 성공/발견

명사

01	**revenue** [révənjù:]	수입[세입]
02	**initiative** [iníʃiətiv]	❶주도권[결단력] ❷새로운 계획 *initiate 통 시작[착수]하다, 가입시키다
03	**manuscript** [mǽnjuskrìpt]	원고
04	**bulletin board** [búlətən bɔ̀:rd]	게시판 *bulletin 명 ❶뉴스 단신 ❷고시[공고]
05	**observatory** [əbzə́:rvətɔ̀:ri]	천문대[기상대] *observe 통 관찰하다, (규칙 등을) 준수하다
06	**pillow** [pílou]	베개 *pillowcase 명 베갯잇
07	**wage** [weidʒ]	임금[노임](=pay)
08	**tenant** [ténənt]	세입자[소작인]
09	**analogy** [ənǽlədʒi]	비유[유추], 유사점
10	**hybrid** [háibrid]	❶(동식물의) 잡종 ❷혼성체[혼합물]

명사 · 동사

11	**rust** [rʌst]	명 녹 통 녹슬다 *rusty 형 녹슨
12	**outrage** [áutreidʒ]	명 격분 통 격분하게 하다 *outrageous 형 터무니없는 *rage 명 격노
13	**whip** [hwip]	명 채찍 통 채찍질하다, 휘젓다[거품을 내다]
14	**refrain** [rifréin]	통 삼가다[자제하다] 명 후렴
15	**tow** [tou]	통 (차량 · 배를) 견인하다 명 견인
16	**whirl** [hwə:rl]	통 빙빙[휙휙] 돌(리)다 명 빙빙[휙휙] 돌기

동사

17	**inspect** [inspékt]	검사[점검]하다 *inspection 명 검사[점검] *inspector 명 검사자
18	**intrude** [intrú:d]	침범하다, 방해하다 *intrusion 명 침범 *intruder 명 침입지
19	**lag** [læg]	뒤에 처지다[뒤떨어지다]
20	**navigate** [nǽvəgèit]	길을 찾다, 항해하다 *navigation 명 항해[운항] *navigator 명 항해사[항법사]
21	**oblige** [əbláidʒ]	❶강제[강요]하다 ❷돕다 *be obliged to V ~해야 하다
22	**postpone** [poustpóun]	연기하다[미루다](=delay, put off[back])
23	**downplay** [dáunplèi]	경시하다[대단찮게 생각하다](=play down)

형용사

24	**incidental** [ìnsədéntl]	부수적인
25	**minimal** [mínəməl]	최소(한)의 *minimum 명 형 최소[최저](의)
26	**plump** [plʌmp]	통통한[포동포동한]
27	**prudent** [prú:dnt]	신중한(↔imprudent 경솔한)
28	**reluctant** [rilʌ́ktənt]	내키지 않는[마지못해 하는] *reluctance 명 내키지 않음[마지못해 함]
29	**sheer** [ʃiər]	❶순전한, 완전한 ❷몹시 가파른 ❸아주 얇은
30	**upcoming** [ʌ́pkʌ̀miŋ]	다가오는

Standard Examples

명사

01 advertising r_____ 광고 수입   tax r_____ 세입

02 to seize/lose the i_____ 주도권을 잡다/잃다

03 an unpublished m_____ 미간(행) 원고

04 Have you seen the notice on the b_____ _____? 게시판의 공지를 봤니?

05 the Royal Greenwich O_____ 영국 왕립 그리니치 천문대

06 She lay back against the p_____s. 그녀는 베개들에 기대어 있었다.

07 a w_____ increase of 3% 3% 임금 인상

08 The desk was left by the previous t_____. 그 책상은 이전 세입자가 남겼다.

09 to draw an a_____ between life and a marathon 인생을 마라톤에 비유하다

10 a h_____ of wheat and rye 밀과 호밀의 잡종

명사·동사

11 pipes covered with r_____ 녹으로 뒤덮여 있는 배관

12 His remarks caused public o_____. 그의 발언은 대중의 격분을 불러일으켰다.

13 Most of the riders carried w_____s. 대부분의 기수들이 채찍을 들고 있었다.

14 Please r_____ from smoking. 흡연을 삼가 주세요.

15 His car was t_____ed away for illegal parking. 그의 차가 불법 주차로 견인되었다.

16 The leaves w_____ed around in the wind. 나뭇잎들이 바람에 빙빙 돌았다.

동사

17 Police i_____ed the scene. 경찰이 현장을 점검했다.

18 to i_____ upon people's private lives 사람들의 사생활을 침범하다

19 to l_____ behind the rest of the group 그룹의 다른 사람들보다 뒤처지다

20 Early explorers used to n_____ by the stars. 초기 탐험가들은 별을 보고 항해했었다.

21 They were o_____d to obey him. 그들은 그에게 순종해야 했다.

22 The game was p_____d because of rain. 경기가 비 때문에 연기되었다.

23 to d_____ the seriousness of global warming 지구 온난화의 심각성을 경시하다

형용사

24 i_____ details 부수적인 세부 사항

25 The storm caused m_____ damage. 그 폭풍은 최소한의 피해를 입혔다.

26 a short, p_____ woman 키 작고 통통한 여자

27 a p_____ decision/investment 신중한 결정/투자

28 He was r_____ to talk about it. 그는 그것에 대해 말하는 게 내키지 않았다.

29 I think I won by s_____ luck! 나는 순전한 행운으로 이겼다고 생각한다.

30 the u_____ elections 다가오는 선거

명사

01 **ornament** [ɔ́ːrnəmənt]	장식(품), 장신구 *ornamental 혱 장식용의	
02 **humiliation** [hjuːmìliéiʃən]	창피[치욕] *humiliate 통 창피를 주다	
03 **geometry** [dʒiámətri]	기하학	
04 **questionnaire** [kwèstʃənéər]	설문지	
05 **torch** [tɔːrtʃ]	횃불	
06 **implication** [ìmplikéiʃən]	❶영향 ❷함축[암시] ❸연루 *imply 통 ❶암시하다 ❷수반하다	
07 **asymmetry** [eisímətri]	비대칭(↔symmetry), 불균형 *asymmetric(al) 혱 비대칭[불균형]의	
08 **twilight** [twáilàit]	황혼[땅거미](=dusk)	
09 **vigor** [vígər]	활기[정력] *vigorous 혱 활기찬[정력적인]	
10 **virtue** [vɜ́ːrtʃuː]	선(행)[미덕/장점](↔vice) *virtuous 혱 덕이 있는	
11 **mustache** [mʌ́stæʃ]	콧수염 [비교] beard 혱 (턱)수염 *whisker 혱 구레나룻, (고양이·쥐의) 수염	
12 **carbohydrate** [kàːrbouháidreit]	탄수화물	

동사

13 **gravitate** [grǽvətèit]	(~에) 끌리다, 인력에 끌리다 *gravitation 혱 만유인력 *gravity 혱 중력
14 **recollect** [rèkəlékt]	기억하다(=remember) *recollection 혱 기억
15 **resign** [rizáin]	사임하다 *resignation 혱 사임
16 **uphold** [ʌphóuld] -upheld-upheld	지지하다, (질서 등을) 유지하다
17 **vanish** [vǽniʃ]	(갑자기) 사라지다(=disappear)
18 **intervene** [ìntərvíːn]	개입하다 *intervention 혱 개입

명사 · 동사 · 형용사

19 **rear** [riər]	통 기르다(=bring up, raise) 혱혱 뒤(의)(=back↔front)
20 **converse** [kənvɜ́ːrs]	통 대화하다 혱혱 반대[역](의) *conversation 혱 대화 *conversely 튀 반대로
21 **bankrupt** [bǽŋkrʌpt]	혱 파산한 통 파산시키다 혱 파산자 *bankruptcy 혱 파산
22 **parallel** [pǽrəlèl]	혱 ❶평행한 ❷유사한[병행하는] 혱 ❶유사점 ❷위(도)선 통 유사하다
23 **fancy** [fǽnsi]	혱 고급의[장식적인] 혱 공상 통 좋아하다

형용사

24 **ambivalent** [æmbívələnt]	상반된 감정[호불호]이 엇갈리는
25 **manned** [mænd]	유인의(↔unmanned 무인의)
26 **systematic** [sìstəmǽtik]	체계[조직]적인 *system 혱 체계[조직]
27 **tidy** [táidi]	정돈된[깔끔한](=neat↔untidy)
28 **hands-on** [hǽndzán]	직접 해 보는[실천하는]
29 **mandatory** [mǽndətɔ̀ːri]	의무적인
30 **fabulous** [fǽbjuləs]	❶훌륭한[멋진] ❷엄청난[굉장한]

Standard Examples

01 Christmas o_____s 크리스마스 장식품들

02 to suffer the h_____ of being criticized in public 사람들 앞에서 비난받는 창피를 당하다

03 a g_____ test 기하학 시험

04 to fill out a q_____ 설문지를 작성하다

05 a flaming t_____ 타오르는 횃불

06 to consider the i_____s of new policies 새 정책들의 영향을 고려하다

07 structural a_____ies in the body 신체의 구조적 비대칭들

08 a walk along the beach at t_____ 황혼 녘의 해변 산책

09 to work with v_____ and enthusiasm 활기와 열의를 갖고 일하다

10 Patience is a v_____. 인내는 미덕이다.

11 to shave off your m_____ 콧수염을 깎다

12 C_____s give you quick energy. 탄수화물은 빠르게 에너지를 제공한다.

동사

13 to g_____ toward careers in the computer industry 컴퓨터 업계 직업으로 끌리다

14 I don't r_____ her name. 나는 그녀의 이름을 기억하지 못한다.

15 He r_____ed from public office. 그는 공직에서 사임했다.

16 We have a duty to u_____ the law. 우리는 그 법을 지지해야 할 의무가 있다.

17 The bird v_____ed from sight. 새가 시야에서 갑자기 사라졌다.

18 Police had to i_____ in the dispute. 경찰이 분쟁에 개입해야 했다.

명사·동사·형용사

19 She r_____ed seven children by herself. 그녀는 혼자서 7명의 아이를 길렀다.

20 He c_____d with the tourists in English. 그는 관광객들과 영어로 대화했다.

21 He went b_____ after only a year in business. 그는 겨우 사업 일 년 만에 파산했다.

22 Lines AB and CD are p_____. 선분 AB와 CD는 평행하다.

23 a f_____ restaurant 고급 식당

형용사

24 an a_____ attitude towards her 그녀에 대한 호불호가 엇갈리는 태도

25 m_____/u_____ space flight 유인/무인 우주 비행

26 a s_____ approach/method 체계적인 접근법/방법

27 Her room is always neat and t_____. 그녀의 방은 늘 깔끔하게 정돈되어 있다.

28 h_____ computer training 직접 해 보는 컴퓨터 훈련

29 It's m_____ to wear a seat belt in a car. 차에서 안전띠를 매는 것은 의무적이다.

30 a f_____ performance 훌륭한[멋진] 공연   f_____ wealth 엄청난 부

부록

퀴즈 테스트

구성

일일 테스트(앞면): 당일 학습한 단어를 영어는 우리말로, 우리말은 영어로 씁니다.

누적 테스트(뒷면): 해당일 이전 3일간 학습한 단어 중 30개가 쌓여 있습니다.
⑩ 누적 테스트 DAY 15: DAY 12~14의 단어 테스트

사용법

1 일단 해당 날짜의 테스트 용지를 뜯어냅니다.
2 반으로 잘라 아래 부분은 내일을 위해 잘 보관해 둡니다.
3 일일 테스트부터 시작합니다. (2분)
4 뒷장을 넘겨 누적 테스트를 계속합니다. (2분)
5 채점해 보고 틀린 것들을 다시 암기합니다. (3분)

총 소요 시간 : 약 7분

정답 확인 방법

일일 테스트는 해당 날짜에 나와 있는 30개 단어를 참조하고,
누적 테스트는 부록 '미니 영어 사전'을 이용합니다.

미니 영어 사전

이 사전은 고등학교 영어 교과서와 수능 단어 전부를 어휘 분석 프로그램을
통해 실제로 자주 쓰이는 단어의 의미만 추려 실은 것입니다.

• 알파벳순으로 정리되어 있습니다.
• 각 단어 뒤에 이 책에서의 페이지가 나와 있습니다.
• 늘 몸에 지니고 다니며 외우기도 하고 찾아보기도 할 수 있습니다.

01	company	16	정부, 정치
02	support	17	환경
03	state	18	이유, 이성, 추론하다
04	bear	19	경주[경쟁](하다), 인종
05	matter	20	식물, 공장[설비], 심다
06	cause	21	얼굴, 직면하다
07	concern	22	제공[공급]하다
08	fire	23	줄이다[축소하다]
09	raise	24	깨닫다, 실현하다
10	suggest	25	허락[허용]하다
11	subject	26	고려하다, 여기다
12	present	27	개인(의), 개개의
13	ancient	28	환자, 참을성 있는
14	likely	29	긍정적인[적극적인]
15	mean	30	다양한

✂

01	object	16	기사, 물품, 조항
02	respect	17	목적, 의도
03	notice	18	인구
04	deal	19	행성, 지구
05	arm	20	교육
06	amount	21	영향(을 미치다)
07	process	22	휴식, 나머지, 쉬다
08	require	23	연구(하다)
09	suppose	24	막다[예방하다]
10	relax	25	더하다, 덧붙여 말하다
11	affect	26	정상[보통]의
12	involve	27	부정적인
13	still	28	유일한, 독특한
14	fine	29	최근의
15	eventually	30	창조적인

1일째에는 누적 테스트가 없습니다.

✁ -

01	company	16	suggest
02	government	17	realize
03	environment	18	consider
04	bear	19	allow
05	matter	20	provide
06	cause	21	reduce
07	concern	22	present
08	fire	23	subject
09	raise	24	mean
10	support	25	ancient
11	face	26	individual
12	race	27	patient
13	state	28	positive
14	plant	29	various
15	reason	30	likely

01	benefit	16	태도
02	treat	17	기회
03	issue	18	현실
04	tear	19	자원
05	challenge	20	세대, 발생
06	detail	21	직업, 경력
07	limit	22	산업, 근면
08	cure	23	진보(하다), 전진(하다)
09	suffer	24	피하다[막다]
10	remain	25	받아들이다, 인정하다
11	perform	26	이루다, 성취하다
12	essential	27	묘사[기술]하다
13	male / female	28	물질(의), 재료, 자료
14	particular	29	아주 작은
15	besides	30	비슷한

01	character	16	다양(성)
02	stick	17	질, 자질[특성]
03	block	18	(생물의) 종
04	beat	19	전문가
05	match	20	방법[방식]
06	figure	21	예, 경우
07	damage	22	외모, 출현
08	occur	23	운동, 움직임[이동]
09	survive	24	접근(하다)
10	belong	25	용기를 북돋우다
11	contain	26	분리된, 분리하다
12	depend	27	장애가 있는
13	reflect	28	활동적인, 적극적인
14	calm	29	예의 바른[공손한]
15	available	30	단지

01	company	16	arm
02	object	17	involve
03	race	18	require
04	state	19	suggest
05	respect	20	suppose
06	concern	21	relax
07	notice	22	affect
08	fire	23	subject
09	deal	24	present
10	cause	25	mean
11	raise	26	ancient
12	process	27	fine
13	bear	28	still
14	amount	29	likely
15	support	30	eventually

✂ -

01	article	16	allow
02	planet	17	provide
03	purpose	18	consider
04	attitude	19	accept
05	industry	20	describe
06	generation	21	realize
07	limit	22	prevent
08	cure	23	suffer
09	plant	24	reduce
10	detail	25	patient
11	influence	26	essential
12	reason	27	positive
13	respect	28	negative
14	rest	29	normal
15	matter	30	recent

01	feed	16	자유
02	spread	17	모험
03	demand	18	측면
04	account	19	범죄
05	range	20	해법[해답], 용액
06	supply	21	전통
07	lie	22	연료(를 공급하다)
08	establish	23	만족[충족]시키다
09	determine	24	비교하다, 비유하다
10	recognize	25	광고하다
11	**complex**	26	모이다[모으다]
12	**lower**	27	직접적인, 지시하다
13	**fit**	28	상업의, 광고 방송
14	responsible	29	보통의[평범한]
15	otherwise	30	알아차린, 알고 있는

- ✂ - - - - -

01	term	16	잘못, 결점[결함]
02	hide	17	흙[토양]
03	gain	18	장비[설비]
04	trick	19	유리한 점[이점]
05	board	20	교환(하다)
06	chat	21	시도(하다)
07	appreciate	22	압력(을 가하다)
08	manage	23	공격(하다), 발작
09	refer	24	대신하다, 교체하다
10	apply	25	존재하다[있다]
11	**content**	26	의논[논의]하다
12	**folk**	27	중간의, 매체
13	familiar	28	효과적인, 시행되는
14	due	29	전체[전부]의
15	nevertheless	30	유전의

01	education	16	object
02	population	17	perform
03	opportunity	18	depend
04	expert	19	reflect
05	species	20	suppose
06	method	21	involve
07	career	22	achieve
08	deal	23	**material**
09	research	24	**separate**
10	advance	25	disabled
11	issue	26	creative
12	tear	27	particular
13	damage	28	unique
14	block	29	eventually
15	stick	30	besides

✂ -

누적 테스트   DAY **06**   Score   / **30**

01	movement	16	avoid
02	appearance	17	remain
03	quality	18	belong
04	resource	19	encourage
05	reality	20	survive
06	freedom	21	gather
07	crime	22	compare
08	approach	23	**commercial**
09	match	24	**male / female**
10	account	25	**fit**
11	fuel	26	polite
12	feed	27	similar
13	challenge	28	tiny
14	benefit	29	active
15	treat	30	ordinary

01	decrease	16	발견
02	measure	17	감정[정서]
03	escape	18	유기체[생물]
04	court	19	경제, 절약
05	risk	20	믿음[신념]
06	rate	21	수출(하다)
07	suit	22	진보[발전](하다)
08	prefer	23	무시하다
09	relate	24	예측하다
10	succeed	25	오염시키다
11	**valuable**	26	조언[권고]하다
12	**senior**	27	(추)구하다, 찾다
13	**mass**	28	적절한[올바른]
14	specific	29	사적인
15	willing	30	떨어져

01	**custom**	16	도입, 소개, 서론
02	**humanity**	17	전략
03	**handle**	18	위기
04	**credit**	19	병, 욕지기[구역질]
05	**respond**	20	표면
06	**organize**	21	가능성
07	**remind**	22	기원, 출신
08	**argue**	23	적
09	**preserve**	24	곡물, 낟알
10	**potential**	25	언급(하다)
11	**capital**	26	신뢰(하다)
12	**moral**	27	참석하다, 돌보다
13	pleasant	28	실망[낙담]시키다
14	confident	29	태양의
15	somehow	30	전형적인

01	character	16	recognize
02	instance	17	satisfy
03	variety	18	occur
04	adventure	19	contain
05	solution	20	exist
06	advantage	21	appreciate
07	term	22	**direct**
08	beat	23	**calm**
09	attempt	24	**complex**
10	figure	25	**content**
11	exchange	26	available
12	gain	27	responsible
13	demand	28	entire
14	range	29	genetic
15	spread	30	merely

- - - - - - - ✂ -

01	aspect	16	**manage**
02	tradition	17	refer
03	equipment	18	advertise
04	fault	19	establish
05	organism	20	ignore
06	emotion	21	seek
07	risk	22	predict
08	suit	23	**folk**
09	decrease	24	**valuable**
10	supply	25	**lower**
11	lie	26	aware
12	pressure	27	due
13	attack	28	familiar
14	hide	29	specific
15	determine	30	otherwise

01	entertainment	16	요소, 성분
02	battle	17	상상(력)
03	discipline	18	실패
04	feature	19	상(을 주다)
05	lack	20	광산, 채광하다
06	sort	21	참가[참여]하다
07	labor	22	제거하다[없애다]
08	regret	23	행동하다
09	desire	24	극복하다
10	publish	25	불평[항의]하다
11	observe	26	얼(리)다
12	**worth**	27	연결하다
13	**current**	28	믿을 수 없는
14	efficient	29	정신[마음]의
15	brief	30	대략

01	intelligence	16	이론[학설]
02	alarm	17	자동차
03	access	18	원칙[원리]
04	struggle	19	기후
05	prove	20	보호
06	tend	21	지역[지방]
07	enable	22	요인
08	confuse	23	곤충
09	contribute	24	기능(하다)
10	maintain	25	방송(하다)
11	enormous	26	경쟁하다
12	rough	27	거절[거부]하다
13	constant	28	끌다[매혹하다]
14	virtual	29	현실적인, 사실적인
15	regardless	30	윤리[도덕]의

01	soil	16	succeed
02	discovery	17	pollute
03	belief	18	apply
04	humanity	19	discuss
05	origin	20	argue
06	crisis	21	respond
07	strategy	22	organize
08	trust	23	**medium**
09	board	24	**mass**
10	escape	25	**potential**
11	chat	26	private
12	trick	27	solar
13	export	28	willing
14	rate	29	effective
15	replace	30	nevertheless

✂

01	economy	16	advise
02	enemy	17	disappoint
03	introduction	18	attend
04	sickness	19	prefer
05	possibility	20	relate
06	element	21	complain
07	failure	22	publish
08	progress	23	behave
09	court	24	**senior**
10	measure	25	**capital**
11	handle	26	typical
12	regret	27	proper
13	feature	28	confident
14	lack	29	brief
15	discipline	30	apart

01	instrument	16	인기[대중성]
02	mystery	17	조각(품)
03	praise	18	저자[작가]
04	impact	19	희생자[피해자]
05	spot	20	재해[재난]
06	link	21	의뢰인[고객]
07	bother	22	근육
08	injure	23	주장[고집]하다
09	identify	24	둘러싸다
10	impress	25	당황[난처]하게 하다
11	**opposite**	26	훔치다
12	**characteristic**	27	소설, 참신한
13	curious	28	정확한
14	**flat**	29	무례한
15	somewhat	30	수줍어하는

01	mission	16	신뢰, 신앙
02	section	17	무기
03	contrast	18	어휘
04	row	19	조상[선조]
05	wound	20	인류
06	conduct	21	구조(하다)
07	stretch	22	조사(하다)
08	release	23	축하[기념]하다
09	stare	24	의도[작정]하다
10	indicate	25	위험에 빠뜨리다
11	locate	26	묻다, 매장하다
12	**lean**	27	독립한[독립적인]
13	**narrow**	28	핵의, 원자력의
14	tough	29	잦은[빈번한]
15	barely	30	편리한

01	grain	16	observe
02	custom	17	connect
03	surface	18	preserve
04	entertainment	19	remind
05	insect	20	maintain
06	region	21	enable
07	principle	22	refuse
08	access	23	**moral**
09	broadcast	24	**current**
10	credit	25	pleasant
11	mention	26	efficient
12	labor	27	mental
13	award	28	virtual
14	sort	29	rough
15	freeze	30	somehow

✂ -

01	imagination	16	attract
02	theory	17	compete
03	protection	18	tend
04	intelligence	19	overcome
05	author	20	remove
06	disaster	21	participate
07	muscle	22	bother
08	struggle	23	**characteristic**
09	desire	24	**worth**
10	battle	25	incredible
11	mine	26	constant
12	impact	27	ethical
13	praise	28	accurate
14	function	29	curious
15	steal	30	approximately

01	passage	16	참을성[인내력]
02	scale	17	혁명
03	witness	18	성격, 개성
04	strike	19	소설[허구]
05	fund	20	중독자
06	aim	21	영혼
07	consist	22	설명
08	promote	23	개념
09	explore	24	요청(하다)
10	convince	25	소비하다
11	disagree	26	설득하다
12	recommend	27	군(사)의, 군대
13	**spiritual**	28	열대의
14	helpless	29	예술의, 예술적인
15	furthermore	30	중대한, 의미 있는

✂

01	charity	16	치료(법)
02	basis	17	10년
03	defeat	18	보험
04	delight	19	대기, 분위기
05	transfer	20	가장자리, 날
06	aid	21	탈것[차량], 매체
07	charge	22	토론(하다)
08	represent	23	논평(하다)
09	extend	24	분석하다
10	rely	25	발표하다
11	frighten	26	고용하다
12	precious	27	얻다[획득하다]
13	critical	28	적당한[적합한]
14	practical	29	무관심한
15	aside	30	예기치 않은

01	climate	16	surround
02	factor	17	bury
03	automobile	18	prove
04	client	19	confuse
05	sculpture	20	contribute
06	mystery	21	indicate
07	mankind	22	endanger
08	faith	23	realistic
09	weapon	24	shy
10	alarm	25	tough
11	row	26	convenient
12	stretch	27	enormous
13	spot	28	**novel**
14	injure	29	**flat**
15	embarrass	30	regardless

01	victim	16	identify
02	instrument	17	intend
03	popularity	18	celebrate
04	ancestor	19	recommend
05	mission	20	disagree
06	addict	21	promote
07	personality	22	**opposite**
08	revolution	23	**lean**
09	link	24	**military**
10	contrast	25	rude
11	wound	26	independent
12	release	27	artistic
13	request	28	somewhat
14	insist	29	barely
15	impress	30	furthermore

01	appointment	16	물질
02	prejudice	17	연속(물)
03	code	18	천재[영재]
04	track	19	우주 비행사
05	heal	20	감옥[교도소]
06	vary	21	투표(하다)
07	expose	22	보상(하다)
08	deliver	23	(손)해, 해치다
09	recover	24	강의[강연](하다)
10	firm	25	좌절[실망]시키다
11	chief	26	반응하다
12	plain	27	매혹하다
13	bound	28	암기하다
14	terrific	29	적절한
15	seldom	30	방대한[광대한]

01	identity	16	위협[협박]
02	motion	17	기적
03	review	18	문학
04	claim	19	결론
05	blame	20	흥분
06	grab	21	물리학
07	puzzle	22	(어)구
08	adapt	23	실험[실습]실
09	arrange	24	수확(하다)
10	disturb	25	드러내다
11	nominate	26	결합하다
12	ideal	27	경감[완화]하다
13	smooth	28	반대되는, 정반대
14	useless	29	드문, 살짝 구운
15	likewise	30	정확한

01	vocabulary	16	persuade
02	section	17	consist
03	scale	18	explore
04	patience	19	stare
05	explanation	20	locate
06	basis	21	extend
07	therapy	22	announce
08	fund	23	**narrow**
09	conduct	24	tropical
10	rescue	25	helpless
11	survey	26	frequent
12	witness	27	nuclear
13	delight	28	critical
14	comment	29	suitable
15	transfer	30	aside

01	passage	16	frighten
02	soul	17	rely
03	concept	18	represent
04	fiction	19	convince
05	edge	20	consume
06	insurance	21	heal
07	vehicle	22	frustrate
08	series	23	expose
09	prison	24	**chief**
10	aim	25	**spiritual**
11	strike	26	significant
12	code	27	practical
13	prejudice	28	precious
14	aid	29	appropriate
15	debate	30	seldom

01	policy	16	기대[예상]
02	fantasy	17	파괴
03	leisure	18	사생활
04	swing	19	가난[빈곤]
05	comfort	20	의무, 세금
06	conflict	21	개선[향상]
07	regard	22	제조(하다)
08	amaze	23	축복하다
09	attach	24	오해하다
10	select	25	첨단 기술의
11	admit	26	우울[의기소침]한
12	discourage	27	합법의, 법률의
13	former	28	엄청난[굉장한]
14	routine	29	정식[공식]의
15	reasonable	30	따라서

01	status	16	수단[방법], 돈[수입]
02	column	17	이산화탄소
03	appeal	18	종교
04	rent	19	소질[적성]
05	poison	20	목적지
06	thrill	21	학자
07	profit	22	충돌[추락](하다)
08	shelter	23	화(나게 하다)
09	afford	24	사과하다
10	bend	25	짜증나게 하다
11	wander	26	보편[일반]적인
12	interact	27	(공간 · 시간이) 먼
13	invade	28	시민의, 민간의
14	steady	29	인공[인조]의
15	vital	30	겉보기에

01	atmosphere		16	fascinate
02	charity		17	deliver
03	decade		18	react
04	astronaut		19	memorize
05	substance		20	obtain
06	phrase		21	analyze
07	motion		22	hire
08	miracle		23	arrange
09	charge		24	relieve
10	defeat		25	ideal
11	review		26	plain
12	grab		27	indifferent
13	track		28	unexpected
14	reward		29	exact
15	vote		30	likewise

01	genius		16	amaze
02	appointment		17	reveal
03	excitement		18	bless
04	identity		19	vary
05	physics		20	combine
06	threat		21	recover
07	policy		22	contrary
08	poverty		23	firm
09	destruction		24	bound
10	manufacture		25	vast
11	lecture		26	terrific
12	harm		27	rare
13	puzzle		28	reasonable
14	claim		29	tremendous
15	select		30	accordingly

01	pace	16	층
02	make-up	17	산소
03	freshman	18	폭발
04	delay	19	사건, 분쟁
05	guard	20	반도
06	purchase	21	사진술[사진 촬영]
07	sacrifice	22	시설, 재능
08	bomb	23	먼지(를 털다)
09	construct	24	자격을 얻다[주다]
10	operate	25	포함하다
11	secure	26	동기를 부여하다
12	extreme	27	깨어 있는, 깨(우)다
13	ultimate	28	대표(자), 대표하는
14	expressive	29	해양의, 해병
15	overnight	30	먼[외딴]

✂

01	assignment	16	경향[추세], 유행
02	youth	17	혀, 말[언어]
03	conductor	18	굶주림, 배고픔
04	horizon	19	정상 (회담)
05	reserve	20	맥락, 문맥
06	capture	21	실마리[단서]
07	display	22	야생 생물
08	copy	23	항의(하다)
09	glance	24	~할[받을] 만하다
10	institute	25	악한, 나쁜, 악
11	float	26	대체의, 대안(의)
12	devote	27	넓은
13	weigh	28	잔인한
14	declare	29	보통[평소]의
15	primary	30	의심할 여지없이

01	literature	16	attach
02	laboratory[lab]	17	misunderstand
03	conclusion	18	interact
04	privacy	19	annoy
05	fantasy	20	adapt
06	improvement	21	disturb
07	means	22	nominate
08	religion	23	**former**
09	harvest	24	legal
10	blame	25	high-tech
11	conflict	26	useless
12	swing	27	smooth
13	anger	28	artificial
14	poison	29	civil
15	appeal	30	seemingly

✂ -

01	leisure	16	bend
02	duty	17	afford
03	expectation	18	wander
04	scholar	19	admit
05	aptitude	20	discourage
06	carbon dioxide	21	include
07	oxygen	22	qualify
08	incident	23	**routine**
09	photography	24	**representative**
10	bomb	25	formal
11	construct	26	steady
12	comfort	27	vital
13	rent	28	depressed
14	profit	29	expressive
15	regard	30	**overnight**

DAY 21

Score / 30

01	palm	16	양
02	horn	17	긴장
03	belonging	18	문명
04	swallow	19	화살
05	trail	20	중력
06	sink	21	장치
07	defend	22	혼합(물)
08	owe	23	서식지
09	commit	24	농업, 농학
10	expand	25	변형시키다
11	examine	26	다르다
12	thoughtful	27	따르다[순종하다]
13	ashamed	28	비극의
14	anxious	29	시골의
15	readily	30	매우 빠른[신속한]

DAY 22

Score / 30

01	judgment	16	증거
02	authority	17	성명[진술](서)
03	plenty	18	걱정, 열망
04	guarantee	19	운임[요금]
05	collapse	20	장대[기둥], 극
06	sum	21	자살(하다)
07	grant	22	~인 척하다
08	exhibit	23	제안하다, 청혼하다
09	panic	24	흡수하다
10	seal	25	물에 빠져 죽다
11	criticize	26	기다
12	blank	27	유아(의)
13	contemporary	28	우울한, 어두운
14	severe	29	안의[내적인]
15	namely	30	나이가 지긋한

01	status	16	purchase
02	destination	17	display
03	column	18	reserve
04	facility	19	invade
05	explosion	20	apologize
06	peninsula	21	operate
07	summit	22	devote
08	tongue	23	marine
09	trend	24	alternative
10	thrill	25	secure
11	shelter	26	ultimate
12	crash	27	universal
13	institute	28	distant
14	dust	29	primary
15	sacrifice	30	undoubtedly

✂ -

01	freshman	16	capture
02	layer	17	delay
03	pace	18	weigh
04	make-up	19	defend
05	wildlife	20	expand
06	clue	21	motivate
07	assignment	22	declare
08	youth	23	awake
09	horn	24	extreme
10	mixture	25	cruel
11	civilization	26	broad
12	tension	27	remote
13	trail	28	rapid
14	guard	29	ashamed
15	copy	30	readily

01	income	16	기근
02	shame	17	화석
03	emission	18	멸종
04	transport	19	학기
05	estimate	20	생물학
06	bar	21	집중하다
07	shoot	22	씹다
08	remark	23	따르다, (퍼)붓다
09	ease	24	번역하다
10	settle	25	존경[감탄]하다
11	yell	26	시각의
12	lay	27	인심 좋은[관대한]
13	fellow	28	부유한
14	instant	29	이전의
15	abruptly	30	끔찍한[지독한]

✂

01	chore	16	(대)다수, 과반수
02	globe	17	전문 잡지, 일기
03	encounter	18	협회, 연관[연상]
04	border	19	폭력
05	neglect	20	의도[의향]
06	dump	21	그림자[그늘]
07	string	22	절차
08	pursue	23	부족[결핍]
09	interrupt	24	기부[기증]하다
10	submit	25	진화하다
11	permanent	26	쓸다, 휩쓸다
12	relative	27	정의[규정]하다
13	organic	28	정확한
14	brilliant	29	왕의
15	aloud	30	유행하는

01	belonging	16	protest
02	device	17	criticize
03	agriculture	18	owe
04	quantity	19	drown
05	plenty	20	obey
06	judgment	21	commit
07	conductor	22	deserve
08	horizon	23	float
09	context	24	infant
10	hunger	25	evil
11	swallow	26	tragic
12	glance	27	elderly
13	seal	28	anxious
14	suicide	29	usual
15	guarantee	30	namely

✂ -

01	palm	16	absorb
02	arrow	17	pretend
03	habitat	18	differ
04	gravity	19	transform
05	evidence	20	settle
06	authority	21	pour
07	fare	22	lay
08	emission	23	contemporary
09	income	24	instant
10	panic	25	severe
11	grant	26	rural
12	bar	27	inner
13	shoot	28	thoughtful
14	sink	29	visual
15	examine	30	abruptly

01	dirt	16	상황[사정/환경]
02	property	17	통계(학)
03	cycle	18	회의
04	deposit	19	범주
05	ruin	20	피로
06	chase	21	선거
07	command	22	평등
08	conserve	23	강조하다
09	assume	24	소유하다
10	employ	25	용서하다
11	inform	26	입양하다, 채택하다
12	passionate	27	축제의
13	delicate	28	충분한
14	desperate	29	엄(격)한
15	scarcely	30	극적인, 연극의

✂

01	priest	16	주제[테마]
02	tone	17	망원경
03	organ	18	검[칼]
04	exhaust	19	준비
05	permit	20	관광업
06	junk	21	복지
07	whistle	22	응시(하다)
08	occupy	23	궤도(를 돌다)
09	awaken	24	설립하다
10	classic	25	그만두다[끊다]
11	ritual	26	획득[습득]하다
12	solid	27	반대하다
13	conscious	28	금지하다[막다]
14	ridiculous	29	웅장한
15	alike	30	부주의한

01	pole	16	neglect
02	anxiety	17	crawl
03	statement	18	chew
04	extinction	19	propose
05	semester	20	concentrate
06	famine	21	donate
07	majority	22	pursue
08	chore	23	blank
09	intention	24	permanent
10	sum	25	fellow
11	border	26	awful
12	exhibit	27	wealthy
13	collapse	28	gloomy
14	ease	29	fashionable
15	estimate	30	aloud

✂ -

01	fossil	16	submit
02	biology	17	interrupt
03	shame	18	admire
04	shadow	19	translate
05	journal	20	forgive
06	shortage	21	inform
07	property	22	adopt
08	circumstance	23	relative
09	conference	24	generous
10	cycle	25	previous
11	remark	26	royal
12	transport	27	brilliant
13	encounter	28	sufficient
14	string	29	dramatic
15	yell	30	scarcely

01	crew	16	비용[경비/지출]	
02	channel	17	철학	
03	disorder	18	통찰(력)	
04	myth	19	점토[찰흙]	
05	era	20	체포(하다)	
06	leap	21	절망(하다)	
07	pose	22	(가볍게) 던지다	
08	pray	23	약화시키다[약화되다]	
09	ensure	24	처벌하다	
10	rob	25	요약하다	
11	grave	26	목표, 객관적인	
12	executive	27	액체(의)	
13	household	28	원시의	
14	identical	29	운 좋은	
15	remarkable	30	호화로운	

✂

01	trial	16	세금	
02	capacity	17	재	
03	occasion	18	관목[덤불]	
04	dislike	19	대행사	
05	iron	20	수입(하다)	
06	cast	21	성취하다	
07	document	22	제거하다[없애다]	
08	venture	23	계산하다	
09	stuff	24	구별[식별]하다	
10	modify	25	연례[연간]의	
11	illustrate	26	민족의	
12	isolate	27	상당한	
13	adjust	28	수동적인[소극적인]	
14	guilty	29	익숙한	
15	continuous	30	이런 이유로	

01	globe	16	conserve
02	association	17	emphasize
03	procedure	18	awaken
04	violence	19	found
05	dirt	20	sweep
06	category	21	define
07	election	22	evolve
08	telescope	23	classic
09	tourism	24	organic
10	preparation	25	precise
11	dump	26	festive
12	orbit	27	passionate
13	exhaust	28	desperate
14	deposit	29	conscious
15	ruin	30	alike

01	fatigue	16	oppose
02	statistics	17	occupy
03	equality	18	possess
04	organ	19	assume
05	welfare	20	employ
06	theme	21	toss
07	disorder	22	executive
08	channel	23	grave
09	era	24	ritual
10	chase	25	strict
11	whistle	26	careless
12	permit	27	grand
13	arrest	28	delicate
14	command	29	luxurious
15	punish	30	remarkable

01	union	16	혁신
02	remains	17	수술
03	shade	18	도기
04	resort	19	생태계
05	trap	20	끌다
06	pile	21	향상시키다[높이다]
07	tune	22	분류하다
08	vacuum	23	견디다[참다]
09	stock	24	묘사하다
10	engage	25	염색하다
11	fulfill	26	부인[부정]하다
12	overweight	27	설치하다
13	bold	28	역사적으로 중요한
14	visible	29	명랑한[유쾌한]
15	sensitive	30	언어[구두]의

01	coverage	16	본능
02	ingredient	17	도착
03	corporation	18	윤리[도덕]
04	craft	19	창조(물)
05	assist	20	장애(물)
06	filter	21	풍경(화)
07	merit	22	감염[전염]시키다
08	murder	23	짜다, 엮다
09	skip	24	(손뼉을) 치다
10	stir	25	강화하다[강화되다]
11	terrify	26	꾸짖다
12	bitter	27	실제의
13	promising	28	기계의, 기계적인
14	sensible	29	활기찬[활발한]
15	nonetheless	30	비참한

01	priest	16	weaken
02	sword	17	rob
03	tone	18	eliminate
04	expense	19	accomplish
05	myth	20	forbid
06	clay	21	acquire
07	agency	22	quit
08	occasion	23	**solid**
09	gaze	24	**objective**
10	stuff	25	primitive
11	junk	26	fortunate
12	pose	27	ridiculous
13	iron	28	guilty
14	adjust	29	continuous
15	ensure	30	hence

01	crew	16	calculate
02	philosophy	17	isolate
03	insight	18	endure
04	ash	19	deny
05	trial	20	summarize
06	pottery	21	pray
07	innovation	22	**liquid**
08	despair	23	**household**
09	leap	24	identical
10	document	25	ethnic
11	dislike	26	annual
12	trap	27	passive
13	resort	28	bold
14	venture	29	visible
15	drag	30	historic

01	component	16	결과, 중요성
02	pupil	17	(턱)수염
03	colony	18	입구, 입학
04	pause	19	자손[후손]
05	roar	20	위원회
06	abuse	21	체육관, 체조
07	bargain	22	경계(선), 한계
08	specialize	23	큰돈[부], 운(명)
09	punch	24	굶주리다[굶어 죽다]
10	split	25	저항하다, 견디다
11	inspire	26	문지르다[비비다]
12	considerate	27	집중[집약]적인
13	enthusiastic	28	문학의
14	continual	29	복잡한
15	afterward(s)	30	다양한[상이한]

✂

01	herd	16	일[과업/과제]
02	strain	17	가망[전망]
03	pastime	18	정치(학)
04	volume	19	심리(학)
05	register	20	특성[형질]
06	stroke	21	황야[황무지]
07	drift	22	수의사
08	daydream	23	예보(하다)
09	depart	24	금지(하다)
10	enrich	25	확인하다
11	creep	26	다수[복수]의, 배수
12	emerge	27	근면한[부지런한]
13	resident	28	열망하는
14	abstract	29	창백한, 옅은
15	capable	30	가혹한, 거친

01	bush	16	enhance
02	tax	17	install
03	capacity	18	classify
04	union	19	illustrate
05	surgery	20	weave
06	instinct	21	skip
07	creation	22	distinguish
08	craft	23	terrify
09	cast	24	overweight
10	import	25	sensitive
11	merit	26	considerable
12	tune	27	accustomed
13	stock	28	sensible
14	modify	29	miserable
15	dye	30	actual

✂ -

01	ecosystem	16	clap
02	remains	17	scold
03	ingredient	18	starve
04	landscape	19	fulfill
05	beard	20	rub
06	gym	21	depict
07	colony	22	engage
08	ethic	23	verbal
09	pile	24	bitter
10	shade	25	cheerful
11	vacuum	26	diverse
12	bargain	27	lively
13	assist	28	enthusiastic
14	filter	29	nonetheless
15	pause	30	afterward(s)

01	particle	16	조수[조류], 흐름
02	masterpiece	17	전설
03	assembly	18	장학금
04	minister	19	어려움[곤란]
05	burst	20	생각[개념]
06	flash	21	백만장자
07	scratch	22	작별 (인사)
08	flame	23	선택(권)
09	accompany	24	연합[통합]하다
10	reject	25	꾸미다[장식하다]
11	launch	26	도시의
12	spin	27	빠른[신속한]
13	superior	28	슬픈
14	initial	29	기이한
15	valid	30	생생한[선명한]

--- ✂ -----------

01	district	16	구리
02	breakdown	17	명성
03	urge	18	서랍
04	counsel	19	영양 (섭취)
05	pioneer	20	화학 (작용)
06	bond	21	지방 의회
07	spoil	22	차원, 크기
08	uncover	23	행위, 증서
09	assemble	24	우주선
10	overlook	25	짐[부담](을 지우다)
11	undergo	26	유혹하다[부추기다]
12	tolerate	27	노력[분투]하다
13	prone	28	가끔의
14	prior	29	질투[시기]하는
15	sincere	30	낙관[낙천]적인

01	corporation	16	punch
02	arrival	17	resist
03	obstacle	18	stir
04	pupil	19	creep
05	coverage	20	confirm
06	fortune	21	strengthen
07	component	22	infect
08	consequence	23	abstract
09	wilderness	24	considerate
10	task	25	literary
11	prospect	26	mechanical
12	murder	27	promising
13	forecast	28	complicated
14	stroke	29	capable
15	roar	30	harsh

✂

01	descendant	16	ban
02	committee	17	inspire
03	entrance	18	specialize
04	boundary	19	split
05	psychology	20	launch
06	herd	21	unite
07	pastime	22	emerge
08	trait	23	resident
09	scholarship	24	superior
10	particle	25	continual
11	masterpiece	26	eager
12	farewell	27	pale
13	burst	28	intensive
14	drift	29	vivid
15	abuse	30	urban

01	triangle	16	요금[수수료]
02	avenue	17	화산
03	workforce	18	장애[장벽]
04	incentive	19	왕조
05	resume	20	괴물
06	proceed	21	습기[수분]
07	trigger	22	창고
08	fasten	23	껍질(을 벗기다)
09	dedicate	24	맹세[서약](하다)
10	lessen	25	닮다
11	convey	26	압도하다
12	**humble**	27	보통이 아닌[비범한]
13	**spare**	28	이국적인, 외래의
14	fertile	29	우아한[품위 있는]
15	genuine	30	중간의, 중간에[까지]

01	session	16	자비
02	guideline	17	저장[보관]
03	stem	18	영토, 영역
04	sponsor	19	동정, 공감
05	hatch	20	특권[특혜]
06	rank	21	외과 의사
07	hook	22	목마름[갈증]
08	plot	23	모방하다, 흉내 내다
09	rival	24	간섭[방해]하다
10	fade	25	조사[수사]하다
11	imply	26	자동의
12	embrace	27	영원한
13	incorporate	28	원자(력)의
14	**dynamic**	29	벌거벗은, 빈
15	**concrete**	30	전통[관습/인습]적인

01	veterinarian	16	counsel
02	volume	17	**accompany**
03	politics	18	**depart**
04	strain	19	**spin**
05	millionaire	20	**enrich**
06	notion	21	**undergo**
07	legend	22	**spoil**
08	hardship	23	**overlook**
09	nutrition	24	**initial**
10	drawer	25	**multiple**
11	deed	26	diligent
12	daydream	27	valid
13	scratch	28	sorrowful
14	register	29	optimistic
15	pioneer	30	prone

01	minister	16	flash
02	assembly	17	**assemble**
03	tide	18	**uncover**
04	option	19	**decorate**
05	chemistry	20	**strive**
06	copper	21	**reject**
07	district	22	**fasten**
08	dimension	23	**resemble**
09	dynasty	24	prior
10	avenue	25	sincere
11	barrier	26	swift
12	trigger	27	weird
13	proceed	28	genuine
14	flame	29	extraordinary
15	bond	30	**halfway**

01	nerve	16	결과
02	monument	17	그동안
03	arise	18	진흙
04	cultivate	19	추정[가정]
05	dare	20	논리(학)
06	consult	21	낙원[천국]
07	abandon	22	평판[명성]
08	prohibit	23	미라
09	approve	24	단계[국면]
10	**alien**	25	축하하다
11	**absolute**	26	자랑하다
12	**intellectual**	27	진단하다
13	substantial	28	이기적인
14	loose	29	순수한[깨끗한]
15	raw	30	주관적인

01	fishery	16	(집단의) 유산
02	predator	17	가축
03	institution	18	수소
04	nod	19	공포
05	trace	20	호의[친선]
06	wreck	21	관개
07	yield	22	지리(학)
08	nap	23	역사가
09	compose	24	틀[뼈대]
10	elect	25	마감 (시간/날짜)
11	wipe	26	예배[숭배](하다)
12	voluntary	27	소화하다
13	prime	28	간질이다
14	steep	29	무한한
15	spectacular	30	가치[보람] 있는

01	spacecraft	16	rank
02	breakdown	17	overwhelm
03	council	18	tempt
04	fame	19	tolerate
05	incentive	20	convey
06	warehouse	21	lessen
07	moisture	22	embrace
08	triangle	23	imply
09	thirst	24	humble
10	guideline	25	concrete
11	privilege	26	jealous
12	burden	27	fertile
13	urge	28	occasional
14	stem	29	bare
15	peel	30	eternal

✂- -

01	workforce	16	investigate
02	monster	17	imitate
03	volcano	18	cultivate
04	fee	19	consult
05	sympathy	20	boast
06	storage	21	abandon
07	mercy	22	spare
08	phase	23	dynamic
09	monument	24	alien
10	outcome	25	graceful
11	vow	26	exotic
12	resume	27	conventional
13	sponsor	28	atomic
14	plot	29	loose
15	dedicate	30	selfish

01	feedback	16	백과사전
02	cube	17	진화
03	suspect	18	깃털
04	decline	19	운명
05	distress	20	원뿔
06	strip	21	가뭄
07	scatter	22	은유
08	pronounce	23	소매
09	sting	24	제국
10	**criminal**	25	퇴직[은퇴]하다
11	mutual	26	제한[한정]하다
12	partial	27	상징하다
13	outgoing	28	빨다
14	outstanding	29	고귀한, 귀족(의)
15	**overall**	30	최소(의)

01	administration	16	벼랑[절벽]
02	cereal	17	민주주의
03	attorney	18	고고학자
04	cabin	19	건축
05	route	20	애벌레
06	prey	21	환불(하다)
07	polish	22	강화[보강]하다
08	pat	23	오도하다[속이다]
09	renew	24	(씨를) 뿌리다
10	soak	25	마비시키다
11	recite	26	청소년(의)
12	proof	27	감사하는
13	latter	28	국내의, 가정의
14	loyal	29	용감한
15	innocent	30	거대한

01	surgeon	16	wreck
02	territory	17	dare
03	session	18	congratulate
04	mummy	19	incorporate
05	nerve	20	approve
06	logic	21	interfere
07	assumption	22	fade
08	hydrogen	23	wipe
09	fishery	24	digest
10	frame	25	**intellectual**
11	horror	26	automatic
12	rival	27	substantial
13	hook	28	raw
14	hatch	29	prime
15	yield	30	voluntary

-----------------------✂-----------------------

01	reputation	16	nap
02	paradise	17	arise
03	mud	18	compose
04	meantime	19	diagnose
05	geography	20	scatter
06	institution	21	prohibit
07	goodwill	22	retire
08	livestock	23	**criminal**
09	irrigation	24	**absolute**
10	feather	25	infinite
11	drought	26	spectacular
12	cube	27	subjective
13	suspect	28	pure
14	distress	29	partial
15	trace	30	**overall**

01	temper	16	거래
02	scenery	17	절약
03	crush	18	습지(대)
04	disguise	19	유치원
05	tap	20	정직
06	slope	21	부족[종족]
07	cruise	22	서명
08	cheat	23	산들바람[미풍]
09	impose	24	맛(을 내다)
10	distort	25	이주[이동]하다
11	inevitable	26	정복하다
12	dense	27	해석하다, 통역하다
13	slight	28	외치다[소리치다]
14	costly	29	치명적인
15	crucial	30	무수한

01	depression	16	필수품, 필요(성)
02	sequence	17	공격(성), 침략
03	jaw	18	관점[시각]
04	chant	19	강우(량)
05	crack	20	목초지
06	dismiss	21	천장
07	choke	22	생산성
08	erupt	23	주름(지다)
09	chop	24	아프다, 아픔[통증]
10	corrupt	25	투자하다
11	mature	26	감지[인지]하다
12	dim	27	변하다[바꾸다]
13	vague	28	일시적인[임시의]
14	collective	29	유능한
15	further	30	긴급한

01	historian	16	suck
02	predator	17	symbolize
03	fate	18	elect
04	deadline	19	mislead
05	heritage	20	soak
06	evolution	21	reinforce
07	encyclopedia	22	tickle
08	feedback	23	**latter**
09	caterpillar	24	**noble**
10	cabin	25	mutual
11	democracy	26	worthwhile
12	worship	27	outgoing
13	nod	28	steep
14	prey	29	innocent
15	strip	30	domestic

✂

01	empire	16	renew
02	sleeve	17	sting
03	metaphor	18	pronounce
04	cone	19	restrict
05	attorney	20	pat
06	cliff	21	exclaim
07	route	22	interpret
08	breeze	23	**minimum**
09	honesty	24	**adolescent**
10	signature	25	outstanding
11	decline	26	courageous
12	tap	27	grateful
13	slope	28	slight
14	polish	29	countless
15	paralyze	30	deadly

DAY **43**

Score / 30

01	headline	16	탐욕
02	fold	17	서리
03	spill	18	분자
04	sparkle	19	한가운데
05	stain	20	깊은 슬픔
06	loan	21	은하(계)
07	tumble	22	보행자
08	stun	23	빙하
09	stimulate	24	안내[지도]
10	startle	25	(내과) 의사
11	slim	26	소수 (집단)
12	dull	27	(침을) 뱉다, 침
13	stiff	28	미묘한
14	striking	29	사교적인
15	stubborn	30	널찍한

-------------------------------✂------------------

DAY **44**

Score / 30

01	portion	16	애정
02	flesh	17	환상, 착각
03	scoop	18	섬유(질)
04	screw	19	탐험[원정]대
05	finance	20	예산
06	drill	21	위엄[존엄성]
07	slam	22	예외
08	recall	23	세제
09	resolve	24	팔꿈치
10	reproduce	25	배급하다[나누어 주다]
11	seize	26	새다
12	memorial	27	벅벅 문질러 닦다
13	prominent	28	사설[논설], 편집의
14	massive	29	벌거벗은[나체의]
15	gradual	30	수많은

01	arch(a)eologist	16	migrate
02	cereal	17	impose
03	architecture	18	cheat
04	administration	19	erupt
05	tribe	20	sow
06	wetland	21	dismiss
07	temper	22	alter
08	pasture	23	**proof**
09	necessity	24	**corrupt**
10	aggression	25	crucial
11	crack	26	loyal
12	crush	27	gigantic
13	refund	28	inevitable
14	flavor	29	vague
15	recite	30	**further**

✂

01	kindergarten	16	spill
02	scenery	17	fold
03	thrift	18	conquer
04	transaction	19	distort
05	ceiling	20	tumble
06	sequence	21	chop
07	productivity	22	perceive
08	depression	23	**slim**
09	physician	24	**mature**
10	galaxy	25	dense
11	midst	26	costly
12	greed	27	competent
13	cruise	28	temporary
14	disguise	29	stiff
15	ache	30	subtle

01	intersection	16	항공기
02	admission	17	생명 공학
03	bay	18	결점[결함]
04	voyage	19	예의
05	insult	20	벽장
06	compliment	21	고도
07	glow	22	동료
08	evaluate	23	양념, 향신료
09	demonstrate	24	양육[육성](하다)
10	overflow	25	고소[비난]하다
11	**foul**	26	충돌하다
12	**faint**	27	발견[탐지]하다
13	horrible	28	즉각적인
14	magnificent	29	내부의
15	fatal	30	솔직한

✂

01	subscription	16	비판[비난/비평]
02	autograph	17	회계사
03	phenomenon	18	포유류
04	celebrity	19	전문직
05	halt	20	운하, 수로
06	beam	21	가전제품
07	highlight	22	매혹하다, 매력
08	excel	23	즉석에서 하다
09	irritate	24	방해[저해]하다
10	flatter	25	망설이다[주저하다]
11	**hop**	26	갈다[빻다]
12	controversial	27	일관된
13	extensive	28	유창한
14	fearful	29	부러워하는
15	**freelance**	30	동시의

01	jaw	16	sparkle
02	rainfall	17	stun
03	viewpoint	18	choke
04	pedestrian	19	scrub
05	glacier	20	invest
06	headline	21	resolve
07	grief	22	**dull**
08	fiber	23	**memorial**
09	expedition	24	**dim**
10	portion	25	sociable
11	finance	26	urgent
12	scoop	27	striking
13	wrinkle	28	collective
14	chant	29	massive
15	loan	30	naked

01	minority	16	nurture
02	frost	17	recall
03	molecule	18	distribute
04	guidance	19	startle
05	flesh	20	stimulate
06	illusion	21	demonstrate
07	budget	22	slam
08	affection	23	accuse
09	aircraft	24	**foul**
10	voyage	25	prominent
11	spice	26	spacious
12	admission	27	stubborn
13	stain	28	gradual
14	spit	29	horrible
15	screw	30	fatal

01	yearbook	16	(원거리) 통신
02	immigration	17	증상[징후]
03	tuition	18	상업
04	scream	19	교외[근교]
05	doom	20	후보자
06	drain	21	목재
07	blend	22	공화국
08	negotiate	23	기다리다
09	dictate	24	취소하다
10	supervise	25	악화되다[악화시키다]
11	contaminate	26	주요한, 교장
12	idle	27	관련된[적절한]
13	utmost	28	피상[표면]적인
14	deliberate	29	충분한[적당한]
15	desirable	30	식용의

01	sensation	16	기념일
02	allowance	17	하수
03	personnel	18	화해, 조화
04	spark	19	맥박
05	bump	20	운동[연습]
06	remedy	21	방패, 보호하다
07	breed	22	중단(하다), 그치다
08	designate	23	빼앗다[박탈하다]
09	snap	24	예상[기대]하다
10	carve	25	소중히 여기다[아끼다]
11	terminal	26	서정시(의), (노래) 가사
12	vocal	27	풀린, 끝나지 않은
13	apparent	28	유익한[이로운]
14	solitary	29	하찮은[사소한]
15	vain	30	수직의

01	elbow	16	collide
02	detergent	17	evaluate
03	exception	18	reproduce
04	dignity	19	leak
05	closet	20	overflow
06	intersection	21	grind
07	biotechnology	22	hinder
08	defect	23	flatter
09	accountant	24	editorial
10	appliance	25	magnificent
11	criticism	26	internal
12	drill	27	numerous
13	glow	28	fearful
14	charm	29	consistent
15	seize	30	freelance

✂ -

01	colleaque	16	excel
02	bay	17	hesitate
03	altitude	18	await
04	courtesy	19	contaminate
05	autograph	20	negotiate
06	mammal	21	detect
07	subscription	22	faint
08	phenomenon	23	principal
09	lumber	24	fluent
10	yearbook	25	controversial
11	commerce	26	simultaneous
12	drain	27	frank
13	insult	28	immediate
14	compliment	29	desirable
15	highlight	30	edible

01	outlet	16	감옥[교도소]
02	nonsense	17	현미경
03	usage	18	간
04	shrug	19	기념품
05	flock	20	새벽
06	blossom	21	벽화
07	litter	22	관점[시각], 원근법
08	correspond	23	역경
09	originate	24	붕대(를 감다)
10	shrink	25	한숨(짓다)
11	soar	26	부모의
12	reap	27	쌀쌀한[차가운]
13	innate	28	지저분한[엉망인]
14	random	29	단조로운
15	peculiar	30	깊은[심오한]

-- ✂ --------

01	extent	16	양심
02	division	17	심부름
03	mimic	18	혼잡, 막힘
04	substitute	19	(사회적) 성
05	dismay	20	적도
06	project	21	총알
07	violate	22	전술[전략/작전]
08	stumble	23	이식(하다)
09	acknowledge	24	전송[방송]하다
10	squeeze	25	면도하다[깎다]
11	offend	26	중립의
12	inclined	27	철저한
13	priceless	28	진행 중인
14	modest	29	문자 그대로의
15	marvelous	30	뚜렷한[현저한]

01	celebrity	16	supervise
02	profession	17	hop
03	canal	18	irritate
04	republic	19	improvise
05	tuition	20	carve
06	symptom	21	**deliberate**
07	sensation	22	**lyric**
08	workout	23	**idle**
09	bump	24	extensive
10	doom	25	adequate
11	beam	26	superficial
12	remedy	27	envious
13	halt	28	beneficial
14	deprive	29	apparent
15	cancel	30	undone

✂ -

01	candidate	16	scream
02	suburb	17	anticipate
03	immigration	18	worsen
04	telecommunications	19	shrink
05	allowance	20	**correspond**
06	pulse	21	cherish
07	reconciliation	22	**dictate**
08	liver	23	**terminal**
09	jail	24	**utmost**
10	perspective	25	vain
11	cease	26	relevant
12	breed	27	parental
13	bandage	28	vertical
14	blend	29	peculiar
15	litter	30	random

01	aisle	16	망신[수치]
02	counterpart	17	합의[의견 일치]
03	costume	18	지하실[지하층]
04	shift	19	간격
05	sneeze	20	사투리[방언]
06	dispute	21	(지속) 기간
07	contract	22	곡식 창고[축사]
08	refine	23	운명
09	tremble	24	개혁(하다)
10	restore	25	무릎을 꿇다
11	exploit	26	협력[협조]하다
12	juvenile	27	언어(학)의
13	intent	28	근본[기본]적인
14	intimate	29	면역(성)의
15	furious	30	청각의

- ✄ - - - - -

01	reception	16	(우연의) 일치
02	artifact	17	혈액 순환, 유통
03	pound	18	회로, 순회
04	audition	19	출현[도래]
05	bias	20	관객
06	perish	21	사회학
07	prevail	22	자산
08	duplicate	23	발목
09	compound	24	인용(하다)
10	alert	25	추론[추리]하다
11	fake	26	엿듣다
12	reverse	27	초과하다[넘어서다]
13	destined	28	제외[배제]하다
14	fragile	29	습관적인
15	flexible	30	조화로운

01	personnel	16	snap
02	sewage	17	reap
03	anniversary	18	designate
04	adversity	19	squeeze
05	outlet	20	offend
06	souvenir	21	acknowledge
07	nonsense	22	**vocal**
08	gender	23	trivial
09	division	24	solitary
10	conscience	25	profound
11	transplant	26	chilly
12	shield	27	messy
13	spark	28	marvelous
14	sigh	29	neutral
15	flock	30	inclined

✂

01	dawn	16	reform
02	microscope	17	violate
03	mural	18	originate
04	usage	19	shave
05	aisle	20	soar
06	bullet	21	refine
07	congestion	22	kneel
08	extent	23	**juvenile**
09	counterpart	24	priceless
10	consensus	25	modest
11	shrug	26	ongoing
12	blossom	27	monotonous
13	substitute	28	innate
14	dismay	29	linguistic
15	contract	30	furious

01	affair	16	정의, 사법[재판]
02	wind	17	분수, 원천
03	triumph	18	명상
04	grasp	19	결석, 결여
05	cage	20	향기
06	nourish	21	야망[야심]
07	instruct	22	난민
08	distract	23	항구
09	graze	24	예언하다
10	attain	25	번영[번창/번성]하다
11	splash	26	얕은[천박한], 여울
12	inquire	27	도매(의)
13	inherit	28	과감한[급격한]
14	fierce	29	어지러운
15	distinct	30	믿을 수 있는

01	mechanic	16	지름길
02	accessory	17	빙산
03	tutor	18	수수께끼
04	giggle	19	막대(기)
05	retail	20	온도[체온]계
06	draft	21	초상화
07	derive	22	생태(학)
08	damp	23	통화[화폐], 통용
09	foster	24	땀(을 흘리다)
10	disposable	25	일반화하다
11	narrative	26	대처[처리]하다
12	beloved	27	모으다[축적하다]
13	vegetarian	28	평가하다
14	absurd	29	거만한
15	accidentally	30	달의

01	costume	16	infer
02	basement	17	transmit
03	interval	18	cooperate
04	destiny	19	exceed
05	circuit	20	exploit
06	circulation	21	intent
07	reception	22	compound
08	equator	23	fake
09	tactic	24	intimate
10	errand	25	immune
11	mimic	26	flexible
12	project	27	destined
13	shift	28	thorough
14	audition	29	noticeable
15	stumble	30	literal

01	duration	16	overhear
02	barn	17	perish
03	dialect	18	tremble
04	disgrace	19	foretell
05	ankle	20	inherit
06	artifact	21	flourish
07	advent	22	restore
08	harbor	23	wholesale
09	justice	24	reverse
10	absence	25	habitual
11	dispute	26	auditory
12	sneeze	27	fundamental
13	quote	28	fragile
14	bias	29	dizzy
15	wind	30	fierce

01	proportion	16	상대, 반대자
02	mischief	17	규범, 표준[기준]
03	biography	18	역설
04	bulb	19	(엷은) 안개
05	decay	20	결함[흠]
06	frown	21	심판
07	diminish	22	증명서, 자격증
08	inhabit	23	버리다
09	assure	24	빠뜨리다[생략하다]
10	cosmetic	25	용이하게 하다
11	manual	26	곱하다, 증가하다
12	stable	27	과장하다
13	odd	28	골동품(의)
14	tender	29	(다)습한
15	sophisticated	30	인식[인지]의

01	accommodation	16	미신
02	echo	17	꾸러미[소포]
03	commute	18	부족
04	attribute	19	동료
05	prescribe	20	이끼
06	discriminate	21	빚[부채]
07	suppress	22	자유
08	dwell	23	열의[열성]
09	applaud	24	신부
10	oval	25	잡초(를 뽑다)
11	leftover	26	이혼(하다)
12	inferior	27	숨기다[감추다]
13	rational	28	피를 흘리다
14	definite	29	줄무늬가 있는
15	disgusting	30	비관[염세]적인

01	sociology	16	splash
02	asset	17	nourish
03	spectator	18	distract
04	coincidence	19	exclude
05	fountain	20	prevail
06	affair	21	derive
07	meditation	22	**duplicate**
08	currency	23	**alert**
09	rod	24	**narrative**
10	riddle	25	**foster**
11	giggle	26	reliable
12	draft	27	harmonious
13	pound	28	drastic
14	triumph	29	lunar
15	attain	30	accidentally

✂ -

01	refugee	16	assess
02	scent	17	generalize
03	ambition	18	inquire
04	accessory	19	assure
05	thermometer	20	exaggerate
06	ecology	21	omit
07	biography	22	graze
08	mist	23	**beloved**
09	mischief	24	**cosmetic**
10	tutor	25	**shallow**
11	cage	26	**vegetarian**
12	frown	27	distinct
13	grasp	28	absurd
14	retail	29	humid
15	instruct	30	odd

01	cottage	16	기숙사
02	companion	17	보상(금)
03	bounce	18	혐의[의심]
04	compromise	19	천문학
05	glitter	20	건강 검진
06	pitch	21	마실 것[음료]
07	bang	22	기준[표준]
08	prosper	23	우선 사항[우선권]
09	suspend	24	미사일
10	comprehend	25	어색한[불편한]
11	induce	26	재치[기지] 있는
12	constitute	27	신성한[성스러운]
13	manipulate	28	반복되는
14	awesome	29	중고의, 간접의
15	obvious	30	미리[사전에]

01	publicity	16	모순, 반박
02	bunch	17	상인[무역상]
03	reference	18	짐승[야수]
04	tag	19	조카딸
05	margin	20	굽다, 고운 고기
06	machinery	21	또래, 응시하다
07	trim	22	하품(하다)
08	caution	23	복수[보복](하다)
09	coordinate	24	증명[보증]하다
10	bind	25	고안[창안]하다
11	amuse	26	삐다
12	withdraw	27	체크[바둑판]무늬의
13	hasten	28	분개한
14	probable	29	호의적인[유리한]
15	ripe	30	운동(선수)의

01	mechanic	16	multiply
02	iceberg	17	discard
03	shortcut	18	accumulate
04	portrait	19	cope
05	norm	20	conceal
06	opponent	21	bleed
07	flaw	22	manual
08	proportion	23	oval
09	accommodation	24	disposable
10	debt	25	damp
11	zeal	26	arrogant
12	sweat	27	sophisticated
13	commute	28	cognitive
14	weed	29	rational
15	facilitate	30	striped

✂

01	referee	16	applaud
02	bulb	17	prescribe
03	certificate	18	induce
04	paradox	19	diminish
05	bride	20	constitute
06	package	21	inhabit
07	liberty	22	stable
08	beverage	23	leftover
09	astronomy	24	antique
10	criterion	25	tender
11	compromise	26	disgusting
12	bounce	27	definite
13	decay	28	repetitive
14	divorce	29	witty
15	echo	30	secondhand

01	enrollment	16	애국자
02	auditorium	17	동정심[연민]
03	retreat	18	풀밭[초원]
04	switch	19	건초
05	bud	20	주전자, 솥
06	astonish	21	(수)증기
07	swell	22	양식[방식]
08	contend	23	충동
09	dip	24	놀리다, 놀림
10	bilingual	25	존경[존중](하다)
11	radical	26	토하다
12	ironic	27	최대화하다
13	evident	28	정당화하다
14	gorgeous	29	엄숙한
15	abundant	30	향수에 젖은

01	receipt	16	지루함[권태]
02	conviction	17	당뇨병
03	confine	18	가시(나무)
04	shed	19	의무
05	arouse	20	관점, 전망
06	convert	21	무지
07	exert	22	지배하다
08	sustain	23	수정[개정]하다
09	shorten	24	통지[신고]하다
10	confront	25	회의적인[의심하는]
11	prompt	26	조리 있는
12	liberal	27	적대적인
13	fluid	28	알레르기의
14	breathtaking	29	극심한[강렬한]
15	vice versa	30	구두[구술]의, 입의

01	co-worker	16	manipulate
02	moss	17	comprehend
03	scarcity	18	withdraw
04	superstition	19	dwell
05	priority	20	discriminate
06	dormitory	21	bind
07	compensation	22	coordinate
08	suspicion	23	suppress
09	margin	24	**inferior**
10	publicity	25	obvious
11	contradiction	26	pessimistic
12	trim	27	awesome
13	attribute	28	holy
14	peer	29	favorable
15	bang	30	probable

✂

01	companion	16	prosper
02	cottage	17	suspend
03	missile	18	devise
04	checkup	19	swell
05	reference	20	sprain
06	merchant	21	contend
07	compassion	22	justify
08	impulse	23	**radical**
09	pitch	24	awkward
10	revenge	25	checked
11	glitter	26	resentful
12	caution	27	solemn
13	esteem	28	evident
14	**certify**	29	abundant
15	**amuse**	30	**beforehand**

미니 영어 사전

A

362

수능과 내신을 한 번에 잡는
프리미엄 고등 영어 수프림 시리즈

Supreme 고등영문법

쉽게 정리되는 고등 문법 / 최신 기출 문제 변
문법 누적테스트

Supreme 수능 어법 기본

수능 어법 포인트 72개 / 내신 서술형 어법 대
수능 어법 실전 테스트

Supreme 수능 어법 실전

수능 핵심 어법 포인트 정리 / 내신 빈출 어법
어법 모의고사 12회

독해

Supreme 구문독해

독해를 위한 핵심 구문 68개 / 수능 유형 독해 /
내신·서술형 완벽 대비

Supreme 유형독해

수능 독해 유형별 풀이 전략 / 내신·서술형 완벽 대비 /
미니모의고사 3회

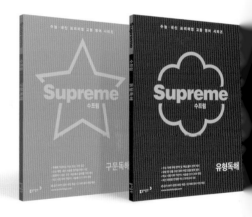

듣기

Supreme 수능 영어 듣기 모의고사 20회 기본

14개 듣기 유형별 분석 / 수능 영어 듣기 모의고사 20회 /
듣기 대본 받아쓰기

Supreme 수능 영어 듣기 모의고사 20+3회 실전

수능 영어 듣기 모의고사 20회+고난도 3회 /
듣기 대본 받아쓰기